北海高等学校

〈収録内容〉

■ 2024年度入試の問題・解答解説・解答用紙・「合否の鍵はこの問題だ!!」、2025年度入試受験用の「出題傾向の分析と合格への対策」は、弊社HP の商品ページにて公開いた

■ 2018年度は、弊社ホームページで公開しております。
本ページの下方に掲載しておりますQRコードよりアクセス　ご利用ください。

2024 年度 ……………………… 2　定
※著作権上の都合により、掲載できない内容

2023 年度 ……………………… 一般（数・英・理・社・国）

2022 年度 ……………………… 一般（数・英・理・社・国）

2021 年度 ……………………… 一般（数・英・理・社・国）

2020 年度 ……………………… 一般（数・英・理・社・国）

2019 年度 ……………………… 一般（数・英・理・社・国）

2018 年度 ……………………… 一般（数・英・理・社）

解答用紙データ配信ページへスマホでアクセス！ ⇒

※データのダウンロードは 2025 年 3 月末日まで。
※データへのアクセスには、右記のパスワードの入力が必要となります。 ⇒ 672935

本書の特長

実戦力がつく入試過去問題集

- ▶ 問題 ……………… 実際の入試問題を見やすく再編集。
- ▶ 解答用紙 …… 実戦対応仕様で収録。
- ▶ 解答解説 …… 詳しくわかりやすい解説には、難易度の目安がわかる「基本・重要・やや難」の分類マークつき（下記参照）。各科末尾には合格へと導く「ワンポイントアドバイス」を配置。採点に便利な配点つき。

入試に役立つ分類マーク

基本 確実な得点源！
受験生の90％以上が正解できるような基礎的、かつ平易な問題。
何度もくり返して学習し、ケアレスミスも防げるようにしておこう。

重要 受験生なら何としても正解したい！
入試では典型的な問題で、長年にわたり、多くの学校でよく出題される問題。
各単元の内容理解を深めるのにも役立てよう。

やや難 これが解ければ合格に近づく！
受験生にとっては、かなり手ごたえのある問題。
合格者の正解率が低い場合もあるので、あきらめずにじっくりと取り組んでみよう。

合格への対策、実力錬成のための内容が充実

- ▶ 各科目の出題傾向の分析、合否を分けた問題の確認で、入試対策を強化！
- ▶ その他、学校紹介、過去問の効果的な使い方など、学習意欲を高める要素が満載！

解答用紙ダウンロード 解答用紙はプリントアウトしてご利用いただけます。弊社ＨＰの商品詳細ページよりダウンロードしてください。トビラのＱＲコードからアクセス可。

UD FONT 見やすく読みまちがえにくいユニバーサルデザインフォントを採用しています。

北海高等学校

▶交通　地下鉄東豊線学園前駅　直結,
地下鉄南北線中島公園駅・平岸駅　徒歩15分
地下鉄東西線菊水駅　徒歩20分
じょうてつバス学園前駅停・水車町5丁目停

〒062-8601　札幌市豊平区旭町４丁目1-41
☎011-841-1161
https://www.hokkai.ed.jp

沿　革

1885年、北海英語学校創立。1901年、北海英語学校に中学部を開設。1905年、北海道で唯一の私立中学、北海中学校を設立。1948年、北海高等学校に名称変更。1999年、男子校から共学へ移行。

建学の精神

「質実剛健　百折不撓」

明朗・快活で己を飾らず、誠意をもって物事に当たり、どんな困難に出会ってもくじけない強い意志で自分を鍛え、社会に貢献する有為な人材を育てる。

教育体制

●セルフラーニング

特別進学コースの生徒は、自分の学習状況に対し、自ら対策を立て考えながら学んでいく。高い進学実績を残している大きな理由の１つがこの「セルフラーニング」である。

●グローバル教育

ネイティブの経験豊かな先生による英語の授業を実施。会話を楽しみながら、英語力を伸ばしていくことができる。また、姉妹校であるニュージーランドのウェリントン高校と提携し、２週間の交換留学や２か月間の中期留学も実施。さらに、カナダのブロック大学において、３週間の語学研修も行っており、日々の授業に加え各種交流プログラムに参加することにより、高い国際感覚を身につけることができる。

●コース

▸Ｓクラス〈特別進学コース〉

北海道大学や医学科などの難関国公立大学を目指す少人数制のクラス。授業内容をよりいっそう理解し、さらに発展的な内容を学ぶため、毎週土曜日に英・数・国の講習を、木曜日には弱点の強化を図る特別講習も設定されている。２年間で高校３年間のほとんどを終える先取り授業を行っているため、３学年では受験対策に集中することができる。また、セルフラーニングという自習を放課後活動の一環として行っている。質問があれば先生にすぐに尋ねることができる体制が整っていて、明確なアドバイスももらうことができる。

▸特進クラス〈特別進学コース〉

国公立大学や難関私立大学を目指すためのクラス。Ｓクラスと同様、高いレベルの授業を通じて確実に実力を伸ばせるようサポートするほか、各教員が工夫を凝らした授業を展開する放課後講習もある。

▸進学コース

文武両道を極めるコース。１学年より進路研究を重ね、２学年では国公立を視野に入れた文理系と文系の選択をし、進路について探求し続けるなど、目標とする進路を実現できるシステムが整っていながら、平日

の月・水・金は6時間授業、火・水は7字間授業で放課後は部活動に存分に取り組むことができる。また、北星学園大、や北海道医療大、酪農学園大などの道内の大学をはじめ、立教大、中央大、法政大、成蹊大、成城大、日本大、東洋大、駒澤大、専修大、東京薬科大、南山大、同志社大など全国に120校以上の指定校推薦枠がある。

進　路

計画的で、きめ細やかな授業と充実したカリキュラムのもと、2023年度は、国公立大46名、道内私立大254名、道外私立大92名が合格。多くの卒業生たちが夢を実現させている。

●過去3年間の主な進学先

(国公立)小樽商科大、帯広畜産大、北見工業大、北海道大、北海道教育大、弘前大、秋田大、山形大、一橋大、富山大、大阪大、九州大、はこだて未来大、千歳科学技術大、名寄市立大、旭川市立大、札幌医科大、東京都立大、水産大学校など

(私立大)北海学園大、北海商科大、札幌保健医療大、天使大、日本医療大、日赤北海道看大、藤女子大、北星学園大、北海道医療大、北海道科学大、青山学院大、慶應義塾大、駒澤大、芝浦工大、成蹊大、成城大、中央大、東京理科大、東洋大、日本大、日本体育大、法政大、明治大、立教大、早稲田大、神奈川大、同志社大、関西学院大　など

人工芝グラウンド

部活動

サッカー部は全国高校サッカー選手権北海道大会、ルーキーリーグU16北海道1部リーグで優勝経験がある。陸上競技部は、U18全国陸上競技大会に、写真部は、全国総文祭に出場の経験がある。

●運動部

硬式野球、サッカー、アイスホッケー、新体操、テニス、バドミントン、陸上競技、弓道、バレーボール、バスケットボール、柔道、卓球、剣道、水泳(同好会)

●文化部

吹奏楽局、書道、文芸、国際交流、弁論、科学、放送、写真、美術、新聞局、インターアクトボランティア、合唱、コンピューター、演劇、将棋

年間行事

生徒だけではなく、保護者等が訪れる「北海祭」は、大迫力のステージや出店が人気を集めている。

4月／新体力テスト
5月／開校記念日
6月／校内弁論大会、支笏湖遠足
7月／北海祭
9月／体育祭
10月／芸術鑑賞
11月／修学旅行(沖縄・関西)
3月／ブロック大学語学研修

◎2023年度入試状況◎

学　　科	Sクラス	特進クラス	進学コース
募集数	385		
応募者数	1971		
受験者数	1902		
合格者数	非公表		

過去問の効果的な使い方

① **はじめに**　入学試験対策に的を絞った学習をする場合に効果的に活用したいのが「過去問」です。なぜならば，志望校別の出題傾向や出題構成，出題数などを知ることによって学習計画が立てやすくなるからです。入学試験に合格するという目的を達成するためには，各教科ともに「何を」「いつまでに」やるかを決めて計画的に学習することが必要です。目標を定めて効率よく学習を進めるために過去問を大いに活用してください。また，塾に通われていたり，家庭教師のもとで学習されていたりする場合は，それぞれのカリキュラムによって，どの段階で，どのように過去問を活用するのかが異なるので，その先生方の指示にしたがって「過去問」を活用してください。

② **目的**　過去問学習の目的は，言うまでもなく，志望校に合格することです。どのような分野の問題が出題されているか，どのレベルか，出題の数は多めか，といった概要をまず把握し，それを基に学習計画を立ててください。また，近年の出題傾向を把握することによって，入学試験に対する自分なりの感触をつかむこともできます。

過去問に取り組むことで，実際の試験をイメージすることもできます。制限時間内にどの程度までできるか，今の段階でどのくらいの得点を得られるかということも確かめられます。それによって必要な学習量も見えてきますし，過去問に取り組む体験は試験当日の緊張を和らげることにも役立つでしょう。

③ **開始時期**　過去問への取り組みは，全分野の学習に目安のつく時期，つまり，9月以降に始めるのが一般的です。しかし，全体的な傾向をつかみたい場合や，学習進度が早くて，夏前におおよその学習を終えている場合には，7月，8月頃から始めてもかまいません。もちろん，受験間際に模擬テストのつもりでやってみるのもよいでしょう。ただ，どの時期に行うにせよ，取り組むときには，集中的に徹底して取り組むようにしましょう。

④ **活用法**　各年度の入試問題を全問マスターしようと思う必要はありません。できる限り多くの問題にあたって自信をつけることは必要ですが，重要なのは，志望校に合格するためには，どの問題が解けなければいけないのかを知ることです。問題を制限時間内にやってみる。解答で答え合わせをしてみる。間違えたりできなかったりしたところについては，解説をじっくり読んでみる。そうすることによって，本校の入試問題に取り組むことが今の自分にとって適当かどうかが，はっきりします。出題傾向を研究し，合否のポイントとなる重要な部分を見極めて，入学試験に必要な力を効率よく身につけてください。

数学

各都道府県の公立高校の入学試験問題は，中学数学のすべての分野から幅広く出題されます。内容的にも，基本的・典型的なものから思考力・応用力を必要とするものまでバランスよく構成されています。私立・国立高校では，中学数学のすべての分野から出題されることには変わりはありませんが，出題形式，難易度などに差があり，また，年度によっての出題分野の偏りもあります。公立高校を含め，ほとんどの学校で，前半は広い範囲からの基本的な小問群，後半はあるテーマに沿っての数問の小問を集めた大問という形での出題となっています。

まずは，単年度の問題を制限時間内にやってみてください。その後で，解答の答え合わせ，解説での研究に時間をかけて取り組んでください。前半の小問群，後半の大問の一部を合わせて50%以上の正解が得られそうなら多年度のものにも順次挑戦してみるとよいでしょう。

英語

英語の志望校対策としては，まず志望校の出題形式をしっかり把握しておくことが重要です。英語の問題は，大きく分けて，リスニング，発音・アクセント，文法，読解，英作文の5種類に分けられます。リスニング問題の有無(出題されるならば，どのような形式で出題されるか)，発音・アクセント問題の形式，文法問題の形式(語句補充，語句整序，正誤問題など)，英作文の有無(出題されるならば，和文英訳か，条件作文か，自由作文か）など，細かく具体的につかみましょう。読解問題では，物語文，エッセイ，論理的な文章，会話文などのジャンルのほかに，文章の長さも知っておきましょう。また，読解問題でも，文法を問う問題が多いか，内容を問う問題が多く出題されるか，といった傾向をおさえておくことも重要です。志望校で出題される問題の形式に慣れておけば，本番ですんなり問題に対応することができますし，読解問題で出題される文章の内容や量をつかんでおけば，読解問題対策の勉強として，どのような読解問題を多くこなせばよいかの指針になります。

最後に，英語の入試問題では，なんと言っても読解問題でどれだけ得点できるかが最大のポイントとなります。初めて見る長い文章をすらすらと読み解くのはたいへんなことですが，そのような力を身につけるには，リスニングも含めて，総合的に英語に慣れていくことが必要です。「急がば回れ」ということわざの通り，志望校対策を進める一方で，英語という言語の基本的な学習を地道に続けることも忘れないでください。

国語

国語は，出題文の種類，解答形式をまず確認しましょう。論理的な文章と文学的な文章のどちらが中心となっているか，あるいは，どちらも同じ比重で出題されているか，韻文(和歌・短歌・俳句・詩・漢詩)は出題されているか，独立問題として古文の出題はあるか，といった，文章の種類を確認し，学習の方向性を決めましょう。また，解答形式は，記号選択のみか，記述解答はどの程度あるか，記述は書き抜き程度か，要約や説明はあるか，といった点を確認し，記述力重視の傾向にある場合は，文章力に磨きをかけることを意識するとよいでしょう。さらに，知識問題はどの程度出題されているか，語句(ことわざ・慣用句など)，文法，文学史など，特に出題頻度の高い分野はないか，といったことを確認しましょう。出題頻度の高い分野については，集中的に学習することが必要です。読解問題の出題傾向については，脱語補充問題が多い，書き抜きで解答する言い換えの問題が多い，自分の言葉で説明する問題が多い，選択肢がよく練られている，といった傾向を把握したうえで，これらを意識して取り組むと解答力を高めることができます。「漢字」「語句・文法」「文学史」「現代文の読解問題」「古文」「韻文」と，出題ジャンルを分類して取り組むとよいでしょう。毎年出題されているジャンルがあるとわかった場合は，必ず正解できる力をつけられるよう意識して取り組み，得点力を高めましょう。

数学

出題傾向の分析と 合格への対策

●出題傾向と内容

本年度の出題数は，大問6題，小問21問と昨年より問題数が増えた。

出題内容は，[1]は数・式の計算，平方根の計算，式の展開，[2]は因数分解，球の表面積，無理数，比例式，統計，[3]は方程式・不等式の応用問題，[4]は図形と関数・グラフの融合問題，[5]は平面図形の計量問題，[6]は統計と確率であった。

本年度の[5]の平面図形の問題には難易度が高い問題も含まれていたが，それ以外は基礎から標準レベルまでの問題なので，落ち着いて取り組み，ミスがないようにしたい。

学習のポイント

教科書の例題を理解して，基礎をしっかり身に付けよう。その上で，問題集を使って，応用力を付けていこう。

●2024年度の予想と対策

来年度は，出題数に変化はあるかもしれないが，難易度はそれほど大きな変化はないと思われる。何よりもまず，基礎力を充実させることが最も大切である。

まずは，教科書を中心に勉強して，間違えたところはそのままにせず，しっかり理解するようにしよう。そのあとで，標準レベルの問題集を何度も解いて，典型的な解法を定着するようにしよう。

問題数がやや多めなので，できる問題から取りかかる工夫が必要である。試験が近づいたら，時間配分を考えながら，過去問を解いて演習しておこう。

▼年度別出題内容分類表・・・・・・

出題内容			2019年	2020年	2021年	2022年	2023年
数と式		数の性質	○				
		数・式の計算	○	○	○	○	○
		因数分解		○		○	○
		平方根	○	○	○	○	○
方程式・不等式		一次方程式	○	○	○		○
		二次方程式	○	○	○		○
		不等式					○
		方程式・不等式の応用	○	○			○
関数		一次関数	○	○	○	○	○
		二乗に比例する関数	○	○	○	○	○
		比例関数			○	○	
		関数とグラフ	○	○	○	○	○
		グラフの作成					
図形	平面図形	角度		○			○
		合同・相似	○	○			○
		三平方の定理					
		円の性質	○	○		○	
	空間図形	合同・相似					
		三平方の定理					
		切断					
	計量	長さ	○	○			○
		面積	○	○	○	○	○
		体積			○		○
	証明						
	作図						
	動点						
統計		場合の数	○			○	
		確率	○	○	○	○	○
		統計・標本調査			○		○
融合問題		図形と関数・グラフ	○	○	○	○	○
		図形と確率					
		関数・グラフと確率					
		その他					
その他							

北海高等学校

英語

出題傾向の分析と 合格への対策

●出題傾向と内容

本年度は，語句補充問題，語句整序問題，読解問題4題，自由・条件作文が出題された。すべて選択式の解答方式である。

文法問題は基本的な文法・構文知識を問うものが多く，出題数も多くはない。長文読解は，資料や会話文を含めた各大問が異なる長文形式で出題されている。本文の内容に関する質問が中心となっている。

✔学習のポイント

読解問題は平易であるものの，長文数が多いので，素早く読んでいく必要がある。語彙力や文法力の基礎的な内容理解を正確にしつつ，速読の練習をしておこう。

●2024年度の予想と対策

出題形式や内容に変化が生じる可能性はあるが，難易度の変化は大きくはないだろうと思われる。

長文読解は様々なスタイルで複数題出題されると予想されるので，資料などを読み取る読解問題を日頃から様々な形式で多く解いておくと良いだろう。また会話形式のものもしっかりと話の流れを読み取れるように演習が必要だ。

文法問題は学校の授業で習う事項をしっかり身につければ十分に対応できる。ミスがないように繰り返し演習をおこなうこと。

▼年度別出題内容分類表 ••••••

出題内容		2019年	2020年	2021年	2022年	2023年
話し方・聞き方	単語の発音					
	アクセント					
	くぎり・強勢・抑揚					
	聞き取り・書き取り					
語い	単語・熟語・慣用句	○	○			
	同意語・反意語					
	同音異義語					
読解	英文和訳(記述・選択)					
	内容吟味	○	○	○	○	○
	要旨把握		○	○	○	○
	語句解釈			○		
	語句補充・選択	○	○	○	○	○
	段落・文整序	○	○			○
	指示語	○				○
	会話文	○	○	○		○
文法・作文	和文英訳					
	語句補充・選択		○	○	○	○
	語句整序	○	○	○	○	○
	正誤問題					
	言い換え・書き換え					○
	英問英答					
	自由・条件英作文	○	○			○
文法事項	間接疑問文		○		○	○
	進行形				○	○
	助動詞		○		○	○
	付加疑問文					○
	感嘆文					
	不定詞	○		○	○	○
	分詞・動名詞	○	○	○	○	○
	比較	○		○	○	○
	受動態	○	○	○	○	○
	現在完了	○		○	○	○
	前置詞				○	○
	接続詞	○			○	○
	関係代名詞	○			○	○

北海高等学校

理科

出題傾向の分析と合格への対策

●出題傾向と内容

今年度は大問が8題で，小問が40題程度に変更になり，試験時間も理科だけで50分になり出題形式が変更された。問題のレベルは例年通り標準的な内容であった。

出題範囲に関しては，理科の4分野すべてからの出題で，出題に偏りはない。教科書レベルの問題が大半で，基礎的な知識がしっかりと身についているかを見る良問であった。理科全般の知識を幅広く理解する必要がある。また，物理，化学分野では計算問題も出題される。

試験時間は50分になったが，問題数が多く時間にゆとりはない。時間配分に気を配りできるところから解いてゆくことが重要である。

学習のポイント

教科書の要点をしっかりと理解し，必要な事項は確実に覚えよう。

●2024年度の予想と対策

来年度も大問数，試験時間は今回と同じではないかと思われる。

勉強の仕方としては，教科書を中心とした学習をまず行うこと。難問が出題されることはなく，問題集で必ず取り上げられる内容の問題が出題されるため，教科書やワークレベルの問題を多く解き，基礎的な計算や重要語句などをしっかりと覚えることが大切である。

出題範囲に偏りがなく，理科の全分野の知識が求められる。そのため，苦手分野を作らないようにすることが大切である。重要事項をノートにまとめたり，苦手分野の計算問題を何度も解きなおしたりする努力をしてほしい。

▼年度別出題内容分類表 ••••••

	出題内容	2019年	2020年	2021年	2022年	2023年
第一分野	物質とその変化					
	気体の発生とその性質					○
	光と音の性質	○	○			
	熱と温度					
	力・圧力					
	化学変化と質量	○			○	
	原子と分子					
	電流と電圧		○	○	○	
	電力と熱			○	○	○
	溶液とその性質	○	○	○		
	電気分解とイオン					○
	酸とアルカリ・中和		○			
	仕事					
	磁界とその変化					
	運動とエネルギー	○			○	○
	その他		○			
第二分野	植物の種類とその生活					
	動物の種類とその生活			○		
	植物の体のしくみ	○				○
	動物の体のしくみ	○				○
	ヒトの体のしくみ		○			
	生殖と遺伝					
	生物の類縁関係と進化					
	生物どうしのつながり					
	地球と太陽系	○	○		○	
	天気の変化				○	○
	地層と岩石			○	○	○
	大地の動き・地震					
	その他				○	

北海高等学校

社会

出題傾向の分析と 合格への対策

●出題傾向と内容

小問数は昨年より大幅に増加して68問であった。地理，歴史，公民の3分野からそれぞれ出されており，地理は，日本地理と世界地理が同じウェイト，歴史も，日本史と世界史が同じ分量で，両分野とも基本問題を中心に，応用問題も若干出題されている。公民も，政治経済のしくみを中心に，基本問題が多く，応用問題も数問出題されている。

学習のポイント

地理：諸地域の特色をおさえよう。
歴史：各時代の特色を理解しよう。
公民：政治経済のしくみを中心に理解しよう。

●2024年度の予想と対策

地理は，地図帳や資料集の主要な図版などを分析し，何を意味しているか，風景などの写真であればどのあたりのものなのかを把握しておくとよい。それぞれの気候の雨温図の形は必須。歴史は，政治の通史だけでなく，文化や社会・経済に関連する流れをおさえ，その説明などに使われている図版を分析しておきたい。また，同時代の日本史と世界史の主要な関連も年表で理解しよう。公民は，憲法や政治経済のしくみに関する用語の意味をおさえておくこと。

資料や文章をもとに考えるさまざまな形式の問題を数多く短い時間の中で解いていく訓練をしておくとよい。また，時事問題も出題されるので，日頃から，インターネットの情報に関心を高め，主要な報道を検索・分析しておきたい。

▼年度別出題内容分類表 ……

出題内容			2019年	2020年	2021年	2022年	2023年
地理的分野	（日本）	地形図			○		
		地形・気候・人口	○	○	○	○	○
		諸地域の特色	○				○
		産業	○		○	○	○
		交通・貿易					○
	（世界）	人々の生活と環境	○	○	○	○	○
		地形・気候・人口	○	○	○	○	○
		諸地域の特色	○	○	○	○	○
		産業		○		○	○
		交通・貿易				○	○
	地理総合		○				
歴史的分野	（日本史）	各時代の特色	○	○		○	○
		政治・外交史	○	○	○	○	○
		社会・経済史	○	○		○	○
		文化史	○	○	○	○	
		日本史総合					
	（世界史）	政治・社会・経済史	○	○	○	○	○
		文化史	○		○		
		世界史総合					
	日本史と世界史の関連		○	○	○	○	○
	歴史総合						
公民的分野	家族と社会生活				○		
	経済生活			○			
	日本経済		○	○		○	○
	憲法（日本）			○	○	○	○
	政治のしくみ		○	○	○	○	○
	国際経済			○			○
	国際政治		○		○		
	その他		○			○	○
	公民総合						
各分野総合問題							

北海高等学校

国語

出題傾向の分析と 合格への対策

●出題傾向と内容

本年度は過去2年の論説文，古文の大問2題構成とは違い，物語文を加えた大問3題構成であった。

論説文は，内容吟味，文脈把握，表現技法などのほか，漢字が問われた。選択式と抜き出し問題であり，自由記述問題は出題されなかった。

古文は『雨月物語』からの出題で，内容の読み取りが中心であった。現代文・古文ともに，どちらも内容全体を捉えた上で深い読み取りを要求するもので，難易度は高い。

✔学習のポイント

問題集に取り組み様々なジャンルの文章，問題に触れておこう。四字熟語や慣用句など言語知識もおさえる。

●2024年度の予想と対策

論説文・古文の二題構成，物語文を交えた三題構成など，大問構成は変わることも予想される。四字熟語や慣用句は昨年度出題されており，今後の出題も予想される。文学史は毎年出題されている。

論説文は比較的高度な内容の文章が出題されており，設問も読解力が要求されるものである。小説は心情の読み取りが中心であるが，表現や記述の特徴を問う設問も出題されている。古文は内容を捉える設問が中心になっている。

論説文・小説は，問題集を多くこなして読解力を身につけるほか，今年は出題のなかった記述問題対策も忘れずにしておきたい。

▼年度別出題内容分類表 ……

出題内容			2019年	2020年	2021年	2022年	2023年
内容の分類	読解	主題・表題	○	○			
		大意・要旨	○	○	○	○	○
		情景・心情	○	○			○
		内容吟味	○	○	○	○	○
		文脈把握	○	○	○	○	○
		段落・文章構成					
		指示語の問題					
		接続語の問題	○	○	○		○
		脱文・脱語補充	○	○	○		○
	漢字・語句	漢字の読み書き	○	○		○	○
		筆順・画数・部首					
		語句の意味	○	○			○
		同義語・対義語					
		熟語					
		ことわざ・慣用句					
	表現	短文作成					
		作文(自由・課題)					
		その他					
	文法	文と文節					
		品詞・用法			○		
		仮名遣い	○		○	○	○
		敬語・その他					
	古文の口語訳						○
	表現技法					○	
	文学史		○	○	○	○	○
問題文の種類	散文	論説文・説明文	○	○	○	○	○
		記録文・報告文					
		小説・物語・伝記	○	○			○
		随筆・紀行・日記					
	韻文	詩					
		和歌(短歌)					
		俳句・川柳					
	古文		○	○	○	○	○
	漢文・漢詩						

北海高等学校

2023年度 合否の鍵はこの問題だ!!

数学 4

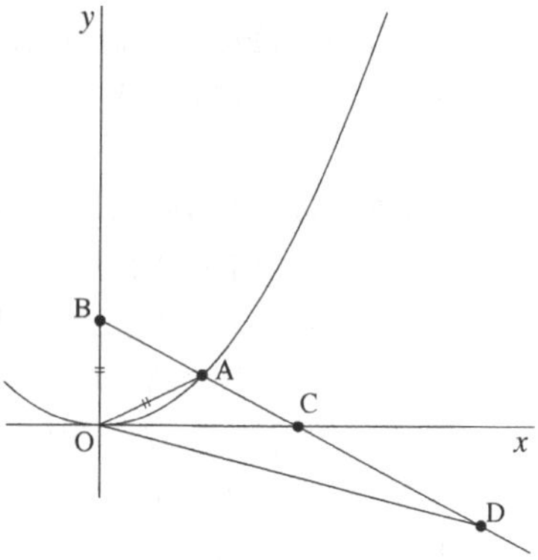

(1)　$y=\frac{1}{3}x^2$…①　　①に$x=\sqrt{3}$を代入して，$y=\frac{1}{3}\times(\sqrt{3})^2=1$　　A$(\sqrt{3},\ 1)$　　OB＝OA＝$\sqrt{(\sqrt{3})^2+1^2}=\sqrt{4}=2$　　したがって，△OAB＝$\frac{1}{2}\times2\times\sqrt{3}=\sqrt{3}$

(2)　B(0, 2)　　直線ABの傾きは，$\frac{1-2}{\sqrt{3}}=-\frac{1}{\sqrt{3}}$，切片は2だから，直線ABの式は，$y=-\frac{1}{\sqrt{3}}x+2$…②　　②に$y=0$を代入して，$0=-\frac{1}{\sqrt{3}}x+2$　　$\frac{1}{\sqrt{3}}x=2$　　$x=2\sqrt{3}$　　C$(2\sqrt{3},\ 0)$

(3)　AD：AB＝△OAD：△OAB＝$3\sqrt{3}$：$\sqrt{3}$＝3：1　　DB：AB＝4：1　　よって，点Dのx座標は，$4\sqrt{3}$　　②の式に$x=4\sqrt{3}$を代入して，$y=-\frac{1}{\sqrt{3}}\times4\sqrt{3}+2=-2$　　D$(4\sqrt{3},\ -2)$

(4)　求める立体の体積は，底面が半径2の円で高さが$2\sqrt{3}$の円すいの体積から，底面が半径1で高さが$\sqrt{3}$の円すいの体積の2つ分をひいたものになるから，$\frac{1}{3}\times\pi\times2^2\times2\sqrt{3}-\frac{1}{3}\times\pi\times1^2\times\sqrt{3}\times2=\frac{8\sqrt{3}}{3}\pi-\frac{2\sqrt{3}}{3}\pi=2\sqrt{3}\pi$

◎図形と関数・グラフの融合問題は例年出題されているので，あらゆるパターンの解法を身につけておこう。

英語 7

7の自由条件作文を取り上げる。

テーマは「自由時間に，何をあなたはするか」で，語数制限は20語以上であった。

それほど語数の長い文が要求されているわけではないが，英作文は，語彙力・文法力・構文力等，英語の総合力が問われるので，要注意である。

日頃より，語彙や文法の基礎固めを図ると共に，実際に英文を書いてみることが必要である。その際には，書きっぱなしではなく，できるだけ他の人に書いた英文をチェックしてもらうこと。他者からのフィードバックにより，自分の弱点を知り，その補強に努めることが大切である。

理科 [6]

今年は大問が8題で，昨年より小問数も多くなった。問題のレベルは教科書程度で，標準的であり難問はない。試験時間は50分になり，計算問題もあるので時間の余裕はない。今回合否を分ける鍵となった問題として，[6]の運動とエネルギーの問題を取り上げる。

物体は位置によるエネルギーと運動によるエネルギーを持つ。これらを合わせて力学的エネルギーといい，その合計は一定になる。A地点で小球の持つ位置エネルギーは，速度が増して運動エネルギーを増加させる。B地点で速度が最大になる。その後，レールを上がっていき，初めと同じ高さまで達する。図2のようにレールが途中で切れていると，レールから斜め上に小球が投げ出される。このとき，小球に働く力は，垂直上向きの力と水平方向の力に分解でき，小球は放物線を描きながら移動する。そのため最高点の高さは図1の時より低くなる。

台車に磁石をのせて移動させると，磁石のN極がコイルに近づくとコイルに誘導電流が生じる。これは，磁石のN極が近づくと，それに反発するようにコイルの下側がN極になるように磁力線が生じるためである。この磁力線によって，右ねじの法則に従ってbの方向に電流が流れる。台車が遠ざかるときは，コイルの下側がS極になるように磁力線が生じ，誘導電流の向きはa側になる。

昨年まで大問4題で，小問が25題程度であったが，今年は大問が8題で小問が40題程度になり，試験時間も理科だけで50分になった。問題の内容は教科書の重要事項を取り上げた良問であるが，各分野から均等に出題されており幅広い知識が必要である。それで標準的な問題をしっかりと得点することが重要である。そのためにも，教科書や標準レベルの問題集で基本例題をまずしっかりと理解し，類題を解いて自信をつけるようにしてほしい。また，広く知識を問われるので，要点をノートにまとめるなど，普段から知識を増やすための自分なりの工夫を行ってほしい。

社会 [2] 問14，[4] 問2

[2]問14　歴史であるが，最近の国際関係をベースに他国への侵攻を題材としている点で時事的要素が強い。また，設問の日本との関連が深い台湾の歴史は，世界史と日本史の関連からも重要視されている。台湾は清が支配していたが，日清戦争後の下関条約により日本の支配下にはいる。太平洋戦争で日本が降伏した後，国共内戦に突入，共産党と国民党の戦いが1946年6月から1949年12月まで続いた。結局，敗れた国民党の蒋介石は台湾で政府をつくるが，国際社会でも認められず，国連の中国議席は中華人民共和国となる。現在も，中国は台湾を認めず，「中国は1つ」という思想をくずさないため，中国の台湾侵攻が懸念されている。ロシアのウクライナ侵攻に代表される最近の国際情勢を考えると，中国の動向も軽視できない。

④問2　公民の頻出であるが理解が困難な設問である。主要な国際経済の思考力を評価する問題で，円高円安の基本をベースに，このような応用問題に対処できるようにしたい。円高は，1ドル120円が100円になり円の価値が高くなっている。120円払わないと交換できなかったのが1ドルが100円で手に入る状態で，海外商品を安く買え，輸入に有利となる。逆に，輸出には不利となる。円安は，1ドル100円が120円になり円の価値が安くなり，今まで1ドルを得るのに100円必要だったのが，120円必要になり，輸出企業には有利になる。つまり，1ドルの製品を売ると日本円だと100円の売上高が120円と20円も増える形になる。また，輸入には不利になる。これまで1ドルの製品を100円で輸入できていたものが120円必要になる状態である。

国語　一問三

一問三

★合否を分けるポイント（この設問がなぜ合否を分けるのか？）

文章の内容を正しく読み取った上で，問題の文の細かい部分と照らし合わせながら検討し，正誤を判断する必要がある。また，「適当でないもの」を選ぶので，注意が必要である。

★こう答えると「合格できない」！

(×)ア

→文章中に，生物の世界では「『生活空間』と『エサ資源』という観点においてオリジナリティのあるオンリー1のポジションを獲得しなければならない」とあるので，選択肢の文は正しい。

(×)イ

→文章の最後の文に「自然界の生き物たちはこうしてスペシャリストとジェネラリストのバランスを保ちながら生存戦略を組み立てている」とあるので，選択肢の文は正しい。

(×)エ

→文章中に「生物は生存競争に勝ち残らなければ，この世に存在することはできない」とあるので，選択肢の文は正しい。

★これで「合格」！

(○)ウ

→文章中に「大きなニッチを占めることは簡単ではない。そのため，どうしても一つ一つの生物のニッチは小さくなり，生物たちはすき間を埋めるように分け合っている」とある。この内容は，選択肢の文と矛盾している。

MEMO

大切なことはメモしておこうネ！

ダウンロードコンテンツのご利用方法

※弊社 HP 内の各書籍ページより，解答用紙などのデータダウンロードが可能です。

※巻頭「収録内容」ページの下部 QR コードを読み取ると，書籍ページにアクセスが出来ます。（ **Step 4** からスタート）

Step 1 東京学参 HP（https://www.gakusan.co.jp/）にアクセス

Step 2 下へスクロール『フリーワード検索』に書籍名を入力

Step 3 検索結果から購入された書籍の表紙画像をクリックし，書籍ページにアクセス

Step 4 書籍ページ内の表紙画像下にある『ダウンロードページ』をクリックし，ダウンロードページにアクセス

Step 5 巻頭「収録内容」ページの下部に記載されているパスワードを入力し，『送信』をクリック

解答用紙・+αデータ配信ページへスマホでアクセス！ ⇒

＊データのダウンロードは 2024 年 3 月末日まで。
＊データへのアクセスには，右記のパスワードの入力が必要となります。 ⇒ ●●●●●●

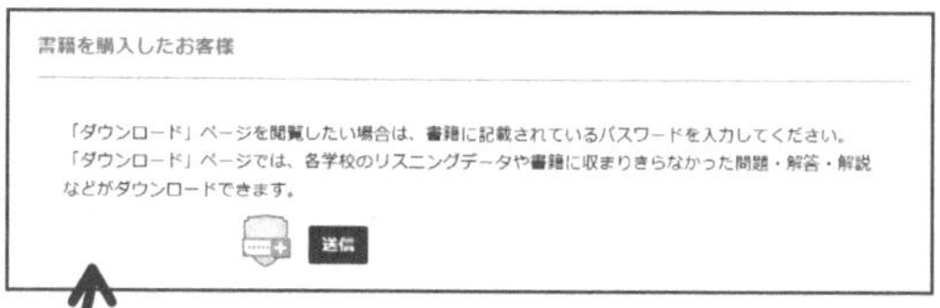

Step 6 使用したいコンテンツをクリック

※ PC ではマウス操作で保存が可能です。

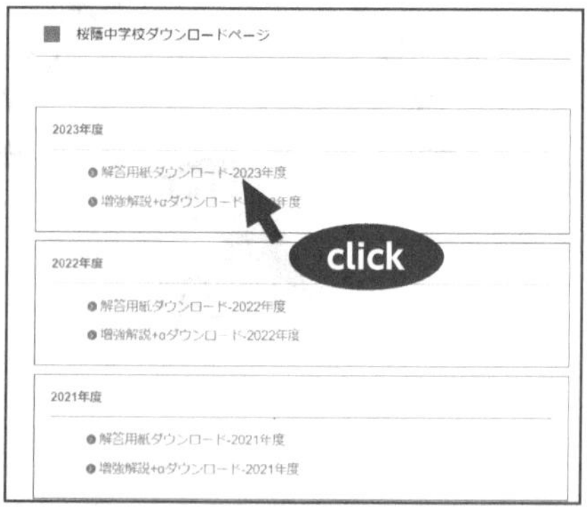

2023年度

★★★★★★★★★★★★★★★★★★★★★★

入　試　問　題

2023年度

北海高等学校入試問題

【数　学】（50分）　＜満点：100点＞

【注意】 1．分数はそれ以上約分できない形で答えなさい。

2．根号がつく場合，$\sqrt{20}=2\sqrt{5}$のように，根号の中を最も小さい正の整数にして答えなさい。

3．円周率はπとしなさい。

1　次の計算をしなさい。

(1)　$-\frac{2}{3}+\left(-\frac{3}{2}\right)^2\div\left(-\frac{27}{8}\right)$

(2)　$\frac{6}{\sqrt{3}}-\sqrt{108}+3\sqrt{3}$

(3)　$\frac{3x+2y}{6}-\frac{3x-y}{4}$

(4)　$(2x-1)^2+2(2x-1)-2$

2　次の問いに答えなさい。

(1)　$2x^2-8-6x$ を因数分解しなさい。

(2)　表面積が100π cm^2である球の半径を求めなさい。

(3)　次の5つの数の中から，無理数をすべて選びなさい。

$\sqrt{3}$，$\sqrt{4}$，$\frac{1}{11}$，-0.25，π

(4)　下の図の形をした厚さが一定である鉄の板がある。この鉄の板の重さをはかったところ18gであった。また，同じ厚さで1辺が4cmの正方形の鉄の板の重さをはかったところ24gであった。このとき，下の図の面積を求めなさい。

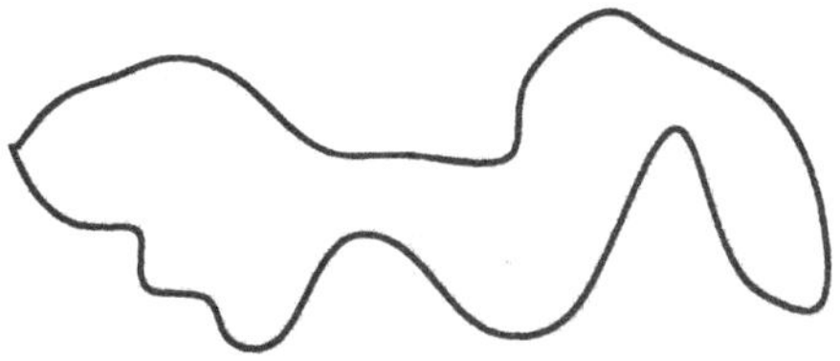

(5)　下のヒストグラムは，M市のある月の30日間の日ごとの最高気温のデータをまとめたものである。M市に対応する箱ひげ図を，次のページの①～④から1つ選びなさい。

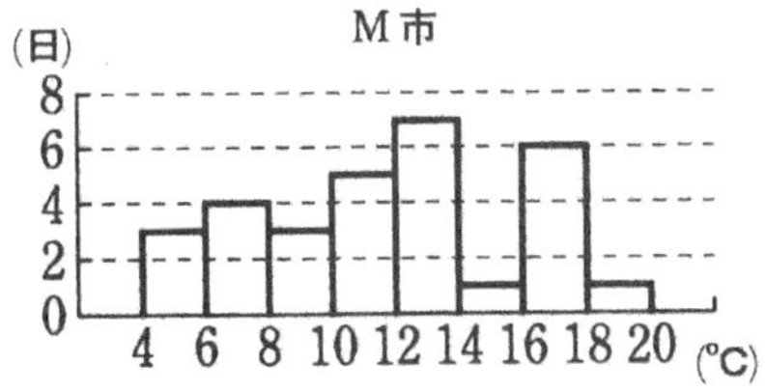

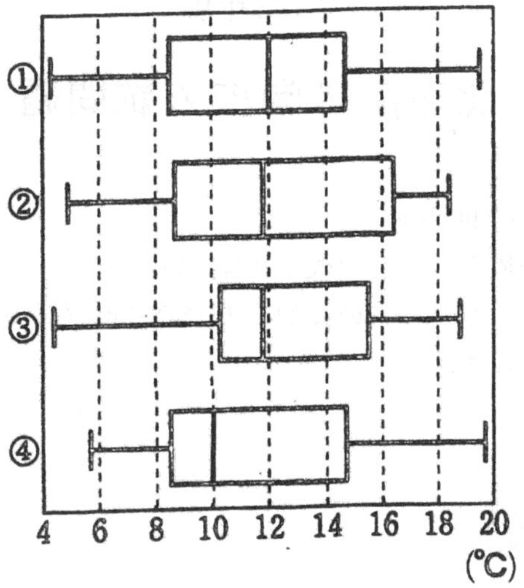

3　定価が1個3000円の商品がある。用意した個数の$\frac{1}{3}$だけ商品が売れたところで，残りの商品を定価の2割引で販売したところすべて売れ，売り上げの合計は62400円になった。このとき，次の問いに答えなさい。

(1)　3000円の2割引の値段を求めなさい。

(2)　最初に用意した商品はいくつか求めなさい。

(3)　この商品は原価が2100円であるという。用意した個数の$\frac{1}{3}$だけ商品が売れたところで，残りの商品を最低いくらで売ったとしたら，この商品の売上に損失が出ないか求めなさい。

4　下の図のように，関数$y=\frac{1}{3}x^2$のグラフ上のx座標が$\sqrt{3}$である点をA，$OA=OB$となるy座標が正であるy軸上の点をBとする。このとき，次のページの問いに答えなさい。

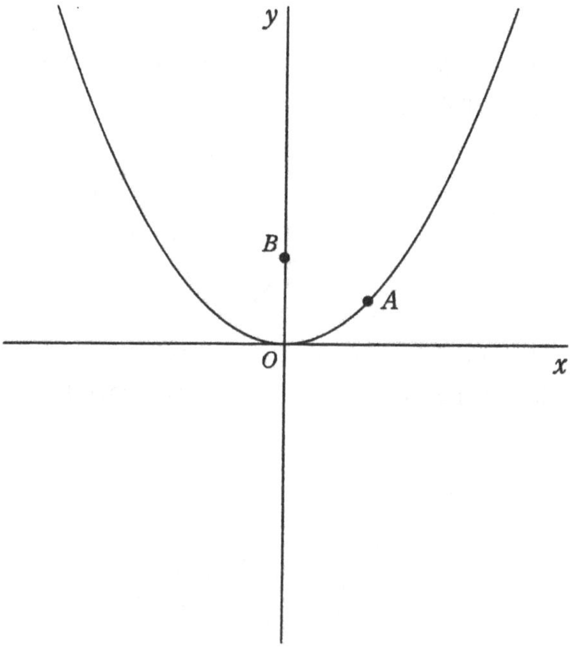

(1) $\triangle OAB$の面積を求めなさい。

(2) 直線ABとx軸との交点Cの座標を求めなさい。

(3) $\triangle OAD$の面積が$3\sqrt{3}$となるように，半直線BA上に点Dをとるとき，点Dの座標を求めなさい。

(4) $\triangle OAB$をx軸に関して1回転したときにできる立体の体積を求めなさい。

5 下の図のように，1辺の長さが1㎝である正五角形$ABCDE$があり，対角線の交点をF，G，H，I，Jとする。このとき，次の問いに答えなさい。

(1) $\angle ABC$の大きさを求めなさい。

(2) AFの長さを求めなさい。

(3) 点A，B，C，D，E，F，G，H，I，Jの10個の点の中から選んだ3点を結んで三角形をつくるとき，$\triangle ABC$と相似な（合同を含む）三角形はいくつできるか求めなさい。ただし，$\triangle ABC$は除くとする。

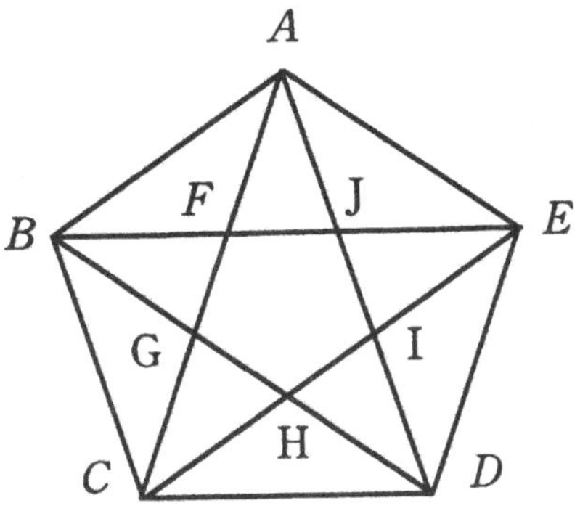

6 次の資料は，7人の生徒が2つのさいころを投げたときに出た目の積を得点としたゲームについての資料である。このとき，次の問いに答えなさい。

生徒	A	B	C	D	E	F	G
得点	24	12	3	20	18	10	25

(1) 生徒Hもこのゲームに参加したとき，他の7人のいずれよりも得点が高い確率を求めなさい。

(2) 生徒Hもこのゲームに参加したとき，8人の得点の中央値が15になる確率を求めなさい。

【英　語】（50分）　＜満点：100点＞

【注意】 英文の単語（語句）に＊印のあるものは，下に注）があります。

1 次の各文の（　）に入れるのに，最も適当なものをＡ～Ｄから１つずつ選びなさい。

問１ Did you enjoy (　　　) baseball?

Ａ．play　Ｂ．playing　Ｃ．played　Ｄ．to play

問２ Ten years (　　　) since I saw you last.

Ａ．passed　Ｂ．were passed　Ｃ．were passing　Ｄ．have passed

問３ Tom (　　　) a speech in front of the whole school.

Ａ．told　Ｂ．talked　Ｃ．spoke　Ｄ．gave

問４ He didn't come to school because (　　　) heavy snow.

Ａ．at　Ｂ．to　Ｃ．for　Ｄ．of

問５ (　　　) would you like to go next weekend?

Ａ．When　Ｂ．Where　Ｃ．How　Ｄ．Why

2 日本語に合うように与えられた語（句）を正しい語順に並べ替えて，英文を完成させなさい。解答は（１）～（８）に入るものの記号のみを答えなさい。ただし，文頭に来る文字も小文字にしてあります。

問１ あなたは十分犬の世話ができる年齢だ。

You are _____ (1) _____ _____ (2) _____ your dog.

A. enough　B. take　C. of　D. old　E. to

F. care

問２ 札幌駅までの行き方を教えてくれますか。

_____ (3) _____ _____ (4) _____ _____ Sapporo Station?

A. way　B. the　C. tell　D. could　E. me

F. you　G. to

問３ これは私が昨日買った辞書です。

_____ _____ (5) _____ _____ (6) _____.

A. bought　B. I　C. this　D. yesterday　E. is

F. dictionary　G. the

問４ 彼女は医者になる決心をしました。

She _____ (7) _____ _____ (8) _____ _____.

A. mind　B. a doctor　C. become　D. to　E. up

F. her　G. made

3 Read and answer the questions below.

"Do you want to study abroad in the future?" This question was asked to young people (13-29 years old) in seven countries in 2020. The graph shows the different *attitudes to studying abroad between Japan, South Korea, the U.S., the

U.K., Germany, France, and Sweden.

*Generally Japanese are not active or interested in studying abroad. More than 50% answered, "I don't want to study abroad." *The total number of Japanese people who are interested in studying abroad is only (①)%.

On the other hand, countries which have the highest percentages, such as the U.S. and (②), are more interested in and positive to studying abroad. A large *percentage from these countries answered that they would study abroad for six months to a year, or *at least study abroad for a few weeks. *This is because they want to study and learn about foreign languages, and different cultures.

In other countries, such as the U. K., Germany, France, and Sweden, around 30% answered, "I don't want to study abroad." However, for all countries, *except Japan, at least 10 ～ 20% of young people answered that they would like to enter and graduate from a foreign high school, or *university (*including *graduate school).

注） attitude：姿勢　generally：一般的に　the total number of ～：～の合計数　percentage：割合
at least：少なくとも　This is because ～：これは～だからです　except ～：～以外
university：大学　including ～：～を含む　graduate school：大学院

問１ (①) に入る数字をＡ～Ｄから１つ選びなさい。

Ａ. 13.0　Ｂ. 19.3　Ｃ. 27.2　Ｄ. 32.3

問２ (②) に入る国名をＡ～Ｄから１つ選びなさい。

Ａ. South Korea　Ｂ. the U.K.　Ｃ. France　Ｄ. Germany

問３ 本文と次のページのグラフの内容に合うものをＡ～Ｄから１つ選びなさい。

Ａ. People in Sweden and Germany think the same about studying abroad.

Ｂ. There are many more people who want to study abroad in Sweden than in the U.K.

Ｃ. Over 70% of young people in South Korea are interested in studying abroad.

Ｄ. France is the most active studying abroad of the four countries in Europe.

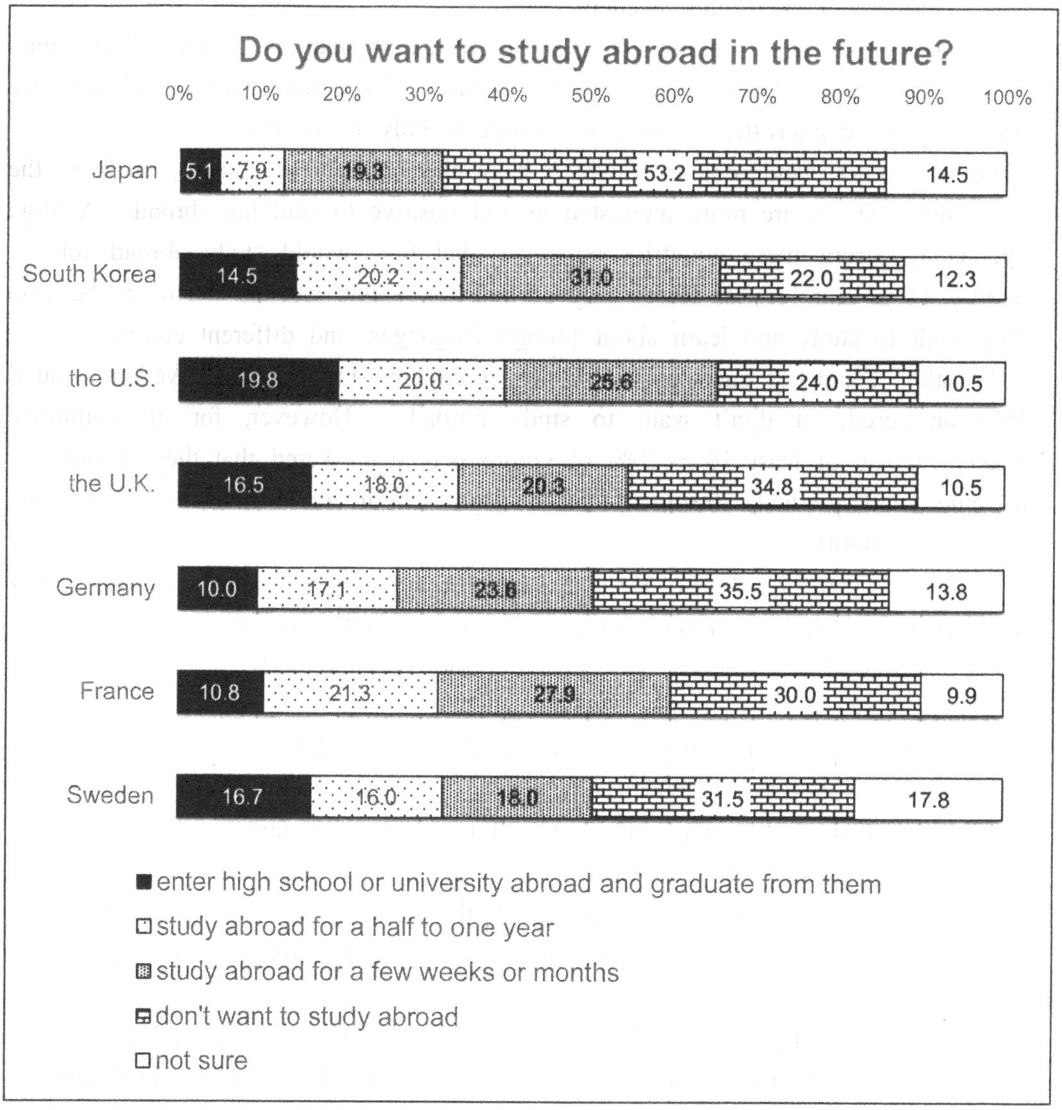

出典：「我が国と諸外国の若者の意識に関する調査（平成３０年度）」内閣府

4 Mark と Alice が野外コンサート（音楽フェス）に行こうと計画しています。次の会話文を読んで質問に答えなさい。

Mark: Look! Here's a *flyer about "ABC Music Festival 2023." How about going together?

Alice: [1] I've always wanted to go to a big outdoor music festival.

Mark: Me, too. This event is always really popular, so we should get our tickets soon. I'll check the website now.

◇ ◇ ◇

Mark: Alice, there are three kinds of tickets. Which ticket should we buy?

ABC MUSIC FESTIVAL 2023

Date: 2023　10/3 (SAT)　10/4 (SUN)　　**Place: ABC Family Land**

＜Timetable＞

	10.3 SAT	10.4 SUN
10:30-11:00	Opening	Opening
11:30-12:30	Yamada Taro	2022 Grand Prix Band
13:30-14:30	ACE	Johnson's
15:00-16:00	Emma White	GH special
16:30-17:30	Peppers	MSW-diners
18:00-19:00	Penguins	Crown 5
19:30-20:00	Local TV Station Live	Fireworks

・If you have a pair ticket, please come together with your partner.
・Pair tickets are not *available for one person for two days.
・You can come and go freely during the festival.

注）available：利用可能な

＜Ticket＞

Two Days Tickets	**$35**
One Day Ticket	**$20**
One Day Pair Ticket	**$30**

This event will go on, rain or shine.　Please bring your rainwear.

Alice: It *depends on the *performers.　I am a big fan of Emma White.　So, I *absolutely want to go there on Saturday.　How about you?　Are there any artists that you *recommend?

Mark: Of course.　[2]　Their music video was so cool!　They'll perform on Saturday, too.

Alice: I also *feel like listening to other artists or bands that I don't know. Let's check the list to see who will perform at the festival on Sunday.

Mark: Wow!　"Crown 5" is coming!　It would be great to see them play live.

Alice: Yeah.　[3]　That's surprising!　By the way, what is a "Grand Prix Band"?

Mark: That is a band which won the 2022 music contest.　It's held every year to *discover the best *indie bands.

Alice: Interesting.　And some of the contest artists will play at festival, right?

Mark: Yes, that's right.　[4]

Alice: Well then, we really need to get tickets for both days, don't we?　Wait, there is a pair ticket.　That's cheaper than buying tickets for two days tickets each.

Mark: That's fantastic.　Then I'll *click the buy now button.

Alice: OK, thanks.　By the way, do you want to stay until the end?　I'd like to see the *fireworks, but it's hard to wait outside for such a long time.

Mark: I agree.　Why don't we leave a little earlier before the train gets too crowded, and go out for dinner downtown?

Alice: Great idea.　I can't wait.　Maybe we can watch them next time.

注） flyer：チラシ　depend on ～：～次第である　performer：出演者　absolutely：絶対に
recommend ～：～を薦める　feel like ～ ing：～したい気がする　discover ～：～を発掘する
indie band：インディーズバンド（大手レコード会社などに所属していないバンド）
click the buy now button：購入ボタンをクリックする　firework：花火

問1 [1] ～ [4] に入る最も適当なものをA～Dから1つずつ選びなさい。

A．You should check out "Peppers."

B．That's a good idea!

C．Such a famous band is coming to our town!

D．We may be able to see the stars of the future.

問2 How much will Mark and Alice pay for their tickets?

A．$35　B．$40　C．$60　D．$70

問3 What time will Mark and Alice leave the ABC family land on Sunday?

A．17:30　B．18:00　C．19:00　D．20:00

問4 What information about the music festival is true?

A．The music festival won't be held in heavy rain.

B．Some concert goods will be sold there.

C．Two people with pair tickets don't have to come at the same time.

D．The guests can take part in the event anytime.

問5 本文の内容に合うものをA～Dから1つ選びなさい。

A．Mark is a big fan of Emma White.

B．They want to listen to songs other than their favorite bands.

C．Crown 5 is the band which won the music contest.

D．They don't like to watch fireworks.

[5] Read the following passage and answer the questions.

Ice hockey is a sport that needs good skaters. Each team has five players and a goalkeeper. They have to skate very quickly to go around the other players and *score a goal. Even when they change players, the game doesn't stop. So the players have to skate very quickly to and from the bench. This is why good skaters are important.

*The United Arab Emirates is a desert country. ① It's too hot to play sports outside, so the country has many *indoor swimming pools, soccer fields and even ice skating rinks. Families often *figure skate at shopping centers. When the UAE decided to make a *national ice hockey team, the coach had a good idea. He went to a figure skating club and asked the best skaters to join his team. ② It was easy to teach figure skaters to play hockey. Four months after they created the team, they went to their first international tournament in Hong Kong.

The tournament *director, Tom Barnes, was surprised when a team from the desert came to the tournament. "I didn't think they would have good skaters.

But when I first saw them, I was really surprised. Some of them could skate very well."

The tournament was at a skating rink in a shopping center. Men wearing *traditional robes walk into the shopping center (③) big hockey bags. So everyone *noticed them. A lot of people went to the games to see whether the team could play hockey well or not. People found out that the UAE team was fast and exciting. So the desert team quickly became very popular.

Most teams had a few star players. The desert team didn't have any star players. But they had many very good skaters. All the players worked very hard as a team, and they won many games. Finally, they got to the championship game. More than 3,000 people watched *the final game. The men from the desert won the game and became the tournament champions. The team skated around the ice (③) the *trophy and their flag. Then *suddenly, the players all started figure skating! There were men jumping and turning everywhere. Tom Barnes and the 3,000 fans will never forget it.

At the start of the tournament, people saw the hockey players carrying their bags in their desert robes and thought they would not be very good players. But those people were wrong. This team taught all of us a good lesson – "Don't *judge a book by its (④)."

出典：「True Stories」（NHK 出版）

注） score a goal：（球技で）ゴールを決める
the United Arab Emirates （略称 UAE）：アラブ首長国連邦　indoor：室内の
figure skate：フィギュアスケート　national：国を代表する　director：責任者
traditional robe：（アラブの）伝統的なローブ（すそまで垂れる長い緩やかな衣服）
notice ～：～に気づく　the final game：決勝戦　trophy：トロフィー　suddenly：突然
judge ～：～を判断する

問１　下線部①とほぼ同じ意味になるように（　）に適当な語を入れなさい。

＝ It's (　　) hot (　　) they (　　) play sports outside,

問２　下線部②が指す内容をＡ～Ｄから１つ選びなさい。

Ａ. to ask the best skaters to join his team

Ｂ. to teach figure skaters to play hockey

Ｃ. to make a national ice hockey team

Ｄ. to go to their first international tournament in Hong Kong

問３　本文中（③）に共通して入る前置詞を答えなさい。

問４　次の英文を出来事が起きた順に並べ替えなさい。

A→ (　　) → (　　) → (　　) → (　　) →F

Ａ. The UAE coach went to a figure skating club and asked the best skaters to join his team.

Ｂ. People found out that the UAE team was fast and exciting.

C. The team went to their first international tournament in Hong Kong.

D. People saw the hockey players carrying their bags in their desert robes.

E. The men from the desert won the game and became the tournament champions.

F. The players all started figure skating.

問5　UAEのチームの説明に**合わないもの**をA～Dから1つ選びなさい。

A. The team was fast and exciting, and it quickly became very popular.

B. There were a few star players, and the other players could skate very well.

C. There were no star player on the team, but many of them could skate very well.

D. The team won the final game watched by more than 3,000 people.

問6　本文中（④）に入る最も適切な語をA～Dから1つ選びなさい。

A. cover　　B. story　　C. words　　D. picture

6　次の英文を読み，以下の問いに答えなさい。

In 2011, a United Nations report showed that almost 30% of all food produced world-wide is thrown away. In 2018, Japan threw away *6 million tonnes of food. Three years later, more than 8 million tonnes of food was wasted.

Our lifestyle has *had a big impact on the problem of food waste. Nowadays, people are very busy, and many don't have time to cook *meals, so pre-made foods at supermarkets and other stores have become very（ ① ）. However, if the food is not sold by closing time, it is thrown away.

Another problem is that when we *shop, there is too much choice, from canned and packaged foods to fresh food. A lot of this food does not get sold, and is thrown away because it has *expired. Also, when we do our shopping, we buy more food than we need. When we make our meals, we cook too much food. A lot of this food then becomes food waste that is thrown away. The problem of food waste is getting bigger every year but what can we do about it?

Firstly, it is important to work on this problem both *individually and as a community. We should teach people about food waste, support groups and *organizations to *make use of *leftover and unwanted food, and not throw it away. We can save both food and money.

One important step is to shop smarter. If we make a shopping list before we go shopping, we will only buy the food and goods that we need. Also, when we *prepare too much food, we can put it in the *freezer and eat it later. These simple *tasks can easily reduce food waste. We can also *donate food we don't need to 'food banks', which collect unused food *items from people, companies, supermarkets, and farmers and give that food to people who really need it.

*As for supermarkets and food shops, they can discount the food that will be thrown away. ② This will encourage customers to buy the food and it will not be wasted. We can also use *technology to help us. Some companies and groups are already working on this problem. For example, *artificial intelligence programs are now being developed to *predict and control the amount of food that is needed and sent to restaurants, supermarkets, and other food stores.

There are still many people who don't know about the food waste *crises. It might be difficult to *solve this problem quickly, but by *sharing information about it, the number of people who help to reduce food waste will increase.

注） 6 million tonnes of ～：600万トンもの～　have a big impact on ～：～に大きな影響を及ぼす
meal：食事　shop：買い物をする　expire：賞味期限が切れる　individually：個人的に
organization：組織　make use of ～：～を活用する　leftover：食べ残し
prepare ～：～を準備する　freezer：冷凍庫　task：課題　donate ～：～を寄付する
item：品目　as for ～：～については　technology：工業技術
artificial intelligence：人工知能（ＡＩ）　predict ～：～を予測する
crises：危機（crisis の複数形）　solve ～：～を解決する　share ～：～を共有する

問１　（①）に入れるのに最も適当な語をＡ～Ｄから１つ選びなさい。

Ａ．famous　Ｂ．healthy　Ｃ．interesting　Ｄ．popular

問２　下線部②が指す内容として最も適当なものをＡ～Ｄから１つ選びなさい。

Ａ．必要以上の食品をたくさん買わないこと。
Ｂ．冷凍庫に食品を保管し，後で食べること。
Ｃ．スーパーや食料品店が捨てられることになる食品を値下げすること。
Ｄ．AIが必要な食品の量を予測し，管理すること。

問３　次の質問に対する答えとして最も適当なものをＡ～Ｄから１つ選びなさい。

Question: Why is a lot of food thrown away?
Answer: It's because ...

Ａ．people don't like pre-made food sold at supermarkets.
Ｂ．people don't like to buy discounted pre-made food.
Ｃ．people don't know where food banks are in their cities.
Ｄ．people don't know the amount of food that they need correctly.

問４　本文の内容に合うものをＡ～Ｄから１つ選びなさい。

Ａ．Japan reduced more than 2 million tons of food waste in 2021.
Ｂ．People should not buy pre-made food at supermarkets and other stores.
Ｃ．Food banks are one of the good ways to reduce food waste.
Ｄ．Many people know about the food waste crises well.

問５　以下の英文は本文を要約したものです。（Ⅰ）～（Ⅴ）に入れるのに最も適当なものをＡ～Ｊから１つずつ選びなさい。

Food waste in Japan is （　Ⅰ　） every year. Every day, a lot of food at supermarkets and restaurants is thrown away, because no one wants it, or it has expired. At home, buying and cooking too much food can lead to a lot of

(Ⅱ), too. Each person must make more of an effort to solve this problem, and (Ⅲ) must too.

One way we can help is to make a list of things which we really need to buy. Another example is to use a freezer to (Ⅳ) food fresh for a long time. We can also donate food to food banks. Food stores and supermarkets can help by discounting the food that is not wanted or will soon expire. Now, AI can even help us to predict the amount of food that we really need.

In this way, both people and companies try to share information on food waste, and act (Ⅴ).

A. society　B. country　C. personally　D. increasing　E. reduce
F. garbage　G. food　H. keep　I. smarter　J. give

7 Read and answer the question below in English with 20 words or more.
Question: What do you do in your free time?

《条件》

・主語と動詞を含む20語以上の英文で書きなさい。ただし，英文は２文以上になっても良い。
・短縮形（I'm など）は１語と数え，記号（ピリオドやコンマなど）は語数に含めない。
・答えは解答用紙の下線部_____や_____に１語ずつ詰めて書くこと。

【理　科】（50分）　＜満点：100点＞

[1]　次の実験についての文章を読み，問いに答えなさい。

実験　硫酸銅水溶液，硫酸亜鉛水溶液，硝酸銀水溶液の入った試験管を1本ずつ用意し，硫酸銅水溶液には亜鉛板，硫酸亜鉛水溶液には銅板，硝酸銀水溶液には銅板をそれぞれ入れました。

結果は**表1**のようになりました。

水溶液	硫酸銅水溶液	硫酸亜鉛水溶液	硝酸銀水溶液
金属板	亜鉛板	銅板	銅板
結果（試験管の様子）	a	b	c

表1

実験の結果より，銅，亜鉛，銀を陽イオンになりやすい順に並べると，[d] となります。このような陽イオンへのなりやすさが異なる2つの金属板を①電解質の水溶液の中に入れて導線でつなぐと②電池になります。

問1　**表1**の空欄 [a] ～ [c] に入る最も適当な記述はどれですか。1つずつ選びなさい。

ア　金属板に亜鉛が付着した

イ　金属板に銅が付着した

ウ　金属板に銀が付着した

エ　水素が発生した

オ　変化なし

問2　空欄 [d] に入る最も適当なものはどれですか。選びなさい。

ア　銀＞銅＞亜鉛　**イ**　銀＞亜鉛＞銅　**ウ**　亜鉛＞銀＞銅　**エ**　亜鉛＞銅＞銀

オ　銅＞亜鉛＞銀　**カ**　銅＞銀＞亜鉛

問3　下線部①について，電解質の液体であるものはどれですか。**すべて**選びなさい。

ア　エタノール水溶液　**イ**　塩酸　**ウ**　食塩水　**エ**　砂糖水

オ　水酸化ナトリウム水溶液　**カ**　レモンの果汁

問4　下線部②について，次の問いに答えなさい。

(1)　亜鉛板を硫酸亜鉛水溶液に入れたものと，銅板を硫酸銅水溶液に入れたものを，セロハン膜や素焼きの容器で仕切った電池を何といいますか。書きなさい。

(2)　(1)の電池について，マイナス極（－極），プラス極（＋極）で起こる反応の化学反応式はどれですか。それぞれ選びなさい。

ア　$Zn^{2+} + 2e^- \rightarrow Zn$　**イ**　$Zn \rightarrow Zn^{2+} + 2e^-$　**ウ**　$Cu^{2+} + 2e^- \rightarrow Cu$

エ　$Cu \rightarrow Cu^{2+} + 2e^-$　**オ**　$Ag^+ + e^- \rightarrow Ag$　**カ**　$Ag \rightarrow Ag^+ + e^-$

キ　$2H^+ + 2e^- \rightarrow H_2$

2 次の会話文を読み，問いに答えなさい。

先　　生：家庭にある電気機器の消費電力について調べた結果から色々と考察していこう。議論を単純化するために，使用している間の電気機器の消費電力はそれぞれ一定であるとし，すべての電気機器に100Vの電圧が加わるようになっていることとしよう。

健児さん：ぼくの家の電気機器の消費電力は，次のページの**表１**のようになりました。ものによって消費電力は様なのですね。

先　　生：そうだね。特に，それらを同時に使用するときには気をつけなければいけないんだよ。“ブレーカー”という言葉は聞いたことがあるかな？

健児さん：詳しくはわかりませんが，「ブレーカーが落ちる」といった表現は聞いたことがあります。

先　　生：よく知っているね。ブレーカーとは，家庭用の電気回路において，決められた電流以上の電流が流れると，強制的に回路を切る装置のことを言うんだよ。

健児さん：そうなんですか。その決められた電流以上の電流を流そうとするとブレーカーが作動してしまうのですね。電気機器の同時使用では気をつけなければいけないですね。

先　　生：そうだね。さて，ブレーカーが落ちることの回避も大切だが，電気の使用者として，気を付けなければならない重要なことはなんだろう？

健児さん：無駄な消費電力を抑えることでしょうか。持続可能な地球環境を守るという観点からも日常生活から電気の無駄使いを減らす意識が重要だと思います。

先　　生：その通り。“待機時消費電力量”って，知っているかい？

健児さん：電気機器のスイッチが入っていなくても消費されてしまう電力量のことでしょうか。

先　　生：よく知っているね。日々の生活で使っている意識がないが，忘れてはならない確実に消費している電力だ。ちなみに①一般家庭では全消費電力量の５％をこの待機時消費電力量が占めているのだ。

健児さん：そうなんですか。予想よりずっと多いです。でも日常生活の工夫次第では，②待機時消費電力量は減らすことができそうです。

先　　生：そうだね。日々のちょっとした工夫の積み重ねが大切だ。他に，消費電力を減らす工夫は考えられるかな？

健児さん：エネルギーの変換効率の良い電気機器に変えるのはどうでしょうか？例えば，白熱電球をLED電球に変えることなどが考えられます。

先　　生：それはいいね。白熱電球では［ａ］エネルギーのほとんどが［ｂ］エネルギーに変換されてしまう。しかし，LED電球は白熱電球と同じような明るさでありながら，［ａ］エネルギーを［ｃ］エネルギーに変換する効率が圧倒的に高いんだ。

健児さん：なるほど。やはり良いですね。ただ，LED電球は白熱電球より高価だと聞きます。

先　　生：僕みたいに安月給だと購入に迷うこともある。でも長期的に使用することを考えれば，白熱電球よりLED電球の方が使用する電力量が圧倒的に少ないので，省エネルギーの観点においてはもちろん，経済的にも良い選択かもしれないよ。

健児さん：勉強になります。

使用する電気機器	100Vの電圧で使用した時の消費電力［W］
冷蔵庫	250
テレビ	200
掃除機	1000
洗濯機	600
ドライヤー	1200
ゲーム機	350
電子レンジ	1400

表1

問1　健児さんの家のブレーカーは20A以上の電流が流れると作動し，回路が強制的に切れてしまいます。**表1**に示された電気機器を健児さんの家で同時に使用する場合，ブレーカーが作動しないで使用することのできる電気機器の組み合わせはどれですか。**すべて**選びなさい。

ア　洗濯機と電子レンジ

イ　ゲーム機とテレビ

ウ　掃除機とドライヤー

エ　ドライヤーとテレビと洗濯機

オ　冷蔵庫とテレビと電子レンジ

問2　下線部①において，健児さんの家での全消費電力量に対する待機時消費電力量の割合は，一般家庭の平均である5％よりもやや大きく，7％でした。この差に相当する電力量で，健児さんの家にある**表1**の洗濯機は，1か月あたり何時間使用することができますか。書きなさい。ただし，健児さんの家と一般家庭の1か月で消費する電力量はともに360kWhであるとします。

問3　下線部②において，待機消費電力量を減らすための工夫として最も適当なものはどれですか。選びなさい。

ア　コンセントと電源プラグを掃除する

イ　家の壁を断熱材で覆う

ウ　ドライヤーやゲーム機の使用時間を短くする

エ　外出前や寝る前にコンセントから電源プラグを抜く

オ　タコ足配線（タップを用いてコンセントに複数の電気機器をつなぐこと）をしない

問4　会話文中の空欄 a ～ c に当てはまる語句を書きなさい。

3　葉のはたらきとつくりを確かめるために，次のような実験・観察を行いました。問いに答えなさい。

実験　オオカナダモの葉を顕微鏡で観察したところ，**図1**のように，細胞の中に緑色の小さな粒が見られました。次に，**図2**のように，沸騰させてからラップシートでふたをしてさました水を，試験管a，bに入れました。残った水に，呼気を十分にふきこんだものを試験管c，dに入れました。試験管a～dに，同じ大きさのオオカナダモを入れ，暗いところに一昼夜置いたあと，ゴムせんでふたをしました。その後，**図3**のように試験管a，cには光が当たるようにし，試験管b，dはアルミニウムはくでおおい，光が当たらないようにしました。光を当ててから30分後，試験管a～dのうちのオオカナダモからさかんに気体が発生し始めたものがありました。さらに3時間後，エタノールを用いて，試験管a～dの葉の緑色を抜き，ヨウ素液を加え顕微鏡で観察したところ，葉の細胞の中の小さな粒が青紫色に変化していたものがありました。

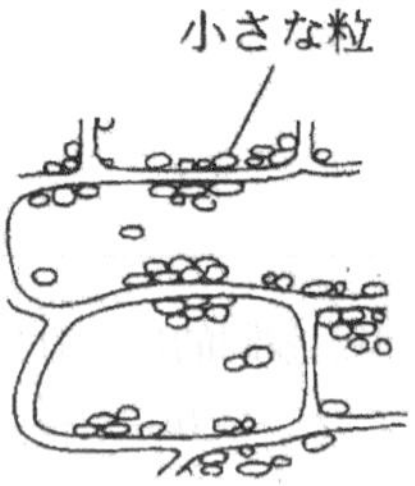

図1

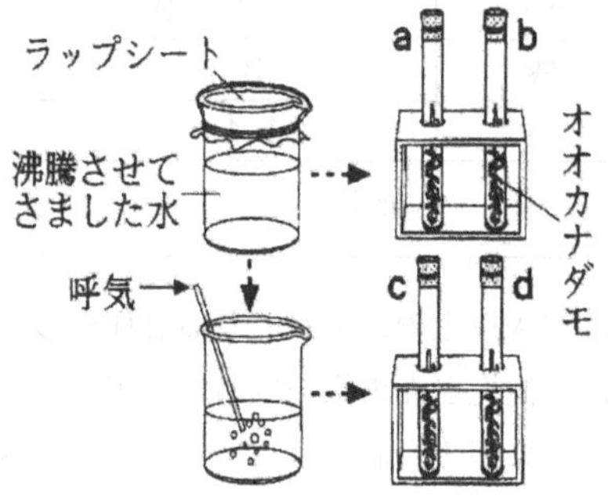

図2

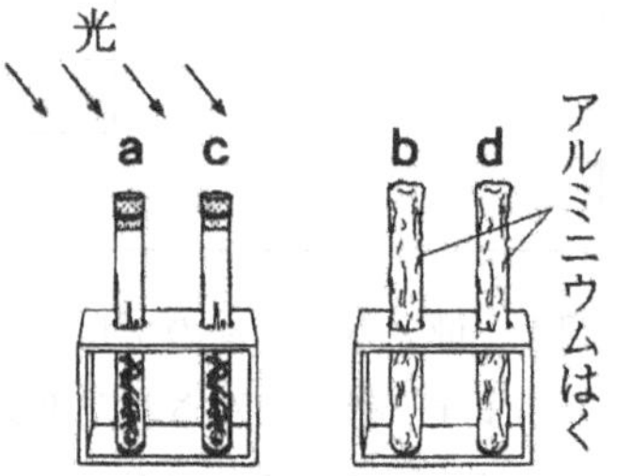

図3

問1　この実験で，下線部のように水を沸騰させる理由として正しく述べているものはどれですか。選びなさい。

ア　水に溶けている気体を追い出すため　**イ**　試験管中にいる微生物を殺菌するため

ウ　化学反応を起こしやすくするため　**エ**　緑色の粒の中での活動を活発にするため

問2　試験管a～dのうち，オオカナダモの葉の細胞の中の小さな粒が青紫色に変化していたものはどれですか。選びなさい。

問3　実験の結果から，葉でデンプンがつくられるはたらきでは，何が必要であるといえますか。すべて選びなさい。

ア　酸素　**イ**　二酸化炭素　**ウ**　窒素　**エ**　水　**オ**　光　**カ**　温度

問4　**図4**はツユクサの葉，**図5**はツユクサの表皮を顕微鏡で観察したときのスケッチです。ツユクサと同じ葉のつくりをもつ植物はどれですか。すべて選びなさい。

ア　ツバキ

イ　タンポポ

ウ　トウモロコシ

エ　ヒマワリ

オ　スズメノカタビラ

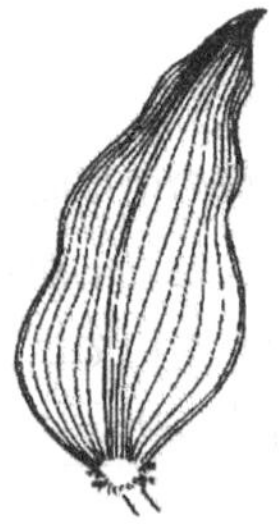

図4

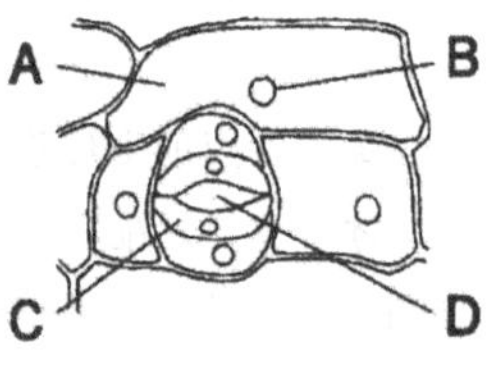

図5

問5　**図5**のA～Dのうち気孔はどれですか。選びなさい。また，気孔をつくっている細胞を何といいますか。書きなさい。

問6　気孔から水分はどのように移動しますか。選びなさい。

ア　水分が出ていく　**イ**　水分が入ってくる　**ウ**　水分が出たり入ったりする

エ　水分の出入りはない

4 次の観察と実験について，問いに答えなさい。

トオル君は，夏になると週末にはよく海でキャンプをします。晴れた日にはたいてい昼に海風が吹いており，夜になると陸風になることを疑問に思い，①海陸風がはっきりと吹いたある晴れた日の砂浜の温度と海水温を調べてみました。また，次のような実験も行いました。

実験 プラスチックの食品容器を2つ用意し，1つには海岸から持ち帰った砂を入れ，もう1つには水を入れました。この2つの容器の上に，水槽をひっくり返しかぶせて密封しました。水槽の中には線香の煙を入れ，水槽内の空気が移動していることがわかるようにしました。
②線香が燃え尽きてから電灯をつけ，空気の流れを観察しました。その後，電灯を消してしばらく観察を続けると，空気の流れが逆になりました。

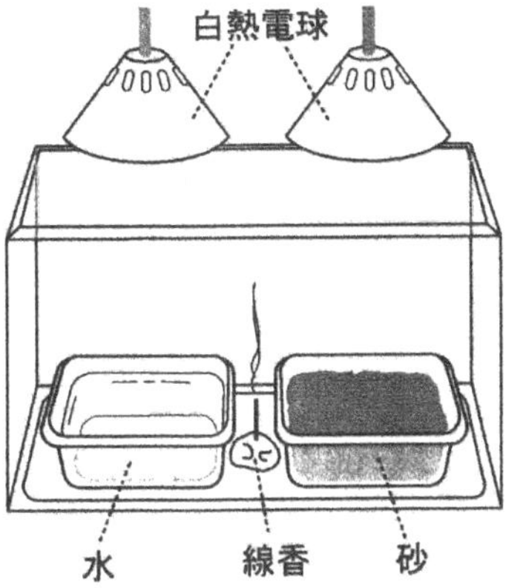

問1 下線部①について，次の問いに答えなさい。

(1) この日，調べた温度の組み合わせとして最も適当なものを選びなさい。

	昼		夜	
	砂浜	海水	砂浜	海水
ア	18.9℃	21.0℃	19.6℃	19.9℃
イ	18.9℃	21.0℃	19.9℃	19.6℃
ウ	21.0℃	18.9℃	19.6℃	19.9℃
エ	21.0℃	18.9℃	19.9℃	19.6℃

(2) この日観察された海風，陸風の速さはどうだったと考えられますか。選びなさい。

ア 海風のほうが速い

イ 陸風のほうが速い

ウ 同じ速さになる

(3) 海風と陸風がいれかわる朝と夕の時間帯には無風状態になります。これを何といいますか。書きなさい。

問２　下線部②について，電球をつけてからしばらくすると，海風の現象を再現できました。電球がついているときの水槽内の空気の流れはどのようになりますか。選びなさい。

ア
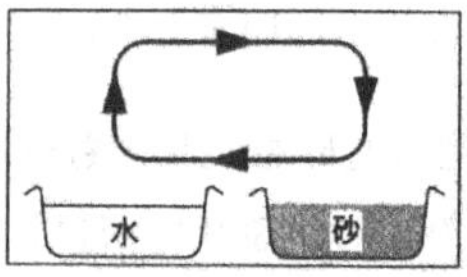

イ
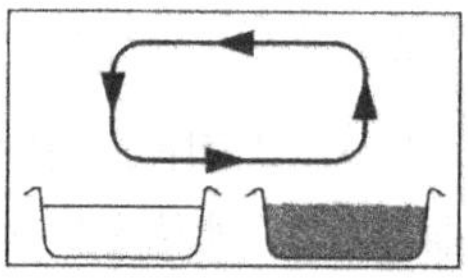

ウ
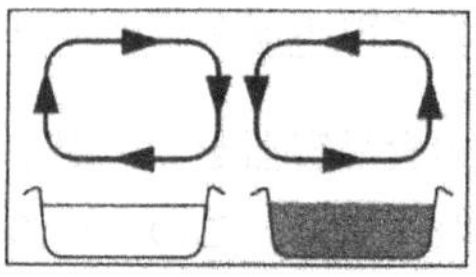

エ
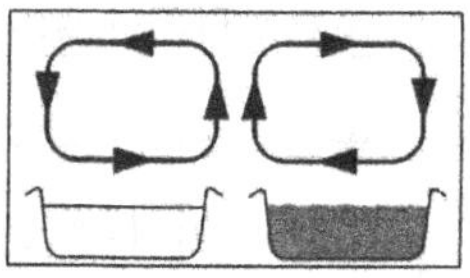

問３　日中に海風が吹き，夜になると陸風になるのはなぜですか。選びなさい。

ア　水は砂や岩石に比べて温まりやすく，冷めやすい性質をもつため
イ　水は砂や岩石に比べて温まりやすく，冷めにくい性質をもつため
ウ　水は砂や岩石に比べて温まりにくく，冷めやすい性質をもつため
エ　水は砂や岩石に比べて温まりにくく，冷めにくい性質をもつため

問４　海陸風が大規模におこっているのが季節風と考えることができます。陸風が大規模に生じていると考えられる日本付近の季節風について次の問いに答えなさい。

(1)　この季節風が吹く典型的な天気図はどれですか。選びなさい。

ア
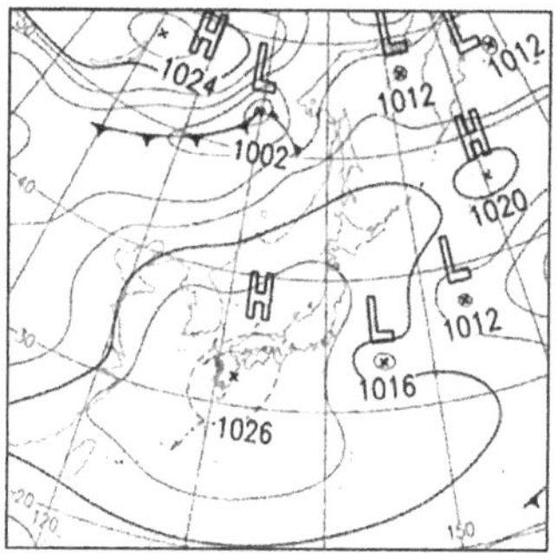

イ
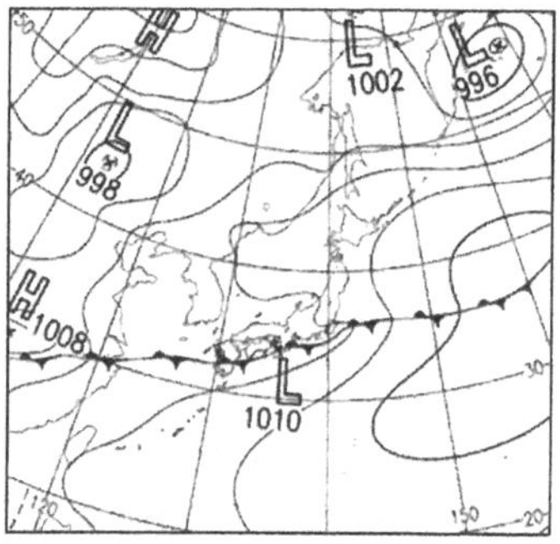

ウ
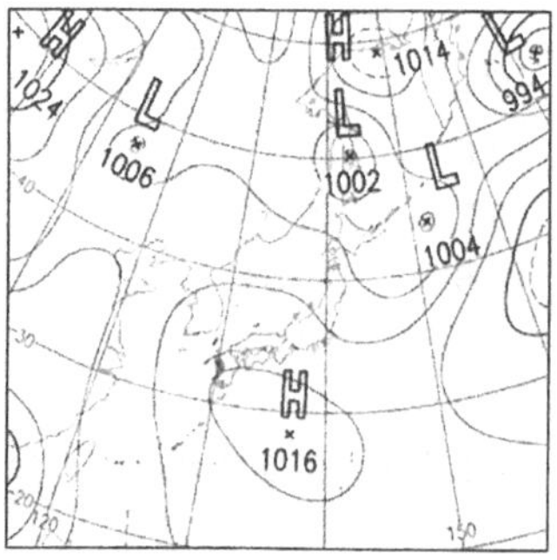

エ
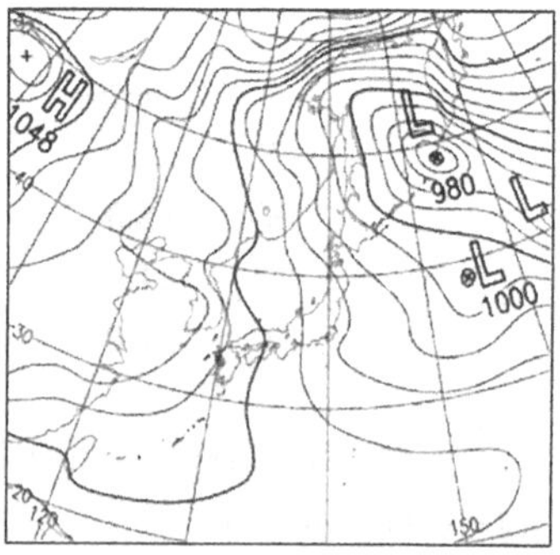

(2)　この季節風が吹くときに勢力が強くなっている気団を何といいますか。選びなさい。

ア　オホーツク海気団　　**イ**　シベリア気団　　**ウ**　太平洋（小笠原）気団
エ　移動性高気圧　　**オ**　温帯低気圧　　**カ**　アジアモンスーン

5 次の会話文を読み，問いに答えなさい。

ジョージさん：私たちの身の回りには，さまざまな気体がありますね。
ビ　ルさん：そうですね。ジョージさんは何か好きな気体はありますか。
ジョージさん：私が一番好きな気体はアンモニアです。アンモニアは刺激臭があって臭いし，有毒でマイナスなイメージがあると思いますが，実は良いところもあるのですよ。
ビ　ルさん：そうなのですね。①アンモニアは実験室で発生させることができますよね。確か，②アンモニアの密度は空気より小さいから上方置換で気体を集めます。
ジョージさん：ビルさん，しっかり勉強していますね！ちなみに，工業的には③窒素と酸素を反応させて，アンモニアを生成します。この反応は，高温・高圧の条件で触媒を用いる必要があります。触媒とは，反応の前後で変化しないが，反応を促進させるはたらきをもつ物質のことです。
ビ　ルさん：なるほど。ジョージさんは本当に何でも知っているのですね。ところで，アンモニアの良いところはどのような点ですか。
ジョージさん：やっと聞いてくれましたね。アンモニアは昔から肥料の原料として使われている点です。世界中で生産されているアンモニアのうち，約８割が肥料に使われているそうです。
ビ　ルさん：私たちが安心して毎日食べ物を食べることができるのも，アンモニアのおかげでもあるのですね。
ジョージさん：実はアンモニアの良いところはもう１つあります。それは，近年，エネルギー分野での活躍が注目されていることです。なんと，燃料としてアンモニアが利用される可能性があるかもしれないのです。現在，実験段階ですが，石炭火力にアンモニアを混ぜて燃やすことによって，二酸化炭素の排出量を減らすことができるそうです。
ビ　ルさん：それは知らなかったです！④温室効果ガスの１つである二酸化炭素の排出量を削減することは，我が国が目標に掲げている「カーボンニュートラル」の実現へまた一歩前進しますね。

問１　下線部①について，次の問いに答えなさい。

(1)　アンモニアを発生させるために反応させる物質はどれですか。選びなさい。

ア　二酸化マンガンとうすい過酸化水素水

イ　塩化アンモニウムと水酸化カルシウム

ウ　亜鉛とうすい塩酸

エ　石灰石とうすい塩酸

(2)　(1)の反応の発生装置について，最も適当な図はどれですか。次のページから選びなさい。

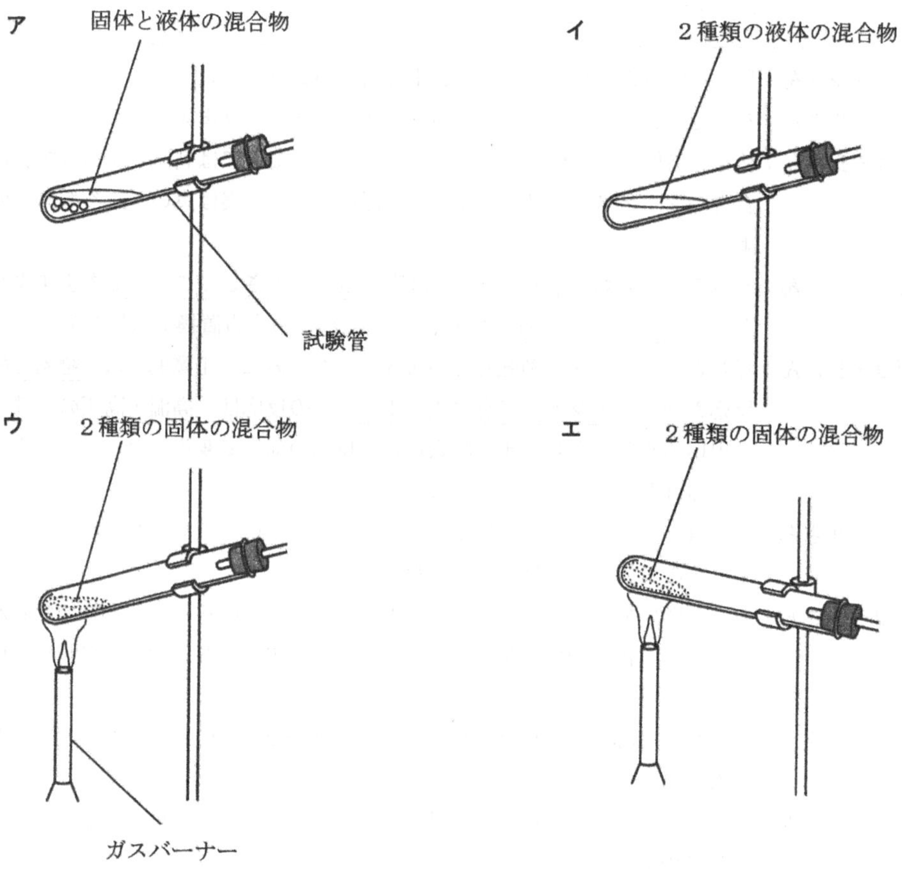

問２　下線部②について，気体の密度は非常に小さいので，単位には g/L（グラム毎リットル）を用いる場合があります。０℃ でのアンモニアの密度は何 g/L になりますか。小数第３位を四捨五入して**小数第２位まで**求めなさい。ただし，０℃ でのアンモニア22.4L の質量は17g とします。

問３　下線部③について，この反応の化学反応式は下のようになります。空欄 $\boxed{a}$ ～ $\boxed{c}$ に入る最も適当な数値は何ですか。書きなさい。ただし，１も省略せずに書きなさい。

$$\boxed{\ a\ }\,N_2 + \boxed{\ b\ }\,H_2 \rightarrow \boxed{\ c\ }\,NH_3$$

問４　下線部④について，温室効果ガスの１つにメタンがありますが，メタンの性質として正しいものはどれですか。選びなさい。

ア　特有のにおいがある
イ　酸性雨の原因となる
ウ　天然ガスの主成分である
エ　空気より密度が大きい
オ　漂白剤に利用される

6 次の実験について問いに答えなさい。ただし，空気の抵抗は考えなくてよいものとします。

実験１　**図１**のように，斜面と水平面がつながった，摩擦の無いなめらかなレールを水平な地面の上に置いた。小球を点Ａから静かに離したところ，小球は左側斜面と水平面をすべった後，右側斜面を上った。

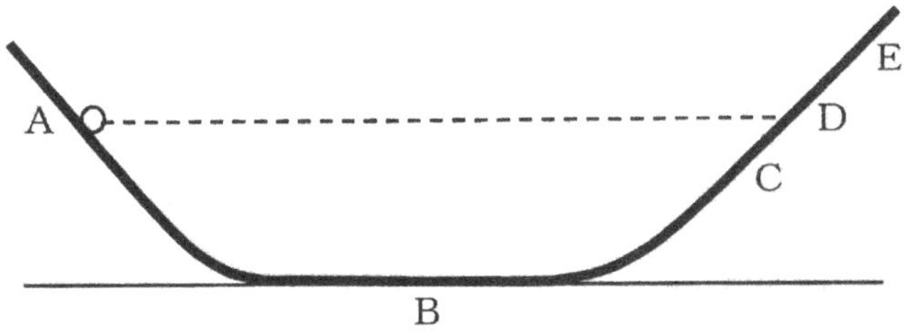

図１

実験２　**図２**のように，**図１**のレールの右側斜面を切断し，**図２**の形にして水平な地面の上に置いた。小球を点Ａから静かに離したところ，小球は左側斜面と水平面をすべった後，右側斜面を上りきり，レールから飛び出した。

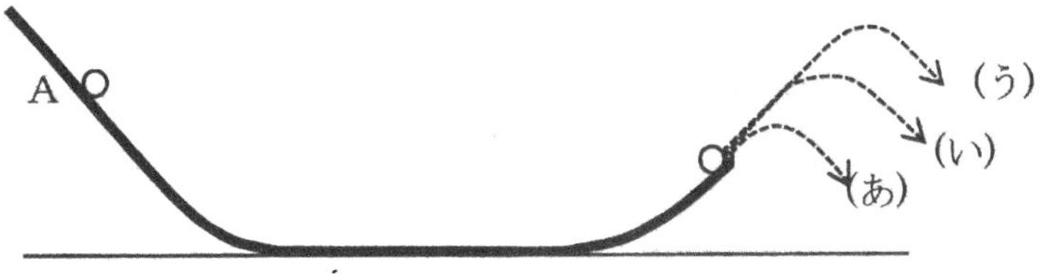

図２

実験３　**図３**のように**実験１**と同様のレールを用意した。さらに，点Ｂの真上に，検流計につないだコイルを設置した。このレール上に，上面がＮ極である磁石が接着してある台車を乗せ，点Ａから静かに離したところ，台車は左側斜面をすべり，点Ｂを通過した。

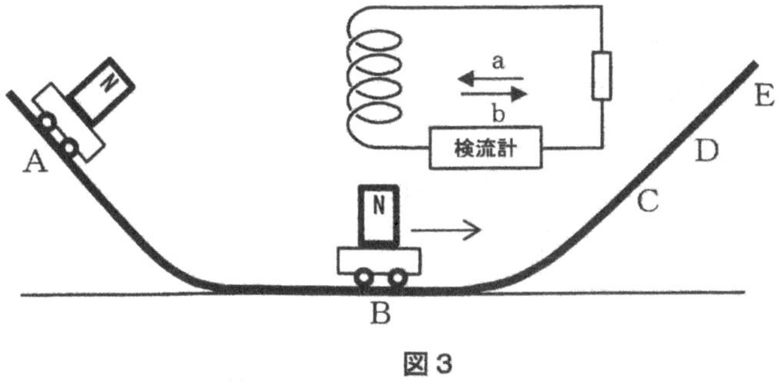

図３

問１　**実験１**において，小球はＣ，Ｄ，Ｅのうち，どこまで上りますか。最も適当なものを選びなさい。

問２　**実験１**において，小球の速さが最も速いのは，Ｂ～Ｅのうち，どの点を通過するときですか。最も適当なものを選びなさい。

問３　**実験２**において，小球はレールから飛び出したあと，どのように飛んでいきますか。**図２**の

（あ）～（う）のうちから最も適当なものを選びなさい。

問４　**実験３**において，台車がＢを通過する直前と直後それぞれにおいて，検流計の様子について正しく述べているものはどれですか。選びなさい。

ア　ａの向きに電流が流れる

イ　ｂの向きに電流が流れる

ウ　電流は流れない

問５　**実験３**のように，コイルに磁石を近づけたり，遠ざけたりすると電流が流れる現象を何といいますか。**漢字**で書きなさい。

7　次の文章を読み，問いに答えなさい。

ナナミとゴロウは夏休みに自宅近くの池で遊んでいるとき，とても大きなカエルを見つけました。二人はそのカエルを解剖してみようと考え，捕まえて学校まで持ち帰り先生に見せました。

ゴロウ：先生，僕の家の近くにある古い池でナナミさんと遊んでいた時，大きなカエルを見つけたので捕まえてきました。

先　生：おーっ。それはウシガエル（**図１**）だよ。先日，セキツイ動物の体のつくりを勉強したところだったね。解剖して観察してみようか。

ナナミ：わーい。よろしくお願いします。麻酔は私がかけるから，解剖はゴロウくんお願いね。

ゴロウ：うん。解剖ならお手の物だよ。

（解剖中・・・）

先　生：ほおー。ゴロウくんうまく解剖できたね。では内臓を観察してみましょう。まずはこの胸のあたりにある２つのうすい赤桃色の器官は何かわかるかい？

ゴロウ：んー。膨らんだ袋状になってますね。肺ですか？

先　生：その通り！

ナナミ：意外と大きいんですね。

先　生：次にこの肺の間にある器官はわかるかい？

ナナミ：心臓ですか？

先　生：正解です！では，次に養分の消化と吸収にかかわる器官だけをハサミで切り取ってみましょう（**図２**）。まずは，暗赤色の大きな器官（**図２**のａ）がありますがこれは何だかわかりますか？

ゴロウ：んー。その色，なんかスーパーマーケットの精肉販売コーナーで見たような・・・。

先　生：この器官のはたらきの一つに，有害な物質を無害な物質に変えるはたらきがあるんだよ。

ナナミ：わかりました！［　１　］ですね。

先　生：違います。それは尿を作る器官です。では，この暗赤色の大きな器官の下には，うすい乳白色で袋状のもの（**図２**のｂ）がありますね，なんだかわかりますか？ヒントはこれにつながっているのが小腸（**図２**のｃ）だよ。

ナナミ：胃ですか？

先　生：正解！では，次はちょっと難しいよ。小腸をピンセットで持ち上げてみると，ほら，小腸をつなげるように透明な膜が見えますね（図２のｄ）。何だと思う？

ゴロウ：んー，つなげているから連結膜かな？

先　生：違います。この膜は腸間膜といいます。

ナナミ：よく見れば，その膜にはたくさんの血管が通っており，その血管は小腸から出て一か所に集まっているように見えますね。

先　生：そう。ナナミさん，よく観察しているね。

図１

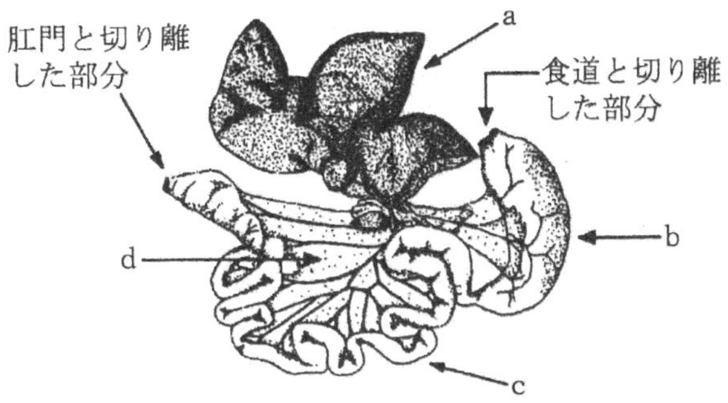

図２

問１　肺には，肺動脈と肺静脈という２種類の血管がつながっています。これらの血管を流れる血液の酸素量について，正しく述べているのはどれですか。選びなさい。

ア　肺静脈を流れる血液よりも肺動脈を流れる血液の方が，酸素量は多い

イ　肺動脈を流れる血液よりも肺静脈を流れる血液の方が，酸素量は多い

ウ　肺静脈と肺動脈を流れる血液の酸素量は，ほぼ等しい

エ　肺静脈と肺動脈を流れる血液の酸素量は，そのときの運動量によって変化するために，どちらが多いとはいえない

問２　ヒトの呼吸について調べるために，$200cm^3$の水と少量の緑色のBTB液を三角フラスコに入れ，ストローで自分の息を10回ほど，三角フラスコ内の液に吹き込みました。三角フラスコ内の液の色は何色に変わりますか。選びなさい。

ア　青色　　イ　黄色　　ウ　赤色　　エ　白色　　オ　無色透明

問３　文中の空欄［１］にあてはまる器官は何ですか。器官名を書きなさい。

問４　小腸でよく吸収され，吸収されたのち，すぐに毛細血管に入る物質は何ですか。２つ選びなさい。

ア　デンプン　　イ　グリセリン　　ウ　ブドウ糖　　エ　タンパク質　　オ　脂肪

カ　アミノ酸　　キ　脂肪酸

問５　文中の下線部の一カ所に集まった血管は，このあと，おもに栄養を貯蔵する器官とつながっています。この器官は何ですか。器官名を書きなさい。

問６　観察された暗赤色の大きな器官（図２のａ）について，ヒトの場合，タンパク質の分解によって生じた有害なアンモニアを無害な物質に変えるはたらきがありますが，このとき，アンモニアから変化し，無害になって体外に排出される物質のうち，窒素を含むものの名称を１つ書きなさい。

問7　このカエルには精巣が観察されました。精巣で精子がつくられるときにおこる特別な細胞分裂を何といいますか。書きなさい。

問8　授業のあとに，ゴロウはウシガエルの染色体の数を参考書で調べたところ，ウシガエルの親の皮ふの細胞の染色体数は26本でした。ウシガエルの親の皮ふの細胞の染色体数と同じ染色体数のものはどれですか。**すべて**選びなさい。

ア　ウシガエルの精子　　　**イ**　ウシガエルの受精卵

ウ　ウシガエルの雌の卵巣の細胞　　　**エ**　ウシガエルのオタマジャクシの皮ふの細胞

オ　トノサマガエルの皮ふの細胞

8　次の文章を読み，問いに答えなさい。

図1の地形図で示された地域の4地点P～Sでボーリング調査を行いました。**図2**はP～Rの柱状図を模式的に表しています。また，別の調査から，この地域では地層の逆転や断層，しゅう曲は確認されず，泥岩層中にビカリアが発見され，砂岩層中には**図3**のような構造が観察されました。なお，**図1**の実線は等高線，破線は50mごとの水平距離を示しています。

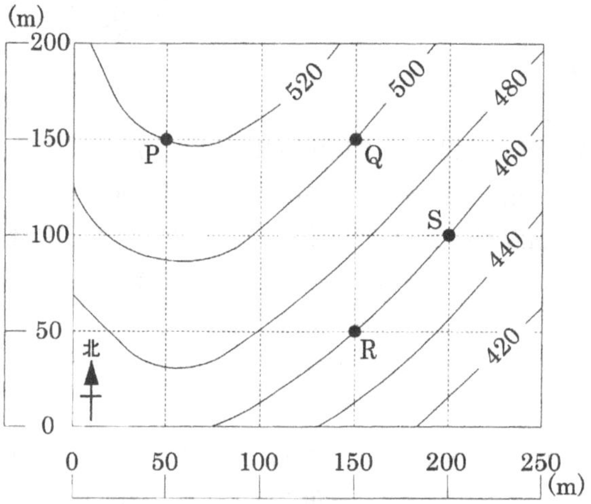

図1

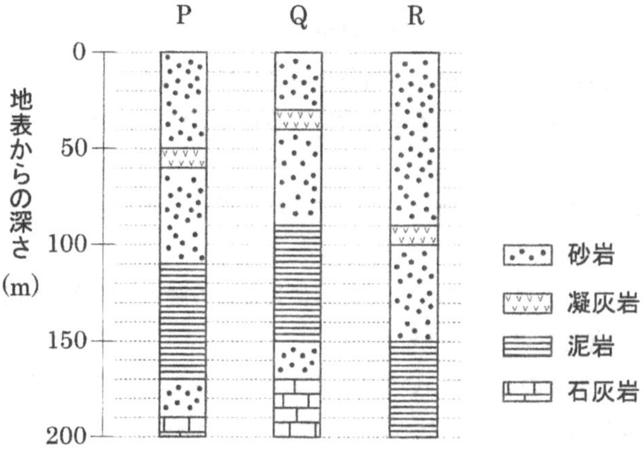

図2

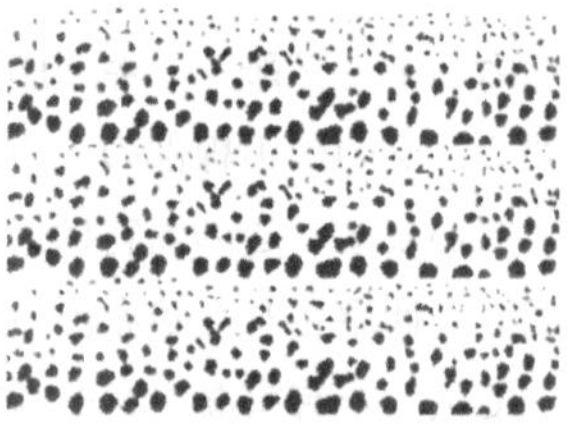

図3

問１　地点Ｓでボーリング調査をした場合，地表から何ｍの深さで泥岩層に到達しますか。整数で答えなさい。

問２　図３の構造はどのようにできると考えられますか。最も適当なものを選びなさい。

ア　砂漠で風が吹いてつくられる

イ　地震のたびに海底で土砂くずれがおきてつくられる

ウ　浅い海底で波が寄せては引いていくなかでつくられる

エ　河川の流れが速くなったり遅くなったりしてつくられる

問３　凝灰岩をルーペで観察したところ，**図４**のような鉱物がありました。**鉱物Ｂ**は何ですか。選びなさい。

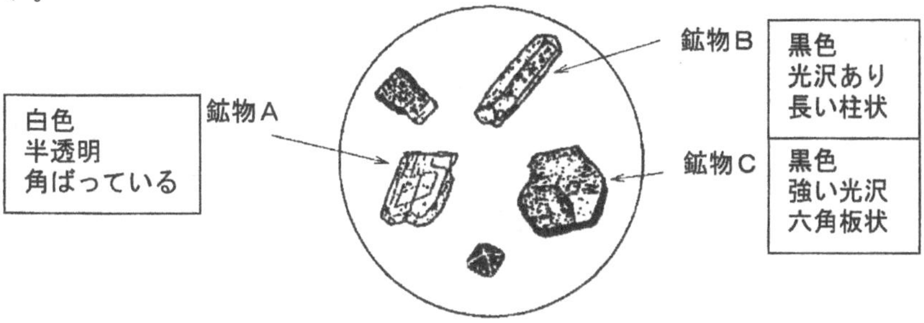

図４

ア　かんらん石　　**イ**　黒雲母　　**ウ**　長石　　**エ**　角閃石

問４　この地域の泥岩に含まれているビカリアについて次の問いに答えなさい。

(1)　ビカリアはどれですか。選びなさい。

ア

イ

ウ

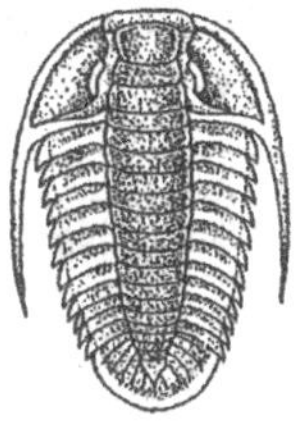

エ

(2)　ビカリアを含む地層はどの地質年代に堆積しましたか。選びなさい。

ア　新生代　　**イ**　中生代　　**ウ**　古生代

(3)　化石について述べた次の文中の下線部①～⑤のうち，誤りを含むものが２つあります。その組み合わせとして正しいものを選びなさい。

示準化石は，地層が堆積した年代がわかる化石である。示準化石の条件は，その古生物が特定の時代に生息していたことであり，あるいは，①進化の速度が遅く形態をあまり変えなかったことである。また，②広い範囲に多数の化石が算出することが望ましい。一方，示相化石は，地層が堆積した当時の環境がわかる化石である。示相化石の条件は，③その古生物が特定の環境の下でしか生息できなかったことである。なお，④化石は示準化石か示相化石のどちらかに必ず分類でき，⑤示準化石と示相化石の両方の特徴をもつ化石も存在する。

ア　①と②　　**イ**　①と③　　**ウ**　①と④　　**エ**　①と⑤　　**オ**　②と③

カ　②と④　　**キ**　②と⑤　　**ク**　③と④　　**ケ**　③と⑤　　**コ**　④と⑤

【社　会】（50分）　＜満点：100点＞

1　札幌市に住む，ハルキ君とマリさんは冬休みにそれぞれ家族と旅行に行きました。二人は旅行中に興味を持ったことを調べて，スライドにまとめてみました。ハルキ君とマリさんの会話や，まとめたスライドに関する次の問いに答えなさい。

ハルキ君：冬休みの旅行，楽しかったな。僕は，東京に行ってきたよ。いくつか観光してきたのだけど，特に印象に残っているのは①新宿区の大久保というところだよ。新大久保駅を降りると，②いろいろな国の人の言葉が聞こえてきて，店の看板にも様々な文字が並んでいたんだ。

マリさん：日本の中でも，外国の文化に触れることができそうだね。

ハルキ君：特に興味を持ったのは，③ネパール料理の店だよ。ネパール人の店には国旗が掲げられていることが多くて，世界で唯一四角形ではない国旗で印象に残っているよ。

マリさん：私は，九州地方に行ってきたよ。④新幹線に乗って福岡，鹿児島，長崎を訪れたよ。九州地方の様々な⑤文化や美しい景色に触れることができて，とても良い思い出になったよ。

ハルキ君：同じ日本でも，⑥気候や都市，産業の特徴が違って，おもしろいね。いろいろなところを旅行してみたいな。

問1　下線部①について，次の文章の空欄（　）に共通する適語を**漢字**で答えなさい。

東京が大都市へと発展するなかで，新宿，渋谷，池袋などのターミナルが（　　　）として発達し，都心にあったオフィスや商業などの機能の一部が（　　　）に移転するようになった。

問2　下線部②について，ハルキ君は日本の在留外国人について人数の多い国10か国を調べて下の図1のスライドを作成しました。グラフ中の空欄（A）～（C）に当てはまる国名の組み合わせとして適当なものを次のページから1つ選び記号で答えなさい。

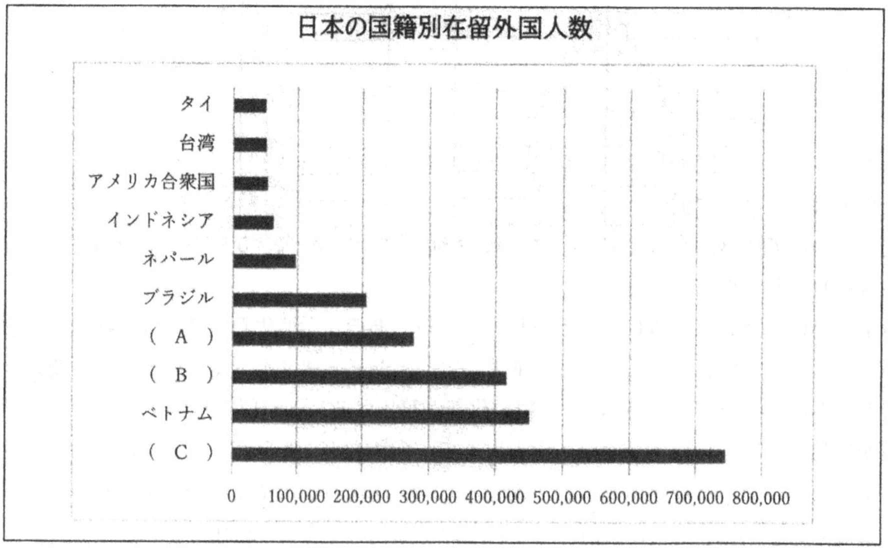

図1

出入国在留管理庁 https://www.moj.go.jp/isa/publications/press/13_00017.html により作成

	ア	イ	ウ	エ	オ	カ
A	フィリピン	フィリピン	韓国	韓国	中国	中国
B	中国	韓国	フィリピン	中国	フィリピン	韓国
C	韓国	中国	中国	フィリピン	韓国	フィリピン

問3　ハルキ君は「日本の国籍別在留外国人数の多い国」からいくつかの国の人口ピラミッドを調べて，日本の人口ピラミッドと比較してみました。次のア～エは，日本，アメリカ合衆国，インドネシア，ブラジルの人口ピラミッドです。アメリカ合衆国の人口ピラミッドを次から1つ選び記号で答えなさい。

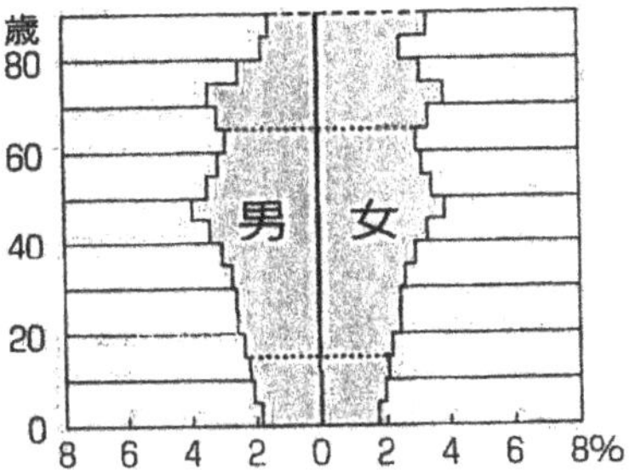

ア

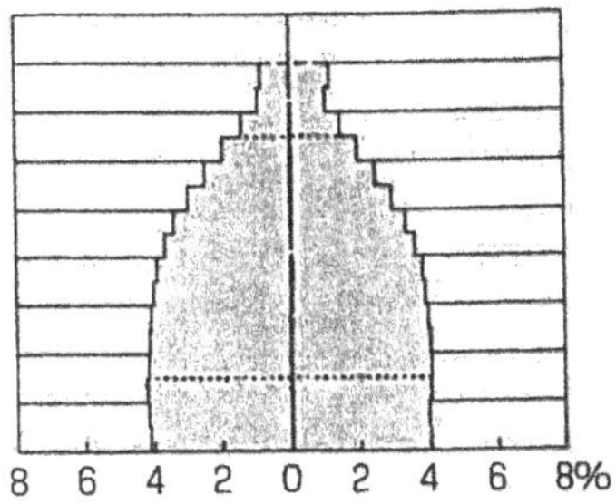

イ

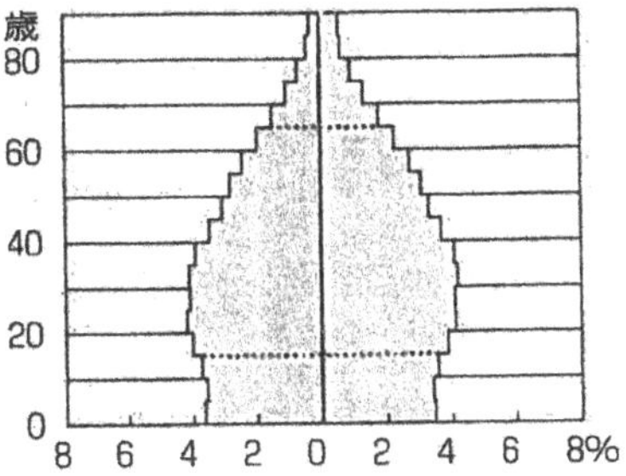

ウ

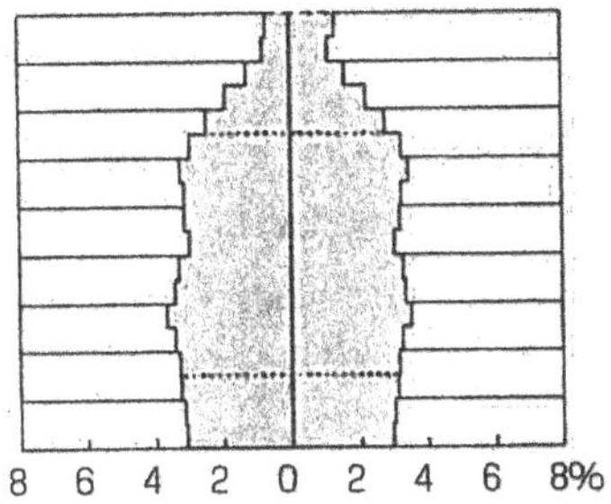

エ

帝国書院地理統計 2022 年版

問4　下線部③について，ハルキ君はネパールの国旗について調べて，次のページの図2のスライドを作成しました。下の(1)・(2)に答えなさい。

(1)　図2のスライド中の空欄（ a ）に適する語句を答えなさい。

(2)　図2のスライド中の下線部bについて述べた次の文より，**誤っているもの**を1つ選び記号で答えなさい。

ア．ヒンドゥー教では，牛を神聖な動物と考えているため，牛肉を食べることは禁じられており，インド料理で使われる肉は，鶏肉や羊の肉・山羊肉が中心となっている。

イ．ヒンドゥー教はガネーシャという，象の頭をもつ神様を信仰する一神教である。

ウ．仏教はキリスト教・イスラム教とともに，その発祥地や民族を越えて広く信仰され，世界宗教と呼ばれている。

エ．タイでは，仏教の僧が家々を回り食べ物のほどこしを受ける修行（托鉢《たくはつ》）がある。

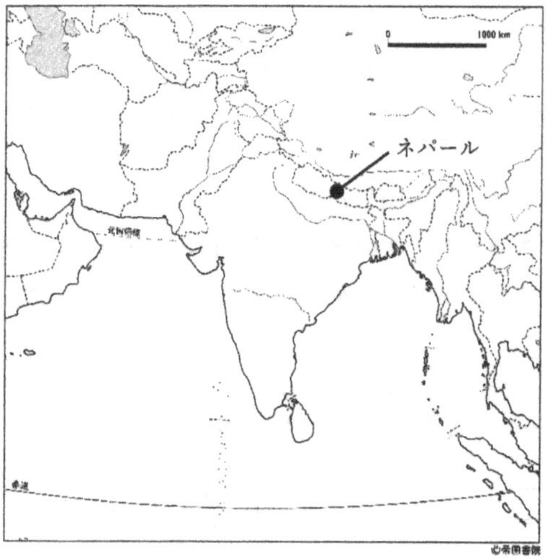

ネパールの国旗は、(　a　)山脈の形と、二大宗教であるｂヒンドゥー教と仏教を意味している。

図２

問５　下線部④について，次の会話文はマリさんと先生が日本の新幹線について述べたものです。会話文中の下線部より内容が**誤っているもの**を１つ選び記号で答えなさい。

マリさん：長崎を訪れたときに，ア．2022年９月23日に開業した，西九州新幹線「つばめ」に乗りました。佐賀県・武雄温泉駅と長崎駅を結ぶ全長66㎞の路線で，新幹線としては最短の距離だそうです。

先　生　：新幹線といえば，2016年３月にイ．新青森から新函館北斗間が開業して北海道にも新幹線がやってきましたね。

マリさん：ウ．新幹線は特急や飛行機に比べて，運休や時間の遅れが少ないのに加えて，一度にたくさんの人を運ぶことができますよね。

先　生　：そうですね。エ．鉄道が走ることで出る二酸化炭素の量は飛行機の約５分の１で，環境にやさしい乗り物とも言えますね。

マリさん：新幹線の駅で降りた人たちが，周りの町に移動しやすいように，他の乗り物への乗り換えをしやすくしたり，観光ルートを作ったりすると地域の活性化にもつながりそうですね。

問６　下線部⑤について，マリさんは旅行中に見た，文化や景色の写真をまとめてみました。次のページの図３～図５のスライドに関するあとの⑴～⑺に答えなさい。

⑴　図３のスライド中の空欄（ｃ）に適する語句を答えなさい。

⑵　図３のスライド中の下線部ｄについて，日本や世界の自然災害について述べた文として**誤っているもの**を次から１つ選び記号で答えなさい。

ア．2011年に発生した東北地方太平洋沖地震では，津波が発生し，海岸部に押し寄せ，大きな被害をもたらした。

イ．2016年に熊本県を中心とした地域で発生した熊本地震では，崖くずれや土石流などの大きな被害が出た。

ウ．中央アメリカやカリブ海付近は熱帯で，西インド諸島やメキシコ湾岸は，サイクロンによる被害を受ける地域である。

エ．インドネシアは現在も活発な変動が続いている地域に位置し，スマトラ島沖地震など大きな地震が発生している。

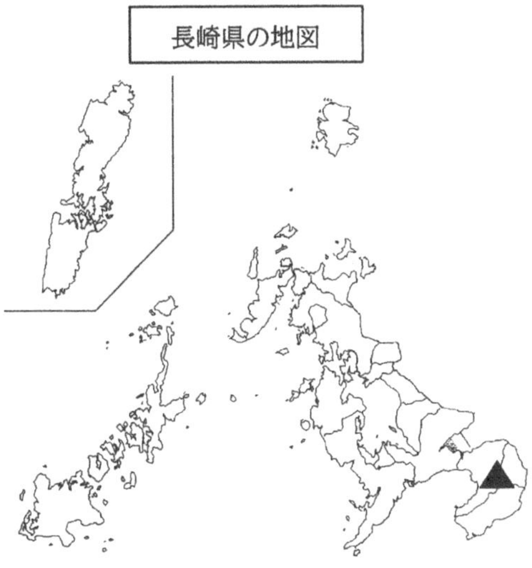

「▲（　c　）岳」

1991 年、（　c　）岳はd 噴火活動を活発化させ火山灰が人々の生活や農業に被害を及ぼし、火砕流が多くの犠牲者を出した。

図 3

九州の世界文化遺産
官営（　　e　　）旧本事務所

〈北九州工業地域について〉

1901 年にf 鉄鋼の生産をはじめて以来、福岡県北九州市では鉄鋼業、セメント工業、化学肥料などの重化学工業が盛んになった。

1960 年代には、鉄鋼生産は伸びたが、g 大気汚染や海洋汚染が深刻な問題となった。

その後公害の対策に取り組み、1997 年には国からエコタウン事業の承認を受けた。

図 4

(3)　図 4 のスライド中の空欄（e）に適する語句を**漢字**で答えなさい。

(4)　図 4 のスライド中の下線部 f について，次のページのグラフA，Bは鉄鉱石の生産国（2018年），輸出国（2019年）を表し，グラフ中のX～Zは，ブラジル，中国，オーストラリアのいずれかです。鉄鉱石の生産国を表すグラフとオーストラリアが当てはまる記号の組合せとして，適当なものを次のページから 1 つ選び記号で答えなさい。

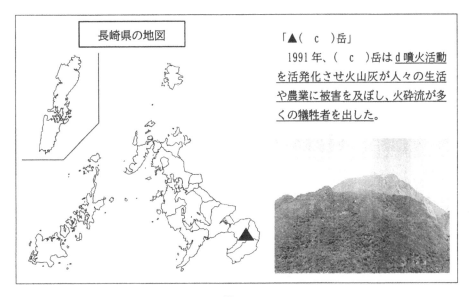

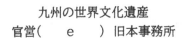

グラフ A

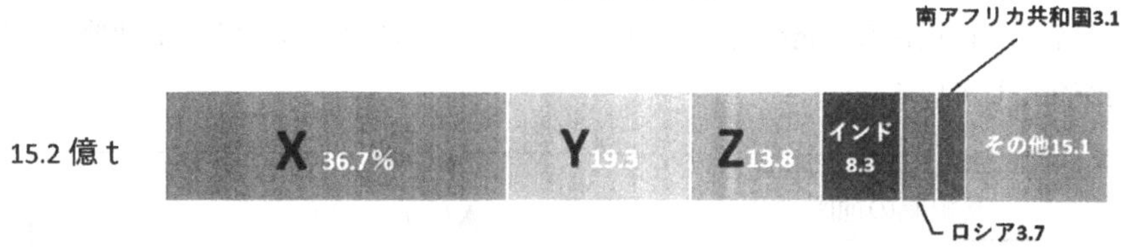

グラフ B

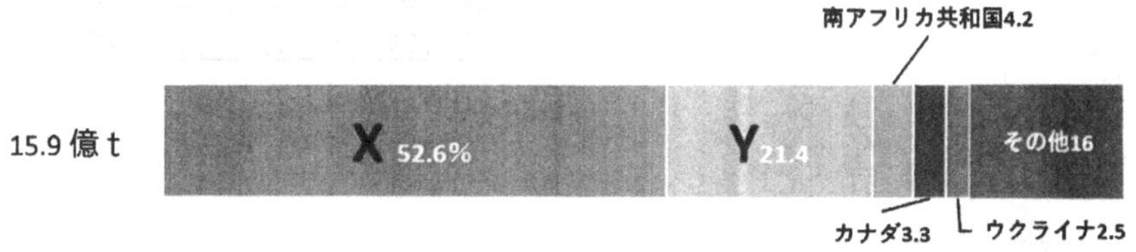

鉄鋼統計洋要覧 2020 ほか

	ア	イ	ウ	エ	オ	カ
鉄鉱石の生産国	A	A	A	B	B	B
オーストラリア	X	Y	Z	X	Y	Z

(5) 前のページの図４のスライド中の下線部ｇについて，以下の文はオランダにみられる環境対策について述べた文です。空欄（ア）～（ウ）に適する語句を答えなさい。

> オランダでは，古くから北海と低湿地を仕切る堤防をつくり，さらに風車を利用し低湿地や湖の水を排水する（　ア　）が行われてきた。現在，国土のおよそ４分の１は標高０m以下の土地で，国民の半数以上がこれらの低地に住んでいる。そのため（　イ　）による海面上昇への関心が高い。ガソリンや石油などの消費量に応じて課税する（　ウ　）を導入したりすることで，温室効果ガスの排出量の削減に努力している。

(6) 次のページの図５のスライド中の下線部ｈについて，日本の農産物のブランド化には，国の制度を利用したり，各自治体が基準や統一デザインを設けて認定したりするなどの方法があります。日本や世界の農産物のブランド化に関して述べた文として**誤っているもの**を次から１つ選び記号で答えなさい。

ア．日本の各地域では，ブランド肉やブランド野菜・果物など，付加価値の高い農産物の生産に力を入れている。

イ．ワインのシャンパンという名称は，伝統的な製法によって作られてきたドイツの産地名にちなんだブランド名である。

ウ．近年の海外での日本食ブームや訪日外国人の急増などの追い風を受け，日本の農林水産物や食品は輸出額を伸ばしている。

エ．青森県では，りんごの栽培が盛んで，貿易の自由化や農業のグローバル化に対応し，台湾，香港などへの輸出に力を入れている。

九州のｈ地域ブランド
「かごしま黒豚」

KAGOSHIMA
KUROBUTA
ロゴマーク

鹿児島を含む九州南部ではｉ畜産業が盛ん。
かごしま黒豚の人気は今や日本国内に留まらず、アジアを中心に輸出量が増加している。

図５

(7) 図５のスライド中の下線部ｉについて，下の地図は世界の家畜頭数（2016年）を示したもので，ア～ウは豚，牛，羊のいずれかです。牛の頭数を示したものを次から１つ選び記号で答えなさい。

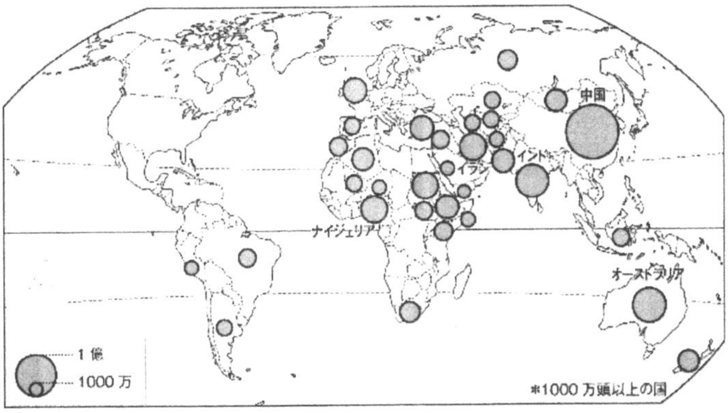

ア

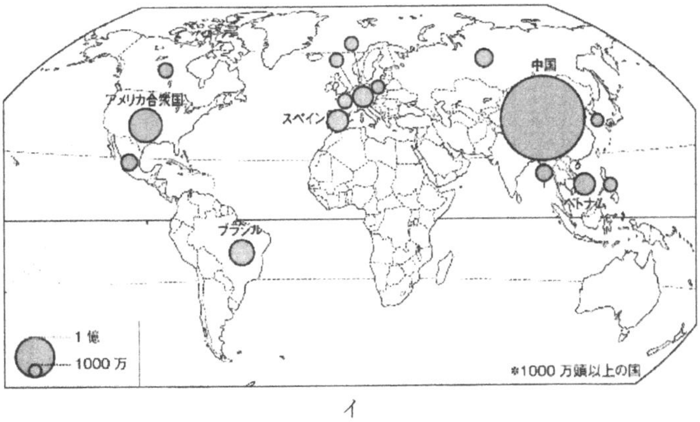

イ

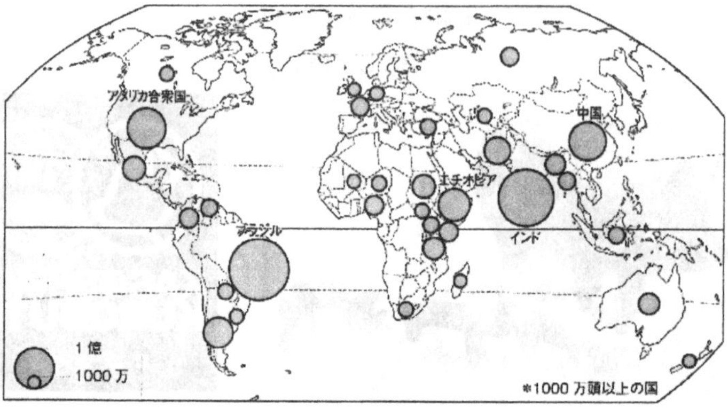

ウ

問７　下線部⑥について，ハルキ君とマリさんは，それぞれが旅行した各地の気候と札幌市の気候を比較してみることにしました。ア～エの雨温図は札幌，東京，福岡，鹿児島のいずれかです。福岡の雨温図を次から１つ選び記号で答えなさい。

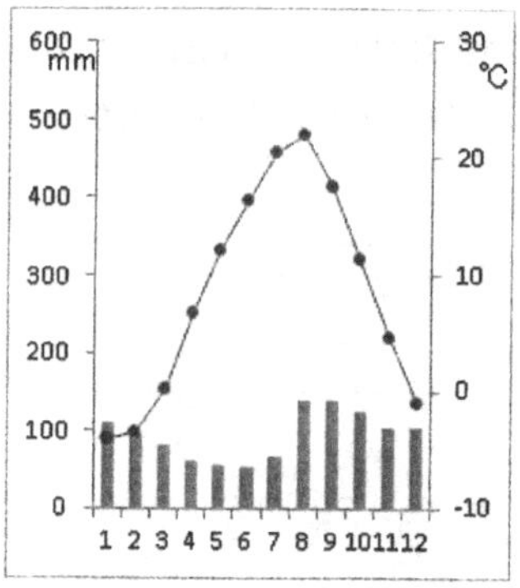

ア

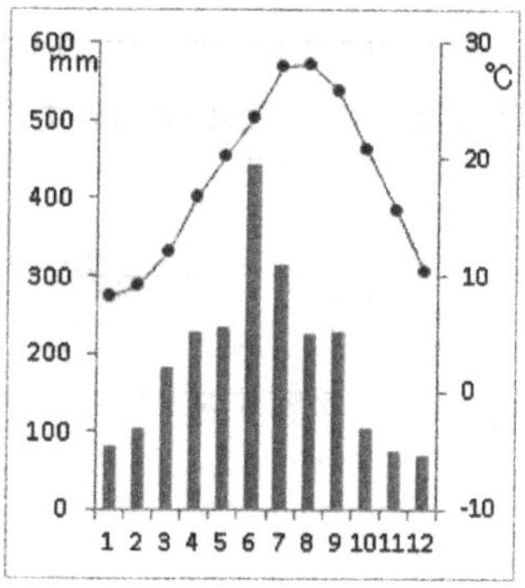

イ

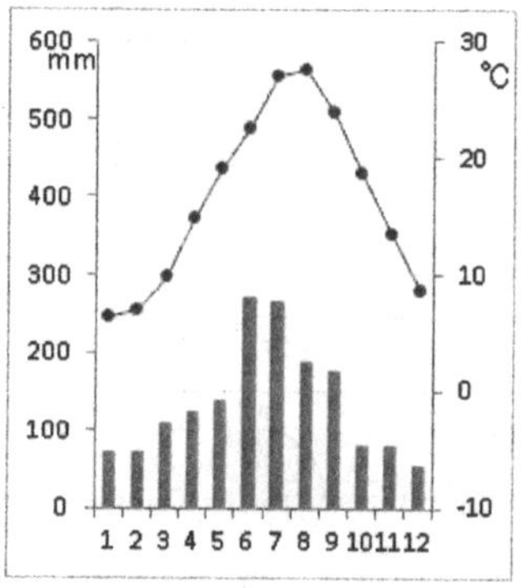

ウ

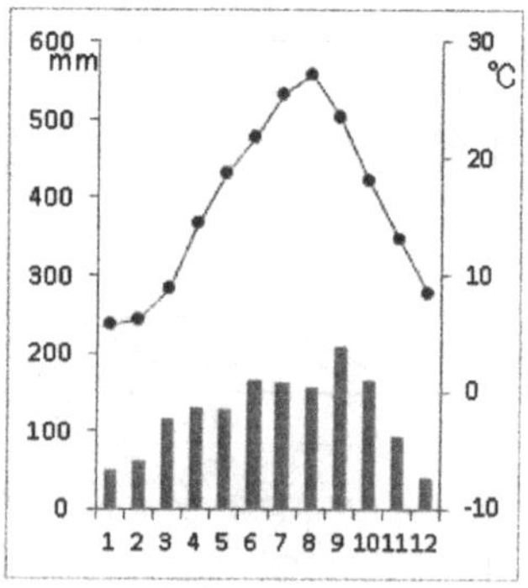

エ

2　世界で起きている戦争・危機は,「陸（ランドパワー)」と「海（シーパワー)」の大国同士がぶつかり合って起きています。地政学に基づいた以下の説明資料に関する問いに答えなさい。

ランドパワーの国：陸続きで他国と国境を接する大陸国家。食料や資源が不足すると、比較的簡単に国境を越え、隣国を攻めて奪うことができる。

代表的な国：①ロシア・②中国・③ドイツ・モンゴルなど

代表的な戦争・紛争：④第一次世界大戦

シーパワーの国：長い海岸線を持つ海洋国家。食料や資源が不足しても、国境を越えて攻めるのが難しく、他国との貿易で補おうとする。

代表的な国：⑤アメリカ・イギリス・⑥スペイン・⑦日本・最近の中国

代表的な戦争・紛争：⑧太平洋戦争

⑨ベトナム戦争

～15 世紀	15～19 世紀	19～20 世紀	20 世紀	21 世紀
ランドパワーの大帝国の時代 ⑩モンゴル（元）など、ランドパワーの国がしばしば国境を越えて他国に攻め入り、大帝国を築いた。	**⑪大航海時代でシーパワー優勢** 航海技術が発達して、スペインやポルトガルなどのヨーロッパの国々が貿易で勢力拡大。	**鉄道が発達し、ランドパワー拡大** ⑫産業革命で登場した鉄道の建設が進み、陸上輸送が拡大した。蒸気船の発達もあり、シーパワーの勢力も増した。	**世界の富を握ったシーパワー** シーパワー超大国アメリカがソ連との⑬冷戦を経て、軍事的にも経済的にも世界のトップに。その支援を受けた日本も飛躍的な経済成長を果たした。	**⑭ランド&シーパワーの超大国を目指す中国** 急速に経済成長する中国がランドパワーの超大国に。シーパワーも備えてアメリカに対抗しようとしている。

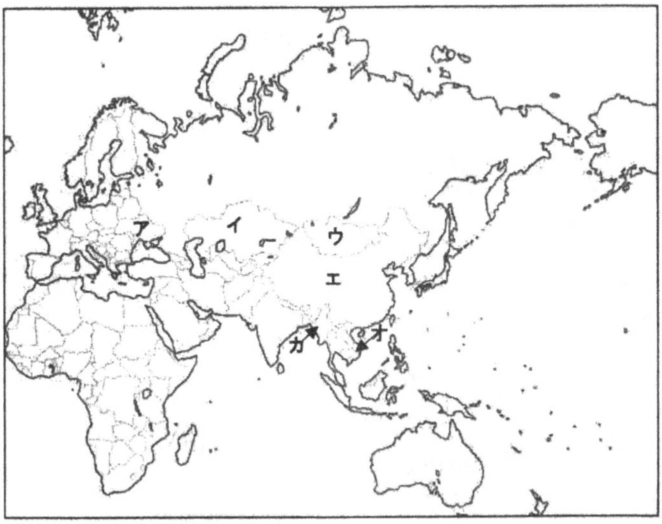

地図 1

問 1　下線部①が, 2022年から軍事侵攻している国名と場所を上の地図 1 から 1 つ選び記号で答えなさい。【完全解答】

問２　下線部②の現在の最高指導者の名前を答え，その人物の写真を次から１つ選び記号で答えなさい。【完全解答】

ア　　イ　　ウ　　エ

問３　下線部③では，第一次世界大戦後の1919年に，満20歳以上の男女普通選挙，国民主権などを定めた憲法が制定されました。この憲法を何というか答えなさい。

問４　下線部④中の1915年に，日本は以下の要求を袁世凱が率いる中華民国に出しました。これを何というか答えなさい。

一，中国政府は，ドイツが山東省に持っていたいっさいの利権を日本にゆずること。 **一，日本の旅順・大連の租借の期限，南満州鉄道の利権の期限を99か年延長すること。**

問５　下線部⑤で，2001年に写真１の事件が起こりました。この事件の名称を答えなさい。

写真１

問６　下の絵画は，下線部⑥の画家によって描かれたものです。この絵画を描いた画家名とそれに関する説明として適当なものを次のページから１つ選び記号で答えなさい。【完全解答】

ア．スペイン内戦に干渉したナチ党率いるドイツ軍が，爆撃を行い，そのことに対する怒りや悲しみを描いた。

イ．大航海時代に入り，スペインが進めた植民地支配によって行われた人種差別的な様子を描き，世界にその非道さを訴えた。

ウ．冷戦期の核開発競争の核実験によって被爆した人々の様子を描き，非核運動を訴えた。

エ．素性不明のアーティストによって街頭に描かれ，反戦のメッセージを込めたものと思われる。

問7　以下の年表は下線部⑦の歴史に関するものです。年表中の空欄（1）～（9）に適する語句を答えなさい。

時期	できごと
701年	律令国家のしくみを定めた（ 1 ）が完成した。
1156年	後白河天皇が平清盛ら武士の協力を得て兄の上皇に勝利した（ 2 ）の乱が起こる。
1467年	守護大名をまきこんだ戦乱である（ 3 ）の乱が始まる。 これ以降戦国時代に入る。
1637年	キリシタンへの弾圧に対抗して、（ 4 ）一揆が起こる。
1787~93年	農村と幕府の財政立て直しを目的とし、松平定信による（ 5 ）の改革が行われる。
1867年	天皇に政権を返上する（ 6 ）が行われる。 これ以降、明治維新による近代化が進む。
1874年	板垣退助らによって国会開設要求などの（ 7 ）運動が始まる。
1937年	盧溝橋事件をきっかけに（ 8 ）戦争が始まる。
1951年	吉田茂内閣の際（ 9 ）平和条約に調印。 これにより日本は独立を回復した。

問8　下線部⑧が始まった年（西暦）を答えなさい。

問9　下線部⑨について，ベトナムの場所を33ページの地図1から1つ選び記号で答えなさい。

問10　傍線部⑩は，大帝国を築くことができたが，日本への侵攻は失敗に終わりました。この13世紀末の日本への2度にわたる侵攻を何というか**漢字2字**で答えなさい。

問11　以下の文章は，傍線部⑪で活躍した人物達の説明です。文中の空欄（10）～（12）に適する人物名を答えなさい。

> **スペインの援助を受けた（　10　）は，西に進めばイスラムの国々を通らずインドなどのアジアに着くと考えて出航し，1492年に西インド諸島に到達しました。その後，ポルトガルの（　11　）が1498年にアフリカ南端の喜望峰をまわってインドに到達し，アジアへの航路が開かれました。スペインが派遣した（　12　）の一行は西に向かって出発し，1522年，世界一周に初めて成功して地球が球体であることが証明されました。**

問12　傍線部⑫について，日本の産業革命期に活躍した実業家で，秩父鉄道や東洋紡績など多くの企業の設立に携わり，のちに「日本資本主義の父」と言われるようになった人物は誰か答えなさい。

問13　傍線部⑬について，冷戦期にアメリカ・イギリスが中心となってソ連に対抗するための軍事同盟をつくりました。ロシアによる問１の国への侵攻もこの同盟が設立当初より東へ拡大していることが関係しているといわれています。この軍事同盟の名称を答えなさい。

問14　傍線部⑭による「台湾」への侵攻が懸念されています。台湾の歴史に関する以下の文の空欄（13）～（16）に適する語句や人物名を答えなさい。また文中の波線部「国際連合」に関する説明として**誤っているもの**を次から１つ選び記号で答えなさい。

> **16世紀になると中国進出を考えたヨーロッパの国々が拠点を築くようになり，1624年にオランダの統治下におかれた。1683年には（　13　）を滅ぼした清が台湾を支配し，中国の一部とした。しかし1894年からの（　14　）戦争に敗れると日本領となった。その後50年以上日本の統治が続いたが，日本が太平洋戦争に敗れると台湾は中国領に復帰する。第二次世界大戦後，中国では（　15　）と共産党が対立〔国共内戦〕。戦いに敗れた（15）の（　16　）は台湾に逃れ，ここに政府を移した。だが中華人民共和国は台湾（中華民国）を国として認めず，「中国は一つだ」との立場を堅持している。一方国際社会も，1971年に中国（中華人民共和国）が国際連合に加盟し，入れ替わるように台湾が国連を脱退したときから，中華人民共和国を中国の代表であると認め，台湾は「地域」であるとみなすようになった。**

ア．本部はジュネーヴにおかれた。

イ．成立時の常任理事国は，アメリカ・イギリス・フランス・ソ連・中国であった。

ウ．常任理事国は，拒否権を持っている。

エ．経済制裁のほか，武力制裁も行使できる。

3　消費者は，さまざまな商品の価格を比べて，どの商品をどのくらい購入するかを決め，生産者も市場での価格の動きを見ながら，生産する商品とその生産量を決めます。生産者（企業）と消費者との間で自由な競争が行われている場合の需要量と供給量の関係を表した図１を参照して，以下の問いに答えなさい。Aは需要曲線を，Bは供給曲線を示しています。

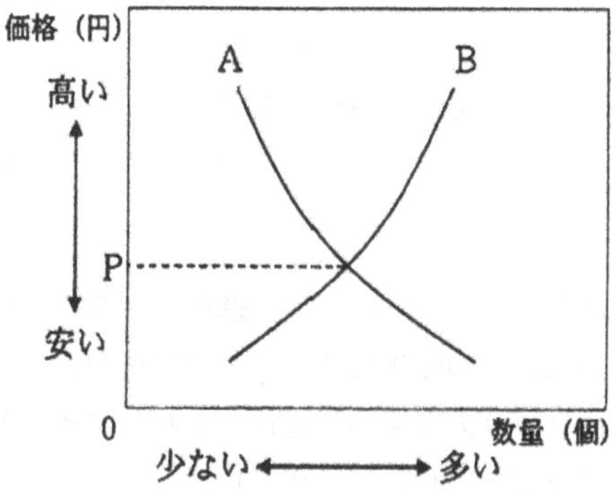

図１

問１　図１中のPは，市場で取引されている価格であり，需要量と供給量が一致しています。この一致しているときの価格を何というか答えなさい。

問２　ある商品の生産量が減少した場合，図１のグラフにおいて，A曲線またはB曲線のいずれかが移動します。このときのグラフの変化を示したものとして最も適当なものを，次から１つ選び記号で答えなさい。ただし，図中のA′B′はA・B曲線の移動後の曲線を示しています。

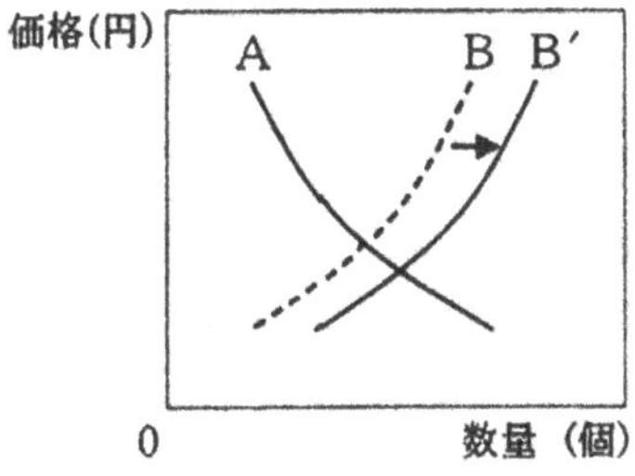

ア

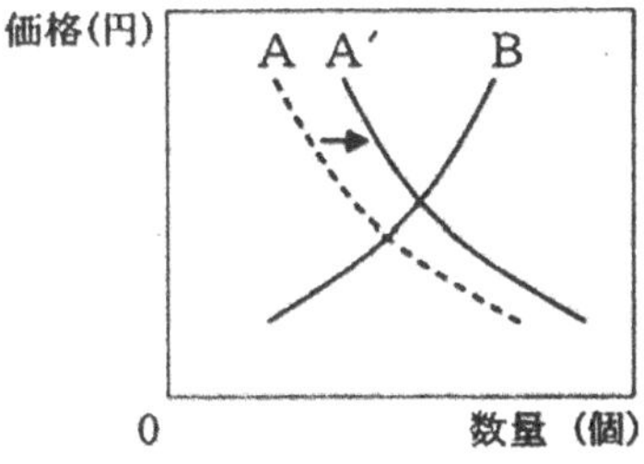

イ

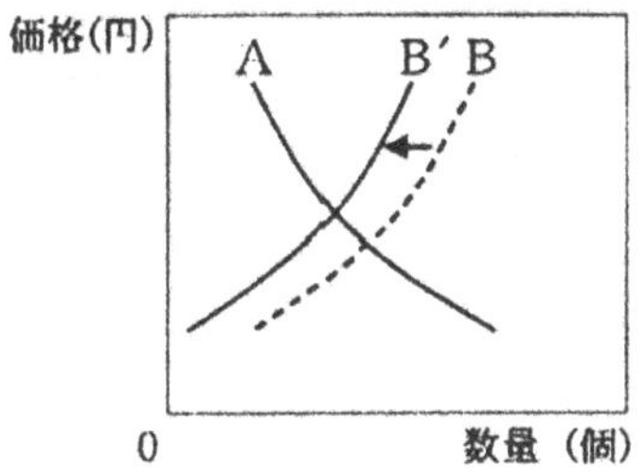

ウ

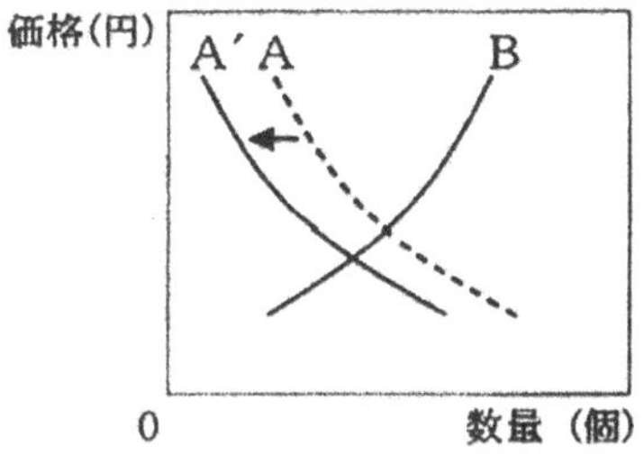

エ

問３　完全競争が弱まると消費者は不当に高い価格で商品を購入しなければなりません。自由で公正な競争を促進するために定めた法律を答えなさい。また，この法律を正しく運用するために組織された行政機関を答えなさい。

問４　消費者主権の観点から，1962年にアメリカ大統領ケネディがあらわした「消費者の４つの権利」として，**誤っているもの**を次から１つ選び記号で答えなさい。

ア．安価を求める権利　　イ．知らされる権利

ウ．選択する権利　　　　エ．意見を反映させる権利

問５　訪問販売や電話勧誘などで商品を購入した場合に，購入後８日以内であれば消費者側から無条件で契約を解除できる制度を何というか答えなさい。

４　円高・円安が私たちの暮らしや日本経済へ与える影響について，以下の問いに答えなさい。

問１　次の図１は，円高・円安になったときに，輸出・輸入企業が受ける影響をまとめたものです。図１中の（①）・（②）に当てはまる数字をそれぞれ答えなさい。

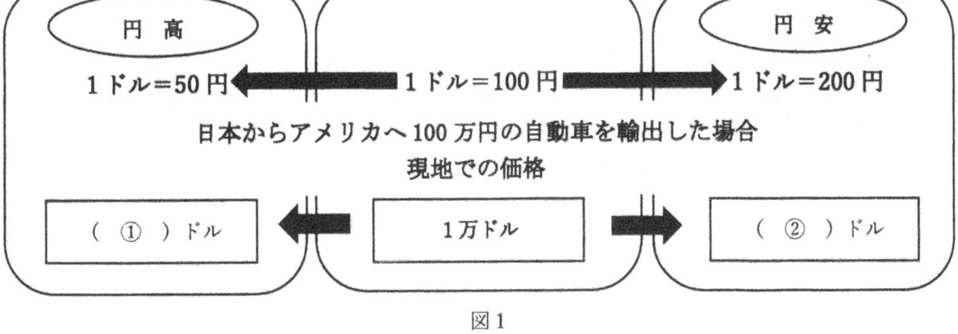

図１

問２　円高・円安が，海外旅行者や輸出・輸入中心の企業に与える影響の説明として**誤っているもの**を次から１つ選び記号で答えなさい。

ア．日本からアメリカなどへ海外旅行に行くなら，円高の時の方が有利である。

イ．日本での国内銀行の金利上昇は，円安に向かっていく。

ウ．円高は，輸出が中心の日本企業には不利になる。

エ．円を売る動きが強まり，外貨に対する円の価値が低くなることを円安という。

問３　貿易と経済のグローバル化について，以下の説明文の空欄に入る語句の組み合わせとして適当なものを，次から１つ選び記号で答えなさい。

貿易は，日本の経済成長に重要な役割を果たしてきました。戦後の日本貿易の特徴は，原材料を輸入して加工し，製品を輸出する（　③　）貿易で，輸出額が輸入額を上回る貿易黒字が成長を支えました。しかし，先進工業国の企業が，安い労働力と市場を求めて発展途上国や新興国に進出し，その後，経済のグローバル化が進むと日本企業も工場を海外に移し，多くの国々に進出する（　④　）企業があらわれました。その結果，部品なども外国企業から得られるようになり，（　⑤　）が進みました。近年は，貿易赤字の状態も見られるようになっています。

	③	④	⑤
ア	加工	ベンチャー	産業構造の高度化
イ	加工	多国籍	産業の空洞化
ウ	中継	多国籍	産業構造の高度化
エ	中継	ベンチャー	産業の空洞化

５　次の北海道新聞の記事を読み，司法・選挙に関する以下の問いに答えなさい。

弁護団「画期的な判決」　仙台高裁、初の「違憲」

７月の参院選を巡る「１票の格差」訴訟で１日、仙台高裁が初の違憲判断を示した。「画期的な判決」を受け、原告側弁護団は廷内で、互いに「ありがとう」と喜びを分かち合った。高裁前では弁護団が「違憲違法」と書かれた紙を広げた。

弁護団は判決後、仙台市内で記者会見。代理人の長尾浩行弁護士は「都道府県単位の枠組みにする限り、平等選挙は実現できないということは１０年以上指摘されてきたが放置されてきた。正面からやっと回答が出た」と晴れやかな表情で語った。

升永英俊弁護士は「ものすごく重い判決だ」とした上で、「違憲違法という判決は過去２回出て、国会は全て裁判所の言う通りに法改正している。限りなく理想に近い成果が上がった」と喜んだ。

弁護団は上告する方針。久保利英明弁護士は「この判決の正しさを、①最高裁の大法廷判決で認めてもらいたい」と次の展開に期待した。

2022.11.1　北海道新聞

7月参院選「合憲」3件目　1票の格差、高松高裁

「1票の格差」が最大3.03倍だった7月の参院選は、憲法が求める投票価値の平等に反するとして、隣接県を統合する「合区」の「徳島・高知」選挙区と、香川、愛媛各選挙区の②選挙無効を有権者が求めた訴訟の判決で、高松高裁（浜口浩裁判長）は31日、「合憲」と判断し、無効請求を棄却した。「合憲」判断は名古屋高裁、広島高裁松江支部に続き3件目。

全国14の高裁・高裁支部に起こされた訴訟16件の一つで、7件目の判決。違憲状態4件（東京、大阪、札幌、広島）、合憲3件（名古屋、松江、高松）と判断が分かれている。高裁判決は11月中に出そろい、その後に最高裁が統一判断を示す見通し。

7月10日投開票の③参院選では議員1人当たりの有権者数が最少の福井選挙区と、最多の神奈川選挙区との格差は3.03倍で、2019年選挙の3.00倍からやや拡大した。「徳島・高知」は1.91倍、香川は1.27倍、愛媛は1.79倍だった。

参院選で最高裁は、10年選挙（最大格差5.00倍）と13年選挙（4.77倍）を「違憲状態」と判断。合区が導入された16年選挙（3.08倍）と19年選挙（3.00倍）を「合憲」とした。

2022.10.31　北海道新聞

問1　上記2つの記事は，2022年7月に行われた参議院議員選挙における高等裁判所の判断です。日本の高等裁判所を除く下級裁判所において，少年事件をおもに裁く裁判所を何というか漢字で答えなさい。

問2　図1は，日本の三審制を模式的に表したものです。図1中のA・Bに入る適語をそれぞれ漢字2字で答えなさい。

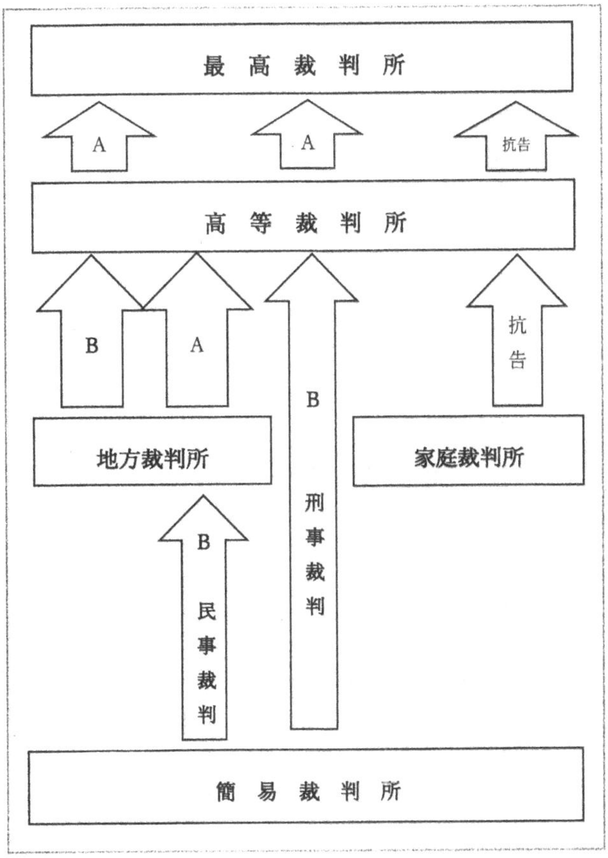

図1

問３　下線部①について，最高裁判所がこれまでに出した「違憲判決」として**適当でないもの**を，次から１つ選び記号で答えなさい。

ア．尊属殺人重罰規定違憲判決では，親などの直系尊属を殺害した罪に対して，それ以外の人を殺害するよりも重い刑（死刑・無期懲役刑）を科している刑法200条は，法の下の平等に違反するとの判断がなされた。

イ．薬局開設距離制限違憲判決では，薬局開設許可の条件として，他の薬局から一定以上離れていなければならないとする薬事法第６条は，職業選択の自由に違反するとの判断がなされた。

ウ．議員定数不均衡違憲判決では，衆議院議員選挙において，選挙区間で１票の価値に大きな格差を生じさせている公職選挙法の規定は，選挙権の平等に違反するが，選挙は無効としないとの判断がなされた。

エ．水俣病違憲判決では，経済成長とともに発生した水質汚濁の公害については，公害対策基本法に基づいて，公害を発生させた企業の責任を追及し，憲法が保障する環境権に違反するとの判断がなされた。

問４　下線部②について，選挙の４原則として**誤っているもの**を，次から１つ選び記号で答えなさい。

ア．普通選挙　　イ．平等選挙　　ウ．直接選挙　　エ．制限選挙

問５　下線部③について，以下の表中の空欄にあてまる数字をそれぞれ答えなさい。

	衆　議　院	参　議　院
議員定数	465人	〔　④　〕人
任期	４年（解散がある）	６年（〔　⑤　〕年ごとに半数を改選）
選挙権	18歳以上	18歳以上
被選挙権	25歳以上	〔　⑥　〕歳以上

〔2023年２月現在〕

問６　選挙で落選者に投じられた票を「死票」と呼ぶことがあります。以下の空欄（⑦）・（⑧）に入る適語を（　）内から選び，それぞれ答えなさい。

「死票」の持つ意味

落選して議席を得られなかったその政党や候補者の得票を死票と呼ぶことがあります。死票は小選挙区制で（⑦：多く・少なく）なり、大選挙区制や比例代表制では（⑧：多く・少なく）なる傾向にあります。死票が無駄にならないように、当選者は自分に投票しなかった人々の意見にも気にかけながら政治を行うことが求められます。

問７　全国どこでも法律に関する情報を手に入れ，法律相談や弁護士費用の立て替えなどを受けることができるようにすることを目的に，2006年に国が設立した法的トラブル解決の総合案内所を何というか答えなさい。

ウ、左門に私のことを何とかしてもらおう

エ、左門が私のことを何とかしてくれるだろう

問五　傍線部3「千里をゆ（行）くことあた（能）はず」とあるが、原典となっている『范《はん》巨《きょ》卿《けい》雞《けい》黍《しょ》死《し》生《せい》交《のまじわり》』では「不能行千里」と表記されます。本文のように読むことができる返り点の付け方として正しいものを次の中から一つ選び、記号で答えなさい。

ア、不㆔能 行㆓千 里㆒

イ、不㆑能 行㆑千 里

ウ、不㆓能 行 千 里㆒

エ、不㆑能㆑行㆓千 里㆒

問六　傍線部4「菊花の約に赴く」とあるが、赤穴はどのようにして左門の元へ帰ってきたか、最も適当なものを次の中から一つ選び、記号で答えなさい。

ア、自ら刀を振るい、死に物狂いで風のように逃げ出してきた。

イ、自ら死を選び、風の便りとしてだけでも伝わるようにした。

ウ、自害して魂だけの存在となり、風に吹かれてやってきた。

エ、自力で経久を殺し、追い風を利用して大至急駆けつけた。

問七　『雨月物語』と同時代の作品と作者の組み合わせとして正しいものを次の中から一つ選び、記号で答えなさい。

ア、東海道中膝栗毛・小林一茶

イ、枕草子・兼好法師

ウ、源氏物語・紫式部

エ、奥の細道・松尾芭蕉

三　次の文章を読んで、後の問いに答えなさい。

——老母とともに清貧の生活を送る丈部左門《はせべさもん》は、あるとき病に苦しむ旅人赤穴《あかな》宗右衛門《そうえもん》を助けた。二人は意気投合し、義兄弟のちぎりを交わす。赤穴は、近江（今の滋賀県）に出向いていたところ、仕えている塩冶《えんや》氏と尼子《あまこ》氏の間で争いが起こり、様子をうかがいに故郷の出雲（今の島根県）に戻る途中であったことを左門に話す。重陽《ちょうよう》の節句（菊の節句ともいう）の日に再び必ず左門の元に帰ってくると告げて、赤穴は故郷に旅立った。——

赤穴いふ。「賢弟とわかれて国にくだりしが、国人《くにびと》大かた※経久《つねひさ》が勢ひに服《つき》て、※塩冶の恩を顧《かえりみ》るものなし。従弟《いとこ》なる赤穴丹治《たんぢ》、富田《とだ》の城にあるを訪《とむ》らひしに、利害を説《とき》て吾を経久に見《まみ》えしむ。1仮に其の詞を容《いれ》て、つらつら経久がなす所を見るに、万夫《ばんぷ》の雄《ゆう》人に勝《すぐ》れ、よく士卒《いくさ》を習《たな》練《らす》といへども、智を用うるに※狐疑の心おほくして、※腹心爪牙の家の子なし。永く居りて益《やう》なきを思ひて、賢弟が菊花の約《ちぎり》ある事をかたりて去《さら》んとすれば、経久怨《うら》める心ありて、丹治に令し、吾を※大城《おほぎ》の外にはなたずして、遂にaけふにいたらしむ。此の約《ちかひ》にたがふものならば、2賢弟吾を何ものとかせんと、ひたすら思ひ沈めども遁《のが》るるに方《すべ》なし。いにしへの人のいふ。『人一日に3千里《ちさと》をゆくことあたはず。魂《たま》よく一日に千里をもゆく』と。此のことわりを思ひ出でて、みづから刃に伏《ふし》、今夜《こよひ》陰風《かぜ》に乗《のり》てはるばる来《きた》り4菊花の約《ちかひ》に赴《つ》く。この心をあはれみ給へ」とbいひをはりて泪《なみだ》わき出《いづ》るが如し。「今は永きわかれなり。只母公によくつかへ給へ」とて、座を立つと見しがかき消て見えずなりにける。

（上田秋成『雨月物語』より）

※経久——尼子経久。出雲の豪族。

※塩冶——塩冶掃部介《かもんのすけ》。出雲の武将で富田の城主であったが、経久に不意打ちされ討ち死にした。赤穴宗右衛門を軍学の師としていた。

※狐疑の心——人を信じず、疑い深い心。

※腹心爪牙の家の子——主君と心を一つにし手足となって補佐する家臣。

※大城——出雲の富田城。

問一　二重傍線部a「けふ」、b「いひをはりて」の読みを、現代仮名遣いで答えなさい。

問二　太傍線部「かたりて」の主語は誰か、次の中から一つ選び、記号で答えなさい。

ア、赤穴宗右衛門　イ、経久　ウ、赤穴丹治　エ、賢弟（左門）

問三　傍線部1「仮に其の詞を容て」の解釈として、最も適当なものを次の中から一つ選び、記号で答えなさい。

ア、赤穴は、経久側に付くことの利点を説く丹治の話を一旦聞き入れたふりをして

イ、赤穴は、丹治によって引き合わされた経久から聞いた話を鵜呑《うの》みにして

ウ、経久は、赤穴が自分の側につくとうそを付いていることを丹治から聞いて

エ、経久は、丹治に赤穴の勇猛果敢ぶりを聞き、とりあえず仲間に引き入れようとして

問四　傍線部2「賢弟吾を何ものとかせん」とあるが、どのような意味か、最も適当なものを次の中から一つ選び、記号で答えなさい。

ア、左門に私がどう思っているかわかるだろうか

イ、左門が私のことをどのように思うだろうか

の本文中の意味として最も適当なものを次の各群の中からそれぞれ一つずつ選び、記号で答えなさい。

1「案の定」

ア、計画通りに　イ、いつもの通りに

ウ、思っていた通り　エ、あれこれと考えた結果

4「途方に暮れている」

ア、どうしてよいかわからないでいること。

イ、どの方法を選ぶか迷っていること。

ウ、あいまいな態度をとっていること。

エ、困り切って周囲に助けを求めていること。

5「いぶかしげな」

ア、恐怖を感じている様子で

イ、疑わしく思っている様子で

ウ、思い通りにならず、いらついている様子で

エ、怒りの気持ちを押さえられない様子で

問三　空欄Ⅰ、Ⅴに入る語を、Ⅰは十六字、Ⅴは四字で本文中から抜き出し、答えなさい。

問四　空欄Ⅱ、Ⅲ、Ⅳに入る語の組み合わせとして最も適当なものを次の中から一つ選び、記号で答えなさい。

ア、Ⅱ・動揺　Ⅲ・怒り　Ⅳ・屈辱

イ、Ⅱ・怒り　Ⅲ・屈辱　Ⅳ・動揺

ウ、Ⅱ・悲しみ　Ⅲ・怒り　Ⅳ・動揺

エ、Ⅱ・緊張　Ⅲ・動揺　Ⅳ・悲しみ

問五　傍線部2「ハセが無言で、グーにしたこぶしを僕のこめかみにぐりぐりとやってきた」とあるが、その理由として最も適当なものを次の中から一つ選び、記号で答えなさい。

ア、普段から物事を冷静に判断し行動するサクが、予想通り枝野を黙らせるような発言をしたことを、友人としてうらやましく思ったから。

イ、サクがこれまでの自分の考え方を反省したことを述べ、さらに枝野を説得したことに、友人として感激したから。

ウ、今までは態度に出すことがなかったものの、サクがクラスの合唱練習にかけている心意気を見せたことに感動し、友人として誇りに思ったから。

エ、普段意見を主張しないサクが、素直に自分の気持ちを言い、その結果枝野を打ち負かしたことに、友人としてとてもうれしく思ったから。

問六　傍線部3「チカと呼ばないのには、ちゃんと理由がある」とあるが、その理由として最も適当なものを次の中から一つ選び、記号で答えなさい。

ア、近田さんのことが好きになってしまい、あだ名で呼ぶと緊張してしまうから。

イ、近田さんに対する気持ちが自分でもわからず、あだ名で呼ぶのをためらっているから。

ウ、近田さんを友人と認めてはいるが、女性である近田さんをあだ名で呼ぶのは恥ずかしいから。

エ、近田さんを女性として意識しているが、まだ自分のことを許していないので、あだ名ではなくきちんと名前で呼びたいから。

本当は近田さんと友達になれてうれしいし、もっと仲良くなりたいと思っている。そういうことを、僕は伝えた。でも近田さんは暗い顔をしたままだった。

「……ほんとに?」

上目づかいで用心深げに僕のほうを見ている。

「うん」

「でも、佐久田君、わたしのこと一度もチカって呼んでくれなかったよ。やっぱりほんとはわたしと遊んだり、勉強教えたりしたくなかったんだ。いつも少し、めんどくさそうな顔してたし」

「それは……」

3チカと呼ばないのには、ちゃんと理由がある。でも、それはちょっと言いにくい。

「友達ができたと思ったのに」

近田さんはなかなか僕のことを信用してくれなかった。やっぱり、すごく怒っているのだ。

それだけ僕が彼女を傷つけたということでもある。いったいどうすればいいのだろう?

近田さんを前にして、4途方にくれていると、

「チカ、そろそろ許してやってくれよ」

というハセの声がした。

ハセは、心配して僕と近田さんの様子を見に来たみたいだった。

「こいつ、かっこつけてクールなフリするところあるからなあ。おれはサクの性格知ってるからわかるけど、サクはチカと遊ぶの、ほんとはすごく楽しんでるんだ。勉強教えんのもさ。それはほんとだぜ」

まあ、勉強教えるのは、すごくいらいらするとき、あるけど。

ハセの説明にも、まだ近田さんは5いぶかしげな表情をくずさない。

「ハセ君はチカって呼んでくれるけど、佐久田君は近田さんとしか呼んでくれないよ」

「だーかーら、サクはシャイなんだって。照れちゃって、呼び方を変えられないだけなの。な、サク」

ハセは僕の肩を叩いた。

（小嶋陽太郎『ぼくのとなりにきみ』より。なお、問題作成のため省略または改めた箇所がある。）

問一　傍線部A～Dに相当する漢字を含むものを、次の各群の中からそれぞれ一つずつ選び、記号で答えなさい。

A　シキ
ア、力をハッキする　イ、ゲンキな姿
ウ、コウキを放つ　エ、ケッキ集会に参加する

B　ヒナン
ア、高台までタイヒする　イ、カヒを論じる
ウ、鮮やかな色のタイヒ　エ、ヒジョウに小さい

C　ケントウシ
ア、サイケン計画を立てる　イ、使者をハケンする
ウ、ケンヤク家　エ、ケンキョな態度

D　ロウカ
ア、ロウホウが舞い込む　イ、一族ロウトウ
ウ、ガロウを訪れる　エ、ハロウ注意報

問二　傍線部1「案の定」、4「途方に暮れている」、5「いぶかしげな」

仕返しに怪我をさせてやろうなんて、絶対、間違ってる。

なんで、最初からこうしなかったんだ、僕。

「じゃ、ルーム長、合唱練習続けてくれ」

角田先生の言葉で合唱練習が再開されたが、朝の練習時間は短いし、枝野がけっこう時間を無駄にしてくれたので、ワンコーラス歌ったところで終わりになった。と同時に、[2]ハセが無言で、グーにしたこぶしを僕のこめかみにぐりぐりとやってきた。

「な、なんだよ、やめろよ」

しかし、ハセはぐりぐりを、しつこくやってくるのだった。

それから、一時間目が始まるまでの短い時間に、僕のもとに、クラスメイトが何人も駆け寄ってきた。

「スカッとした。佐久田君ありがとう。前から枝野にはうんざりしてたんだよ」

「……ああ、うん」

僕は、クラスのためではなく、近田さんの信頼を取り戻すチャンスがなくなる、ということをおそれて言っただけなんだけどな、と思った。

もちろん、さっきのことで近田さんが僕を許してくれるわけではないということはわかっているけど、あそこで黙っていたら、僕は近田さんにまともに謝る資格さえも失ってしまう、と思ったのだ。近田さんに謝ったとしても、それがうそになってしまうと。

結果的にクラスのためになったなら、それはそれでいいけど。

これで多少なりとも枝野が変わって、足並みがそろえばいい。

それはいいとして、問題は近田さんだ。いまのところ、僕が勝手に「　Ｖ　」を得たと思っているだけで、謝ったところで、許してくれるとは限らない。それくらい、僕はひどいことを言ったのだ。

どういうふうに謝ればいいのだろう。

二時間目、角田先生が[C]ケントウシについて汚い字で板書するのを機械的にノートに書き写しながら、僕は心の中でうなった。

どうするもこうするも、正直な気持ちを話すしかないという結論に落ち着いた。

「今日はここまで。来週は平安時代の文化な」

授業が終わるとすぐに僕は近田さんの席まで行って、近田さんに謝りたいということを伝えた。

近田さんは顔を上げず、開いたままの歴史の教科書に目を落としていたが、しばらくして立ち上がった。話を聞く、ということだろうか。

僕たちは[D]ロウカに出た。

「近田さん、ごめん。この前のは、ほんとじゃないんだ」

「……この前のって？」

近田さんと会話をするのは二日ぶりだけど、一か月ぶりくらいの感じがした。

「ハセが近田さんを誘って遊びたがるから、僕はしかたなく付き合ってるだけって言ったこと。僕が枝野にそう言ってたの、聞いていたんだよね」

「うん」

近田さんは怒っているような、悲しんでいるような、その中間くらいの顔をした。

「あれはほんとじゃないんだ。べつに、ハセが誘うからしかたなく近田さんと遊んでいたわけじゃなくて……」

と言った。

続けてハセも言った。

「枝野たち、頼むからそろそろやる気出してくれよ」

「長谷川調査隊なんて小学生みたいなことをしてるやつに言われたくないな」

「おまえなあ……」

「隊員はおまえと美術部と近田だろう？活動内容は水切りだっけ」

と枝野は言った。

「いまはそんなの関係ないだろ？」

ハセは、怒るというよりは、呆れているような顔をした。

協力的でない枝野に対して、角田先生は怒るわけでもなく、ゴリラみたいな顔の下で腕を組んで、黙っている。僕と目が合ったような気がした。

枝野は調子に乗って、例のへらへら笑いを浮かべながら、

「水切りして遊んでいるようなガキっぽいやつらと並んで合唱なんてダサいことやってられるか」

と言った。

ハセは呆れきっているのか、言葉もなくため息をついた。

角田先生は沈黙。

近田さんは、かたい表情をしている。

いま、突っ立って、誰かが何かを言ってくれるのを待っていたら、僕はきっと、［ Ⅰ ］を一生失うだろう。

枝野、と僕は言った。

「なんだよ美術部」

枝野の目が、僕のほうに向く。

クラス全員の目も、僕に集まる。

「水切りって、そんなにガキっぽいか」

「なんだ？ガキって言われたの、そんなに気にしてんのか？」

「枝野は知らないかもしれないけど、水切り、すごく楽しいよ」

枝野は、ぷっとふき出した。

「おまえ、どんだけ水切りにこだわってんだよ」

「へらへらして、みんなの足引っ張ってる枝野のほうが、よっぽど子供だと思う。恥ずかしがってないで、合唱くらいちゃんとやれよ」

枝野の表情が強張った。［ Ⅱ ］が最初にきて、それから［ Ⅲ ］、［ Ⅳ ］が順番にその顔に表れて、最後に赤くなった。

何か言い返してくると思ったが、枝野は、

「お、おまえ……」

と言うばかりで、周囲を見回してクラス全体のBヒナンの目に気づき、黙った。

まさか僕にクラス全員の前でたてつかれるとは思っていなかったので、ショックがでかかったのだろう。それでも何かしら反論をしたかったようで、び、美術部のくせに……と内容のなさそうなことを言いかけたところで、パン、と手を叩く音がした。音の主は角田先生だった。

「先生が口出さなくてもちゃんと議論ができるなんて、いいクラスだなあ。この調子なら、金賞も取れそうな気がするな」

なあ、枝野、と角田先生はあっけらかんとした顔で言った。

枝野はうつむいて、黙った。

僕は包帯を巻かれた右手を見た。

問二　空欄Ⅰ・Ⅱ・Ⅲにあてはまる最も適当なものを次の中からそれぞれ一つずつ選び、記号で答えなさい。

ア、つまり　イ、そのため　ウ、しかし　エ、たしかに

問三　傍線部1「『競争に勝つ』とは、どういうことだろうか」とあるが、「競争に勝つ」の内容として**適当でないもの**を次の中から一つ選び、記号で答えなさい。

ア、「生活空間」と「エサ資源」において、オンリー1のポジションを獲得すること。

イ、ジェネラリストとしての特性と、スペシャリストとしての立場を手に入れること。

ウ、規模の小さなニッチを捨て、大きなニッチのみを獲得していくこと。

エ、厳しい生存競争を乗り越え、自然界で子孫を残していくこと。

問四　傍線部2「あまた」の本文中での意味として、最も適当なものを次の中から一つ選び、記号で答えなさい。

ア、頑強　イ、弱小　ウ、余剰　エ、多数

問五　傍線部3「生態的地位」とあるが、その説明として**適当でないもの**を次の中から一つ選び、記号で答えなさい。

ア、生物が自然界で占める居場所を指しており、「生態的地位」を持たない生物は生存していくことができない。

イ、生物学の分野で「ある生物種が生息する範囲の環境」を指し、複数の生物種が一つの「生態的地位」を分け合っている。

ウ、生物が生存するためには、「生活空間」と「エサ資源」の二つの要因において、スペシャリストとしての地位を占めなければならない。

エ、自然界では一つ一つの「生態的地位」は小さなものであることが普通で、大きな「生態的地位」を手に入れることは難しい。

問六　傍線部4「ここ」とあるが、この箇所をビジネスの場面においての話と考えたときに、「ここ」が指し示す内容を本文中から十六字で抜き出し、最初の五字を答えなさい。

二

次の文章を読んで、後の問いに答えなさい。

――僕は、クラスで部活動に所属していないハセと近田さんと、放課後に河原で「水切り」（水面に向かって石を投げて跳ねさせる遊び）をするなど、「探検」や「冒険」のようなことをして、遊んでいた。ある日、枝野に合唱練習の時に近田さんのことを見つめていることをからかわれ、近田さんとは、ハセが一緒に遊ぶので仕方なく遊んでいると言い放った。それを近田さんは聞いていたらしく、僕と近田さんの仲がぎくしゃくしてしまっていた。――

ホームルームの時間になり、角田先生がやってきて連絡事項をいくつか伝え、残りの時間は合唱の練習になった。

本番を三週間後に控え、僕のクラスの合唱は順調に仕上がってきていた。ただ、僕とハセのいるテノールがやはり弱かった。それは、枝野たちが声を出さないからであることは明白だった。そこが改善されればもっとバランスがよくなるし、気持ち的にもぐっと一体感が出るはずだった。

一度、通しで歌い終えて、Aシキ者を務めるルーム長が1案の定、

「テノール、もうちょっとがんばって」

世の中にはジェネラリストという言葉と、スペシャリストという言葉がある。

ビジネスの場面ではジェネラリストは、さまざまな業務をこなしたり、さまざまな分野にCセイツウした人を言う。一方、スペシャリストは特定の分野に関する深い知識や経験を持つ人を言う。

生物の世界でも、さまざまな環境に適応し、さまざまなものをエサにできるジェネラリストと呼ばれる生き物と、特定の環境や特定のエサをDセンモンにするスペシャリストと呼ばれる生き物がいる。それでは、ジェネラリストの生き物とスペシャリストの生き物とは、どちらが有利なのだろうか。

生物の世界では、間違いなくスペシャリストが有利である。

何しろ、生物の世界は、ニッチの奪い合いである。常に激しい競争が繰り広げられ、競争に有利なものは生き残り、競争に不利なものは滅んでいく。

そんな戦いに勝利するためには、「何でもできます」というジェネラリストではとても勝ち残ることができない。「4ここだけは負けない」というスペシャリストであることが必要なのである。

こうして、すべての生物は、「ここだけは負けない」というニッチを獲得している。そして、そんな生物たちによって、自然界のニッチは埋め尽くされているのだ。

ただし、それではジェネラリストは必要ないのかというと、そう言い切れないのが、自然界の難しいところだ。

たとえば、あまりにスペシャリストとして特化すると、環境が変化したときに対応できなくなる。あるいは新天地に分布を広げていく上でもジェネラリストの特性が求められる。

自然界はスペシャリストでなければ生きてはいけない。しかし、生き残っていく上ではジェネラリストの特性も求められる。

自然界の生き物たちは、こうしてスペシャリストとジェネラリストのバランスを保ちながら生存戦略を組み立てているのである。

（稲垣栄洋『生物に学ぶガラパゴス・イノベーション』より。
なお、問題作成のため省略または改めた箇所がある。）

※ガラパゴス――大陸と隔離されたガラパゴス諸島で生物が独自の進化を遂げたこと。またビジネスにおいて、世界と隔絶された環境で世界の潮流から取り残されること。

問一　傍線部A～Dに相当する漢字を含むものを、次の各群の中からそれぞれ一つずつ選び、記号で答えなさい。

A　ソウショク
ア、ソウゴンな儀式　イ、ヘンソウして出かける
ウ、シャソウからの眺め　エ、家宅ソウサクを行う

B　カンテン
ア、カンゲイ会を催す　イ、骨董品をカンテイする
ウ、発想をテンカンする　エ、キャッカン的な意見

C　セイツウ
ア、セイコウな部品　イ、おセイボを贈る
ウ、セイダイな式典　エ、セイコウ雨読の生活

D　センモン
ア、研究にセンネンする　イ、選手センセイを行う
ウ、センザイ一週の機会　エ、病気のセンプク期

　生物学で用いられる「ニッチ」という言葉は、さらに元をたどると、AソウショクAソウショク品を飾るために教会や寺院などの壁面に設けられた「くぼみ」を意味している。やがてそれが転じて、生物学の分野で「ある生物種が生息する範囲の環境」を指す言葉として使われるようになったのである。

　一つのくぼみに、一つのソウショク品しか飾ることができないように、一つのニッチには一つの生物種しか住むことができない。このことから、この生物が自然界で占めるポジションをニッチと呼ぶようになったのだ。

　その生物種のニッチは、その生物種だけのものである。そのため、ニッチが重なったところでは、激しい競争が起こり、勝者だけがニッチを手にすることができる。そして、ニッチを奪われた者は、この地球上から滅びるしかないのだ。

　まるでイス取りゲームのようだ。このイス取りゲームに勝ち残った生物が、そのニッチを占めることができるのである。

　生物の世界では、ニッチは「生活空間」と「エサ資源」という二つの要因が影響する。この「生活空間」と「エサ資源」というBカンテンにおいてオリジナリティあるオンリー1のポジションを獲得しなければならないのだ。

　ニッチには、大きなニッチも、小さなニッチもある。しかし、実際には、さまざまな生物がニッチをめぐって争い合い、ニッチは埋め尽くされている。その中で、大きなニッチを占めることは簡単ではない。そのため、どうしても一つ一つの生物のニッチは小さくなり、生物たちはすき間を埋めるように分け合っている。

　そのため、ビジネスの場面ではニッチは、「すき間」という意味に用いられるようになったのである。

　生物のニッチを決めるものは、主に「生活空間」と「エサ資源」である。

　それならば、贅沢《ぜいたく》をいわずに、場所を選ばずにどこにでもすめばいいし、エサにこだわらずに何でも食べればいいと思うかもしれない。

　しかし、実際にはそうはならない。

　ライバルになる生物が現れるのだ。

　どこにでも住めるということは、あらゆるところで他の生物とニッチの奪い合いになる。何でも食べられるということは、どのエサ資源に関しても、ほかの生物と争いになる。

　ニッチを広げることは、じつは簡単ではないのだ。

　［　Ⅲ　］、生物のニッチには基本ニッチと実現ニッチというものが存在する。

　基本ニッチは、その生物が本来持っているニッチである。つまり、生息できる範囲の環境や、エサにすることができる範囲の環境や、エサにすることができるすべてのエサ資源が基本ニッチを決める。

　しかし、ニッチを奪い合うライバルがいれば、ニッチを独占することはできない。すると、ライバルとの争いの中でライバルよりも有利な条件であればニッチを獲得できるが、ライバルよりも不利な条件ではニッチを奪われることになる。こうして、ライバルとなるさまざまな生物と競い合った末に勝ち取ったニッチが「実現ニッチ」である。

【国　語】（五〇分）〈満点：一〇〇点〉

【注意】全ての設問において、句読点は一字に数えることとします。

一　次の文章を読んで、後の問いに答えなさい。

生き物にとって、1「競争に勝つ」とは、どういうことだろうか。

生物たちは厳しい生存競争を繰り広げている。

競争に勝った者が生き残り、競争に敗れ去った者は、滅びてゆく。厳しい世界なのだ。

競争に勝つためには強くなければならない。もしかすると、あなたは、そう思うかもしれない。

本当にそうだろうか。

自然界では、競争に敗れ去った者は滅びてゆく。そうであるとすれば、今、自然界に生き残っている生物は、すべて競争を勝ち抜いた勝者ということになる。

［　Ⅰ　］、私たちのまわりを見回してみると、どう見ても、強そうに見えない生き物がいる。

子どもたちにつつかれて丸くなっているダンゴムシや、なぜか道路を渡って車に轢《ひ》かれているケムシがいる。あんな弱そうな生き物たちも、みんな厳しい生存競争を勝ち抜いた勝者だというのだろうか。

生物は生存競争に勝ち残らなければ、この世に存在することはできない。

その生き物が、この世に存在しているということは、それがどんなにつまらなそうに見える生き物であったとしても、どんなに弱そうな生き物であったとしても、生存競争を生き抜いた勝者であるということなのだ。

強い者が勝つのではない。生き残った者が勝者なのだ。

体が大きい方が強い。力が強い方が強い。確かにそうである。しかし、この世の中に2あまたの生き物たちが存在していることを見れば、けんかの強さや競争の強さだけが「強さ」ではないということに気がつくだろう。

※ガラパゴスの強みとは、いったい何なのだろう。島の生物について話をする前に、生物の生存戦略にとって重要なキーワードを紹介することにしよう。

それが「ニッチ」である。

「ニッチ」という言葉は、ビジネス用語としてもよく用いられているが、もともとは生物学の用語として用いられていたものが、ビジネスの場面でも使われるようになった。

ビジネスの場面でニッチというと、ニッチマーケティングやニッチトップというように、大きなマーケットの間にある「すき間」というイメージが強いかもしれないが、生物の世界でいうニッチは「すき間」の意味ではない。

生物学では、ニッチは「3生態的地位」と訳されている。

生態的地位という言葉が意味するように、ニッチとは、その生物が自然界で持つポジションのことである。［　Ⅱ　］、その生物の居場所である。

そのため、すべての生物はニッチを持っていて、ニッチを持つことのできない生物は、自然界で存在することができない。

そして、ニッチは重なり合うことはなく、すべての生物種がその生物種だけのニッチを持つことになる。

2023年度

解　答　と　解　説

《2023年度の配点は解答欄に掲載してあります。》

＜数学解答＞

[1] (1) $-\frac{4}{3}$　(2) $-\sqrt{3}$　(3) $\frac{-3x+7y}{12}$　(4) $4x^2-3$

[2] (1) $2(x-4)(x+1)$　(2) 5cm　(3) $\sqrt{3}$, π　(4) 12cm^2　(5) ①

[3] (1) 2400円　(2) 24個　(3) 1650円

[4] (1) $\sqrt{3}$　(2) C$(2\sqrt{3},\ 0)$　(3) D$(4\sqrt{3},\ -2)$　(4) $2\sqrt{3}\pi$

[5] (1) $\angle$ABC$=108°$　(2) $\frac{-1+\sqrt{5}}{2}$cm　(3) 29個

[6] (1) $\frac{1}{12}$　(2) $\frac{23}{36}$

○配点○

[1] 各4点×4　[2] 各5点×5　[3] 各5点×3　[4] 各5点×4

[5] (1) 4点　(2),(3) 各5点×2　[6] 各5点×2　計100点

＜数学解説＞

基本 [1] (数・式の計算，平方根の計算，式の展開)

(1) $-\frac{2}{3}+\left(-\frac{3}{2}\right)^2\div\left(-\frac{27}{8}\right)=-\frac{2}{3}+\frac{9}{4}\times\left(-\frac{8}{27}\right)=-\frac{2}{3}-\frac{2}{3}=-\frac{4}{3}$

(2) $\frac{6}{\sqrt{3}}-\sqrt{108}+3\sqrt{3}=\frac{6\sqrt{3}}{3}-6\sqrt{3}+3\sqrt{3}=(2-6+3)\sqrt{3}=-\sqrt{3}$

(3) $\frac{3x+2y}{6}-\frac{3x-y}{4}=\frac{2(3x+2y)-3(3x-y)}{12}=\frac{6x+4y-9x+3y}{12}=\frac{-3x+7y}{12}$

(4) $(2x-1)^2+2(2x-1)-2=4x^2-4x+1+4x-2-2=4x^2-3$

基本 [2] (因数分解，球の表面積，無理数，比例式，箱ひげ図)

(1) $2x^2-8-6x=2x^2-6x-8=2(x^2-3x-4)=2(x-4)(x+1)$

(2) 求める球の半径を$r$cmとすると，$4\pi r^2=100\pi$　$r^2=25$　$r>0$から，$r=5$

(3) $\sqrt{4}=2$から$\sqrt{4}$は有理数　よって，無理数は，$\sqrt{3}$とπ

(4) 求める面積を$x$cm^{2}とすると，$x:18=4^2:24=16:24=2:3$　$3x=36$　$x=12$

(5) データの低い順から15番目が入る階級の階級値は，11℃　16番目が入る階級の階級値は13℃　よって，中央値は，$\frac{11+13}{2}=12$(℃)　したがって，選ぶ箱ひげ図は①

[3] (方程式・不等式の応用問題)

基本 (1) $3000\times(1-0.2)=3000\times0.8=2400$(円)

(2) 最初に用意した商品の個数をx個とすると，売り上げの合計から，$3000\times\frac{1}{3}x+2400\times\frac{2}{3}x=62400$　$1000x+1600x=62400$　$2600x=62400$　$x=24$

重要 (3) $24\times\frac{1}{3}=8$　$24\times\frac{2}{3}=16$　残りの商品をy円で売ったとすると，$3000\times8+16y\geqq2100\times24$　$16y\geqq26400$　$y\geqq1650$　よって，1650円

[4] (図形と関数・グラフの融合問題)

(1) $y=\frac{1}{3}x^2$…①　①に$x=\sqrt{3}$を代入して，$y=\frac{1}{3}\times(\sqrt{3})^2=1$　よって，A$(\sqrt{3},\ 1)$

OB＝OA＝$\sqrt{(\sqrt{3})^2+1^2}=\sqrt{4}=2$　　したがって，△OAB＝$\frac{1}{2}\times2\times\sqrt{3}=\sqrt{3}$

(2)　B(0, 2)　　直線ABの傾きは，$\frac{1-2}{\sqrt{3}}=-\frac{1}{\sqrt{3}}$，切片は2だから，直線ABの式は，$y=-\frac{1}{\sqrt{3}}x+2$…②　　②に$y=0$を代入して，$0=-\frac{1}{\sqrt{3}}x+2$　　$\frac{1}{\sqrt{3}}x=2$　　$x=2\sqrt{3}$　　よって，C$(2\sqrt{3},\ 0)$

重要 (3)　AD：AB＝△OAD：△OAB＝$3\sqrt{3}:\sqrt{3}=3:1$　　DB：AB＝4：1　　よって，点Dのx座標は，$4\sqrt{3}$　　②の式に$x=4\sqrt{3}$を代入して，$y=-\frac{1}{\sqrt{3}}\times4\sqrt{3}+2=-2$　　したがって，D$(4\sqrt{3},\ -2)$

重要 (4)　求める立体の体積は，底面が半径2の円で高さが$2\sqrt{3}$の円すいの体積から，底面が半径1で高さが$\sqrt{3}$の円すいの体積の2つ分をひいたものになるから，$\frac{1}{3}\times\pi\times2^2\times2\sqrt{3}-\frac{1}{3}\times\pi\times1^2\times\sqrt{3}\times2=\frac{8\sqrt{3}}{3}\pi-\frac{2\sqrt{3}}{3}\pi=2\sqrt{3}\pi$

5　(平面図形の計量問題－正五角形の角度，三角形の相似・合同)

基本 (1)　∠ABC＝180°×(5－2)÷5＝108°

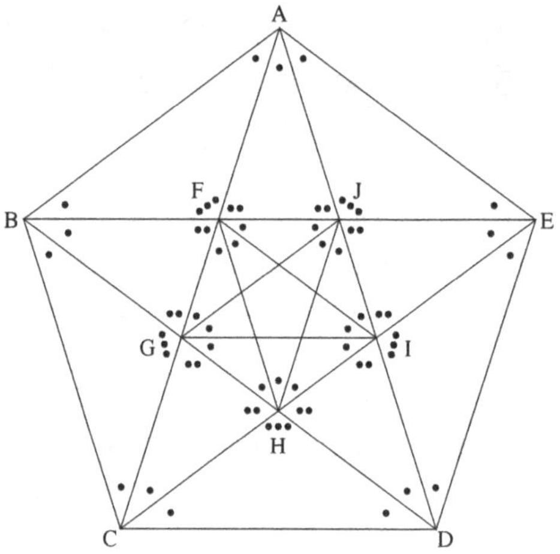

重要 (2)　AF＝$x$cmとする。右の図から，△ABF∽△BEA　AB：BE＝AF：BA，1：$(x+1)=x:1$，$x(x+1)=1$，$x^2+x-1=0$　　二次方程式の解の公式から，$x=\frac{-1\pm\sqrt{1^2-4\times1\times(-1)}}{2\times1}=\frac{-1\pm\sqrt{5}}{2}$　　$x>0$から，$x=\frac{-1+\sqrt{5}}{2}$

やや難 (3)　△ABCは頂角が108°の二等辺三角形である。小さい正五角形の中に，もう一つ星が作れるので，△ABCと相似な三角形は，△BCD，△CDE，△DEA，△EAB，△AIC，△BJD，△CFE，△DGA，△EHB，△AFB，△BGC，△CHD，△DIE，△EJA，△JFG，△FGH，△GHI，△HIJ，△IJF，△AJG，△BFH，△CGI，△DHJ，△EIF，△AFI，△BGJ，△CHF，△DIG，△EJHの29個

6　(統計と確率)

(1)　2つのさいころの目の出かたは全部で，6×6＝36(通り)　　そのうち，生徒Hの得点が25点より大きくなる場合は，(5, 6)，(6, 5)，(6, 6)の3通り　　よって，求める確率は，$\frac{3}{36}=\frac{1}{12}$

重要 (2)　生徒AからGの得点を小さい順に並べると，3，10，12，18，20，24，25　　生徒Hの得点が12点以下のとき，中央値は，$\frac{12+18}{2}=15$より，15になる。生徒Hの得点が12点以下になる場合は，(1, 1)，(1, 2)，(1, 3)，(1, 4)，(1, 5)，(1, 6)，(2, 1)，(2, 2)，(2, 3)，(2, 4)，(2, 5)，(2, 6)，(3, 1)，(3, 2)，(3, 3)，(3, 4)，(4, 1)，(4, 2)，(4, 3)，(5, 1)，(5, 2)，(6, 1)，(6, 2)の23通り　　よって，求める確率は，$\frac{23}{36}$

★ワンポイントアドバイス★

5(2)で，$\frac{-1+\sqrt{5}}{2}+1=\frac{1+\sqrt{5}}{2}$より，正五角形において，1辺の長さと対角線の長さの比は，$1:\frac{1+\sqrt{5}}{2}$となり，黄金比と呼ばれている。覚えておこう。

＜英語解答＞

1 問1 B 問2 D 問3 D 問4 D 問5 B
2 問1 1 A 2 F 問2 3 F 4 B 問3 5 G 6 A 問4 7 E 8 D
3 問1 D 問2 A 問3 D
4 問1 1 B 2 A 3 C 4 D 問2 C 問3 C 問4 D 問5 B
5 問1 so that can't[cannot] 問2 B 問3 with
問4 (A)→C→D→B→E→(F) 問5 B 問6 A
6 問1 D 問2 C 問3 D 問4 C 問5 Ⅰ D Ⅱ F Ⅲ A Ⅳ H
Ⅴ I
7 (例) I usually read books, listen to music, and watch movies. My favorite musician is ○○. His songs make me happy.

○配点○
1 各2点×5 2 各3点×4(各完答) 3 各3点×3 4 問1 各2点×4 他 各3点×4
5 問2 2点 他 各3点×5(問1・問4各完答)
6 問1～問4 各3点×4 他 各2点×5 7 10点 計100点

＜英語解説＞

基本 1 (語句補充・選択，動名詞，現在完了，前置詞，助動詞)

問1 Did you enjoy playing baseball?「あなたは野球をして楽しんだか」<enjoy + 動名詞[原形 + −inh]>「～して楽しむ」

問2 Ten years have passed since I saw you last.「最後にあなたを見た時から10年経過した」<時 + have + passed since ～ last>現在完了(継続)「最後に…して以来，～経過している」

問3 Tom gave a speech in front of the whole school.「トムは全ての学校前でスピーチをした」「スピーチをする」give[make, deliver]a speech in front of「～の前で」

問4 He didn't come to school because of heavy snow.「豪雪のために，彼は学校に来なかった」 <because of + 名詞相当語句>「～のせいで，理由で」cf. <because + 主語 + 動詞>「なぜならば，～だから」

問5 Where would you like to go next weekend?「次の週末どこへ行きたいか」<would like +不定詞[to + 原形]>「～したいのですが，したがっている」A. When「いつ」 C. How「どのようにして」 D. Why「なぜ」

重要 2 (文法・作文：語句整序，不定詞，助動詞，関係代名詞)

問1 (You are) old enough to take care of(your dog.) <A enough + 不定詞[to + 原形]>「～[不定詞]するのに十分なA」take care of「～の世話をする，面倒をみる」

問2 Could you tell me the way to(Sapporo Station?) <Could you + 原形?>「～していただけませんか」the way to「～への行き方」

問3 This is the dictionary I bought yesterday(.)the dictionary I bought「私が買った辞書」← <先行詞(+ 目的格の関係代名詞) + 主格 + 動詞>「主語が動詞する先行詞」目的格の関係代名詞の省略

問4 (She) made up her mind to become a doctor(.) <make up one's mind + 不定詞[to +

原形]＞「～する決意をする」

3 **(長文読解問題・論説文：語句補充・選択，要旨把握，関係代名詞，比較，受動態，前置詞，動名詞)**

（全訳）「将来，留学したいか」この質問は2020年に7か国の若者(13歳から29歳)に尋ねられた。グラフは，日本，韓国，アメリカ，英国，ドイツ，フランス，そして，スウェーデン間の留学することに対する異なった姿勢を示している。

一般的に，日本人は留学することに，意欲的でなく，興味も持っていない。50%以上が，「留学したくない」と答えている。留学することに興味を持つ日本人の合計数は，わずか①D32.3%である。

一方で，アメリカや②韓国のような最も高い率を有する国々は，留学することに，より興味を抱き，前向きである。これらの国々の大きな割合が，6か月から1年，あるいは，少なくとも数週間，留学したいと答えている。これは，彼らが外国語や違った文化を勉強して学びたいからである。

英国，ドイツ，フランス，スウェーデンのような他の国々では，約30%が「留学したくない」と答えた。だが，日本以外の全ての国々では，少なくとも10から20%の若者が，外国の高校，あるいは大学(大学院を含む)に入学して，卒業したい，と答えた。

やや難 問1 「留学することに興味がある日本人の合計数は，わずか（ ① ）%だ」日本人のグラフから，enter high school or university abroad and graduate from them「外国の高校，あるいは，大学に入学して，卒業する」(5.1%)／study abroad for a half to one year「半年から1年留学する」(7.9%)／study abroad for a few weeks or months「数週間，あるいは，数か月留学する」(19.3%)の合計パーセンテージを求めること。

やや難 問2 「一方で，アメリカや（ ② ）のような最も高い率を有する国々は，留学することに，より興味を抱き，前向きである」アメリカと並んで，留学することに積極的な国(「外国の高校・大学に入学して卒業する」，「半年から1年間留学する」，「数週間，あるいは，数か月留学する」の合計の数値が高い国)をグラフから探すこと。正解は，South Korea「韓国」である。countries which have the highest percentages ～ ← 主格の関係代名詞 which／highest ← high「高い」の最上級 such as「～のような」are more interested in ～ ← <be動詞 + interested in>「～に興味がある」／more interested ← interested「興味がある」の比較級 interested in and positive to studying abroad ← <前置詞 + 動名詞[原形 + ing]>

重要 問3 A「スウェーデンとドイツの人々は，留学することに関して，同じように考えている」(×)両国を比較して，留学に対する考えが同じであるとは言えない。about studying abroad ← <前置詞 + 動名詞[原形 + －ing]> B「英国よりもスウェーデンの方が，留学したい人がはるかに多い」(×)英国の方がスウェーデンよりも留学したい人々が多いので，不可。<There + be動詞 + S>「Sがある，いる」<many more + 複数名詞>「はるかに多い名詞」people who want ← <先行詞(人) + 主格の関係代名詞 who + 動詞>「動詞する先行詞」 C「韓国の若者の70%以上が，留学することに興味を抱いている」韓国で，「留学したくない」と「わからない」の合計が34.3%で，留学に興味があるのは残りの65.7%なので，不適。over = more than「～以上」<be動詞 + interested in>「～に興味がある」in studying ← <前置詞 + 動名詞[原形 + ing]> D「ヨーロッパの4か国の中で，フランスが留学にもっとも前向きである」(○)英国，ドイツ，スウェーデンの他のヨーロッパ諸国と比べて，フランスにおける「外国の高校・大学に入学して卒業する」，「半年から1年間留学する」，「数週間，あるいは，数か月留学する」の合計の数値が最も高い。the most active ← active「積極的，意欲的，前向き」の最上級

4 **(会話文問題：文挿入，内容吟味，要旨把握，現在完了，関係代名詞，助動詞，進行形，仮定法，受動態，比較，付加疑問文，前置詞，動名詞，不定詞)**

（全訳） マーク(以下M)：見て！ “ABC音楽フェスティバル2023年”のチラシがここにある

よ。一緒に行かない？／アリス(以下A)：[1][B]それは良い考えね！　大規模な野外音楽フェスティバルへずっと行きたかったの。／M：僕も同様だよ。このイベントは常に人気があるので，すぐにでも，僕らのチケットを取るべきだよ。今，ウェブサイトを確認してみよう。

◇◇◇

M：アリス，3種類のチケットがあるね。どのチケットを僕らは買うべきかなあ。／A：出演者次第ね。私はエマ・ホワイトの大ファンなの。だから，絶対に土曜日にそこへ行きたいわ。あなたはどう？　あなたが薦めるアーティストはいるかしら。／M：もちろん。[2][A]“Peppers”は注目すべきだよ。彼らのミュージックビデオは最高だった！　彼らも土曜日に出演するね。／A：知らない他のアーティストやバンドを聞きたい気もするわ。日曜日にフェスティバルで誰が出演するかを確認するために，リストを確認しましょう。／M：わお！　“Crown 5”がやって来る！　彼らが生で演奏するのを見るのは，素晴らしいだろうね。／A：そうね。[3][C]そのような有名なバンドが私達の町にやって来るのね。驚きだわ。ところで，“Grand Prix Band”って何かしら？／M：2022年の音楽コンテストで優勝したバンドのことだよ。最上のインディーズバンドを発掘するために，毎年開催されているんだ。／A：興味深いわね。そして，コンテストに参加する何名かのアーティストが，フェスティバルで演奏するのでしょう？／M：ああ，その通りだよ。[4][D]未来のスターが見られるかもしれないね。／A：それじゃあ，私達は本当に両日のチケットを手に入れる必要があるわね。待って，ペアーチケットがあるわ。各々2日間チケットを買うよりは安いわね。／M：それは良いね。では，購入ボタンをクリックしよう。／A：いいわ，ありがとう。ところで，最後まで，とどまりたいかしら。花火は見たいけれども，そんなに長時間外で待つのは大変だわ。／M：同感だね。電車が混みすぎてしまう前に，ちょっと早く出て，繁華街で外食するのはどうかなあ。／A：素晴らしい考えね。待ちきれないわ。おそらく次回花火を見ることができるわ。

ABC音楽フェスティバル2023

日付：2023 10/3(土) 10/4(日)　　場所：ABCファミリーランド

＜時程＞	10.3 土	10.4 日
10:30-11:00	オープニング	オープニング
11:30-12:30	Yamada Taro	2022 Grand Prix Band
13:30-14:30	ACE	Johnson’s
15:00-16:00	Emma White	GH special
16:30-17:30	Peppers	MSW-diners
18:00-19:00	Penguins	Crown 5
19:30-20:00	地元TV局生中継	花火

＜チケット＞	
2日間チケット	＄35
1日間チケット	＄20
1日間ペアーチケット	＄30

晴雨に限らず，このイベントは実施されます。雨具をご持参ください。

・ペアーチケットをお持ちの際は，お相手と一緒に来てください。／・ペアーチケットは，お1人様が2日間ご利用することはできません。／・フェスティバル中は出入り自由です。

重要 問1 [1] M：「“ABC音楽フェスティバル2023年”のチラシがここにあるよ。一緒に行かない？」／A：[1][B]「それは良い考えね！　大規模な野外音楽フェスティバルへずっと行きたかったの」<Here ＋ be動詞 ＋ S>「ここにSがある，いる」How about ～?「～はどうですか」(提案・勧誘)I’ve always wanted to go to ～ ← 現在完了<have ＋ 過去分詞>(完了・結果・継続・経験) [2] A:「あなたが薦めるアーティストはいるかしら」/M:「もちろん。[2][A]“Peppers”は注目すべきだよ」Are there any artists that you recommend? ← <先行詞 + 目定格の関係代名詞 that + 主語 + 動詞>「主語が動詞する先行詞」should「~すべきである,のはずだ」check out「調査する,確認する,確かめる」 [3] M:「わお! “Crown 5”がやって来る! 彼らが生で演奏するのを見るのは素晴らしいだろうね」/A:「そうね。[3][C]そのような有名なバンドが私達の町にやって来るのね。驚きだわ」is coming ← 近い未来を表す進行形 It would be great to see them play live. ← if節がない仮定法過去(現在の事実に反することを仮定)。/<知覚動詞 + O + 原形>「Oが原形するのを知覚する」 [4] A:「ところで,“Grand Prix Band”って何かしら?」/M:「2022年の音楽コンテストで優勝したバンドのことだよ。最上のインディーズバンドを発掘するために,毎年開催されているんだ」/A:「興味深いわね。そして,コンテストに参加する何名かのアーティストが,フェスティバルで演奏するのでしょう?」/M:「ああ,その通りだよ。[4][D]未来のスターが見られるかもしれないね」That is a band which won ~ ← <先行詞 + 主格の関係代名詞 which + 動詞>「動詞する先行詞」It's held ← <be動詞 + 過去分詞>受動態「~される,されている」best「最も良い[良く]」← good/well の比較級 may be able to see ← <may「~かもしれない」> + <be able + 不定詞[to + 原形]「できる」>「~できるかもしれない」

基本 問2 質問「マークとアリスは彼らのチケットに対していくら払うだろうか」A:「それじゃあ,私達は本当に両日のチケットを手に入れる必要があるわね。待って,ペアーチケットがあるわ。各々2日間チケットを買うよりは安いわね」/M:「それは良いね。では,購入ボタンをクリックしよう」以上より,2人は2日間で2枚のペアーチケットを購入することになる。1日のペアーチケットが$30なので,正解は,$30×2=$60である。How much ~?「いくら?」値段を尋ねる表現。we really need to get tickets for both days, don't we? ← 付加疑問文<肯定文,否定の短縮形?> 「~ですね,でしょうね」相手の同意を求めたり,相手に確かめたりする言い方。<There +be動詞 + S.>「Sがある,いる」That's cheaper than buying tickets for two days tickets each. ← cheaper「より安い」; cheap の比較級/<前置詞 + 動名詞[原形 + -ing]>

やや難 問3 質問「マークとアリスは何時に日曜日にABCファミリーランドを出発する予定か」マークは,「わお! “Crown 5”がやって来る! 彼らが生で演奏するのを見るのは素晴らしいだろうね」と述べており,一方,花火に関しては,アリス:「花火は見たいけれども,そんなに長時間外で待つのは大変だわ」/マーク:「同感だね。電車が混みすぎる前に,ちょっと早く出て,繁華街で外食するのはどうかなあ」/アリス:「素晴らしい考えね」との対話が交わされている。したがって,2人はCrown 5 の終了時19:00にABCファミリーランドを後にすることになる。<知覚動詞 + O + 原形>「Oが原形するのを知覚する」I'd like to see ← <I'd like + 不定詞[to + 原形]>「~したい」it's hard to wait outside ~ ← <It is + 形容詞 + 不定詞[to + 原形]>「~ [不定詞]するのは… [形容詞]だ」<Why don't we + 原形 ~?>「~したらどうか,はどうか」(提案・勧誘)a little「少しだけ」earlier ← early「早い」の比較級

重要 問4 質問「音楽フェスティバルに関するどの情報が正しいか」A:「豪雨では,音楽フェスティバルは開催されないだろう」(×)This event will go on, rain or shine. とあるので,不可。won't be held ← 助動詞を含む文の受動態<助動詞 + be + 過去分詞> go on「(物事が)続く」rain or shine「降っても,照っても」 B「そこでは,いくつかのコンサートグッズが販売されるだろう」(×)記述ナシ。will be sold ← 助動詞を含む文の受動態<助動詞 + be + 過去分詞> C「ペアーチケットを持つ2人は同時に来る必要はない」(×)If you have a pair ticket, please come together with your partner. と書かれているので，不可。don’t have to come ← <have ＋ 不定詞[to ＋ 原形]>の否定形「～する必要はない」 D「来場者はいつでもイベントに参加できる」(○)You can come and go freely during the festival. という記述に一致している。take part in「～に参加する」

重要 問5 A「マークはエマ・ホワイトの大ファンである」(×)エマ・ホワイトのファンはアリスである(I am a big fan of Emma White. とアリスが述べている)。 B「彼らは自分達の好きなバンド以外の歌を聞きたいと思っている」(○)アリスは I also feel like listening to other artists or bands that I don’ t know. と述べている。other than「～とは違って，以外に(は)」fell like listening ← <feel like ＋ 動名詞[原形 ＋ －ing]>「～したい気がする」other artist or bands that I don’t know「自分が知らない他のアーティストやバンド」← <先行詞 ＋ 目的格の関係代名詞 that ＋ 主語 ＋ 動詞>「主語が動詞する先行詞」 C「Crown 5 は音楽コンテストに優勝したバンドである」(×)発言なし。the band which won the music contest ← <先行詞(もの)＋主格の関係代名詞 which ＋ 動詞>「動詞する先行詞」 D「彼らは花火を見ることが好きでない」(×)アリスは I’d like to see the fireworks と述べている。I’d like to ～ ← <would like ＋ 不定詞[to ＋ 原形]の短縮形>「～したい，できたらと思う」(希望を述べる表現)

5 **(長文読解問題・論説文：言い換え・書き換え，指示語，段落・文整序，内容吟味，要旨把握，語句補充・選択，不定詞，比較，前置詞，分詞，接続詞)**

(全訳) アイスホッケーは良いスケート選手を必要とするスポーツである。各チームには，5名のプレーヤーと1名のゴールキーパーがいる。他の選手の周りを動き，ゴールを決めるためには，彼らは非常に速くスケートをしなければならない。選手交代の時でさえも，試合は止まらない。よって，選手はベンチからベンチへと，非常に速くスケートをしなければならない。それゆえに，良いスケート選手が重要となってくる。

アラブ首長国連邦は砂漠の国である。①外でスポーツをするには暑すぎるので，その国には，多くの室内の水泳プール，サッカー場，そして，アイススケートのリンクさえ存在する。しばしば，家族はショッピングセンターで，フィギュアスケートをする。アラブ首長国連邦が国を代表するアイスホッケーチームを作る決心をした時に，コーチは名案を思い付いた。彼はフィギュアスケートクラブへ行き，最良のスケート選手達に，彼のチームに参加するように懇願したのである。②フィギュアスケートの選手に，ホッケーをすることを教えるのは簡単だった。チームが出来て4か月後に，香港で開催される彼らにとって初めての国際トーナメントへ，彼らは向かった。

選手権大会の責任者であるトム・バーンズは，砂漠からのチームが選手権大会にやって来たことに驚いた。「彼らの中に，良いスケート選手がいるなんて思いませんでした。でも，初めて彼らを見て，本当に驚きました。本当に上手にスケートをすることができる選手が存在していたのです」

その選手権大会は，ショッピングセンターのスケートリンクで開催された。伝統的ローブを着た人物達が，大きなホッケーバッグ③を持って，ショッピングセンターに入場する。よって，誰もが彼らの姿に気づいた。そのチームがホッケーを上手にすることができるか，否かを確認するために，多くの人々が試合に足を運んだ。アラブ首長国連邦チームは，素早く，ワクワクさせるような集団であることが判明した。よって，砂漠のチームは急激に人気者になった。

ほとんどのチームには数人のスター選手がいた。砂漠のチームには，スター選手が皆無だった。でも，彼らには，非常に優れた多くの選手がいた。チームとして，全ての選手は懸命にプレーして，彼らは多くの試合に勝利をおさめた。最終的に，彼らは王座決定戦まで勝ち上がった。3000名以上の人々が，決勝戦を観戦した。砂漠から来た男達は，その試合に勝ち，選手権の優勝者に輝いた。チームは，トロフィーと彼らの旗を③持って，氷上をスケートして巡った。そして，突然，選手達が皆，フィギュアスケートをし始めたのである。至る所で，男達はジャンプして，回転した。トム・バーンズと3000人のファンはそのことを決して忘れないだろう。

トーナメントの当初，ホッケー選手が彼らの砂漠のローブを着て，彼らのカバンを運んでいるのを人々は目撃して，彼らはあまり上手な選手ではないだろうと考えた。でも，それらの人々は間違っていたのである。このチームは私達皆に良き教訓を教えてくれた。－「本をその表紙で判断しないように(外見で判断してはいけない)」。

重要 問1 ①「暑すぎて，外でスポーツをすることはできない」<too A ＋ 不定詞[to ＋ 原形]>「あまりにもAすぎて～［不定詞］できない，～［不定詞］するにはAすぎる」＝ <so A that ＋ 主語 ＋ cannot ＋ 原形>「とてもAなので主語は原形できない」

基本 問2 It was easy to teach figure skaters to play hockey.「フィギュアスケートの選手に，ホッケーすることを教えることは，簡単だった」it は形式主語で，本来の主語は to teach ～［不定詞句］。← <It is ＋ 形容詞 ＋ 不定詞[to ＋ 原形]>「～［不定詞］するのは…［形容詞］である」 A「最良のスケート選手に，彼のチームに入るように依頼すること」best「最も良い[良く]」← good／well の比較級 C「国を代表するアイスホッケーのチームを作ること」 D「香港での彼らにとって最初の国際トーナメントに行くこと」

やや難 問3 Men wearing traditional robes walk into the shopping center ③with big hockey bags.／The team skated around the ice ③with the trophy and their flag. 前置詞 with(所有して・付随して)「～を持っている。のある[付いた]」men wearing traditional robes「伝統的ローブを着た男性」← <名詞 ＋ 現在分詞[原形 ＋ －ing]＋ 他の語句>「～している名詞」現在分詞の形容詞的用法

やや難 問4 A「アラブ首長国連邦のコーチはフィギュアースケートチームへ行き，最も良いスケート選手に彼のチームに加入するように依頼した」(第2段落第5文)→ C「チームは香港での彼らにとって最初の国際トーナメントへ向かった」(第2段落第7文)→ D「人々は，ホッケー選手が砂漠のローブを着てカバンを運んでいるを見た」(第4段落第2・3文)→ B「アラブ首長国連邦のチームは速くて，ワクワクさせるということがわかった」(第4段落第5文)→ E「砂漠から来た男達はその試合に勝ち，トーナメントでチャンピオンに輝いた」(第5段落第7文)→ F「選手たちは全員フィギュアスケートをし始めた」(第5段落第9文) People saw the hockey players carrying their bags ～ ← <主語 ＋ 知覚動詞 ＋ O ＋ 現在分詞[原形 ＋ －ing]>「主語はOが～［現在分詞］しているのを知覚する」find out「見つける」

重要 問5 A「チームは速く，わくわくさせて，急激に非常に人気が出た」(○)第4段落第5・6文に，People found out that the UAE team was fast and exciting. So the desert team quickly became very popular. とある。find out「見つける」so「だから，そういうわけで，それで」 B「数名のスター選手がいて，他の選手はスケートをとても上手に滑ることができた」(×)第5段落第2文に The desert team didn't have any star players. とあり，スター選手が1人もいなかったのである。<There ＋ be動詞 ＋ S>「Sがある，いる」not ～ any「全く～ない」 C「スター選手はチームにいなかったが，彼らの多くは非常に上手くスケートを滑ることができた」(○)第5段落第2・3文に，The desert team didn't have any star players. But they had many very good skaters. とある。<There ＋ be動詞 ＋ S>「Sがある，いる」no star player ← <no ＋ 名詞> ＝ not ～ any「全く～ない」 D「そのチームは3000名以上の人々によって見られた決勝戦に勝った」(○)第5段落第6・7文に，More than 3000 people watched the final game. The men from the desert won the game ～ とある。the final game watched by ～ ← <名詞 ＋ 過去分詞 ＋ 他の語句>「～された名詞」過去分詞の形容詞的用法 more than

「～以上」

やや難 問6 Don’t judge a book by its ④cover.「表紙で本を判断するな」→「外見で判断してはいけない」

6 **(長文読解問題・論説文：語句補充・選択，指示語，内容吟味，要旨把握，接続詞，関係代名詞，助動詞，受動態，分詞，現在完了，比較，間接疑問文，進行形)**

（全訳） 2011年に，世界中で生産される全ての食品のほぼ30％が破棄されている，と国連の報告書が示した。2018年には，日本は600万トンもの食品を破棄した。3年後には，800万トン以上の食品が捨てられた。

私達の生活は，食品破棄の問題に大きな影響を及ぼしている。この頃，人々は非常に忙しく，多くの人々が食事を調理する時間がないので，スーパーマーケットや他の店での加工調理済み食品は，非常に①D人気を博している。でも，仮に閉店時間までにそれらの食品が売られないと，それは捨てられてしまう。

別の問題は，我々が買い物をする際に，缶詰や加工食品から生鮮食品まで，選択肢がありすぎることだ。これらの食品の多くは，賞味期限が切れてしまい，売られずに，捨てられてしまう。また，私達が買い物をすると，必要とする以上の多くの食品を買ってしまう。食事を作れば，調理しすぎてしまう。従って，多くのこの種の食品が，破棄される食品廃棄物となってしまう。食品廃棄の問題は，毎年深刻になっているが，私達はそれに関して何ができるのだろうか。

まず，この問題に対して，個人的に，そして，共同体として，双方で，取り組むことが重要である。食品破棄に関して人々を教化しなくてはならず，食べ残しや不要な食品を活用するために，グループや組織を支援して，それらを破棄しないようにすべきである。私達は，食べ物とお金の双方を節約することが可能となる。

1つの重要な手段は，賢く買い物をすることである。買い物へ行く前に，ショッピングリストを作れば，必要な食品や商品を購入するだけとなる。また，多すぎる食品を準備した際には，それを冷凍庫に入れることで，後に，それを食べることが可能となる。こういった単純な課題により，食品廃棄を簡単に削減することができる。また，人々，企業，スーパーマーケット，そして，農民から未使用の食品を集めて，それを本当に必要とする人々へ供給する‘フードバンク’へと，私達が必要でない食べ物を寄付することが可能である。

スーパーマーケットや食品店については，破棄される食品を値引きすることが可能である。②このことで，客はその食品を買うことが促されて，無駄にならないであろう。私達を手助けする工業技術を使うこともできる。この問題にすでに取り組んでいる企業や集団がある。例えば，必要とされる食品の量を予測して，管理して，レストラン，スーパーマーケット，そして，他の食料品店へ送配送されるように，人工知能のプログラムが現在，開発されている。

食品廃棄の危機について知らない人々が未だに多く存在している。この問題を急いで解決するのは難しいかもしれないが，これに関する情報を共有することで，食品廃棄を減らすことに加担する人々の数は増えるであろう。

基本 問1 「この頃，人々は非常に忙しく，多くの人々が食事を調理する時間がないので，スーパーマーケットや他の店での加工調理済み食品は，非常に①D人気がある[popular]」～，so …「～である，だから[そういうわけで，それで]…」A. famous「有名な」B. healthy「健康的」C. interesting「興味深い」

基本 問2 「②このことで，客はその食品を買うことが促されて，無駄にならないであろう」下線部②this は，直前の they can discount the food that will be thrown away. を指すので，正解は，C。the food that will be ← ＜先行詞 ＋ 主格の関係代名詞のthat ＋ 動詞＞「動詞する先行詞」will not be wasted「破棄されないだろう」／will be thrown away ← 助動詞付きの文の受動態　<助動詞 ＋ be ＋ 過去分詞>

やや難 問3　質問「なぜ多くの食べ物が捨て去られるのか」多くの食品が破棄される理由として，1)営業時間までに売れないこと，2)選択肢が多すぎること，3)賞味期限が過ぎてしまうこと，4)消費者が必要以上に食品を購入すること，5)必要以上に調理してしまうこと，等が，第2・3段落に記されていることから，考えること。正解は，「$_{D}$正確に必要な食品の量を知らないから」。the amount of food that they need ← <先行詞 ＋ 目的格の関係代名詞 that ＋ 主語 ＋ 動詞>「主語が動詞する先行詞」if the food is not sold by closing time, it is thrown away.「閉店時間までに食品が売れないと，捨てられる」← <be動詞 ＋ 過去分詞>受動態　canned and packaged food「缶詰された食品と加工された食品」← 過去分詞の形容詞的用法「～された名詞」it has expired「消費期限が切れる」← <have[has]＋ 過去分詞>現在完了(完了・結果・経験・継続)more food than we need「我々が必要とする以上の食べ物」← more「もっと(多くの)」many／much の比較級　A「人々がスーパーマーケットで売られる加工調理済み食品を好まないから」pre－made food sold at ～ ← <名詞 ＋ 過去分詞 ＋ 他の語句>「～された名詞」過去分詞の形容詞的用法　B「人々が値引きされた加工調理済み食品を買いたがらないから」discounted pre－made food ←「～された名詞」過去分詞の形容詞的用法　C「人々が彼らの町のどこにフードバンクがあるかを知らないので」people don't know where food banks are in their cities ← 疑問文(Where are food banks in their cities?)が他の文に組み込まれる[間接疑問文]と，<疑問詞 ＋ 主語 ＋ 動詞>の語順になる。

重要 問4　A「日本は2021年に2百万トン以上の食物廃棄物を削減した」(×)第1段落第2・3文に，In2018, Japan threw away 6 million tonnes of food. Three years later, more than 8 million tonnes of food was wasted. とあり，むしろ廃棄物は増加しているので，不可。more than「～以上」throw away「捨てる」was wasted「無駄にされた」← 受動態<be動詞 ＋ 過去分詞>　B「人々はスーパーマーケットや他の店で，加工調理済み食品を買うべきではない」(×)記述ナシ。should not「～すべきでない」　C「フードバンクは，食品廃棄を減らすための良い方法の1つである」(○)フードバンクに関しては，第5段落の最終文に，We can also donate food we don't need to 'food bank', which collect unused food items from people, companies, supermarkets, and farmers and give that food to people who really need it. とある。～ donate food we don't need ～「私達が必要ない食べ物を寄付する」← <先行詞(＋ 目的格の関係代名詞)＋ 主語 ＋ 動詞>「主語は動詞する先行詞」目的格の関係代名詞の省略，which 関係代名詞の非制限用法(コンマ付の関係代名詞)people who really need it「それを本当に必要とする人々」← <先行詞(人)＋ 主格の関係代名詞 who ＋ 動詞>「動詞する先行詞」　D「多くの人々が食品破棄の危機についてよく知っている」(×)第7段落第1文に There are still many people who don't know about the food waste crises. とある。<There ＋ be動詞 ＋ S>「Sがある，いる」many people who don't know about ～「～について知らない多くの人々」← <先行詞(人)＋ 主格の関係代名詞 who ＋ 動詞>「動詞する先行詞」

重要 問5　(全訳)　日本の食品廃棄は，年々$_{Ⅰ}$^{D}増えている。誰もそれを欲しがらない，あるいは，賞味期限が過ぎている，という理由から，毎日，スーパーマーケットやレストランにおける多くの食べ物が捨てられている。家庭では，多すぎる食品を購入したり，調理したりすることが，多量の$_{Ⅱ}$^{F}ごみにつながっている。各人は，この問題を解決するために，より一層の努力をしなければならず，そして，$_{Ⅲ}$^{A}社会もそうしなければならない。

　私達が助けることができる1つの方法は，本当に買うことが必要である物のリストを作ること

である。別の例は，長い間，食べ物を新鮮な状態に$_{\text{IV}}$^{H}保存しておくために，冷凍庫を使うことである。また，私達は食べ物をフードバンクへ寄付することもできる。必要とされない，あるいは，すぐに賞味期限が過ぎる食品を割引することで，食品店やスーパーマーケットは寄与することが可能である。現在では，本当に必要な食べ物の量を私達が予測する手助けを，人工知能が担うことさえ可能となっている。

　このようにして，人々と企業の双方が，食品廃棄に関する情報を共有し，$_{\text{V}}$^{I}より賢く行動しようと努めている。

（　I　）is increasing ← 進行形<be動詞 ＋ 現在分詞[原形 ＋ －ing]>　（　II　）「ごみ」garbage　lead to「～につながる」a lot of「多くの～」（　III　）「社会」society　must「～しなければならない，に違いない」（　IV　）keep O C「OをCの状態に保つ」（　V　）smarter ← smart「知的な，賢明な，利口な」の比較級

やや難 7 **（自由・条件英作文：比較）**

質問「自由時間にあなたは何をしますか」（解答例訳）「私は通常，本を読み，音楽を聴いて，映画を見ます。私の好きな音楽家は○○です。彼の歌は私を幸せな気分にしてくれます」テーマに関して，20語以上の英語でまとめる自由・条件英作文の問題。～ or more「～以上」

★ワンポイントアドバイス★

1文法に関する語句補充・選択問題を取り上げる。問われている文法事項は，動名詞，現在完了等であり，いずれも基本的内容と言える。文法問題集の演習を通じて，文法の基礎事項をしっかりと身につけるようにしよう。

＜理科解答＞

1 問1　a　イ　b　オ　c　ウ　問2　エ　問3　イ，ウ，オ，カ
問4　(1)　ダニエル(電池)　(2)　(－極)　イ　(＋極)　ウ

2 問1　イ，オ　問2　12時間　問3　エ　問4　a　電気　b　熱　c　光

3 問1　ア　問2　c　問3　イ，オ　問4　ウ，オ　問5　(記号)　D
(細胞名)　孔辺細胞　問6　ア

4 問1　(1)　ウ　(2)　ア　(3)　なぎ　問2　イ　問3　エ　問4　(1)　エ
(2)　イ

5 問1　(1)　イ　(2)　エ　問2　0.76g/L　問3　a　1　b　3　c　2　問4　ウ

6 問1　D　問2　B　問3　あ　問4　(直前)　イ　(直後)　ア　問5　電磁誘導

7 問1　イ　問2　イ　問3　腎臓　問4　ウ，カ　問5　肝臓　問6　尿素
問7　減数分裂　問8　イ，ウ，エ，オ

8 問1　100m　問2　イ　問3　エ　問4　(1)　イ　(2)　ア　(3)　ウ

○配点○

1 問1　各1点×3　他　各2点×5(問3完答)　2 問1　3点(完答)　問2　4点　問3　2点
問4　各1点×3　3 各2点×6(問3～問5各完答)　4 問1(3)　1点　他　各2点×6
5 問2，問3　各3点×2(問3完答)　他　各2点×3　6 問3　3点　他　各2点×5
7 問1～問3　各1点×3　他　各2点×5(問4，問8各完答)
8 問1，問4(3)　各3点×2　問2，問3　各2点×2　他　各1点×2　計100点

＜理科解説＞

1 （電気分解とイオン―イオン化傾向）

重要 問1　a　水溶液中での金属のイオンになりやすさの順は亜鉛＞銅＞銀の順であり，銅イオンを含む水溶液に亜鉛を入れると，亜鉛がイオンになって溶け出し，銅イオンが電子を受け取って銅が析出する。　b　亜鉛の方が銅よりイオンになりやすいので，変化は起きない。　c　銅が溶け出して銀イオンが電子を受け取り，銀が析出する。

重要 問2　水溶液中での金属のイオンになりやすさをイオン化傾向といい，その大きさの順は，亜鉛＞銅＞銀である。

基本 問3　水に溶けてイオンに分かれる物質を電解質という。塩酸に含まれる塩化水素は，水素イオンと塩化物イオンに電離する。食塩水中にはナトリウムイオンと塩化物イオンが，水酸化ナトリウム水溶液中にはナトリウムイオンと水酸化物イオンが含まれ，レモンの果汁の中ではクエン酸がイオンに電離している。

問4　(1)　このようなつくりの電池をダニエル電池という。　(2)　－極での反応：$Zn \rightarrow Zn^{2+} + 2e^-$　＋極での反応：$Cu^{2+} + 2e^- \rightarrow Cu$　負極で発生した電子は導線を通って正極に運ばれる。

2 （電力と熱―消費電力）

重要 問1　電力(W)＝電圧(V)×電流(A)より，それぞれの電気器具に流れる電流の大きさを求めると，冷蔵庫は2.5A，テレビは2A，掃除機は10A，洗濯機は6A，ドライヤーは12A，ゲーム機は3.5A，電子レンジは14Aである。電気製品の組み合わせで20Aを越えなければブレーカーは作動しない。イのゲーム機とテレビでは合計5.5A，オの冷蔵庫とテレビと電子レンジでは合計18.5Aであり，ブレーカーが作動しない。

問2　一般家庭の1か月の電力消費量が360kWhであり，一般家庭と健児さんの家での待機時消費電力量の差は7－5＝2(％)なので360×0.02＝7.2(kWh)である。この電力量で洗濯機を動かすと7.2÷0.6＝12(時間)使用することができる。

問3　待機時消費電力量を減らすには，使用しない電気器具のコードを電源からぬいておくことが適切である。

基本 問4　白熱電球では，電気エネルギーの大半が熱エネルギーに変換される。LED電球では熱の発生が少なく，その分光エネルギーに変換される。

3 （植物の体のしくみ―光合成）

基本 問1　水を沸騰させることで，水に溶けていた気体を追い出す。

重要 問2　光合成には，葉緑体のほかに二酸化炭素，水，光エネルギーが必要である。この条件を満たしているのはcの試験管で，発生するデンプンによってヨウ素液が青紫色に変化する。

基本 問3　光合成が行われるには，二酸化炭素，水，光が必要であるが，実験の結果からわかることは，二酸化炭素と光が必要なことである。水が関係しているかどうかはこの実験だけでは判断できない。

問4　図4の葉の葉脈は平行脈であり，単子葉植物の特長である。選択肢の中の単子葉植物は，トウモロコシ，スズメノカタビラである。

問5　図5のDが気孔であり，気孔をつくっている細胞Cを孔辺細胞という。

問6　気孔からは蒸散によって水分が出て行く。水分の吸収は根から行うので，気孔から水蒸気を取り入れることはない。

4 （天気の変化―海陸風）

重要 問1　(1)　昼間は砂浜の方が海水より温度が高くなり，上昇気流が生じ海からの風が陸に向かって吹く。夜間は海水の方が温度が下がりにくいので温度は高くなり，陸から海に向かって風が吹く。ウの温度の組み合わせになる。 (2) 温度差が大きい方が風が強く吹くので，昼間の方が温度差が大きく海風の方が強い。 (3) 海風と陸風が入れ替わるときの無風状態を「なぎ」という。

重要 問2 砂の方が温度が高く，上昇気流が生じる。ここに海から風が吹く。イの風の循環になる。

問3 水は砂より温まりにくく冷めにくい。そのため，先に砂浜の温度が高くなり海風が吹く，太陽が落ちて気温が下がると，海の方が温度が下がりにくいので温度が高くなり陸風が吹く。

問4 (1) エの天気図では，西高東低の冬型の気圧配置になっている。この時期，大陸の上空には冷たい空気のかたまりがあり，太平洋上の空気は比較的暖かい。そのため，大陸から北西の季節風が日本列島に吹き付ける。等圧線の幅が狭いのは，風が強いことを示している。 (2) 大陸の上空にはシベリア気団があり，その勢力が強くなっている。

5 (気体の発生とその性質―アンモニア)

重要 問1 (1) アンモニアの実験室での発生方法は，塩化アンモニウムと水酸化カルシウムの混合物を加熱する。 (2) ともに固体の試料であり，反応に伴って発生する水蒸気が試験管の口の部分で冷やされ，加熱部分に流れ込むことで試験管が破損する恐れがある。そのため，試験管の口の部分を下げて気体を発生させる。

問2 22.4Lのアンモニアの質量が17gなので，その密度は$17\div22.4=0.758\fallingdotseq0.76$(g/L)である。

重要 問3 両辺でそれぞれの原子の数がつり合うように，各分子に係数をつける。$N_2+3H_2\rightarrow2NH_3$である。

問4 メタンは天然ガスの主成分である。無色，無臭の気体である。メタンは無臭であるが，ガス漏れに気づくために天然ガスには別の物質で臭いが付けられている。

6 (運動とエネルギー―物体の運動)

基本 問1 Aの地点で物体がもっていたエネルギーと同じエネルギーを持つので，同じ高さまで上がる。

基本 問2 小球の速さは，小球の高さが一番低いBで最も速い。位置エネルギーが運動エネルギーに変化するためである。

問3 飛び出すときの小球に働く力は，上向きと水平方向の力に分散される。そのため，小球は放物線運動をし，高さはAの高さには達しない。

問4 台車がBを通過する直前には，台車のN極がコイルに近づくのでコイルの磁力線は下側がN極になるように生じる。このとき，コイルには右ねじの法則に従ってbの方向に電流が流れる。また，遠ざかるときは台車のN極を引き付けるようにコイルの下側がS極になる。このときコイルにはaの方向に電流が流れる。

基本 問5 コイルに磁石を近づけたり遠ざけたりすると，磁力線の変化を妨げるような方向に磁力が生じ電流が流れる。この現象を電磁誘導という。

7 (動物の体のしくみ―カエルの体)

基本 問1 心臓から肺に向かう血管を肺動脈，肺から心臓に戻る血管を肺静脈という。肺動脈に流れる血液は酸素量が少なく，二酸化炭素を多く含む。肺で酸素と二酸化炭素を交換し，肺静脈を流れる血液は酸素量が多くなる。

問2 吐き出す息の中の空気には，二酸化炭素が多く含まれる。二酸化炭素は水に溶けると酸性を示すので，BTB溶液の色は黄色に変化する。

基本 問3 尿をつくる器官は腎臓である。

基本 問4 小腸で吸収される栄養素は，ブドウ糖とアミノ酸である。

基本 問5 小腸で吸収された栄養分は，門脈を通って肝臓に運ばれる。

問6 肝臓では，有害なアンモニアが尿素に変えられる。

問7　精子や卵のような生殖細胞ができる際の分裂を減数分裂という。この分裂によって，生殖細胞内の染色体の本数は親の細胞の半分になる。

問8　ウシガエルの皮膚の細胞は体細胞であり，体細胞内では染色体数は同じである。メスの卵巣の細胞や，オタマジャクシの皮膚の細胞は体細胞なので染色体数は同じ。また，精子と卵が受精すると染色体数は体細胞と同じになる。トノサマガエルもカエルの同じ仲間なので，染色体数は同じである。

8　(地層と岩石—柱状図)

問1　図1より，この地域の地層は東西には傾きがないが，南北には100mの間に南に100m下がっている。S地点はP地点から南に50mであり，R地点より50m浅い地下100mで泥岩層に到達する。

問2　地震のたびに海底で土砂崩れが発生し，そのつど粒の大きいレキ，砂，泥の順に堆積が起き，新たな地層が積み重なってこのような地層になったと考えられる。

問3　鉱物Aは無色鉱物で，角ばっているので長石である。Bは黒色で細長い柱状なので角閃石，Cは黒色で六角板状なので黒雲母である。

問4　(1)　ビカリアはイであり，新生代の示準化石である。アはアンモナイトで中生代，ウは三葉虫で古生代の示準化石である。　(2)　ビカリアは新生代の示準化石である。　(3)　示準化石の条件には，短い時間で形態に変化が生じたものが適する。形態の違いによって地質年代を正確に推定できるからである。すべての化石が示準化石か示相化石のどちらかに分類できるわけではない。それぞれの化石になるには，満たさなければならない条件がある。ビカリアは示準化石でもあり，示相化石でもある。

★ワンポイントアドバイス★

理科全般の幅広く，確実な知識が求められる問題である。問題数が多く，時間配分に注意することも必要である。

＜社会解答＞

1　問1　副都心　問2　イ　問3　エ　問4　(1)　ヒマラヤ　(2)　イ　問5　ア
問6　(1)　雲仙　(2)　ウ　(3)　八幡製鉄所　(4)　ア　(5)　ア　ポルダー[干拓]
イ　地球温暖化　ウ　環境税[炭素税]　(6)　イ　(7)　ウ　問7　ウ

2　問1　(国)　ウクライナ　(場所)　ア　問2　(名前)　習近平　(写真)　ア
問3　ワイマール憲法　問4　二十一カ条要求　問5　同時多発テロ[同時爆破テロ，9.11同時テロ]　問6　(画家名)　ピカソ　(説明)　ア　問7　(1)　大宝律令
(2)　保元　(3)　応仁　(4)　島原・天草　(5)　寛政　(6)　大政奉還
(7)　自由民権　(8)　日中　(9)　サンフランシスコ　問8　1941年　問9　オ
問10　元寇　問11　(10)　コロンブス　(11)　バスコ＝ダ＝ガマ　(12)　マゼラン
問12　渋沢栄一　問13　北大西洋条約機構[NATO]　問14　(13)　明　(14)　日清
(15)　国民党　(16)　蔣介石　(国連)　ア

3　問1　市場[均衡]価格　問2　ウ　問3　(法律)　独占禁止法
(機関)　公正取引委員会　問4　ア　問5　クーリング・オフ制度

4　問1　①　2万　②　5千　問2　イ　問3　イ

5　問1　家庭　問2　A　上告　B　控訴　問3　エ　問4　エ　問5　④　248

⑤ 3　⑥ 30　問6 ⑦ 多く　⑧ 少なく

問7 日本司法支援センター［法テラス］

○配点○

1 問1・問6(3) 各3点×2　他 各2点×14

2 問1～問3・問6・問12・問13 各2点×6(問1・問2・問6各完答)　他 各1点×22

3 各2点×6　4 問1 各1点×2　他 各2点×2

5 問3・問4・問7 各2点×3　他 各1点×8　計100点

＜社会解説＞

1 （地理一日本の気候・人口，諸地域の特色，産業，交通・貿易，世界の人々の生活と環境，人口，諸地域の特色，産業，貿易，その他）

問1 副都心とは，大都市の都心に準じた機能をもつ地域で，都心と郊外を結ぶターミナルなどをいう。1958年に国がつくった首都圏整備計画の中で，渋谷，新宿，池袋の3地区を副都心と位置づけたのが始まりである。

問2 日本の国籍別在留外国人が最も多い国は中国である。2位ベトナム，3位韓国，4位フィリピン，5位ブラジルである。

問3 アは日本，イはインドネシア，ウはブラジル，エがアメリカ合衆国である。日本とアメリカ合衆国はつぼ型，インドネシアとブラジルは富士山型となる。

問4 (1) ネパールはヒマラヤ山脈中にある国である。 (2) ヒンドゥー教は，バラモン教から聖典やカースト制度を引き継ぎ，土着の神々や崇拝様式を吸収しながら徐々に形成されてきた多神教である。したがって，イが誤りである。

問5 アは「つばめ」が「かもめ」の誤りである。

問6 (1) 1990年から噴火活動を活発化した雲仙岳は，1991年6月3日，噴火開始後最大規模の火砕流が発生し，死者・行方不明者43人の被害をもたらした。 (2) カリブ海，メキシコ湾岸地域を襲う台風はハリケーンという。したがって，ウは誤りとなる。 (3) 八幡製鉄所は，明治30年日本初の近代的な製鉄所として現在の北九州市につくられた。急激な近代化にともない，自国で鉄鋼材を生産するためにつくられた。 (4) 鉄鉱石の生産国1位オーストラリア，2位ブラジル，3位中国。鉄鉱石の輸出国1位オーストラリア，2位ブラジル，3位南アフリカ共和国。

重要 (5) ポルダーは，オランダ語で浅海や沼地を干拓し，畑ごとに分割された低くて平らな干拓地を意味する。オランダは，国土の4分の1が海抜以下の低地であるため，数々の水害に見舞われてきた。同時に地球温暖化による海面上昇に危機感を覚え，気候変動の適応策の先進国でもある。二酸化炭素の排出量に応じて課税する環境税(炭素税)は地球温暖化対策の有力な手段とされ同国でも導入されている。 (6) イはドイツがフランスの誤りとなる。 (7) アは中国やオーストラリアで多いことから羊とわかる。イは中国が圧倒的に多いことから豚とわかる。ウはインドやブラジルで多いことから牛とわかる。

やや難 問7 札幌は降水量が少なく低温の北海道の気候でアが該当する。鹿児島，福岡，東京はいずれも太平洋側の気候で雨温図の選別が難しい。その中で年間降水量が1番多く，平均気温も1番高いイが鹿児島，年間降水量が1番少なく，平均気温が1番低いエが東京，太平洋に面していないが太平洋側の気候である福岡は，鹿児島より平均気温が低く，東京より年降水量が多いウが該当する。

2 （日本と世界の歴史一各時代の特色，政治・外交史，社会・経済史，日本史と世界史の関連）

問1 ロシアの侵攻を受けたウクライナは東ヨーロッパに位置する共和制国家で，首都はキーウ。

東はロシア，北はベラルーシ，西はポーランド，スロバキア，ハンガリー，西南はルーマニア，モルドバと国境を接しており，南は黒海に面し，トルコなどと向かい合っている。

問2　中国の指導者はアの習近平である。

問3　1919年に制定されたドイツのワイマール憲法では，世界初の社会権が規定された。

問4　二十一カ条要求とは，第一次世界大戦の戦乱に乗じて，日本が中華民国に要求した21項目からなる要求のことである。その要求は無理難題ばかりで，中華民国の主権を侵すもので，同国はこれに強く反発した。

重要

問5　同時多発テロ事件は，2001年9月11日(火)の朝にイスラム過激派テロ組織アルカイダが起こしたアメリカ合衆国に対するテロ攻撃である。9.11同時テロと呼称される。この事件を契機としてアフガニスタン紛争(2001年－2021年)が勃発し，世界中でテロ対策が強化された。

問6　この絵画は，ピカソが描いた『ゲルニカ』で，ドイツ空軍による無差別爆撃を受けた1937年に描かれ，古都ゲルニカが受けた都市無差別爆撃を主題としている。

基本

問7　(1)　大宝律令は，701年制定された法律で，中国の法律を手本にして刑部親王や藤原不比等らがまとめた。　(2)　保元の乱は，天皇の後継者争いや藤原氏の内紛が原因で起きた平安時代末期の政変で，争いに武士の兵力が駆り出され，武士の存在感が増すきっかけなった。　(3)　応仁の乱は，室町幕府第8代将軍足利義政の後継者争いがきっかけで起きた内乱で，京都を中心に，細川氏と山名氏が率いる東軍と西軍が幕府の主導権をめぐって争い，約11年間続き，室町幕府の権威と権力が失墜し，戦国時代に突入する原因となった。　(4)　島原天草一揆は，1637年から1638年にかけて，肥前島原と天草島のキリスト教徒を中心とした農民が起こした反乱である。過酷な年貢やキリスト教弾圧に耐えかねた領民が，天草四郎を指導者として幕府軍に対抗したが，約半年の激戦の末に敗れた。　(5)　寛政の改革は，1787年から1793年まで行われた松平定信による財政改革のことである。寛政の改革は，徳川吉宗が行った享保の改革，水野忠邦が行った天保の改革とあわせて江戸三大改革と呼ばれている。　(6)　大政奉還は，江戸時代末期に15代将軍の徳川慶喜が朝廷・明治天皇に政治をする権限を返した出来事である。　(7)　自由民権運動は，明治時代の日本で行われた国民の自由と権利を求めた運動である。農民，士族など関係なく，だれでも自由な権利を主張できるという考えにもとづいている。　(8)　日中戦争は，盧溝橋事件をきっかけに1937年から1945年までの間，続いた日本と中国による戦争である。徐々に泥沼化の状態となっていった。　(9)　サンフランシスコ平和条約は，1951年9月にアメリカのサンフランシスコで第二次世界大戦の講和会議が開かれた際に，当時の日本の首相であった吉田茂が世界49カ国との間に結んだ平和条約のことである。この49カ国とは，日本と第二次世界大戦で戦った国々を指す。

問8　太平洋戦争は，1941年12月8日，真珠湾攻撃，日本のアメリカ，イギリスへの宣戦布告などで始まり，1945年9月2日，日本の降伏文書調印によって終わっている。

問9　ベトナムは，東南アジアのインドシナ半島東部に位置する共産党による一党独裁体制国家で，国土は南北に長く，北は中華人民共和国，西はラオス，南西はカンボジアと国境を接する。東と南は南シナ海に面し，フィリピン，ボルネオ島そしてマレー半島と相対する。

基本

問10　元寇は，元が九州北部に襲来した際に発生した2つの戦いを指しての総称である。その戦いを文永の役(1274年)と弘安の役(1281年)という。

問11　コロンブスは，アメリカ大陸を発見した大航海時代の探検家である。バスコ＝ダ＝ガマは，インド航路を開拓しカリカットに到達し，大量の香辛料を持ち帰った。マゼランは，セブ島で殺害されたが，その船団は航行を続け，1522年にスペインに帰り，人類で最初に世界周航に成功した。

問12　渋沢栄一は，日本の近代化に大きく貢献した実業家であり，教育者であり，社会事業家で，幕末から昭和初期にかけて，約500社もの会社や経済団体の設立や経営に関わった。

問13　北大西洋条約機構(NATO)は，ヨーロッパと北米の30カ国による政府間軍事同盟である。NATOは，独立した加盟国が外部からの攻撃に対応して相互防衛に合意することで，集団防衛システムを構成している。

問14　清は明を滅ぼして成立した後，台湾を支配したが，日中戦争後は日本が台湾を統治した。太平洋戦争後は中国領になるが，蔣介石率いる国民党と毛沢東率いる共産党の内戦において，国民党の蔣介石は共産党に敗れ，台湾に逃れたのである。国際連合本部はニューヨークであるので，アは誤りとなる。

3　（公民―経済生活，その他）

問1　均衡価格とは，需要量と供給量がちょうど一致する価格のことをいう。それに対し，商品が市場で実際に取り引きされる価格のことを市場価格という。基本的に同義語と考えてよい。

問2　商品の生産量が減少するということは，供給曲線が左に動くので，ウが正解となる。

問3　独占禁止法は，経済社会において，事業者が事業活動を行うに当たって守るべきルールを定め，公正かつ自由な競争を妨げる行為を規制している。公正取引委員会は「独占禁止法」とその補完法である「下請法」という2つの法律を執行することで，競争政策を積極的に展開し，市場における競争を維持している。

問4　消費者の権利は，アメリカのケネディ大統領が1962年に消費者保護特別教書の中で，4つの権利(「安全である権利」「選ぶ権利」「知らされる権利」「意見が反映される権利」)を提唱した。したがって，アは誤りとなる。

問5　クーリング・オフ制度は，消費者が訪問販売などの特定の取引で商品やサービスを契約した後で，冷静になって考え直して「契約をやめたい」と思ったら，一定期間であれば理由を問わず，一方的に申し込みの撤回または契約の解除ができる制度である。

4　（公民―日本経済，国際経済，その他）

やや難　問1　円高ドル安の場合，100万円の自動車を輸出して現地で売る価格は，1万ドルが2万ドルと上昇する。逆にドル高円安の場合1万ドルが5千ドルに降下する。

問2　日本国内銀行の金利上昇は，円高に向かっていくというのは一般的な考え方である。したがって，イの「円安に向かっていく」というところが誤りとなる。

問3　加工貿易は海外から原料・材料を輸入し，これを自国内で加工してできた製品を，海外へ輸出する貿易形態である。多国籍企業とは，複数国に拠点を置き，国境をこえて経営する企業である。産業の空洞化は，地域経済を支える企業の工場が域外に移転し，その地域の産業が衰退する現象である。日本では，人件費の安い外国への工場移転によって産業の空洞化が起こるケースが多い。

5　（公民―憲法，政治のしくみ，その他）

問1　家庭裁判所では，大きく二つに分けて，少年事件と家事事件を取り扱っている。

問2　第一審の判決に不服のある当事者は，判決送達日から2週間以内に上級裁判所に対して控訴をすることができ，第二審(控訴審)の判決に不服のある当事者は，上告をすることができる。

問3　環境権は新しい人権であり，憲法に規定されていないので，エは誤りである。

問4　選挙の4原則とは，普通選挙・平等選挙・直接選挙・秘密選挙であり，エが誤りとなる。

問5　参議院の議員定数は248人で，任期は6年，ただし，3年ごとに半数を改選する。選挙権は18歳以上，被選挙権は30歳以上である。

問6　死票とは，選挙で落選した候補者に投じられた票のことである。小選挙区制では，獲得した票数がもっとも多い1名の候補者しか当選できないため，死票が最も多くなる。大選挙区制や比例代表制では，死票は逆に少なくなる。

問7　法テラスは，「全国どこでも法的トラブルを解決するための情報やサービスを受けられる社会の実現」という理念のもと，国民向けの法的支援を行う中心的な機関として設立された。それは，司法制度改革の三本柱のひとつでもある。正式名称は「日本司法支援センター」である。

★ワンポイントアドバイス★

②問7(9)　サンフランシスコ平和条約によって，連合国軍によって占領されていた日本は独立国となった。この条約締結直後に日米安全保障条約も結ばれている。②問9ベトナムは，首都はハノイで，東南アジア諸国連合の加盟国でもある。

＜国語解答＞

一　問一　A　イ　B　エ　C　ア　D　ア　問二　Ⅰ　ウ　Ⅱ　ア　Ⅲ　イ
問三　ウ　問四　エ　問五　イ　問六　特定の分野

二　問一　A　ア　B　エ　C　イ　D　ウ　問二　1　ウ　4　ア　5　イ
問三　Ⅰ　近田さんの信頼を取り戻すチャンス　Ⅴ　謝る資格　問四　ア　問五　エ
問六　ア

三　問一　a　きょう　b　いいおわりて　問二　ア　問三　ア　問四　イ　問五　エ
問六　ウ　問七　エ

○配点○

一　問三・問四　各6点×2　問五・問六　各7点×2　他　各2点×7

二　問一　各2点×4　他　各4点×8

三　問一・問二・問七　各2点×4　他　各3点×4　計100点

＜国語解説＞

一　（論説文一漢字，空欄補充，接続語，内容理解，語句の意味，要旨）

問一　A「装飾」が正しい。ア「荘厳」，イ「変装」，ウ「車窓」，エ「捜索」。　B「観点」が正しい。ア「歓迎」，イ「鑑定」，ウ「転換」，エ「客観」。　C「精通」が正しい。ア「精巧」，イ「歳暮」，ウ「盛大」，エ「晴耕」。　D「専門」が正しい。ア「専念」，イ「宣誓」，ウ「千載」，エ「潜伏」。

基本　問二　Ⅰ　空欄の前後が逆の内容になっているので，逆接の接続語が入る。　Ⅱ　空欄の前の内容の説明や補足を空欄のあとでしているので，説明・補足の接続語が入る。　Ⅲ　空欄の前が原因，あとが結果になっているので，順接の接続語が入る。

重要　問三　文章中に「大きなニッチを占めることは簡単ではない。そのため，どうしても一つ一つの生物のニッチは小さくなり，生物たちはすき間を埋めるように分け合っている」とある。この内容はウと矛盾する。

問四　漢字では「数多」と書く。

やや難　問五　「生態的地位」＝「ニッチ」という言葉の出てくる部分に注目。文章中に「一つのニッチには一つの生物種しか住むことができない」とあるので，イの文は誤り。

問六　「スペシャリスト」の特徴をとらえる。前に「スペシャリストは特定の分野に関する深い知識や経験を持つ人を言う」と述べられている。

二　（小説―漢字，語句の意味，空欄補充，内容理解）

問一　A　「指揮」が正しい。ア「発揮」，イ「元気」，ウ「香気」，エ「決起」。　B　「非難」が正しい。ア「退避」，イ「可否」，ウ「対比」，エ「非常」。　C　「遣唐使」が正しい。ア「再建」，イ「派遣」，ウ「倹約」，エ「謙虚」。　D　「廊下」が正しい。ア「朗報」，イ「郎党」，ウ「画廊」，エ「波浪」。

基本　問二　1　思った通り・予期した通り，などの意味。　4　「途方」は，手段・手立て，という意味。　5　「いぶかしい」は，不審に思われる，という意味。

問三　I　あとに「僕は，クラスのためだけではなく，近田さんの信頼を取り戻すチャンスがなくなる，ということをおそれて言った」とあることに注目する。　V　直後に「謝ったところで，許してくれるとは限らない」とあることから考える。

問四　「最後に赤くなった」枝野の感情の流れを想像する。「動揺」は，気持ちが不安定になること。「怒り」は，腹を立てること。「屈辱」は，屈服させられて恥ずかしい思いをさせられること。

重要　問五　クラスメイトが「僕」に「スカッとした。佐久田君ありがとう。前から枝野にはうんざりしてたんだよ」と言っている。ハセもまた，このような気持ちであったことが想像できる。

やや難　問六　直後の「でも，それはちょっと言いにくい」という部分や，ハセの「サクはチカと遊ぶの，ほんとはすごく楽しんでるんだ」「サクはシャイなんだって。照れちゃって，呼び方を変えられないだけなの」という言葉に注意して，「僕」の気持ちをとらえる。

三　（古文―歴史的仮名遣い，動作主，内容理解，口語訳，返り点，文学史）

〈口語訳〉　赤穴は「おぬし(左門)と別れてから国に下ったが，国の人のほとんどが尼子経久の力に服して，塩冶の恩を顧みる者はなかった。従弟の赤穴丹治が，富田の城にいるので訪ねれば，利害を説いて私を経久に会わせた。いったんその言葉を受け入れて，つくづく経久の様子を見てみると，武勇は多くの人にすぐれ，よく兵卒を訓練させているようではあったが，知恵ある者にしては疑い深い心が強く，主君と心を一つにし手足となって補佐するような家臣もいない。長く居て益なしと判断し，おぬしとの菊の節句の約束があることを語り去ろうとすると，経久はうらむ心があり，丹治に命じて，私を富田城の外へ出さないようにさせて，そのうちに今日という日が来てしまった。この約束を違えるものならば，おぬしは私のことをどのように思うだろうかと，ただそれのみを考えていたが，逃れるすべはどこにもなかった。昔の人は言った。『人は一日に千里を行くことはできない。魂は一日に千里を行くことができる』と。その道理を思い出して，自ら刃で命を奪い，今夜風に乗ってはるばる菊花の約束に赴いたのだ。この心を分かってほしい」と言い終えてわき出るように涙をこぼす。「今は永い別れだ。ただ母上によくお仕えなさるのだ」と，座を立ったかと見えたが，消えて見えなくなった。

問一　a「eu」は「yô」に直す。　b　語頭と助詞以外の「は・ひ・ふ・へ・ほ」は「わ・い・う・え・お」に直す。「を」を「お」に直す。

やや難　問二　経久に対して，左門との菊の節句の約束があることを語って去ろうとしたのは，赤穴。

重要　問三　「仮に」は，一時的に，という意味。

問四　「賢弟」は，年下の男子を敬って呼ぶ語。おぬし，という意味。

問五　「千→里→行→能→不」の順で読めるように，返り点を付ける。

問六　「みづから刀に伏，今夜陰風に乗てはるばる来り」とあることに注目。

基本　問七　『雨月物語』は，江戸時代の読本。作者は上田秋成。『奥の細道』は江戸時代の俳諧紀行文。

作者は松尾芭蕉。

★ワンポイントアドバイス★

読解問題として現代文が二題と古文一題が出題され，読み取りのほかに漢字，歴史的仮名遣い，文学史の知識を問う問題などが出題されている。ふだんから，長文を読むことに慣れ，辞典などを活用しながら基礎力を保持しよう！

2022年度

入　試　問　題

2022年度

北海高等学校入試問題

【数　学】（社会と合わせて 60分）〈満点：100点〉

【注意】1　分数はそれ以上約分できない形で答えなさい。

2　根号がつく場合，$\sqrt{20}=2\sqrt{5}$のように，根号の中を最も小さい正の整数にして答えなさい。

3　円周率はπとしなさい。

1　次の計算をしなさい。

(1)　$-58-5^2\div\left(-\dfrac{1}{3}\right)$

(2)　$\sqrt{24}-(\sqrt{6})^3+\dfrac{\sqrt{6}}{6}$

(3)　$\dfrac{1}{3}x-\dfrac{1}{6}y-\dfrac{x-y}{4}$

(4)　$(3x-4)(3x+4)-(3x-4)^2+32$

2　次の問いに答えなさい。

(1)　$10x+x^2-24$ を因数分解しなさい。

(2)　正八面体の辺の本数を求めなさい。

(3)　A，B，C，D，Eの5人が数学のテストを受けた。A，B，Cの3人の平均点がx点で，D，Eの2人の平均点がy点であった。このとき，5人の平均点をx，yの式で表しなさい。

(4)　下の図のように，関数$y=\dfrac{6}{x}\ (x>0)$のグラフ上の点Aからx軸，y軸にそれぞれ垂線AC，ABをひく。このとき，長方形$ABOC$をy軸の周りに1回転してできる円柱の側面積を求めなさい。ただし，座標軸の1目盛りを1 cmとする。

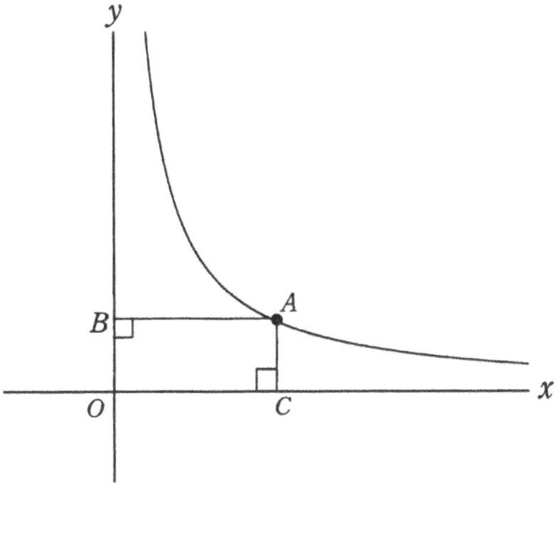

3 片面が白，もう片面が黒の正方形の板が4枚ある。これらを，横2列，縦2列に，すべて白がおもてになるように並べる。さいころの出た目に従って，以下のように板をひっくり返す。

・1が出れば上の2枚の板をひっくり返す。
・2が出れば下の2枚の板をひっくり返す。
・3が出れば左の2枚の板をひっくり返す。
・4が出れば右の2枚の板をひっくり返す。
・5が出れば左上と右下の2枚の板をひっくり返す。
・6が出れば左下と右上の2枚の板をひっくり返す。

例えば，さいころを2回振って最初に1，次に3が出たとき，板のおもては次のようになる。

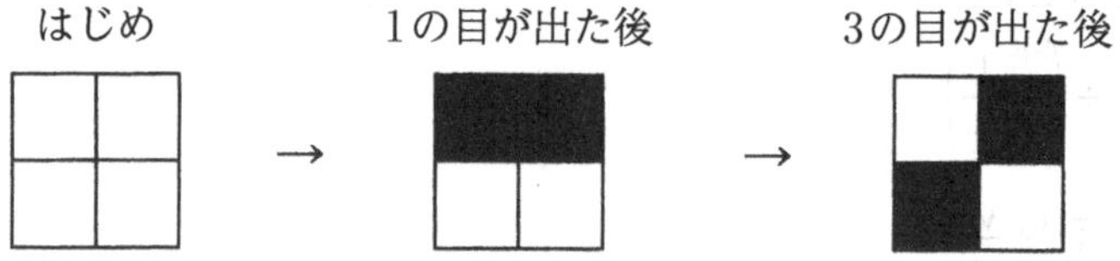

さいころを2回振った後の板について，次の問いに答えなさい。

(1) すべての板のおもてが黒になるようなさいころの目の出方は何通りあるか求めなさい。

(2) 板のおもてが次のようになる確率を求めなさい。

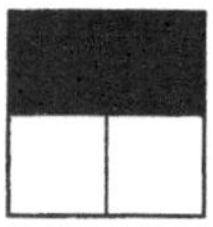

4 xの値が-1から3に増加するときの変化の割合が1である関数$y=ax^2$がある。この関数のグラフ上のx座標が-1である点をAとし，x座標が3である点をBとする。点Pがx軸上を動くとき，次の問いに答えなさい。

(1) aの値を求めなさい。

(2) $AP+BP$の長さが最短となるときの点Pのx座標を求めなさい。

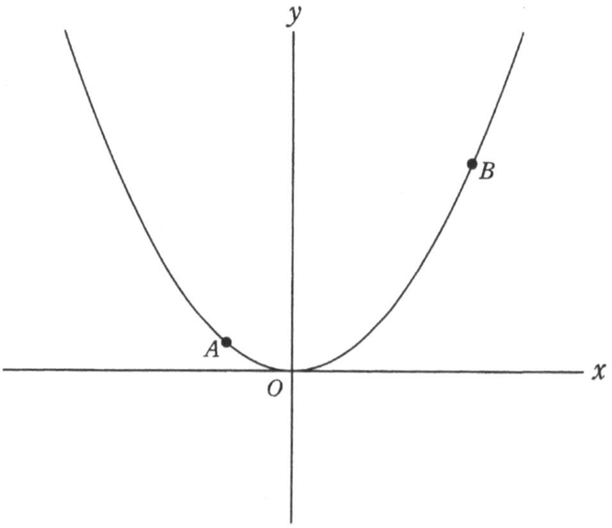

5　下の図について，円Oと円Cの交点をB，Dとする。$\angle DAB = 45^\circ$，$\angle DCB = 60^\circ$，$BC = 4\ cm$であるとき，次の問いに答えなさい。

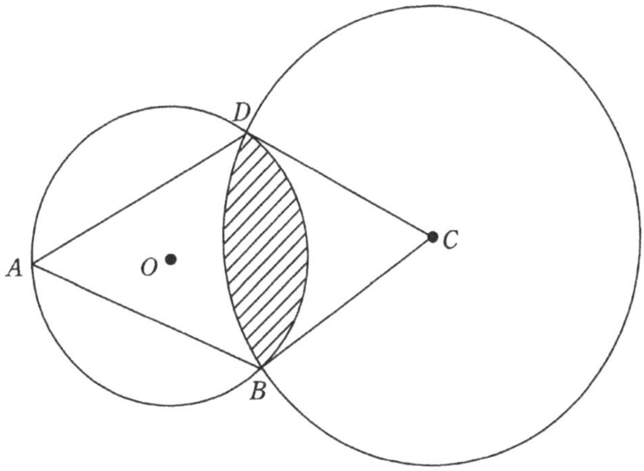

(1)　$\triangle BCD$の面積を求めなさい。

(2)　斜線部分の面積を求めなさい。

【英　語】（30分）〈満点：100点〉

【注意】英文の単語（語句）に*印のあるものは，下に注）があります。

1 次の各文の（　　）に入れるのに，最も適当なものをA～Dから1つずつ選びなさい。

問1　（　1　）do you think about the climate change in Japan?

A. If　　B. What　　C. That　　D. How

問2　I（　2　）get up early tomorrow because I will have no school.

A. must not　　B. must not do　　C. don't have to　　D. don't must

問3　I was very（　3　）to see the soccer game at Sapporo Dome last Saturday.

A. excite　　B. to excite　　C. exciting　　D. excited

問4　"Do you like（　4　）?" "No, I don't, but I can eat potato salad."

A. vegetables　　B. fruit　　C. meat　　D. cake

2 日本語の意味になるように，与えられた語句を正しい語順に並べ替えて，英文を完成させなさい。解答は（　1　）～（　8　）に入るものの記号のみを答えなさい。ただし，文頭に来る文字も小文字にしてあります。

問1　ケンが今話しかけている少年はタクヤだよ。

＿＿＿ ＿＿＿ （　1　） ＿＿＿ （　2　） ＿＿＿ is Takuya.

A. boy　　B. is　　C. the　　D. to　　E. Ken　　F. talking

問2　メグは演説をするために私たちの前に立ちました。

Meg stood ＿＿＿ ＿＿＿ （　3　） ＿＿＿ （　4　） ＿＿＿ a speech.

A. to　　B. us　　C. give　　D. front　　E. of　　F. in

問3　すみませんが，あなたの誕生日を教えてくれますか。

Excuse me, but can you ＿＿＿ （　5　） ＿＿＿ ＿＿＿ （　6　） ＿＿＿?

A. me　　B. is　　C. when　　D. tell　　E. birthday　　F. your

問4　明日には，食べ物が何もなくなるでしょう。

＿＿＿ ＿＿＿ （　7　） ＿＿＿ （　8　） ＿＿＿ tomorrow.

A. eat　　B. we　　C. to　　D. have　　E. will　　F. nothing

3 Read the website below and answer the questions.

HOKKAI SNOW WORLD

Enjoy winter events at HOKKAI Garden Park in the snow!

ACTIVITIES

1.Walking Ski Tour

Take a walking ski tour around the park. You may see animals such as rabbits. The tour takes about 60 minutes and starts at 2:00 p.m. on Wednesday and Thursday. You have to choose skis, so please arrive 30 minutes early.

2. *Snowshoe Tour

We will wear snowshoes and walk around the south side of the park. On the way, we will stop at a small house and enjoy a cup of hot chocolate. This tour takes 40 minutes and starts at 11:00 on Saturday morning.

3. Dog *Sled Tour

You will ride a sled pulled by four dogs around the park. It takes about 20 minutes. You can take pictures with the dogs after the tour. Please wear warm clothes. The tour starts at 9:00 a.m. on Saturday and Sunday.

4. Night Walk Tour

We will walk around the north side of the park and look at the stars. The guide will explain about the stars in winter. This tour will not be held if it is too cloudy. The tour takes 60 minutes and starts at 7 :00 p.m. from Monday to Friday.

TOUR	START POINT	CHILDREN
Walking Ski	East Entrance	○(with adults)
Snowshoe	South Entrance	○(with adults)
Dog Sled	West Entrance	○(with adults)
Night Walk	North Entrance	×

TOUR PRICE

Adults 600 yen　Students 300 yen　Children (12 and under) 100 yen
Senior (60 and over) 300 yen

※Seniors don't have to pay on Saturday and Sunday.
※100 yen off for each person if you come in a group of five or more.

注） snowshoe：かんじき(靴につけて雪上を歩く道具)　sled：そり

Q1 If you are interested in animals and have free time on the weekend, which tour should you join?

A. Walking Ski Tour

B. Snowshoe Tour

C. Dog Sled Tour

D. Night Walk

Q2 A high school girl wants to join a Snowshoe Tour with her parents and her 70-year-old grandmother. How much will they have to pay?

A. 900 yen

B. 1,100 yen

C. 1,500 yen

D. 1,800 yen

Q3 A high school boy doesn't like to get up early in the morning. He wants to stay in bed until lunch time, but he wants to join a tour with his two classmates and his 10-year-old brother. Which entrance should they go to?

A. East entrance

B. South entrance

C. West entrance

D. North entrance

4 Yuta, a Japanese boy and Mary, an American girl are talking. Yuta has just returned from a trip to Europe.

Mary：Yuta, did you enjoy your trip?

Yuta：Yeah, it was a lot of fun.

Mary：How many countries did you visit?

Yuta：I went to five countries.

Mary：You studied in the United States for a year, so I don't think you had any problems with English. Was English used in all the countries you visited?

Yuta：No, not in all countries. Some different languages are spoken in Europe. Also the English in the U.K. was different from yours.

Mary：How was it different?

Yuta：For example, one day at a hotel in London, I asked a hotel clerk, "Excuse me, but [①]" He said, "Yes, it is on the first floor," so I walked around on the first floor, but I couldn't find it.

Mary：What happened?

Yuta：I found the same clerk, and I said to him, "Well, I can't find the shop." He said to me, "[②]," and we started walking together. Then he said, "Let's take a lift." I didn't understand what he was talking about.

Mary：Ah, "lift." That means "elevator," right?

Yuta：That's right. I didn't know an elevator is called a lift in England. Anyway, we went up and got off on the next floor. Then I found the coffee shop there.

Mary：What do you mean? Why was the shop on the second floor?

Yuta ：In England, the first floor is called the ground floor, and the second floor is called the first floor.

Mary：Is that so? I'm sure it took a long time to get to the shop, Yuta?

Yuta ：That's right. Perhaps it took about twenty minutes. I wasn't wearing my watch at that time, so I asked him, "What time is it now?" He answered, "It is twenty past ten." I didn't understand that, so I asked him again. He showed me his watch. The time was ten twenty.

Mary：Oh, yeah. That's the way of telling the time in England!

Q1 Choose the best sentence to put into [①].

A. do you have a coffee shop in this hotel?

B. when is the coffee shop closed today?

C. is there a coffee shop or a convenience store in this hotel?

D. where is a coffee shop on this map?

Q2 Choose the best sentence to put into [②].

A. Oh, you can see it from here

B. Well, I will show you

C. If you walk around again, you can find it

D. I can brine you a cup of coffee

Q3 Why didn't Yuta find the coffee shop?

A. This is because he didn't know that he had to take the elevator to get to the coffee shop.

B. This is because he didn't know there was an elevator in the hotel.

C. This is because the hotel clerk didn't tell him the right way to the coffee shop.

D. This is because he didn't know that the first floor in the U.K. means the second floor in the United States.

Q4 When did Yuta talk to the hotel clerk first?

A. Around 19:50

B. Around 10:00

C. Around 10:20

D. Around 20:10

Q5 本文の内容に合わないものをＡ～Ｄから１つ選びなさい。

A. Yuta took a lift to go up to the next floor.

B. Yuta looked for a coffee shop on the ground floor.

C. Yuta learned some different languages in Europe during his trip.

D. Yuta learned some differences between the language used in the U.K. and in the U.S.

5 次の英文を読み，以下の問いに答えなさい。

Have you ever been to the beach in summer? Was the beach clean? Many people go to the beach for swimming or camping. The clean beaches are kept by the *cleanup activities of the local people. Please look at the beach in the *off-season. Then not many people are using it, but you will find that there is more garbage than you think. The garbage on the beach or in the sea is called marine debris.

Where does marine debris come from? Of course, there are some people who enjoy *leisure activities at the beach and leave their garbage there. But that is only a small part of marine debris. In fact, most of the marine debris comes from the land!

For example, you see plastic bags and bottles outside in the streets of your town. This garbage is carried away by the wind or by the rain, enters a river, and finally gets out to the sea. This means that 70 to 80 % of marine debris is garbage we produce on land. The oceans are connected, so it spreads all over the world. The problem of marine debris is not only a problem for Japan. It is a problem for all people in the world.

So what is the problem with marine debris? It is that most of the garbage is plastic!

I am sure you have heard of the sad story of *sea turtles. They often eat plastic bags because they think they are *jellyfish. Of course, plastic cannot be *digested in their stomach, so it stays in their body. If this happens many times, the sea turtle's body will be full of garbage. And if they cannot eat food, they will (①).

Plastic in the ocean slowly breaks into smaller pieces, of about 5 *millimeters in size. These small pieces are called microplastics. It takes 20 years for a plastic bag and over 400 years for a plastic bottle to break down to this size. Sometimes fish eat them by mistake, and when humans eat the fish, the plastic (②) our bodies. There are many things we don't know about how dangerous the plastic in our body is, so now some people are studying about them both in Japan and foreign countries.

I believe that we all need to think about this problem and take action now. For example, of course, we should never leave trash in the park or on the street. And taking part in the cleanup activities in our towns and cities is a good first step.

注） cleanup：清掃　off-season：シーズンオフ，閑散期　leisure：レジャー，余暇
sea turtle：ウミガメ　jellyfish：クラゲ　digest：消化する　millimeter：ミリメートル

問1 （ ① ）に入れるのに，最も適当なものをA～Dから1つ選びなさい。

A. drink a lot of water　B. be eaten by other animals
C. become larger　D. die in the end

問2 （ ② ）に入れるのに，最も適当なものをA～Dから1つ選びなさい。

A. gets　B. enters　C. puts　D. travels

問3 次の質問に対する答えとしてふさわしくないものをA～Dから1つ選びなさい。

Question：How is marine debris produced?

A. The trash in the river will become marine debris.
B. The plastic bags in the street will become marine debris.

C. The jellyfish that sea turtles eat will become marine debris.

D. The garbage you left on the beach in summer will become marine debris.

問4　本文の内容に合わないものをA～Dから1つ選びなさい。

A. Some sea turtles eat plastic bags because they look like their food.

B. The plastic bags we left in the city may travel to foreign countries.

C. If we don't go to the beach for leisure activities, there will be no marine debris.

D. It may have a bad influence on us when we eat fish that has eaten microplastic.

問5　以下の英文は本文を要約したものです。（　Ⅰ　）～（　Ⅲ　）に入れるのに最も適当なものをA～Jから1つずつ選びなさい。

If you leave (　Ⅰ　) on the beach or in the street, it may be carried to the sea and then stay in the ocean for a very long time. Marine debris has become a very big (　Ⅱ　) for the animals that live in the sea. To help save them, we have to try to keep the sea (　Ⅲ　). We can do this a little by joining park and beach cleanup activities.

A. event　　B. water　　C. problem　　D. animal　　E. food

F. bad　　G. trash　　H. clean　　I. fish　　J. land

【理　科】（国語と合わせて 60 分）〈満点：100 点〉

1　次の文章を読み，以下の問いに答えなさい。

健児さんの家庭では毎朝電気ケトルを利用し，スープを飲むためのお湯を沸かし朝食に利用しています。お湯を沸かすのは健児さんの役割でした。学校で電流の利用について習った健児さんは，先生に頼んで下の図１のような回路をつくり水を温めてみたところ，容器内の水は電熱線の電流により温められ 10 分間で水温は２℃上昇しました。

また比較のため，次に図２のような回路をつくり，図１の時と水の量や電流を流す時間を同じにして容器内の水を温めました。ただし，容器や外への熱の出入りはないものとして考えなさい。

図 1

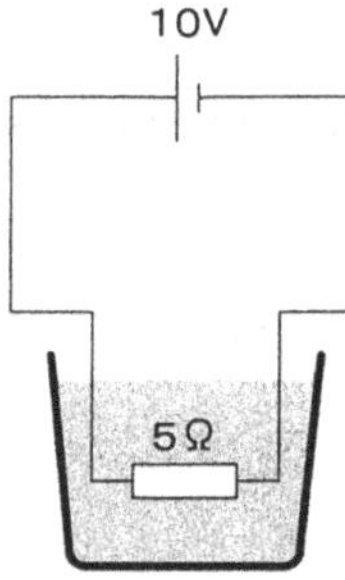

図 2

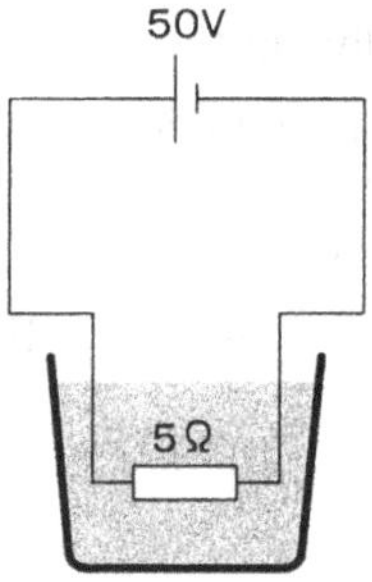

問１　上の図１の回路で水に与えられた熱量はいくらですか。整数で答えなさい。

問２　上の図２の回路で電流を流した時，水温は何℃上昇しましたか。整数で答えなさい。

問３　電気抵抗１Ωの抵抗器Ｒ１と電圧 28 Ｖの電池を用いて，下の図３のように抵抗器Ｒ２と抵抗器Ｒ３で回路をつないだ時，図のように電流が流れたことが分かりました。抵抗器Ｒ２とＲ３の電気抵抗の値はそれぞれいくらですか。整数で答えなさい。

図 3

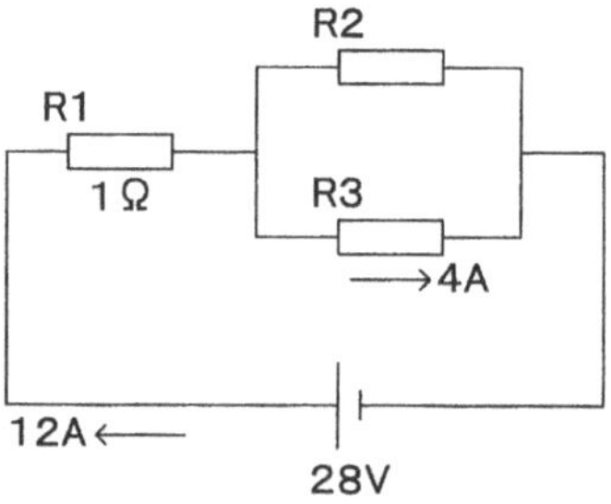

問４　ある強い雷の放電の時間は 1000 分の１秒でした。このときの平均の電力は，50 億 kW（5.0×10^{12} W）でした。一般家庭のふろを沸かすのに必要なエネルギーが，5000 万 J（5.0×10^{7} J）であるとして，この雷の電気エネルギーは何軒分のふろを沸かすエネルギーに相当しますか。選びなさい。

ア　10　　**イ**　100　　**ウ**　100000　　**エ**　100000000

オ　250　　**カ**　2500　　**キ**　250000　　**ク**　250000000

問5　次の文章中の空欄[a]・[b]に入れる語として最も適当なものを一つずつ選びなさい。ただし，[a]・[b]には異なる語が入ります。

石油などの消費を抑制するための方策として，この20年間でハイブリッドカーが普及しつつある。ある方式のハイブリッドカーでは，一定の速さに達するまで電気モーターで駆動し，さらに加速するときはガソリンエンジンと電気モーターの両方で駆動する。減速するときは，発電機を回して運動エネルギーの一部を回収する。つまり，普通の自動車では，減速のためにブレーキを作動させると，運動エネルギーは主に[a]エネルギーに変換されるが，ハイブリッドカーを減速させるときは，運動エネルギーの一部が[b]エネルギーに変換される。

ア 電　気　　**イ** 位　置　　**ウ** 光　　**エ** 原子力　　**オ** 熱

問6　図4のように，物体AとBを同時に10 mの斜面の上から静かに離したとき，ゴール(G地点)につく時間はどうなりますか。選びなさい。ただし，Bの斜面から床面へは滑らかにつながるものとし，斜面および床面の摩擦と空気抵抗は考えないものとします。

ア　Aが早い

イ　Bが早い

ウ　同時につく

図4

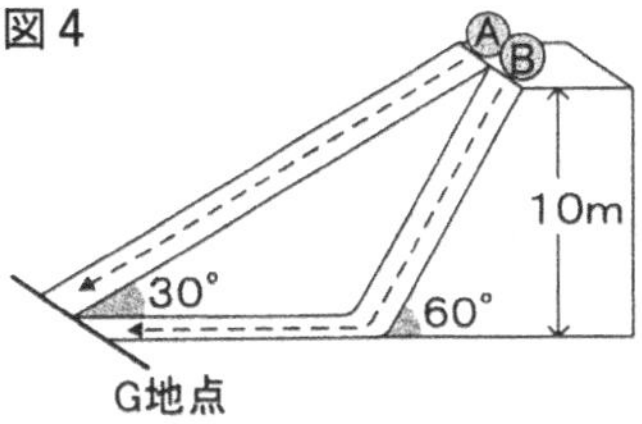

2　次の会話は，タカさんとトシさんが人間の活動と生態系の保全について話し合ったものです。以下の問いに答えなさい。

トシ：聞いた話なんだけどさー，世界の平均気温は過去100年で約0.72℃上昇し，近年になるほど上昇率が加速して今や14℃前後なんだって。また，世界平均海水面も過去100年で17 cm上昇し，これも近年になるほど上昇の傾向は加速しているんだってよ。

タカ：へぇー，そんなに変化してるの？　どうしてなのかな？

トシ：この原因はね，[a]や水蒸気などの[b]ガスのはたらきによるものみたいなんだ。

タカ：[b]ガスね。なんだか暖かそうで気持ちよさそうな気体だね。

トシ：確かに。もし，この[b]ガスが全くなければ，地表面から放出された熱は地球の大気を素通りしてしまい，その場合は地球の平均地表面温度は－19℃になるといわれているんだよ。

タカ：それなら[b]ガスは地球にとっていいものじゃん。それがどうしてダメなの？[a]も植物が生きるために不可欠なものだよね。

トシ：[a]は植物が生きるために必要なものなんだけど，多すぎると問題なんだ。産業革命以降，石油や石炭などの[c]が大量に消費されると，[a]が大気中に吐き出されて地球上に多くなり，そのため[b]がこれまでより強くなってきて地表面の温度が上昇し始めているんだ。これを[d]化と言って，環境問題の一つになっているんだよ。

タカ：でも，地球が暖かくなると何か問題あるの？暖かくなれば毎日アロハシャツで暮らせて常夏気分じゃん？

トシ：そりゃそうだけど，気分の問題ではないんだな。実際に，①[d]化の影響で，いまや世界の様々なところで大変困ったことが起きているんだ。そこで，1997 年には日本主導のもと，京都で国際的な会議が開かれ [a] 削減を目標に関する条約（京都議定書）が作成されたこともあるんだよ。最近でも，イギリスで国連気候変動枠組条約第 26 回締約国会議が開かれて未来の地球環境について話し合っていたね。

タカ：ふーん。深刻なんだね。

トシ：さらにね，生物種の保全に関する問題も深刻なんだよね。②人間活動によって意図的に，あるいは意図されずに，アメリカなど本来の生息地域から日本など別の場所に移されて定着した生物がいるんだ。

タカ：へぇー。でも，不思議だなぁ。仲間が増えたら楽しいじゃない？

トシ：楽しそうに思えるけど，なかなかそうはいかないんだ。昔から生息していた特有の種に対してはとんだ迷惑なんだ。場合によっては，昔から生息していた種が国外から移入してきた生物によって，餌や生活空間などが奪われて絶滅する可能性だってあるんだよ。そのため，今では絶滅の可能性のある生物の分布とその危険度をまとめた [e] ブックという本が作られ，その地域に昔から生息している種の保護に活用されているんだ。

タカ：へぇー，トシもその [e] ブックに載ってるかな。

トシ：オレは絶滅危惧種か！

問１　文中の空欄 [a] ～ [e] にあてはまる語句をそれぞれ選びなさい。

ア　アンモニア　**イ**　メタン　**ウ**　二酸化炭素　**エ**　二酸化窒素
オ　窒素　**カ**　酸素　**キ**　地球温暖　**ク**　地球寒冷
ケ　地球温室　**コ**　地球保全　**サ**　温室効果　**シ**　保温効果
ス　保湿効果　**セ**　ブラックデータ　**ソ**　レッドデータ　**タ**　イエローデータ
チ　化石燃料　**ツ**　固形燃料　**テ**　液体燃料

問２　下線部①にあてはまる具体例として**誤っているもの**を２つ選びなさい。

ア　湖沼のプランクトンが減少し，フナやコイなどの魚類が減少する。
イ　ハイマツやコケモモなどの高山に咲く植物の分布域の標高が下がる。
ウ　ライチョウなど高山地帯に生息する動物の生息場所がせばまったり，キツネなどの捕食者に襲われる確率が増える。
エ　熱帯でしか生息できなかった蚊などが分有域を拡大させ，伝染病の感染地域が拡大する。
オ　海水温の上昇により白く変色するサンゴが増加する。

問３　下線部②について，日本におけるこのような生物の具体例として**誤っているもの**を２つ選びなさい。

ア　マングース　**イ**　セイタカアワダチソウ　**ウ**　ゲンゴロウ
エ　ブルーギル　**オ**　オオクチバス　**カ**　ウシガエル
キ　ヤンバルクイナ　**ク**　ホテイアオイ

問４　環境省が作った [e] ブックによれば，日本で絶滅の危険にさらされているもの（絶滅危惧種）は現在ではどれぐらいと推定されていますか。最も近いものを選びなさい。

ア　3700 種　**イ**　5700 種　**ウ**　1 万 7000 種　**エ**　2 万 7000 種

問5　昨年，北海道の東部を中心とした太平洋沿岸域において，ウニなどが大量死し，漁業にも大きな被害を与えたことがありました。この現象の名称を**漢字**で答えなさい。また，この現象の原因とかる生物を次から選びなさい。

ア　ウイルス　　　　　　**イ**　細菌　　　**ウ**　シアノバクテリア

エ　植物プランクトン　　**オ**　動物プランクトン

3　【実験A】と次のページの【実験B】について，以下の問いに答えなさい。

【実験A】

トオルさんが銅とマグネシウムの粉末を混ぜてしまい，それぞれの質量が分からなくなってしまいました。銅とマグネシウムの質量をはかったところ，合計で18 gでした。

また，銅とマグネシウムが混ざった粉末をステンレスの皿にのせて充分に加熱したところ，それぞれが酸化して，全体の質量は25 gとなりました。

なお，二つの金属の粉末を別々に加熱したところ，質量の変化は表1・表2のようになりました。

表1

銅の質量[g]	0.5	0.6	0.7	0.8	0.9
酸化銅の質量[g]	0.63	0.75	0.85	1.00	1.13

表2

マグネシウムの質量[g]	0.3	0.6	0.9	1.2	1.5
酸化マグネシウムの質量[g]	0.50	1.00	1.50	2.00	2.50

問1　銅の質量と，化合した酸素の質量の関係を示すグラフは以下のようになりました。

化合した酸素の質量の軸の目盛りとして，空欄［a］～［c］にふさわしい数値はそれぞれ何ですか。ただし，解答は小数第1位まで書きなさい。

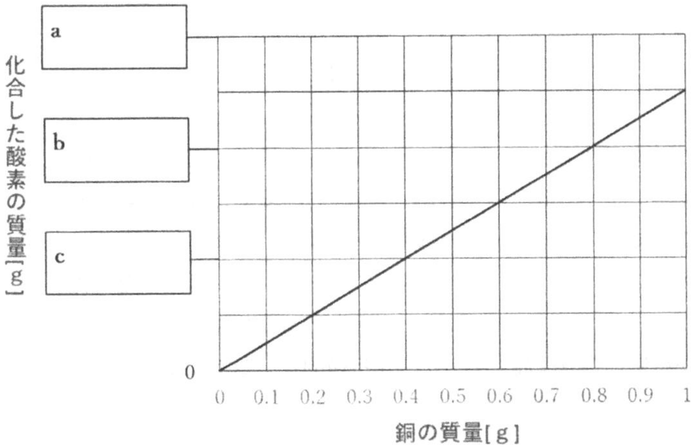

問2　トオルさんが混ぜてしまった銅とマグネシウムの質量はそれぞれ何gになりますか。整数で答えなさい。

問3　同じ質量の酸素と化合する銅とマグネシウムの比は，最も簡単な整数比で何対何になりますか。

【実験B】

佐々木さんが鉄の粉末4.2 gと硫黄の粉末2.4 gをよく混ぜ合わせて加熱したところ，反応が完全に進行しました。次に，西川さんが鉄の粉末9.5 gと硫黄の粉末4.4 gをよく混ぜて加熱したところ，いずれかの物質が反応せずに残りました。

問4　佐々木さんの実験について，鉄と硫黄が化合する化学変化を化学反応式で表しなさい。また，生成物の名称を**漢字**で答えなさい。

問5　西川さんの実験について，反応せずに残った物質の名称は何ですか。答えなさい。また，その質量を小数第1位まで求めなさい。

4　修学旅行に参加したある北海生の日記を読み，以下の問いに答えなさい。

◆2021年11月14日

自宅を出発した朝6時はまだ日の出前で寒かった。①この日の6時の気温は，札幌は6℃，目的地の那覇は20℃だった。長い時間飛行機に乗り，ようやく那覇空港についた。空港から外に出ると，②風が吹いていたので気温の割には暑くはなかった。那覇での最初の見学地は県立博物館で，沖縄の歴史や自然について学ぶことができた。特に沖縄に分布する石が展示されていて興味を持って見学することができた。約100万年前には琉球諸島は浅い海になっていて，そこでサンゴ礁が発達し③石灰岩となって，その後隆起した。この新しい時代の石灰岩は琉球石灰岩といい琉球諸島に広く分布する。県立博物館を出た頃には④もう外は真っ暗だった。

◆11月15日

石灰岩は雨水や地下水に溶け，鍾乳洞をつくる。大小の鍾乳洞は，戦時中は防空壕や野戦病院として使われた。今日は平和学習として小さな鍾乳洞に入り平和を祈った。午後，バスで移動しているときに黒っぽい石灰岩の大きな露頭が見えた。この石灰岩からは⑤アンモナイトが見つかるそうだ。すぐ目の前にセメント会社があり，この石灰岩からセメントを製造しているそうだ。新基地工事にも使われているそうで，セメント会社の前で抗議活動をしている人々がいた。ホテルでは星空を見ることができた。⑥この日の月はほぼ真東から昇った。

◆11月16日

8月に小笠原で大規模な噴火があった。噴出した多量の⑦軽石は海流によって運ばれ，沖縄本島にも漂着していた。ビーチに打ち上げられた軽石の多くは4 cmより小さく，小さな穴がたくさんあいたガラス質の岩石で，スポンジのような軽さ。全体的に灰色がかっていて，1～5 mm程度の黒い部分が目立つので，チョコチップクッキーのような外見だった。インターネットで調べてみると，黒い部分は，輝石，斜長石，褐色ガラスの集合体だそうだ。

美ら海水族館から見える伊江島は尖った岩が特徴的だ。この岩は⑧チャートでできているそうだ。

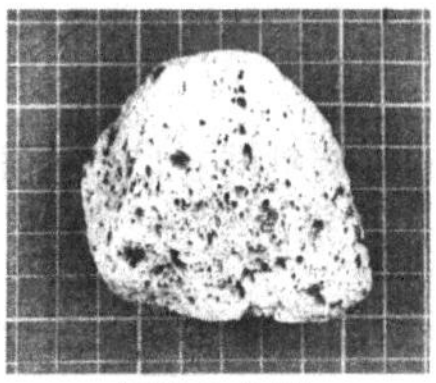

採集した軽石

（背景の方眼は1 cm）

美ら海水族館からのぞむ伊江島

◆11月17日

首里城は2019年の火災で建物の大部分は焼失したが，復興中の見学ができて興味深かった。琉球石灰岩の城壁が美しかった。沖縄にはまた訪れたい。

問1　下線部①について，次の（1）（2）の文中の｛　　　｝のうち最も適当なものを1つずつ選びなさい。なお，解答にあたっては表1および表2を利用して答えなさい。

（1）　11月14日6時の湿度は，｛**ア**　札幌　　　**イ**　那覇｝の方が大きい。

（2）　飽和水蒸気量の大きさは，｛**ア**　温度のみ　　　**イ**　気圧のみ　　　**ウ**　温度と気圧｝よって決定される。

表1　（11月14日6時の観測値）

	札幌	那覇
気温	6℃	２０℃
露点温度	2℃	１４℃

表2

温度〔℃〕	飽和水蒸気量〔g/cm^3〕
0	４.８
2	５.６
4	６.４
6	７.３
8	８.３
１０	９.４

温度〔℃〕	飽和水蒸気量〔g/cm^3〕
１２	１０.７
１４	１２.１
１６	１３.６
１８	１５.４
２０	１７.３
２２	１９.４

問2　下線部②について，この日，那覇では一日中風力3程度の風が一定方向から吹いていました。図1は，この日の12時の天気図です。那覇で観測されたこの日のその風として最も適当なものを選びなさい。

ア　東南東の風　　　**イ**　北北東の風　　　**ウ**　西北西の風　　　**エ**　南南西の風

図1

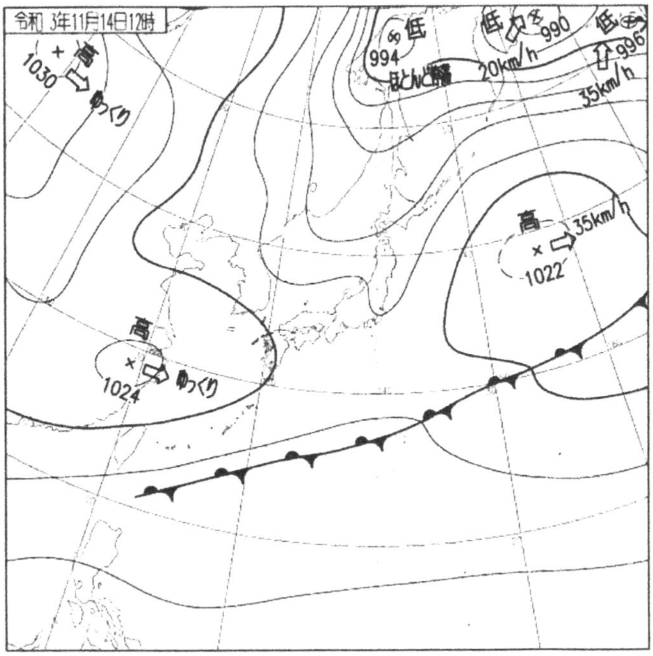

問３　下線部③⑦⑧について，これらの岩石にうすい塩酸をかけると，とけて気体を発生させるものはどれですか。最も適当なものを１つ選びなさい。

ア　石灰岩　　**イ**　チャート　　**ウ**　軽石　　**エ**　石灰岩とチャート

オ　石灰岩と軽石　　**カ**　チャートと軽石　　**キ**　石灰岩とチャートと軽石

問４　下線部④について，この日の那覇の日の入りの時刻として最も適当なものを選びなさい。なお，この日の札幌の日の出は６：25，日の入りは 16：12，那覇の日の出は６：47 でした。

ア　15：41　　**イ**　16：34　　**ウ**　17：40　　**エ**　18：58

問５　下線部⑤について，アンモナイトと同時代に繁栄していた生物はどれですか。選びなさい。

ア　デスモスチルス　　**イ**　恐竜　　**ウ**　マンモス　　**エ**　三葉虫　　**オ**　カヘイセキ

問６　下線部⑥について，この年，11 月 19 日に部分月食があり，札幌では 18 時ごろに 98％欠けた月が観察され，20 時には図２のように観察されました。その７日前の 11 月 12 日 20 時に札幌で観察される月の様子として最も適当なものを図中から選びなさい。

図２

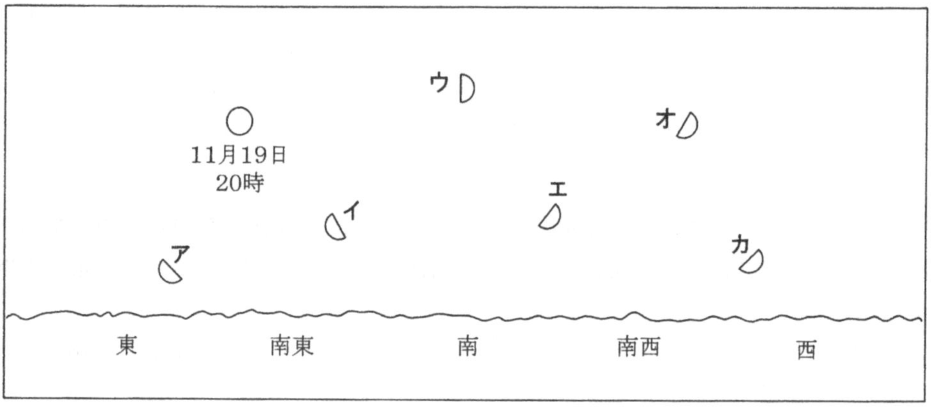

【社　会】（数学と合わせて 60 分）〈満点：100 点〉

1　次の図 1 は，2015 年の国連サミットで採択された 2030 年までに持続可能でよりよい世界を目指す国際目標である SDGs（持続可能な開発目標）です。SDGs は 17 のゴールと 169 のターゲットから構成され，発展途上国のみならず，先進国そして日本も積極的に取り組んでいます。これに関する以下の問いに答えなさい。

図 1

問 1　SDGs のゴールの 1 番目，「貧困をなくそう」に関連して，以下の問いに答えなさい。

（1）下の表 1 は，各地域における 1 日 1.9 ドル（約 215 円）未満で生活する貧困層と総人口に占める割合を示したものです。この表に関して説明した次のページのア～エから**誤っているもの**を一つ選びなさい。

表 1

地域	貧困率	貧困層の数	総人口
東アジア・大洋州地域	－	4718 万人	20 億 3662 万人
ヨーロッパ・中央アジア地域	1.47%	－	4 億 8704 万人
ラテンアメリカ・カリブ海地域	－	2590 万人	6 億 2657 万人
西アジア・北アフリカ地域	－	1864 万人	3 億 7165 万人
その他高所得国	0.68%	－	10 億 8359 万人
サブサハラ*・アフリカ地域	－	4 億 1325 万人	10 億 0557 万人
世界全体	－	7 億 3586 万人	73 億 5522 万人

統計年次は 2015 年。世界銀行「世界の貧困に関するデータ」により作成。
＊表中の「－」は設問の都合上，省略してある。
＊「サブサハラ」はサハラ砂漠より南側のアフリカ地域。

ア．ラテンアメリカ・カリブ海地域は東アジア・大洋州地域より貧困率が高い。

イ．サブサハラ・アフリカ地域が最も貧困率が高い。

ウ．その他の高所得国よりヨーロッパ・中央アジア地域の方が貧困層の数が多い。

エ．世界全体では約10%の貧困率となっている。

（2）次の写真1は，製品の材料や原料を適正な価格で買うことで，貧しい人たちがきちんとお金を受け取れるようにする取り組みによって製造された製品です（解答に関わる箇所や企業名は伏せてある）。このような取り組みを何と言うか答えなさい。

写真1

問2　次の文はSDGsに関する先生と生徒との会話です。これを読んで文中の空欄「X」・「Y」に該当する最も適当な語句について，「X」は**4字**，「Y」は**漢字5字**でそれぞれ答えなさい。

先生：今回勉強するのはSDGsのゴールの2番目，「飢餓をゼロに」だよ。
日頃，ごはんを残したりしていない？ごはんを食べ残すことは，本来食べられる食料が大量に廃棄される「　X　」という問題にもなるんだよ。次の図2を見てごらん。これは，十分にごはんが食べられずに栄養が足りなくなって，健康的な生活を送ることができない「飢餓」という状態になっている人がどの地域にいるかを表したものだよ。

生徒：アジアとアフリカに多いですね…。

先生：そうだね。「途上国」といわれるまだ貧しい地域では，十分にごはんを食べられない人がたくさんいて，世界中に約8億2100万人，割合にすると世界にいる9人に1人がこの「飢餓」状態になっているんだ。

生徒：そんなにたくさんの人がごはんを食べられなくて困っているのですか？

先生：そうなんだ。しかも，このうち約1億5000万人は5歳未満の子どもたちなんだよ。
最近，世界の人口がすごい速さで増えていて，食べ物が世界中の人に渡らないということや「　Y　」で起こる大きな台風による洪水，土地が乾燥してしまう干ばつで十分な作物を作れないということも原因だといわれているよ。

生徒：「　Y　」と飢餓って関係はあるのですか？

先生：実は私たちが灯油やガソリンなどを使うことで排出される二酸化炭素が原因で起きる「　Y　」は，世界中の貧しい人たちにも悪い影響を与えてしまうんだ。

生徒：省エネやリサイクルなども世界の問題につながっているということですね。

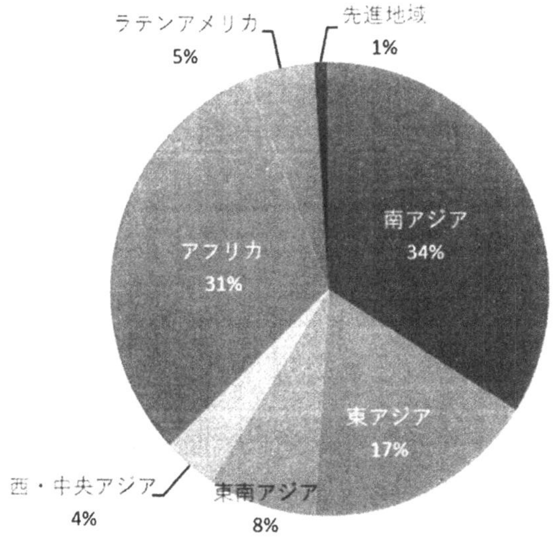

出典は 2018 年。「世界の食糧安全保障と栄養の現状」報告書より作成

図２

問３　SDGs の４番目のゴールには「質の高い教育をみんなに」，５番目のゴールには「ジェンダー平等を実現しよう」が掲げられています。世界では人口が増加していますが，この二つのゴールの実現は人口増加の抑制にもつながると考えられています。次のア～ウの人口ピラミッドについて，一般的に経済発展に伴って人口の動態はどのように変化するか，並び替えなさい。

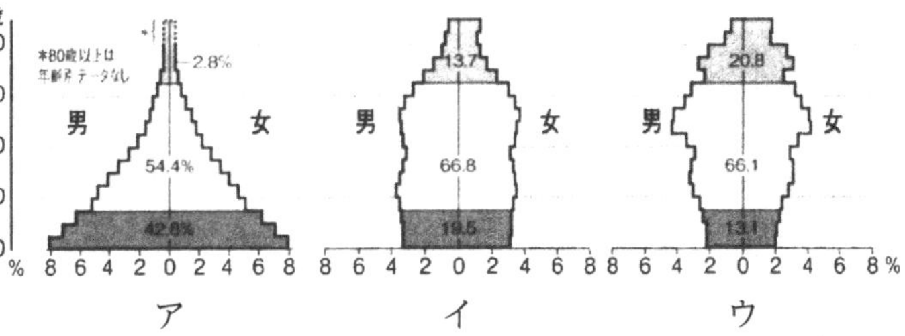

問４　SDGs の７番目のゴールにある「エネルギーをみんなに　そしてクリーンに」に関して，近年，環境負荷の軽減から注目されている，太陽光，風力，波力，水力，地熱，太陽熱などの自然界に存在するエネルギーや，生物資源に由来するバイオマスなどのエネルギーを総称して何というか，答えなさい。

問５　SDGs の８番目のゴールにある「働きがいも　経済成長も」に関連して，次の表３は，日本，中国，インド，アメリカ合衆国の４か国のいずれかにおける国民総所得，１人当たり国民総所得，国内総生産成長率について示したものです。中国に該当するものを次のページのア～エから選びなさい。

表3

	国民総所得（億ドル）2018年	1人当たり国民総所得（ドル）2018年	国内総生産成長率（%）2019年
ア	206466	63200	2.3
イ	27138	2010	4.2
ウ	133949	9620	6.1
エ	52070	41150	0.7

『データブック　オブ・ザ・ワールド2021』により作成。

問6　SDGsの9番目のゴールにある「産業と技術革新の基盤をつくろう」に関して，以下の問いに答えなさい。

（1）中国南部の沿海部には，外国企業を招くことで高度な技術や資金を導入しながら経済を発展させる地区が設けられました。このような地区を何というか**漢字で答えなさい**。

（2）（1）の地区を設置することによって，進出国側と受入国側にとっては上記以外にどのような利点があるか，次のア～エから**誤っているもの**を一つ選びなさい。

ア．進出国側にとっては，税金を安く抑えることができる。

イ．進出国側にとっては，労働費を安く抑えることができる。

ウ．受入国側にとっては，雇用を確保することができる。

エ．受入国側にとっては，外国人労働者の流入によって労働力不足を補うことができる。

問7　SDGsの11番目のゴールにある「住み続けられるまちづくりを」に関して，以下の問いに答えなさい。

写真2

（1）ドイツのフライブルク市では，市の中心部への自動車の乗り入れを規制するために，写真2のように自動車を郊外に駐車し，路面電車などの公共交通機関に乗り換えてから市の中心部に入ることを推進する取組みを行っています。このような方式を何というか答えなさい。

（2）（1）の取組みは，市の中心部への自動車の乗り入れを規制することで，主としてどのようなことを目的としているか，10字以内で簡潔に答えなさい。

問8　SDGsの12番目のゴールにある「つくる責任　つかう責任」に関して，次の写真3のように東京オリンピック2020大会ではアスリートに授与される約5000個のメダルについて，使用済み携帯電話等の小型家電から金属を集めて製作するプロジェクトが行われ，必要な金属量を100%回収することができました。このように携帯電話等の小型家電にも多く使用されている，自然界に存在する量が少なかったり，費用や技術の面で掘り出すことが難しかったりする金属を何というか，**カタカナで答えなさい**。

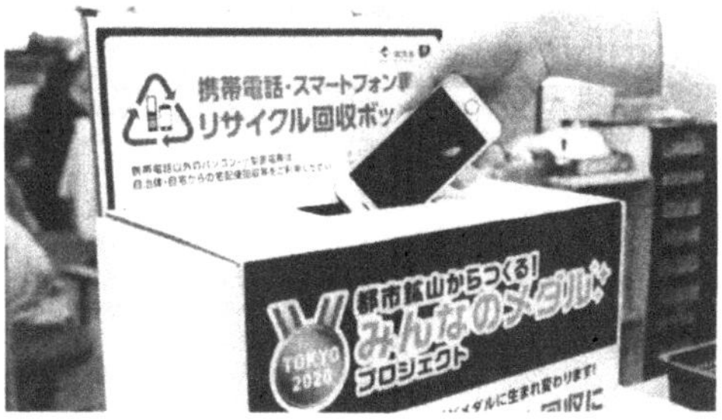

写真3

問9　SDGsの14番目のゴールにある「海の豊かさを守ろう」に関して，次の写真4のように人工的に育てた稚魚などを海や湖に放流し，自然の中で育った魚を大きくなった後で漁獲する漁業を何というか，**漢字4字で答えなさい**。

写真4

問10　SDGsの15番目のゴールには「陸の豊かさも守ろう」が掲げられています。次の写真5は国際的に重要な水鳥や湿地を守るための条約に指定された地域の一つである釧路湿原について示したものです。この条約を何というか，答えなさい。

写真5

問11　次の文は，SDGsの1～17番目のゴールのうち，いずれかに関連した取り組みについて説明したものです。この説明文が目指しているゴールとして最も適当なものを下のア～カから一つ選びなさい。

電気やガスなどを使い過ぎないようにして，無駄なエネルギーを減らすように普段から心がけて行動することが大事です。「環境首都」を宣言している札幌市でも，環境やエネルギーのことを考え，未来に向けて行動するため，次の図4のように「Think Green」マークを使って呼びかけています。

図4

ア

イ

ウ

エ

オ

カ

問12　次のア～エは，2018年にSDGs未来都市に選定された国内29都市のうち，札幌市，富山市，静岡市，岡山市のいずれかの雨温図について示したものです。静岡市に該当するものを一つ選びなさい。

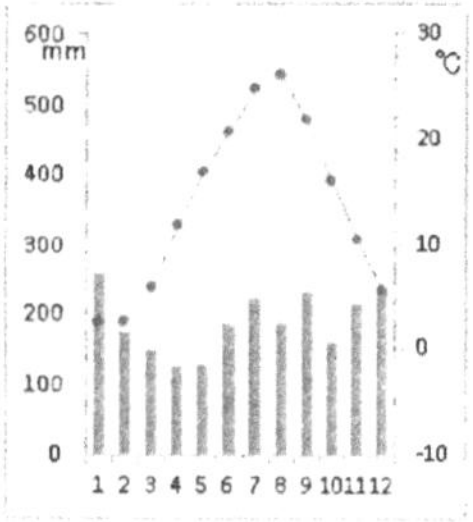

ア

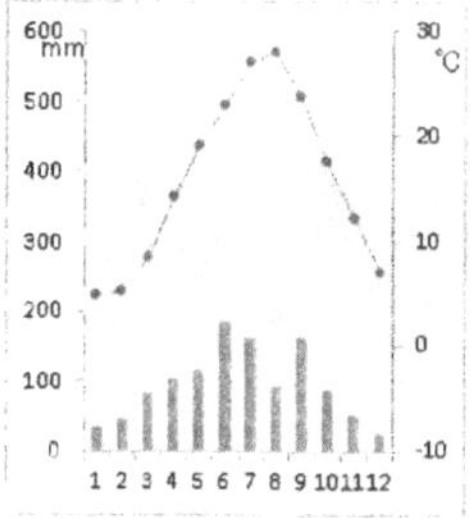

イ

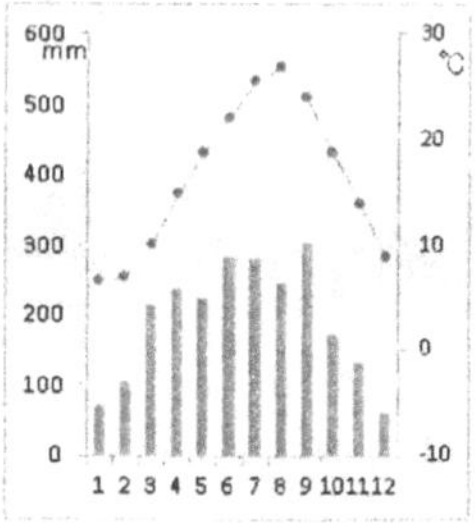

ウ

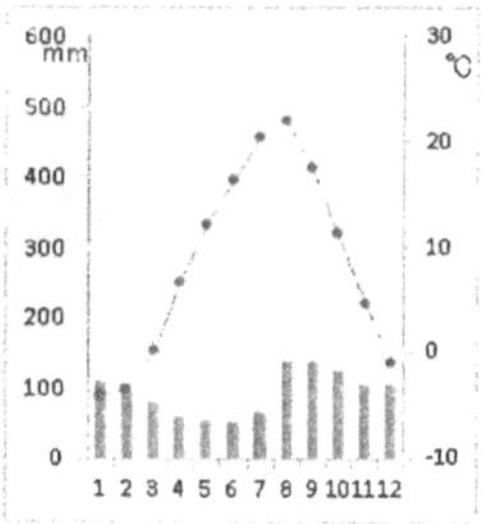

エ

2 次の社説は，2021 年 8 月 15 日北海道新聞朝刊の社説に掲載されたものです。この文章を読み以下の問いに答えなさい。

> 先の戦争終結から 76 年の歳月が経過した。きょうは終戦の日だ。膨大な数の犠牲者を出した残虐で悲惨な戦争を憎むとともに，年々減少する戦争体験者たちの記憶を継承し，平和な世界の実現を目指す決意を改めて胸に刻みたい。
>
> 今年後半は①戦争の歴史を振り返る上での重要な節目を迎える。太平洋戦争開戦から 12 月 8 日で 80 年，②満州事変の発端となった事件からは 90 年がたつ。軍部が暴走した満州事変は 1937 年からの日中戦争に発展し，中国大陸への侵略が泥沼化して無謀な対米開戦の遠因となった。日本はなぜ破局への道を突き進んでしまったのか。なぜ，早期に戦争を終えられなかったのか。
>
> 政治外交，軍事，③財政経済，思想文化，科学技術と多角的な観点から戦争の実相に迫ろうとした。
>
> 戦争の原因は④明治維新にまでさかのぼるべきか否か―。そんな根源的な論争も熱を帯びた。だが戦争の正当化が狙いではとの連合国側の疑念を招き，調査会は中途で廃止に追い込まれる。
>
> 国として戦争を直視してこなかったことで，歴代首相の歴史認識にぶれを生じさせた。中国，韓国などとの間に今なお歴史問題が横たわっていることの一因である。
>
> 村山富市元首相による戦後 50 年の村山談話では⑤植民地支配と侵略への「痛切な反省と心からのおわび」を表明した。
>
> 追悼と反省を内外に一体で表明して，不戦の誓いは揺るぎないものとなる。きょう式に臨む菅義偉首相は肝に銘じてもらいたい。

問 1　下線部①に関して，20 世紀は 2 度の世界大戦が起こったこともあり，戦争の世紀と呼ばれます。以下の 20 世紀の戦争に関わる設問に答えなさい。

（1）以下の表Ⅰ・Ⅱは第一次世界大戦・第二次世界大戦の死傷者数を表したものです。写真X・Yは第一次世界大戦，第二次世界大戦で使用された兵器です。第一次世界大戦の死傷者数の表と第一次世界大戦で使用された兵器の組み合わせとして正しいものを，次のページのア～エから一つ選びなさい。

表Ⅰ

国名	死傷者（万人）
ドイツ	950
イギリス	98
フランス	75
アメリカ	113

表Ⅱ

国名	死傷者（万人）
ドイツ	599
イギリス	300
フランス	562
アメリカ	32

（『日本大百科全書』小学館ほか）

写真X

写真Y

ア．表Ⅰ－写真X　　イ．表Ⅰ－写真Y　　ウ．表Ⅱ－写真X　　エ．表Ⅱ－写真Y

（2）次のア～オは日中戦争開始から太平洋戦争の終結までを説明した文です。古いものから新しいものへと並べ替えなさい。

ア．ミッドウェー海戦の敗北により戦局は悪化した。

イ．サイパン島が陥落した責任をとり東条内閣は退陣した。

ウ．日本軍はイギリス領マレー半島と真珠湾にあるアメリカ海軍基地を攻撃した。

エ．沖縄戦は現地住民も含めて多くの日本人が犠牲となった。

オ．北京郊外の盧溝橋で日中両国軍が武力衝突した。

問2　下線部②の事件の名称を**漢字で答え**，満州における日本の軍事行動の実態調査のため国際連盟から派遣された調査団を答えなさい。

問3　下線部③に関して，以下のグラフは1956年から2000年までの実質経済成長率を表したグラフです。以下の写真ア～エの中で高度経済成長期に起こった出来事として**誤っているもの**を一つ選び記号で答えなさい。

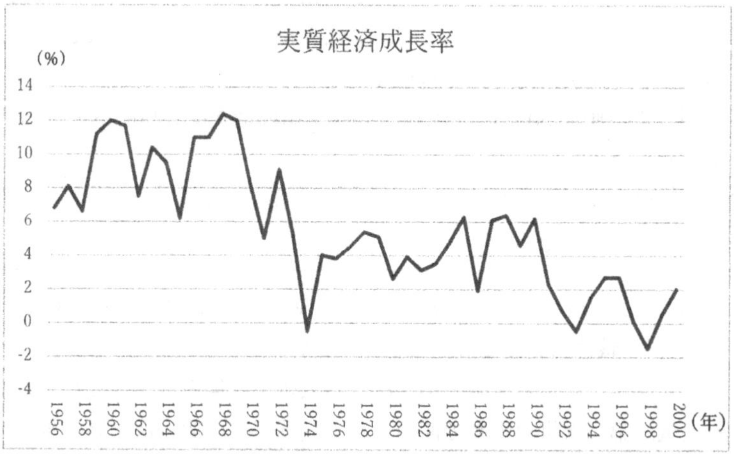

ア．東海道新幹線開通

イ．キューバ危機

ウ．大阪万博

エ．日中平和友好条約

問４　下線部④に関して，明治新政府が行った政策の説明として，正しいものをア～エから一つ選びなさい。

ア．1869 年に版籍奉還を実施し，それによって府には府知事が県には県令が新政府から派遣された。

イ．1871 年の解放令によって，江戸時代に差別された人々の呼び名が廃止され，平民と同じ身分になり人々の差別意識も完全になくなった。

ウ．1873 年に徴兵令を出したが，免役規定が多く，実際に招集されたのは農家の次男以下であった。

エ．殖産興業政策の一環として，渋沢栄一を中心に郵便制度が確立された。

問５　下線部⑤に関して，大航海時代をきっかけとしてアメリカ大陸はヨーロッパ諸国の植民地となりました。以下の図はその頃に行われていた大西洋三角貿易を表したものです。Ｘ・Ｙに入る品目の組み合わせとして正しいものをア～エから一つ選びなさい。

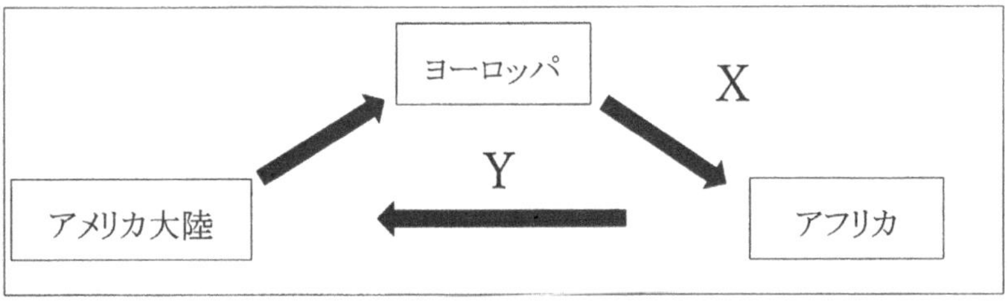

ア．Ｘ－砂糖・綿花・たばこ　Ｙ－奴隷　　イ．Ｘ－奴隷　Ｙ－武器・雑貨

ウ．Ｘ－奴隷　Ｙ－砂糖・綿花・たばこ　　エ．Ｘ－武器・雑貨　Ｙ－奴隷

3　以下の人物は鎌倉・室町・江戸幕府の初代将軍です。それぞれの説明文を読んで以下の問いに答えなさい。

私は鎌倉幕府初代将軍の源頼朝である。朝廷に強くせまり，国ごとに守護，荘園や公領ごとに地頭を置くことを認めさせたのだ。
ただ私の死後は，２代将軍でもある息子の頼家と御家人，また御家人同士で争うことも増え，①その中で妻の実家である北条氏が政治の実権を握ったみたいだ。

私は貴族を重視する政治を行っていた後醍醐天皇に対して挙兵し，1338 年に室町幕府を開いた足利尊氏である。息子の義詮は２代将軍に，孫の②義満が３代将軍となったみたいだ。その後８代将軍の義政の時期には応仁の乱という戦いがおこり，京の歴史ある寺社が被災したそうだ。

私は関ヶ原の戦いで勝利した後に，1603 年，江戸幕府を開いた徳川家康である。その後大坂の役で豊臣氏を滅ぼし，むかうところ敵なしの状態であった。わしの死後，文治政治への転換や③様々な改革が行われていたみたいだ。

問1　下線部①に関して，北条氏が代々世襲していた将軍の補佐役を何というか，**漢字2字で答えなさい。**

問2　下線部②に関して，足利義満に関する説明文として正しいものをア～エから**すべて**選びなさい。

ア．加賀国でおこった一向一揆を鎮圧するために大量の軍を派遣した。

イ．朝貢形式で明との貿易をはじめ，主な輸出品として銅や硫黄がある。

ウ．分国法と呼ばれる独自の法律をつくり，武士や農民を厳しく統制した。

エ．義満が将軍の頃に，約60年続いた南北朝の合一が果たされた。

問3　下線部③に関して，以下の問に答えなさい。

（1）下のグラフは18世紀前半の米価を表したものです。1729年にこの期間の中で最低価格となったが，1732年には1729年の倍以上の価格となっています。この要因の一つとして考えられる出来事や幕府の政策として適切なものをア～エから一つ選び記号で選び答えなさい。

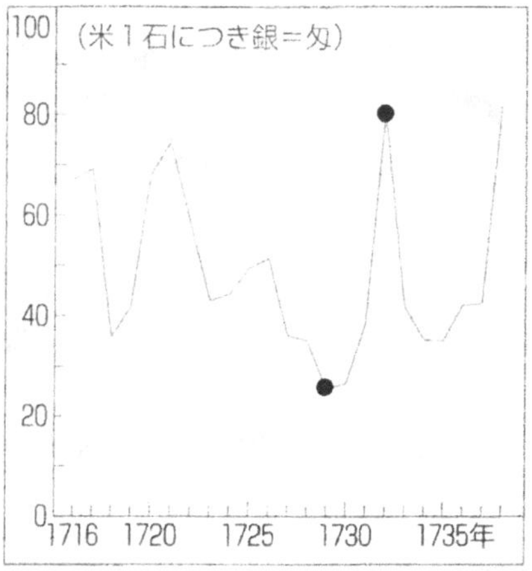

「第一学習社　最新日本史図表」より

ア．外国との金銀交換比率の違いから，金貨が流出したため金貨の質を落とした。

イ．大規模な飢饉が発生した際の奉行所や豪商の対応に不満を持ち，大塩平八郎が乱をおこした。

ウ．大坂の堂島米市場を公認した。

エ．商品の流通の円滑化を図るために，株仲間を解散させた。

（2）以下の写真とそれに関する説明文の中で，田沼意次が行った政治改革として正しいものをア～エから一つ選び記号で答えなさい。

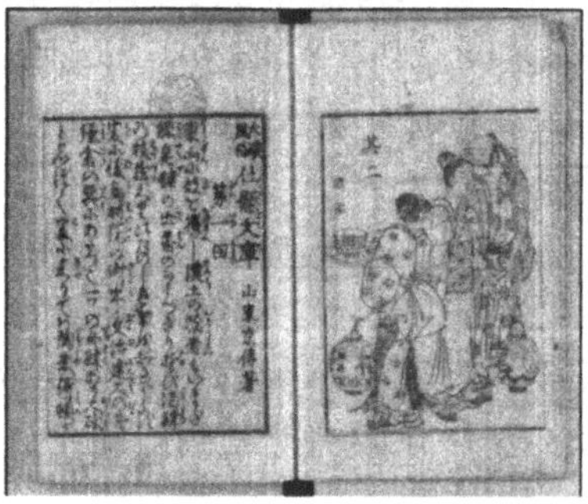

ア．秩序の乱れを正し，幕府の権威を上昇するために出版物の統制をおこなった。

イ．上記の様な乾物を俵につめて，海外に輸出することで金・銀の獲得に努めた。

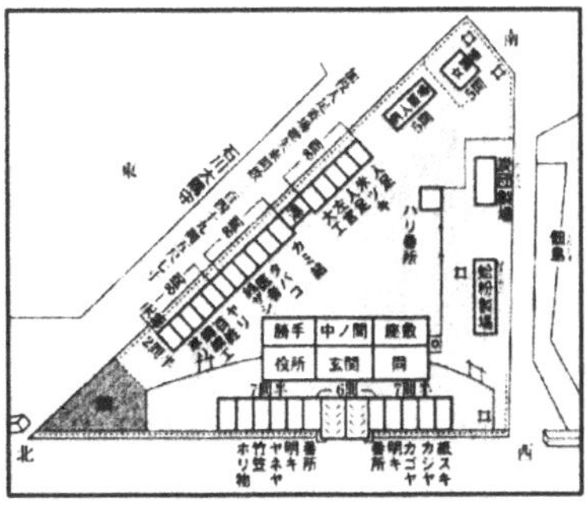

－天保の薪水給与令－

外国船を見受けたらならば、念入りに事情を調べ、
食物薪水が乏しく帰国しにくいような事情があれば、
相手の望む品を相応に与え帰国するように説得しなさい。
もっとも上陸させてはならない。

ウ．アヘン戦争で清が敗北したことに衝撃をうけ，外国船に対する対応を転換した。

エ．軽犯罪者の更生施設として，人足寄場をつくった。

問４　以下の写真ア～エは鎌倉・室町・江戸・明治時代の社会の様子を表したものです。古いものから新しいものへと並べ替えなさい。

ア

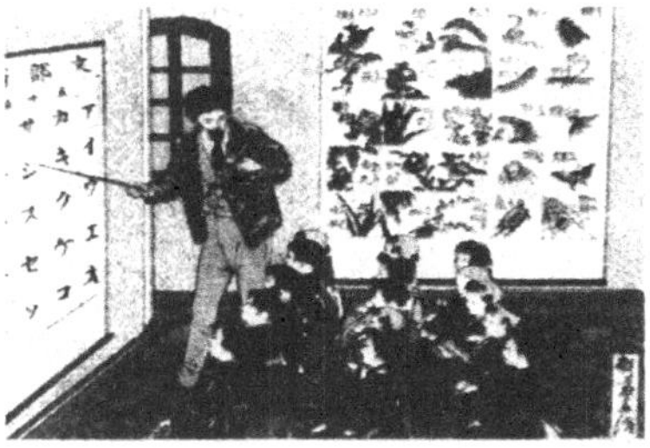
イ

ウ

エ

4　次の資料は，戦後日本の代表的な首相と在任中のできごとをまとめたものです。以下の問いに答えなさい。

【 首 相 】

A　安倍晋三

B　岸信介

C　田中角栄

D　小泉純一郎

E　吉田茂

F　細川護熙

G　池田勇人

H　中曽根康弘

【　できごと　】

ア．①日米安全保障条約を改定した。
イ．②集団的自衛権行使を容認し，歴代最長となる長期政権を築いた。
ウ．行財政改革を行い，当時３つの③国営企業を民営化した。
エ．敗戦後に④新憲法を制定し，天皇は象徴天皇となった。
オ．「所得倍増論」をかかげ，日本を⑤高度経済成長期に導いた。
カ．1955年以来続いた自民党政権から非自民８党派の連立政権の首班となった。
キ．「日本列島改造論」をかかげ，⑥公共投資を拡大した。
ク．改革派の首相として「構造改革」をかかげ，郵政民営化を断行した。

問１　A～Hを総理大臣とする歴代内閣を，古い順番に並べたものとして当てはまるものを下のア～カから一つ選び記号で答えなさい。また，首相A・C・Dと関係のあるものを【　できごと　】の中のア～クから一つ選び記号で答えなさい。

ア．E　⇒　B　⇒　G　⇒　C　⇒　H　⇒　F　⇒　D　⇒　A
イ．B　⇒　G　⇒　E　⇒　H　⇒　F　⇒　C　⇒　D　⇒　A
ウ．G　⇒　E　⇒　B　⇒　F　⇒　C　⇒　H　⇒　D　⇒　A
エ．B　⇒　E　⇒　G　⇒　H　⇒　C　⇒　F　⇒　D　⇒　A
オ．E　⇒　G　⇒　B　⇒　F　⇒　H　⇒　C　⇒　D　⇒　A
カ．G　⇒　B　⇒　E　⇒　C　⇒　F　⇒　H　⇒　D　⇒　A

問２　下線部①に関して，この条約の内容を説明する文章として**誤っているもの**をア～エから一つ選び記号で答えなさい。

ア．この条約は，他国が日本の領域を攻撃してきたときに，アメリカと共同で対応することを約束している。
イ．この条約は，日本ならびに極東の平和と安全のために寄与するものとなっている。
ウ．この条約により，日本の存立がおびやかされたときは集団的自衛権を行使できるとしている。
エ．この条約により，引きつづきアメリカ軍の日本駐留が認められている。

問３　下線部②に関して，日本は国を防衛するために自衛隊を持っています。次の自衛隊に関する説明文の空欄（　ア　）に入る正しい語句を答えなさい。

政府は，主権国家には自衛権があり，憲法は「自衛のための必要最小限度の（　ア　）」を持つことは禁止していないと説明している。

問４　下線部③に関して，当時の日本は石油危機後の不況により苦しい経済･財政状況にありました。この状況を再建するための１つの方策として，政府は３つの国営企業を民営化しました。この３つの国営企業の業種にあてはまるものを次のア～オから一つ選び記号で答えなさい。

ア．鉄道事業　　電気事業　　ガス事業

イ．鉄道事業　　電話事業　　タバコ・塩販売事業

ウ．電話事業　　電気事業　　タバコ・塩販売事業

エ．電気事業　　電話事業　　ガス事業

オ．鉄道事業　　電話事業　　ガス事業

問５　下線部④に関して，次の表は大日本帝国憲法と日本国憲法の特徴をまとめたものです。表中の空欄（　ア　）に入る正しい語句を答えなさい。また，下線部（A）「国会に対して連帯して責任を負う」というこの政治制度のことを何というか答えなさい。

1889年2月11日発布	発布・公布	1946年11月3日公布
天皇主権	主権	国民主権
（　ア　）不可侵で統治権を持つ元首	天皇	日本国・日本国民統合の象徴
天皇の協賛（同意）機関	国会	国権の最高機関、唯一の立法機関
国務大臣は天皇を輔弼する	内閣	**（A）**国会に対して連帯して責任を負う

問６　下線部⑤に関して，次の説明文は景気に関することです。文中の（　ア　）と（　イ　）に入る正しい語句を答えなさい。また，下線部（B）の物価の継続的上昇のことを何というか答えなさい。

景気とは，経済全体の動きを意味します。ふつう景気は，（　ア　）・回復・（　イ　）・後退の４つの局面を循環します。（　イ　）の時は，消費が拡大し商品の需要量が増加するので，**（B）**物価は上昇します。逆に（　ア　）の時は，需要量が供給量を下回るので，物価は下降します。

問７　下線部⑥に関して，次の説明文（C）（D）は政府の経済的役割･機能のことです。それぞれを何というか答えなさい。

（C）　**累進課税や社会保障，雇用対策を行うことで，国内の所得の格差を減らし，健康で文化的な最低限度の生活を保障する。**

（D）　**民間企業だけでは供給されない社会資本や公共サービスを供給することで，市場の働きを補う。**

問一　傍線部1「与へ」・3「まうけ」を、**漢字はひらがなに直して**、現代かなづかいで書きなさい。

問二　傍線部2「幾程を経ずして」・4「観音のあはれと思しめしける」の解釈として適当なものを次の中からそれぞれ一つずつ選び、記号で答えなさい。

2「幾程を経ずして」

ア、しばらくして
イ、どれくらい経ったか
ウ、すぐに
エ、あてがはずれて

4「観音のあはれと思しめしける」

ア、観音様がすばらしいとお思いになった
イ、観音様の趣があらわれたと思った
ウ、観音様が悲しいとお認めになった
エ、観音様のあわれみを感じ取った

問三　二重傍線部A～Fについて、同一人物をまとめた組合せとして適当なものを次の中から一つ選び、記号で答えなさい。

ア、〔A・C・E〕と〔B・D・F〕
イ、〔A・D・E〕と〔B・C・F〕
ウ、〔A・D・F〕と〔B・C・E〕
エ、〔A・C・F〕と〔B・D・E〕

問四　傍線部5「聞く人」について、彼らはこの話をどのように判断しているか。適当なものを次の中から一つ選び、記号で答えなさい。

ア、二千度のお参りをひまつぶしでしただけなのに、幸運に恵まれたということから、仏のご利益をたたえている。
イ、二千度のお参りを実際にはしていなかったが、まごころを尽くして受け取ったほうの侍の態度をほめている。
ウ、二千度のお参りを賭け事の賞品として差し出したほうの侍の、貧しさに負けた境遇を憎んでいる。
エ、二千度のお参りをすることの尊さをあらためて確認し、ぜひ世の中にも広めるべきだと考えている。

問五　『今昔物語集』と同じく、平安時代に成立した作品を次の中から一つ選び、記号で答えなさい。

ア、『おくのほそ道』　イ、『平家物語』
ウ、『源氏物語』　エ、『徒然草』

ウ、自分の身近にある自然といえば街路樹や花壇に咲く花しかないと思っていたが、水や食べ物は全て自然の産物であり、自分自身も自然の一部なのだと気づいた。目に見えないものに対し想像力を働かせることこそ、芸術を創造する力にもなるのだと思った。

エ、俳句は基本的に十七音でできているので、誰にでも理解することができると思った。確かに俳句には季語が必要だが、自然はいつの時代も変わらないので、都会のまん中に住んでいても、俳句の作者がとらえた自然に対し容易に共感することができるとわかった。

二　次の文章は、ある侍《さむらい》が賭《か》け事で負け、金品の代わりに、寺に二千度お参りをした経験をゆずり渡すと約束した話である。よく読んで、後の問いに答えなさい。

※その日より※精進を始めて、三日といふ日、A勝ち侍、B負け侍を、「さは、いざ参りてむ」といへば、負け侍、「をこの※しれものにあひたり」と思ひて、共に参りぬ。勝ち侍のいふにしたがひて、渡すよしの文を書きて、※観音《くわんおん》の御前にして、※師の僧を呼びて、鐘《かね》打ちてことのよしを申させて、「それがしが二千度参りたること、たしかにそれがしに双六に打ち入れつ」と書きて1与へたりければ、勝ち侍うけ取りて臥《ふ》しおがむで、その後、2幾程を経ずして、このC打ち入れたる侍、思ひかけぬことにかかりて捕へられて、※獄《ひとや》に禁ぜられにけり。D打ち取りたる侍は、たちまちに※たよりある妻を3まうけて、思ひかけぬ人の徳をかうぶりて、富貴《ふうき》になりて※官《つかさ》に任じて、楽しくてぞありける。

※三宝《さんぼう》は目に見え給《たま》はぬことなれども、誠《まこと》の心をいたしてうけ取りたりければ、4観音のあはれと思しめしけるなめりとぞ。

5聞く人、このEうけ取りたる侍をほめて、F渡したる侍をば憎み※そしりけるとなむ語り伝へたるとや。

（『今昔物語集』より）

※その日――二千度お参りした経験を渡すと約束した日。
※精進――行いを慎み身を清めること。
※しれもの――愚か者。
※観音――観世音菩薩。一心に祈る者を救うとされる。
※師の僧――寺に参詣しにきた者の指導と世話をする僧。
※獄――罪人を閉じ込める建物。牢獄。
※たよりある――裕福な。
※官に任じて――役人になって。
※三宝――仏教で大切にすべき「仏・法・僧」の三つ。
※そしり――悪口を言う。

ア、俳句は字数が少ないため、読む人に常に「わからない」という感情を抱かせてしまう点。

イ、その俳句の優劣を見極めるためには、句の言葉の意味を十分に知っていることが前提となる点。

ウ、俳句を味わい理解するためには、句の言葉の有り様や季節感をよく知っている必要がある点。

エ、俳句には作者と読者が意思の疎通をはかるための場が必要であり、それをあらかじめ確保する必要がある点。

問四　傍線部2「俳句は近代劇より能に似ている」とあるが、どのような点が似ているのか。最も適当なものを次の中から一つ選び、記号で答えなさい。

ア、少ない言葉で、古典作品に根差した奥深い世界を表現している点。

イ、その言葉が用いられた意図や背景を、自分から理解する必要がある点。

ウ、作品の中に自然と引き込まれ、能動的に味わうことができる点。

エ、自然の美しさや人間の喜怒哀楽が、簡潔明瞭に表現されている点。

問五　傍線部3「街のネズミたち」とあるが、筆者はなぜこのような表現をしたのか。本文の内容を適切に捉えて**いない**ものを次の中から一つ選び、記号で答えなさい。

ア、人口の多い都会に密集して暮らす人間の様子が、繁殖力のあるネズミのイメージと似て映るから。

イ、都会で自然との関わりに気づかずに生きる人の姿が、目の前の状況だけをとらえて動き回るネズミの様と重なるから。

ウ、街の中心で芸術を志し朝から晩までいきいきと製作に励む人たちの様子が、まるで働き者のネズミのようだから。

エ、超高層ビルの一室で満足しながら暮らす芸術家の姿が、人家付近の狭い範囲で生活するネズミのようだから。

問六　次に示すのは、本文を読んだ生徒の感想である。本文の内容を適切に捉えて**いない**ものを次の中から一つ選び、記号で答えなさい。

ア、俳句はよくわからないと思っていたが、それは俳句の言葉が句の中では説明されず、季語にも作者と読者との間に共通の前提が必要だったからなのだとわかった。短い一句の中に、自分がまだ気づいていない世界が広がっているのかもしれないと思った。

イ、以前、学校の芸術鑑賞で能を鑑賞したことがあったが、演劇と違いセリフを聞き取ることができず、あっさりと終わってしまったように感じた。しかし、自分から事前に演目について調べたり、役者の動きにも注意を払えばよかったのかもしれないと気づいた。

都市での自分たちの生活が、どのように自然と結びついているか。自然はどういう形で都市の生活にしみこんでいるか。何もそれは人工的に管理される街路樹や公園のサルビアばかりではない。都市の背後にひろがる草原や海や星空――都市の根拠としての自然に想像力を働かせること。こういう仕事こそ「いきいきとものを作ったり考えたりすること」の最も大切なひとつではないのか。

俳句の季語は、もともと、そういう働き方をする言葉だ。居ごこちのよい椅子から立って、扉を開きその言葉のなかに入ってゆきさえすれば、草原や海や星空の、さまざまな宇宙がどこまでも続いている。

※マンダラのような言葉。

そこに行くには、ただ、自分の方から扉を開き、なかに入ること――参加することが必要だ。

言葉の方は、さりげなく、そこにあるだけなのだから。

（長谷川櫂『俳句の宇宙』より。なお、問題作成のため省略または改めた箇所がある。）

※荒川氏が「ぼくの知らない言葉」として実線を引いた――『俳句とエッセイ』所収「ボクのハイク・ショック8　終わりの言葉」（荒川洋治）の一節。

※能――室町時代に成立した日本の伝統芸能。能楽師は装束をまとい能面をかけ、基本型にのっとり演じる。

※葵上《あおいのうえ》――能の演目。原作の『源氏物語』の主人公「光源氏」の正妻の名による。

※六条御息所《ろくじょうのみやすんどころ》――『源氏物語』に登場する「光源氏」の恋人。強い嫉妬心のあまり、生霊として人を殺す。

※マンダラ――密教の経典に基づき、諸仏諸尊の悟りの世界を象徴するものとして描かれた図。

問一　傍線部A～Dに相当する漢字を含むものを、次の各群の中からそれぞれ一つずつ選び、記号で答えなさい。

A　フゼイ
ア、母校に財産をキフする
イ、フソクの事態に備える
ウ、熱いフロに入る
エ、ガクフ通りに演奏する

B　マク
ア、亡き母をシボする
イ、鎌倉バクフが滅亡する
ウ、おセイボを贈る
エ、ボゼンに花を供える

C　ヨクセイ
ア、カイスイヨクに行く
イ、ヨクヨウをつけて話す
ウ、ビヨクを機体に取り付ける
エ、創作イヨクがわく

D　キンコウ
ア、心のヘイコウ感覚を養う
イ、急な断水にヘイコウする
ウ、リョウコウな関係を保つ
エ、コウヘイに分配する

問二　本文中の俳句「花石榴《はなざくろ》十三日の金曜日」に用いられている修辞は何か。次の中から一つ選び、記号で答えなさい。

ア、直喩　イ、対句
ウ、反復　エ、体言止め

問三　傍線部1「特殊な言葉」とあるが、どのような点が「特殊」なのか。最も適当なものを次の中から一つ選び、記号で答えなさい。

能の舞台と客席の仕切りは、近代劇の劇場のようには截然《せつぜん》としていない。ときには観客が――ギリシャ劇のコロスのように――劇の進展に参加する場面もある。

「※葵上《あおいのうえ》」の※六条御息所《ろくじょうのみやすんどころ》の怨霊は、客席の期待に引き寄せられるようにして橋がかりを進んでくる。笛の音に誘われ、鼓の音に促《うなが》されながら。この場面では、正体を見破られまいとして登場をしぶる御息所の怨霊を、観客席の最高潮に達した期待がとらえ、曳《ひ》きずり出すのだ。般若《はんにゃ》の面をつけた怨霊は橋がかりの途中から何度か後へ引き返そうとする。しかし、それは観客が許さない。

能の観客は、舞台の上の物語の進展に参加し、ときには能動的な役割りを演じる。

2俳句は近代劇より能に似ている。俳句の方から読者に向かって饒《じょう》舌《ぜつ》にしゃべりかけることはしないから、読者の方から積極的に俳句のなかに入っていかなければならない。

俳句がわかるか、わからないかは、ひとつには、このような俳句の言葉の仕掛けに気づくかどうか、その仕掛けを面白いと思って、それに参加するかどうかにかかっている、ともいえそうだ。

「教養も自然も、これからはあてにしないという人たちがぞろぞろ出てくるのだ。教養とか自然といったものに関わらないところでいきいきとものを作ったり考えたりしようという人たちが、出てくるわけなのだ。そしていつかはその人たちで世界がマンパイになる」というのは本当だろうか。

教養の方はどうでもよいが、自然については疑問に思う。

たとえば都会のまん中の超高層ビルの一室で芸術家の男と女が暮らしているとしても、もしふたりが「自分たちは自然とは関わりのないところで、いきいきとものを作っている」と思っているとしたら、かなり愚かな図になるだろう。

ちょっと考えてみるだけでいい。君たちが毎日、食べているパンはどこから来るのか？――ショッピングセンターのパン屋から――それでは、パンを作る小麦はどこから来るのか？　牛乳は？　肉は？　野菜は？　ワインは？　君のパートナーはどこから来たのか？　君自身はどこから来たのか？　作品を生み出すインスピレーションはどこから来るのか？　そして、君たちはどこへ去るのか？

街の生活も結局は、それをとりまく田園と自然のうえに成り立っている。雨水を蓄え、都市に水を送り続ける森がなくなれば、街は三日ももたない。ワインやチーズの製造工程は、葡萄畑や農場に棲《す》みついているたくさんの微生物の力に頼っている。水道管や、電線、流通網といった都市に張りめぐらされている血管や神経をたどってゆくと、ほとんど周辺の森や田園にゆきつく。森や田園は都市がなくても――少しは淋しくなるかもしれないが――何ともない。だが森や田園がなくなれば都市は消えてなくなる。

都市は自然のなかに浮かぶ島なのだ。

3街のネズミたちが、こうした自分たちの根拠に気づかないで生活しているとしたら、ずいぶん、ひとりよがりの浅はかな光景だろう。まして、自然に関わらないところでいきいきとものを作ったり考えたりしようという人たちで、いつかは世界がマンパイになる、なんてことは起こりそうにない。

都市と田園、街のネズミと田舎のネズミはキンDコウを保つだろう。

【国　語】〈理科と合わせて六〇分〉〈満点：一〇〇点〉

【注意】全ての設問において、句読点は一字に数えることとします。

［一］ 次の文章を読んで、後の問いに答えなさい。

ことに俳句の場合、「1特殊な言葉」が多くなる可能性が初めから高い。俳句は十七字という短いものだから、句の言葉を句の中で説明することをしない。そういうことを嫌う。だから俳句の読者は何の予備知識もなく、俳句につかわれた「特殊な言葉」と対面することが多くなる。

※荒川氏が「ぼくの知らない言葉」として実線を引いた「すひかづら」「花石榴《はなざくろ》」「夏椿《なつつばき》」などは、どれも季語と呼ばれるものだ。このような季語がつかわれるには、スイカヅラやザクロの花やナツツバキの花のようすや咲いているAフゼイを、句を作る人も読む側の人も十分に知っているということが前提としてある。その前提が崩れたとき、その句はその人にとって、わからない句になる。

花　石　榴　十　三　日　の　金　曜　日

この句の「花石榴」と「十三日の金曜日」は切れている。このふたつがどういう切れ方をしているのか、逆にいえば、どういうつながり方をしているのかを納得するには、やはりザクロの花のことをよく知っている必要がある。そのうえで「十三日の金曜日」ともってくるのが平凡であり、つまらなければ、この句はつまらない句なのだ。

しかし、ザクロの花をよく知らない人が、この句をどう評してみたところで、この句が駄作なのか秀作なのか決めようがない。

切れにも前提がある、ということだ。（中略）

俳句は言葉でできているから、一見、だれにでもわかりそうに思えるが、実はそうではない。断り書きはないが、言葉以前の、見えない前提がいくつもある。とくに季語の場合、季語を言葉として知っているだけでは不十分で、その実体や背景をよく承知しておく必要がある。もし、そうでないと、作者と読者との間の約束の「場」ができないから、その句は無駄な句になる。（中略）

小説や詩の読者が近代劇の観客に似ているとすれば、俳句の読者は※能の観客に似ているのではないか。

近代劇を観る人は、劇場の椅子に腰かけてさえいれば、やがてBマクがあき、舞台の上を通り過ぎるいろいろな登場人物から、せりふやしぐさが次から次に一方的に洪水のように浴びせかけられる。近代劇の観客は役者たちの演技の受け手であり、舞台に対して受け身の位置におかれる。

能を観る人の場合は、こうはいかない。

確かに能舞台の前にすわっていれば、いつか笛や太鼓や鼓《つづみ》が鳴って風のように役者たちが舞台の上に現われ、簡単な劇を演じたのちに、また風のように舞台から消えてゆくだろう。しかし、ただそれだけのことで、観客たちは、あまりにもあっけない劇の進展に、不満をもらすかもしれない。役者の動作は出し物によっては、ほとんど目立たないものであるし、せりふもよくききとれない。

能を観る人は、一曲の能を十分に楽しもうとするのならば、自分の方から、その能の世界に入っていかねばならない。無表情な面のほんのかすかな表情の照り翳《かげ》りを見落としてはならないし、役者のCヨクセイされたわずかな所作に注意を払わなければならない。

MEMO

大切なことはメモしておこうネ！

2022年度

解　答　と　解　説

《2022年度の配点は解答欄に掲載してあります。》

＜数学解答＞

1　(1)　17　　(2)　$-\frac{23\sqrt{6}}{6}$　　(3)　$\frac{x+y}{12}$　　(4)　$24x$

2　(1)　$(x+12)(x-2)$　　(2)　12本　　(3)　$\frac{3x+2y}{5}$　　(4)　$12\pi\,\mathrm{cm}^2$

3　(1)　6通り　　(2)　$\frac{1}{9}$

4　(1)　$a=\frac{1}{2}$　　(2)　$-\frac{3}{5}$

5　(1)　$4\sqrt{3}\,\mathrm{cm}^2$　　(2)　$\frac{14}{3}\pi-4-4\sqrt{3}\,(\mathrm{cm}^2)$

○配点○

1　各5点×4　　2　各8点×4　　3　各8点×2　　4　各8点×2　　5　各8点×2

計100点

＜数学解説＞

基本　1　(数・式の計算，平方根の計算，式の展開)

(1)　$-58-5^2\div\left(-\frac{1}{3}\right)=-58-25\times(-3)=-58+75=17$

(2)　$\sqrt{24}-(\sqrt{6})^3+\frac{\sqrt{6}}{6}=2\sqrt{6}-6\sqrt{6}+\frac{\sqrt{6}}{6}=\left(-4+\frac{1}{6}\right)\sqrt{6}=-\frac{23}{6}\sqrt{6}$

(3)　$\frac{1}{3}x-\frac{1}{6}y-\frac{x-y}{4}=\frac{4x-2y-3(x-y)}{12}=\frac{4x-2y-3x+3y}{12}=\frac{x+y}{12}$

(4)　$(3x-4)(3x+4)-(3x-4)^2+32=9x^2-16-(9x^2-24x+16)+32=9x^2-16-9x^2+24x-16+32=24x$

2　(因数分解，正八面体，平均点，比例関数)

(1)　$10x+x^2-24=x^2+10x-24=x^2+(12-2)x+12\times(-2)=(x+12)(x-2)$

(2)　正八面体の辺の本数は，12本

(3)　5人の合計は$3x+2y$だから，平均点は$\frac{3x+2y}{5}$(点)

重要　(4)　点Aのx座標をaとすると，$\mathrm{A}\left(a,\ \frac{6}{a}\right)$　　円柱の側面積は，縦が$\frac{6}{a}$で横が$2a\pi$の長方形の面積になるから，$\frac{6}{a}\times2\pi a=12\pi\,(\mathrm{cm}^2)$

3　(場合の数，確率)

(1)　すべての板のおもてが黒になるようなさいころの目の出方は，(1，2)，(2，1)，(3，4)，(4，3)，(5，6)，(6，5)の6通り

重要　(2)　2回のさいころの目の出方は全部で，$6\times6=36$(通り)　　そのうち，板のおもてが図のようになる場合は，(3，6)，(4，5)，(5，4)，(6，3)の4通り　　よって，求める確率は，$\frac{4}{36}=\frac{1}{9}$

4　(図形と関数・グラフの融合問題)

基本　(1)　$\frac{a\times3^2-a\times(-1)^2}{3-(-1)}=1$から，$\frac{8a}{4}=1$　　$2a=1$　　$a=\frac{1}{2}$

重要　(2)　$y=\frac{1}{2}x^2$…①　　①に$x=-1$，3を代入して，$y=\frac{1}{2}\times(-1)^2=\frac{1}{2}$，$y=\frac{1}{2}\times3^2=\frac{9}{2}$

$\mathrm{A}\left(-1,\ \frac{1}{2}\right)$，$\mathrm{B}\left(3,\ \frac{9}{2}\right)$　　点Aのx軸に関する対称な点をA′とすると，$\mathrm{A}'\left(-1,\ -\frac{1}{2}\right)$

点Pが直線A′B上にあるとき，AP＋BP＝A′P＋BP＝A′Bとなり，AP＋BPは最短になる。直線A′Bの傾きは，$\left\{\frac{9}{2}-\left(-\frac{1}{2}\right)\right\}\div\{3-(-1)\}=5\div4=\frac{5}{4}$　直線A′Bの式を$y=\frac{5}{4}x+b$として点A′の座標を代入すると，$-\frac{1}{2}=\frac{5}{4}\times(-1)+b$　$b=-\frac{1}{2}+\frac{5}{4}=-\frac{2}{4}+\frac{5}{4}=\frac{3}{4}$　よって，直線A′Bの式は，$y=\frac{5}{4}x+\frac{3}{4}$　この式に$y=0$を代入して，$0=\frac{5}{4}x+\frac{3}{4}$　$\frac{5}{4}x=-\frac{3}{4}$　$x=-\frac{3}{4}\times\frac{4}{5}=-\frac{3}{5}$　したがって，点Pのx座標は，$-\frac{3}{5}$

5　**(平面図形の計量問題－面積，円周角の定理)**

(1)　△BCDは頂角が60°の二等辺三角形だから，一辺の長さが4cmの正三角形になる。よって，△BCD＝$\frac{1}{2}\times4\times4\times\frac{\sqrt{3}}{2}=4\sqrt{3}$(cm²)

重要　(2)　円周角の定理から，∠DOB＝2∠DAB＝2×45°＝90°　よって，△BODは斜辺の長さが4cmの直角二等辺三角形になる。OB＝OD＝$\frac{4}{\sqrt{2}}=\frac{4\sqrt{2}}{2}=2\sqrt{2}$　求める面積は，半径が$2\sqrt{2}$cmで中心角が90°のおうぎ形の面積から△BODの面積をひいたものと，半径が4cmで中心角が60°のおうぎ形の面積から△BCDの面積をひいたものとの和になるから，$\left\{\pi\times(2\sqrt{2})^2\times\frac{90}{360}-\frac{1}{2}\times2\sqrt{2}\times2\sqrt{2}\right\}+\left(\pi\times4^2\times\frac{60}{360}-4\sqrt{3}\right)=2\pi-4+\frac{8}{3}\pi-4\sqrt{3}=\frac{14}{3}\pi-4-4\sqrt{3}$(cm²)

★ワンポイントアドバイス★

5(1)で，一辺の長さがaの正三角形の面積は，高さが$a\times\frac{\sqrt{3}}{2}$になることから，$\frac{1}{2}\times a\times a\times\frac{\sqrt{3}}{2}=\frac{\sqrt{3}}{4}a^2$で求められる。公式として覚えておくとよいだろう。

＜英語解答＞

1　問1　B　　問2　C　　問3　D　　問4　A

2　問1　(1)　E　　(2)　F　　問2　(3)　E　　(4)　A　　問3　(5)　A　　(6)　E
　問4　(7)　D　　(8)　C

3　問1　C　　問2　C　　問3　A

4　問1　A　　問2　B　　問3　D　　問4　B　　問5　C

5　問1　D　　問2　B　　問3　C　　問4　C　　問5　Ⅰ　G　　Ⅱ　C　　Ⅲ　H

○配点○

1　各3点×4　　2　各4点×4(各完答)　　3　各5点×3　　4　各5点×5

5　問1～問4　各5点×4　　他　各4点×3　　計100点

＜英語解説＞

基本　**1**　**(文法：語句補充・選択，助動詞，接続詞，不定詞)**

問1「日本の気候変化についてどう思いますか」 どう思うか意見を尋ねる文なので，正解は，B　What。What do you think about ～?「～についてどう思うか」 A「もし」 C「それは」 D「いかに」

問2「学校がないので，明日早く起きる必要がありません」 学校がないので，早く起きる必要がない，のだから，正解はC　don't have to。「～する必要がない」<have + to不定詞>の否定形。get up「起きる」because「～なので」 A「～してはいけない」must not (禁止) B 前出 must not に do がついた形(must not do get upは文法的にあやまち)　D don't must 文法的にあやまち。

問3 「この前の土曜日に，札幌ドームでサッカーの試合を見て，私は非常に興奮しました」人がものを見て興奮している場合は excited。よって，正解はD　excited。＜感情を表す語 + to不定詞＞「～してある感情がわきおこる」

問4 「野菜が好きですか」「いいえ，好きではありません，けれど，ポテトサラダは食べることができます」応答文(「いいえ，好きではありません，けれど，ポテトサラダは食べることができます」)より，空所に当てはまる語を考えること。正解は，A　vegetables「野菜」。but「しかし」逆接の接続詞。B「果物」 C「肉」 D「ケーキ」

2 **（文法：語句整序，関係代名詞，進行形，不定詞，間接疑問文）**

問1 The boy Ken is talking to(is Takuya.)　The boy Ken is talking to「ケンが話しかけている少年」← 目的格の関係代名詞の省略＜先行詞(+ 目的格の関係代名詞)+ 主語 + 動詞＞「主語が動詞する先行詞」is taking ← 進行形＜be動詞 + 現在分詞[原形 + -ing]＞「～しているところだ」talk to「～に話しかける」

問2 (Meg stood)in front of us to give (a speech.)　in front of「～の前に」to give a speech「スピーチするために」不定詞[to + 原形]の副詞的用法(目的)「～するために」「スピーチする」give[make, deliver]a speech

問3 (Excuse me, but can you) tell me when your birthday is(?) 疑問文が他の文に組み込まれる[間接疑問文]の際には，＜疑問詞 + 主語 + 動詞＞の語順になるので注意。← When is your birthday?

問4 We will have nothing to eat (tomorrow.)← 不定詞の形容詞的用法＜名詞 + to不定詞＞「～するための[するべき]名詞」

3 **（長文読解問題・資料読解：内容吟味，要旨把握，受動態，助動詞）**

(全訳) 下のウェブサイトを読み，質問に答えなさい。

北海・雪の世界

雪の中の北海ガーデン公園で冬のイベントを楽しもう。

活動

1. クロスカントリー・ツアー

公園を巡ってクロスカントリー・ツアーを楽しみましょう。ウサギのような動物に遭遇(そうぐう)するかもしれません。ツアーはおよそ60分かかり，水曜日と木曜日の午後2時から開始されます。スキーを選ばなければならないので，どうか30分早く到着してください。

2. かんじき・ツアー

かんじきをはいて，公園の南側を歩き回ります。途中，小屋に立ち寄って，ホット・チョコレートを一杯楽しみます。このツアーは40分かかり，土曜日の午前11時に始まります。

3. 犬ぞり・ツアー

4匹の犬に引っ張られたそりに乗り，公園をまわります。およそ20分かかります。ツアー後に，犬と写真を撮影することができます。温かい服を着てきてください。ツアーは土曜日と日曜日の午前9時に始まります。

4. 夜間歩行・ツアー

公園の北側を歩き，星を見ます。ガイドが冬の星について説明します。このツアーは，雲が多すぎる場合には，開催されません。このツアーは60分を要し，月曜日から金曜日の午後7時から開始されます。

ツアー	出発場所	子供
クロスカントリー	東入口	○(大人と一緒)
かんじき	南入口	○(大人と一緒)
犬ぞり	西入口	○(大人と一緒)
夜間歩行	北入口	×

ツアー料金

大人　600円　　学生　300円　　子供(12歳以下)100円　　シニア(60歳以上)300円

＊シニアは土曜日と日曜日には無料。

＊5人以上の団体の場合には各自100円割引。

Q1 「動物に関心があり，週末に自由時間がある場合には，どのツアーに参加するべきか」動物との触れ合いの機会があるのは，Walking Ski Tour と Dog Sled Tour だが，週末に開催されるのは，Dog Sled Tour。<be動詞 + interested in>「～に関心がある」should「～すべきである，するはずだ」may「かもしれない，してもよい」

Q2 「高校生の少女が，彼女も両親と70歳の祖母とかんじきツアーに参加したいと考えている。いくら払わなければならないか」シニアは，土日は無料なので，学生1名300円+大人600×2=1500となる。<have + to不定詞>「～しなければならない，であるに違いない」<have + to 不定詞>の否定形「～する必要がない」

Q3 「ある高校生の少年は，朝早く起きるのが苦手である。彼は昼食時までベッドにとどまりたいと願っているが，2人のクラスメイトと彼の10歳の弟とツアーに参加したいと思っている。彼らはどの入口へ行くべきか」まず，Snowshoe Tour と Dog Sled Tour は午前中に開催されるので，不可。残りの2ツアーの中で，Night Walk Tour は子供の参加は不可となっているので，Walking Ski Tour の出発場所である East Entrance が正解となる。

4 **(会話文問題：文補充・選択，内容吟味，要旨把握，受動態，動名詞，助動詞，接続詞，不定詞，前置詞，分詞，)**

(全訳)　日本人の少年のユウタとアメリカ人の少女メアリが話をしている。ユウタはヨーロッパへの旅行からちょうど帰ってきたところである。

メアリ(以下M)：ユウタ，あなたはあなたの旅行を楽しみましたか。／ユウタ(以下Y)：ええ，とても面白かったです。／M：いくつの国をあなたは訪問しましたか。／Y：私は5か国を訪問しました。／M：あなたはアメリカで1年間勉強したので，英語に関しては問題なかったと思います。あなたが訪れたすべての国々では，英語が使われていましたか。／Y：いいえ，すべての国ではありませんでした。ヨーロッパでは，いくつかの異なった言語が話されています。また，イギリスの英語は，あなた方のものとは異なっていました。／M：どのように違ったのですか。／Y：たとえば，ある日ロンドンのホテルで，「すみませんが，①[A]このホテルにはコーヒーショップはありますか」と，私はホテルの従業員に尋ねました。彼は「はい，それは2階[first floor]にあります」と言ったので，私は1階[first floor]を歩き回りましたが，それを見つけることができませんでした。／M：何が起きたのですか。／Y：私は同じ従業員を見かけたので，彼に「あの，店を見つけることができません」と言いました。彼は私に「②[B]それでは，案内致しましょう」と言い，私たちは一緒に歩きだしました。そして彼は「エレベーター [lift]に乗りましょう」と言いました。私は彼が何を言っているかわかりませんでした。／M：あっ，“リフト。”それは“エレベーター”のことですよね。／Y：その通りです。私はイギリスではエレベーターがリフトと呼ばれるということを知りませんでした。ともかく，私たちは上に上がって，次のフロアで降りました。そして，私はそこにコーヒーショップを見つけたのです。／M：どういうことですか。なぜその店は2階にあったのですか。／Y：イギリスでは，1階はグランドフロアとよばれて，2階はファーストフロアと呼ばれます。／M：そうなのですか？　きっと店に着くまでに長い時間がかかったに違いありませんね，ユウタ。／Y：その通りです。おそらく20分位かかりました。そのとき，時計をはめていなかったので，私は彼に「今，何時ですか」と尋ねました。彼は「10時20分過ぎです」と答えました。私はそれが理解できなかったので，再び彼に尋ねました。彼は私に自分の時計を差し出しました。時間は10時20分でした。／M：あっ，なるほど。それはイギリスでの時刻の告げ方ですね。

重要　Q1 「①に当てはまる一番適した文を選びなさい」空所①の質問を受けて，Yes, it is on the first floor.「はい，2階です」と場所を答えていることから，考えること。正解は，ホテル内のコーヒーショップの所在を尋ねるA. do you have a coffee shop in this hotel?「このホテルにはコーヒーショップがありますか」が当てはまる。Excuse me, but「すみませんが～」　B「本日，いつコーヒーショップは閉まりますか」is closed ← <be動詞 + 過去分詞>受動態「～される」　C「このホテルにはコーヒーショップか，あるいは，コンビニエンスストアはありますか」<be動詞 + there + S + 場所?>「…にはSがありますか，いますか」　D「この地図上ではコーヒーショップはどこですか」

重要　Q2 「②に当てはまる一番適した文を選びなさい」空所②の前では，「店が見つかりません」というユウタのせりふをホテルの従業員が聞き，空所②の直後で，we started walking together. と述べられていることから，従業員が同行してユウタをその店まで連れて行ったことがわかる。したがって，正解は，店まで同行することを申し出るB「それでは，案内しましょう」。started walking「歩き始める」← 動名詞[原形+ -ing]「～すること」　A「あっ，ここからそれが見えます」　C「もし再び歩き回れば，それを見つけることができます」if「もし～ならば」　D「あなたに一杯のコーヒーをお持ちすることができます」

基本　Q3 「なぜユウタはコーヒーショップを見つけられなかったのか」ユウタは英国での階数の呼び方が米国方式と違ってわからなかったことを本文から読み取ること。正解は，D「英国でのファーストフロアは，米国での2階を意味するということを知らなかったので」。A「コーヒーショップに着くために，エレベーターに乗らなければならないということを知らなかったから」<had + to不定詞>「～しなければならなかった」get to「～へ到着する」結果としてはそうであるが，このことが，ユウタがコーヒーショップを見つけることができなかった直接の原因ではない。B「ホテルにエレベーターがあるということを知らなかったから」<There + be動詞 + S + 場所>「…にSがある／いる」　C「ホテルの従業員が彼にコーヒーショップへの正しい行き方を告げなかったから」従業員は店の正しい行き方を告げていたが，そのことがユウタに伝わらなかったのである。<tell + 人 + the way to>「人に～までの行き方を告げる」

基本　Q4 「いつ最初にユウタはホテルの従業員に話しかけたか」店にたどりつくまでに20分かかったこと(M：I'm sure it took a long time to get to the shop, Yuta? → Y：That's right. Perhaps it took about twenty minutes.)，その時点で時間を尋ねたら，10時20分だったことから，考えること。正解は，B 10時頃。<It takes + 時間 + to不定詞>「～［不定詞］するのに…［時間］かかる」　A「19時50分頃」　C「10時20分頃」　D「20時10分頃」

重要　Q5　A「ユウタは次の階へ行くのに，エレベーターに乗った」Then, he said, "Let's take a lift" ~ Anyway, we went up and got off on the next floor. とあるので，一致。　B「ユウタは1階でコーヒーショップを探した」He said, "Yes, it is on the first floor," so I walked around on the first floor, ～とあるので，一致。look for「～を探す」<～, so …>「～である，だから…だ」　C「彼の旅行中，ユウタはヨーロッパでいくつかの異なった言語を学んだ」言及なし。

本文の内容に合わない。　D「英国と米国で使われた言語間の違いを，ユウタはいくつか学んだ」階数の言い方や時間の言い方の違いについてユウタは学んだので，本文に一致。between A and B「AとBの間」the language used in「～で使われた言語」← 過去分詞の形容詞的用法＜名詞 + 過去分詞 + 他の語句＞「～された名詞」

5　**(長文読解問題・論説文：語句補充・選択，要旨把握，助動詞，受動態，接続詞，比較，関係代名詞，間接疑問文，現在完了)**

（全訳）　かつて夏に浜辺へ行ったことがあるか。浜辺はきれいだったか。多くの人々が水泳やキャンプのために浜辺へ行く。きれいな浜辺は，地元の人々の清掃活動により維持されている。閑散期の浜辺を見なさい。その時期には，多くの人々が利用していないが，想像以上に多くのごみがあることに気づくであろう。浜辺やその地域のごみは海洋ごみと呼ばれる。

海洋ごみはどこに由来するのだろうか。もちろん，余暇を浜辺で楽しみ，ごみをそこに残していくという人々は存在する。でも，それは海洋ごみのほんの一部に過ぎない。実際には，多くの海洋ごみは地上から出ているのである！

たとえば，あなたの町の屋外の通りには，ビニール袋やプラスチックボトルを見かけるだろう。このごみは，風や雨によって運ばれて，川に入り，最終的には，海へと到達する。このことは，海洋ごみの70%から80%は，私たちが陸上で生み出すごみであることを意味する。海はつながっているので，それは世界中に拡散する。海洋ごみの事案は日本だけの問題ではない。それは世界中のすべての人々にとっての問題となっている。

それでは，海洋ごみの問題点は何であろうか。それは，ごみのほとんどがプラスチックである点だ！

きっとウミガメの悲しい話を聞いたことがあるだろう。クラゲと思い込み，ウミガメはビニール袋をしばしば食べてしまうのである。もちろん，プラスチックはお腹の中で消化されることはなく，体内にとどまる。仮にこのことが頻繁に起きれば，ウミガメの体はごみで一杯になってしまうだろう。そして，もし食べ物を食べることができなければ，①[D]最終的には死んでしまうだろう。

海中のプラスチックは，大きさがおよそ5ミリの細かい破片へとゆっくりと分解される。これらの細かい破片は，マイクロプラスチックと呼ばれる。この大きさに分解されるには，ビニール袋で20年，プラスチックボトルで400年以上かかる。時には魚が誤ってこれらを食べて，人がその魚を食べると，そのプラスチックは私たちの体内②[B]へ入っていく。体内のプラスチックがいかに危険であるかについて，我々が知らないことが多く存在し，今では，日本と外国の国々の両方で，それに関して研究がなされている。

私たちはみんなこの問題について考え，今にでも行動を起こすことが必要である，と私は信じている。たとえば，もちろん，決してごみを公園や通りに放置するべきでない。そして，私たちの住む市町村における清掃活動に参加することが，良い最初の一歩となる。

基本　問1　第5段落の文脈をおさえること。＜クラゲと間違えて，ウミガメはビニール袋を食べてしまう＞ → ＜プラスチックは消化されず，体内に残る＞ → ＜体内がプラスチックで一杯になってしまう＞ →「もし食べ物を食べられないのならば，（　①　）だろう」食べ物を食べられないくらいお腹がビニール袋で一杯になってしまった際に，その結末はどうなるかを考える。正解は，D「最終的に死んでしまうだろう」in the end「最終的に」cannot be digested ← ＜助動詞 + be + 過去分詞＞助動詞付きの文の受動態　＜～ so …＞「～である，だから…だ」full of「～で一杯に」A「多くの水を飲む」a lot of「多くの～」B「他の動物によって食べられてしまうだろう」will be eaten ← ＜助動詞 + be + 過去分詞＞助動詞付きの文の受動態　C「より大きくなるだろう」larger「より大きい」large の比較級

基本 問2 「時には魚が誤ってこれら[マイクロプラスチック]を食べて，人がその魚を食べると，そのプラスチックは私たちの体内(　②　)。体内のプラスチックがいかに危険であるかについて，我々が知らないことが多く存在し，今では，日本と外国の両方で，それに関して研究がなされている」文脈より，正解は，B　enters「入る」。by mistake「誤って」<There + be動詞 + S>「Sがある，いる」many things we don't know ← 目的格の関係代名詞の省略<先行詞(+ 目的格の関係代名詞)+ 主語 + 動詞>「主語が動詞する先行詞」we don't know about <u>how dangerous the plastic in our body is</u> ← 間接疑問文(疑問文が他の文に組む込まれた形)だと，<疑問詞 + 主語 + 動詞>の語順になる。<～ so …>「～である，だから…だ」 A「得る」 C「置く」 D「移動する」

重要 問3　質問：「どのように海洋ごみは生み出されるか」正解は，C「ウミガメが食べるクラゲが，海洋ごみになるだろう」。記述ナシ。the jellyfish that sea turtles eat ← <先行詞 + 目的格の関係代名詞 that + 主語 + 動詞>「主語が動詞する先行詞」 A「川のごみは海洋ごみになるだろう」／B「通りのビニール袋は海洋ごみになるだろう」第3段落(For example, you see plastic bags and bottles outside in the streets of your town. This garbage is carried away by the wind or by the rain, enters a river, and finally gets out to the sea. This means that 70 to 80 % of marine debris is garbage we produce on land.)に一致。is carried away by ← 受動態<be 動詞 + 過去分詞>「～される，されている」garbage we produce「私たちが生み出すごみ」← 目的格の関係代名詞の省略<先行詞(+ 目的格の関係代名詞)+ 主語 + 動詞>「主語が動詞する先行詞」 D「夏に浜辺に残すごみは，海洋ごみになるだろう」第2段落第2・3文の Of course, there are some people who enjoy leisure activities at the beach and leave their garbage there. But that is only a small part of marine debris. に一致。<There + be動詞 + S + 場所>「…にSがある，いる」some people <u>who</u> enjoy ～ ← <先行詞(人)+ 主格の関係代名詞 who + 動詞>「動詞する先行詞」

重要 問4　A「食べ物のように見えるので，ウミガメの中にはビニール袋を食べるものがいる」第5段落第2文(They often eat plastic bags because they think they are jellyfish.)に一致。because「～なので」(理由を表す接続詞)　B「町中に残したビニール袋は外国の国々へ移動するかもしれない」第3段落(you see plastic bags and bottles outside in the streets of your town. This garbage is carried away by the wind or by the rain, enters a river, and finally gets out to the sea. ～ The oceans are connected, so it spreads all over the world.)に一致。the plastic bags we left in the city ← 目的格の関係代名詞の省略<先行詞(+ 目的格の関係代名詞)+ 主語 + 動詞>「主語が動詞する先行詞」is carried／are connected ← <be動詞 + 過去分詞>受動態「～される，されている」<～ so …>「～である，だから…だ」all over「～中に」C「余暇活動のために浜辺に行かなければ，海洋ごみはないだろう」第2段落に there are some people who enjoy leisure activities at the beach and leave their garbage there. But that is only a small part of marine debris. In fact, most of the marine debris come from the land！とあり，浜辺に残されたごみ以外にも海洋ごみになる原因は多く存在するので，本文の内容に合わない。There will be no marine debris ← <There + be動詞 + S>「Sがある，いる」+ 未来の助動詞 will　some people <u>who</u> enjoy ～ ←<先行詞(人)+ 主格の関係代名詞 who + 動詞>「動詞する先行詞」in fact「実際には」come from(由来・源)　D「マイクロプラスチックを食べた魚を私たちが口に入れると，私たちに悪影響を及ぼすかもしれない」第6段落(「時には魚が誤ってマイクロプラスチックを食べて，人がその魚を食べると，そのプラスチックは私たちの体内へ入っていく。体内のプラスチックがいかに危険であるかについて，我々が知らないことが多く存在し，今では，日本と外国の両方で，それに関して研究がなされている」)に一致。may「～してもよい，かもしれない」have an influence on「～に影響がある」we eat fish that has eaten microplastic ← <先行詞＋主格の関係代名詞 that＋動詞>「動詞する先行詞」／<have[has]＋過去分詞> 現在完了(完了・経験・継続・結果)by mistake「誤って」<There＋be動詞＋S>「Sがある，いる」many things we don't know ← 目的格の関係代名詞の省略<先行詞(＋目的格の関係代名詞)＋主語＋動詞>「主語が動詞する先行詞」we don't know about how dangerous the plastic in our body is ← 間接疑問文(疑問文が他の文に組む込まれた形)だと，<疑問詞＋主語＋動詞>の語順になる。<～ so …>「～である，だから…だ」

基本 問5 (全訳)「仮に浜辺や通りに${}_{\text{I}}{}^{\text{G}}$ごみを放置すれば，それは海にまで運ばれて，非常に長い間，海にとどまるかもしれない。海洋ごみは，海に生きる生物にとって，非常に大きな${}_{\text{II}}{}^{\text{C}}$問題になっている。それらを救助することを手助けするために，海洋を${}_{\text{III}}{}^{\text{H}}$きれいに維持しようとしなければならない。ちょっと公園や浜辺の清掃活動に参加するだけで，このことが可能となる」 (I) 何を浜辺や通りに放置すれば，それが海にまで運ばれて，非常に長い間，海にとどまるか，を考えること。正解は，G trash「ごみ」 may「～してもよい，かもしれない」may be carried ← 助動詞を含む受動態<助動詞＋be＋過去分詞> for a long time「長い間」 (II)海洋生物にとって，海洋ごみがどのような存在であるかを考える。正解は，C problem「問題」 has become ← <has[have]＋過去分詞>現在完了(完了・結果・経験・継続)the animals that live in the sea「海に住む生物」← <先行詞＋主格の関係代名詞 that＋動詞>「動詞する先行詞」(III)危機に瀕した海洋生物を救うために，海をどのような状態に維持しようとしなければならないかを考える。正解は，H clean「きれいに」。to help save them「それらを救うことを手助けするために」不定詞の副詞的用法(目的)<have＋to不定詞>「～しなければならない，であるに違いない」<help＋原形>「原形することを手助けする」keep O C「OをCの状態に維持する」 A「イベント，行事」 B「水」 D「動物」 E「食べ物」 F「悪い」 I「魚」 J「陸」

★ワンポイントアドバイス★

資料読解問題とも言える3をここでは取り上げる。設問はすべて英語なので，まず何を問われているのかを把握することが大切である。その上で，設問で問われている条件を本文においてしっかりと確認して，正答を絞ることになる。

＜理科解答＞

1 問1 12000(J) 問2 50(℃) 問3 R2 2(Ω) R3 4(Ω) 問4 イ
問5 a オ b ア 問6 イ

2 問1 a ウ b サ c チ d キ e ソ 問2 ア，イ 問3 ウ，キ
問4 ア 問5 (名称) 赤潮 (原因) エ

3 問1 a 0.3 b 0.2 c 0.1 問2 (銅) 12(g) (マグネシウム) 6(g)
問3 銅：マグネシウム＝8：3 問4 (化学反応式) Fe＋S→FeS (名称) 硫化鉄
問5 (名称) 鉄 (質量) 1.8(g)

4 問1 (1) ア (2) ア 問2 イ 問3 ア 問4 ウ 問5 イ 問6 エ

○配点○
1 問3，問6　各3点×3　他　各4点×4(問5完答)　2 問4　3点　他　各2点×11
3 問4　化学反応式　3点　名称　2点　他　各5点×4(問1，問2，問5完答)
4 問1，問5　各3点×3　他　各4点×4　計100点

＜理科解説＞

1 （電流と電圧・電力と熱一回路・発熱量）

重要 問1　図1の回路の電力は10×10÷5＝20Wであり，熱量は電力×時間(秒)より20×10×60＝12000Jである。

重要 問2　図2の回路では電力が50×50÷5＝500Wであり，図1のときの25倍になる。時間は同じなので熱量も25倍になり，温度差も25倍の50℃上昇する。

重要 問3　R1を流れる電流は12Aであり，これがR2とR3に分かれる。R3に4A流れるので，R2には8Aの電流が流れる。一方，電圧はR1に12Vがかかり，R2とR3には28－12＝16Vずつの電圧がかかる。それで，R2の大きさは16÷8＝2Ω　R3は16÷4＝4Ωになる。

問4　雷のエネルギーは，$5.0\times10^{12}\times\frac{1}{1000}=5.0\times10^{9}$Jである。$5.0\times10^{9}\div5.0\times10^{7}=100$になるので，100軒分のエネルギーに相当する。

問5　普通の自動車では，ブレーキを作動させるとタイヤの回転を止めるようにパッドという部品がタイヤのホイル部分にふれ，摩擦熱が発生する。ハイブリッドカーではこのときのエネルギーの一部を発電に使っている。

問6　斜面の傾斜が大きいほうが短い時間で速度を上げることができ，その後もその速度を保ちながら運動するのでBの方が速くつく。

2 （その他一環境問題）

重要 問1　地球温暖化の原因物質とされるのが$_a$二酸化炭素などの$_b$温室効果ガスである。石炭や石油などは$_c$化石燃料と呼ばれ，燃焼すると多量の二酸化炭素が発生する。これらの問題を$_d$地球温暖化という。絶滅の恐れのある生物についてまとめた本を$_e$レッドデータブックという。

問2　地球温暖化の具体例はウ，エ，オである。アは主に酸性雨の影響による問題で，イは温暖化で標高の高いところまで気温が上がるので，高山植物の分布域の標高は上がる。

問3　ゲンゴロウは，日本各地に生息する在来種の動物である。ヤンバルクイナは，沖縄本島北部に生息する固有種である。

問4　2020年のレッドリストで絶滅危惧種の数は3716種になった。

問5　2021年の秋に北海道でウニや鮭が大量死した原因は赤潮であった。赤潮は植物プランクトンの大量発生で引き起こされる。

3 （化学変化と質量一金属の酸化）

基本 問1　0.6gの銅と化合した酸素は0.75－0.6＝0.15g　0.8gでは0.2gであるので，その点を通るような目盛りを取ると，aが0.3，bが0.2，cが0.1になる。

重要 問2　混ぜた銅の重さをx(g)，マグネシウムの重さをy(g)とすると$x+y=18$…①の式が成り立つ。0.60gの銅から0.75gの酸化銅ができるので，質量は$\frac{0.75}{0.6}$倍になる。マグネシウムも0.6gが1.00gになるので，質量は$\frac{1.00}{0.6}$倍になる。よって，$\frac{0.75}{0.6}x+\frac{1.00}{0.6}y=25$　これを整理すると$0.75x+y=15$…②となる。①と②を連立方程式で解くと，$x=12$g，$y=6$gとなる。

重要 問3　0.8gの銅と結合する酸素は0.2gであり，0.6gのマグネシウムと結合する酸素は0.4gである。金

属と結合する酸素の質量を0.4gとすると，同じ質量の酸素と結びつく銅とマグネシウムの質量比は，1.6：0.6＝8：3になる。

重要　問4　鉄と硫黄の反応式は，$Fe+S \rightarrow FeS$である。生じた物質は硫化鉄である。

問5　鉄と硫黄の質量比が4.2：2.4＝7：4のときに過不足なく反応が起こる。9.5gの鉄が全て反応するのに必要な硫黄は9.5×4÷7≒5.4gであり，硫黄が不足する。一方，4.4gの硫黄と完全に反応する鉄の質量は4.4×7÷4＝7.7gであり，鉄が9.5－7.7＝1.8g残る。

4　（地学全般―気象・岩石・月の動き）

重要　問1　(1)　札幌の露点が2℃なので実際の水蒸気量は5.6g/cm³であり，湿度は(5.6÷7.3)×100≒76.7%である。那覇の露点が14℃で実際の水蒸気量が12.1g/cm³なので，湿度が(12.1÷17.3)×100≒69.9%で，札幌の方が湿度が高い。　(2)　飽和水蒸気量は温度のみで決まる。

重要　問2　高気圧からは時計回りで風が吹き出す。風の向きはコリオリの力で右にそれるので，那覇では北北東からの風になる。

問3　チャートや軽石の主成分は二酸化ケイ素という物質で，塩酸とは反応しない。石灰石の主成分は炭酸カルシウムで塩酸に溶けて二酸化炭素を発生する。

問4　札幌の昼間の時間は9時間47分であった。昼間の時間が那覇と札幌で同じ長さであれば，那覇の日の入りの時刻は16：34になるが，秋の時期なので緯度の低い地方の方が高い地方より昼間の長さが長くなるので，那覇では日の入りの時刻は17：40分ころと思われる。

問5　アンモナイトは中生代に栄えた巻貝の仲間である。デスモスチルスは新生代，恐竜は中生代，マンモスは新生代，三葉虫は古生代，カヘイセキは新生代に生息した有孔虫の一種である。

重要　問6　19日に月食が見られたので，月は満月であった。これより一週間前の月は右側が光る半月であり，月の位置は1日に約12°西から東へ移動するので，12日には約90°西の位置のエに見られた。

★ワンポイントアドバイス★

全分野において，総合問題の形で出題されている。理科全般の幅広く，確実な知識が求められる問題である。

＜社会解答＞

1　問1　(1)　ウ　(2)　フェアトレード　問2　X　食品ロス　Y　地球温暖化
問3　ア→イ→ウ　問4　再生可能エネルギー　問5　ウ　問6　(1)　経済特区
(2)　エ　問7　(1)　パークアンドライド　(2)　交通渋滞の緩和[大気汚染の緩和]
問8　レアメタル　問9　栽培漁業　問10　ラムサール条約　問11　エ　問12　ウ

2　問1　(1)　ウ　(2)　オ→ウ→ア→イ→エ　問2　(事件)　柳条湖事件
(調査団)　リットン調査団　問3　エ　問4　ウ　問5　エ

3　問1　執権　問2　イ・エ　問3　(1)　ウ　(2)　イ　問4　ア→ウ→エ→イ

4　問1　(順番)　ア　A　イ　C　キ　D　ク　問2　ウ　問3　ア　実力　問4　イ
問5　ア　神聖　A　議院内閣制　問6　ア　不況　イ　好況
B　インフレーション　問7　C　所得の再分配[経済格差の是正]　D　資源配分の調整

○配点○

1　問7(2)　3点　他　各2点×15　2　問1，問2　各3点×4　他　各2点×3
3　各3点×5　4　問1，問7　各3点×6　他　各2点×8　計100点

＜社会解説＞

1 （地理―SDGsに関連する世界と日本の地理の問題）

重要 問1 (1) ウ それぞれの総人口に貧困率をかけ合わせれば貧困層の数が出せる。ヨーロッパ・中央アジア地域の貧困層が716万人に対して，その他高所得国が737万人なので誤り。 (2) フェアトレードは開発途上国が輸出する材料や原料が，植民地時代に不当に買いたたかれていた名残で，現在でもかなり安く買われているものを，その原材料の生産に見合う労働の価値を評価し，先進国が従来よりも高く買うことで開発途上国やその産業を支援するもの。

問2 X 食品ロス(フードロス)は，非常に多くの食品がまだ食べられるのに廃棄されてしまうもので，特に日本のスーパーマーケットやコンビニなどの弁当や総菜，ケーキなどが問題とされてきた。 Y 地球温暖化により，ただ気温が上昇し地上の氷などが解けて海水面が上昇するという問題以外にも様々な異常気象が各地で発生するようになってきている。

問3 年代層毎の全人口に占める比率を見た場合に，一番低い年代が多いのは多産多死型で社会が成熟していない状態になり，これが全体の中で一番多い層がだんだんと年齢が上がっていくにつれて社会が発達してきたものとされる。女性が一生の間に産む子供の数を示す合計特殊出生率が，現在ではほとんどの国で2前後か2以下の状態になっているのに対してアフリカの一部の国などでは7に近いところもあり，このような国では男尊女卑で女性が満足な教育を受けられていないのが現状で，このことが産児制限が難しいことの一因ともなっている。

基本 問4 化石燃料を燃やすのとは異なり，再生可能エネルギーとされているものは，一度使うとそのエネルギー資源は終わりというものではなく，繰り返し利用していくことが可能なのが特徴。化石燃料を燃やすのと比較した場合に取り扱いが難しいものや，出力が低いものがあるなどの課題がまだあるものもある。

問5 国民総所得が一番高いアがアメリカで2番目に高いウが中国になる。一人当たりの国民総所得に直すと，2番目に高いエが日本であり，一番低いイがインドになる。

問6 (1) 経済特区は社会主義の中国が，文化大革命後の国際的な孤立状態からの脱却や，経済的な遅れを取り戻すために，シェンチェン，チュウハイ，スワトウ，アモイの海沿いの4つの地域を資本主義国に一部開放し，ここへの資本主義国の企業の進出を認めたもの。 (2) エ 経済特区は資本主義国側からすれば巨大な市場と人件費の安い労働力が大量にあることが最大の魅力であり，経済特区を設けることで中国が外国からの労働力を受け入れたというものではない。

やや難 問7 (1) パークアンドライドはpark and rideで，車などを停め別の乗り物に乗り換えるというもの。大都市の郊外から大都市圏のそばのある所までは自家用車での乗り入れを認め，そこに自家用車を停めて，公共交通機関に乗り換えて大都市の中へ入るようにしているもの。 (2) 大都市への自家用車の乗り入れを大幅に制限することで，大都市の中の交通渋滞を緩和出来たり，大都市の中を走る自動車の数が減ることで，大気汚染や騒音などの公害を軽減することにもつながる。

問8 レアメタルは日本語で言えば希少金属。鉄，銅，アルミおよび貴金属以外の非鉄金属で，非常に産出量，流通量が少ないもの。英語だとminor metalで，rare metalとすると日本でいうレアアースのことをさす。

問9 栽培漁業は卵からふ化させた稚魚をある程度大きくなるまで育ててから，自然界に放し，商品となる成魚の大きさまで育つのを待ってから，再び捕まえるというもの。放流する大きさが小さいと，成長して残る確率は低くなるが，他の魚類の餌にはなる。

問10 ラムサール条約は渡り鳥などの水鳥の生育環境を保全するために湿地を保護する条約で，ラムサールはこの条約の話し合いが行われたイランのカスピ海沿岸の都市の名前。

問11　電気やガスなどの使い過ぎを防ぐことが，温室効果ガスの排出をおさえることにもつながり，地球温暖化に対しての対策にもつながる。

基本 問12　ウ　札幌市，富山市，静岡市，岡山市の4市の中で，静岡市は太平洋岸の都市で夏の季節風や台風などの降水量が多く，気温も高いのでウになる。アは冬の降水量が多いので富山市，イは気温は高めで降水量が少ないので瀬戸内の岡山市，エは気温が低く，梅雨の降水量が少ないので札幌市になる。

2　(日本の歴史－明治以降の日本がかかわった戦争に関連する問題)

問1　(1)　ウ　第一次世界大戦と第二次世界大戦とでは戦争そのものの規模はかなり異なるが，第一次世界大戦では英仏はヨーロッパ戦線でドイツと戦い続けていたが，第二次世界大戦では1939年9月に開戦した後，1940年6月にはフランスがドイツに降伏し，イギリスはヨーロッパの大陸からは撤退しているので，実際の戦場での戦闘期間は短くなる。またアメリカは第一次世界大戦では終戦間際の1917年にようやく参戦したが，第二次世界大戦では開戦当初から参戦したのと，太平洋ではほぼアメリカが単独で日本と戦っており，死傷者数は大きく増えている。写真はXが第一次世界大戦で初めて使われるようになった戦車で，Yは原子爆弾のキノコ雲。　(2)　オ　1937年→ウ　1941年→ア　1942年→イ　1944年→エ　1945年の順。

基本 問2　柳条湖事件は1931年に満州の奉天(現在のシェンヤン)の近くにある柳条湖のところで日本の関東軍が南満州鉄道を爆破して，それを中国軍のせいにしたもの。鉄道の爆破そのものは非常に小さいもので，爆弾の破裂音を響かせることに意味があったとされ，その対抗策ということで関東軍は一気に軍事展開をし，さらに日本の軍隊も派遣され満州を占領し，満州国を建国し，満州事変に至った。これに対して，蔣介石が率いる中華民国政府は国際連盟に抗議を申し入れ，国際連盟はイギリスのリットン卿を団長とする調査団を送り込み，その調査報告が国際連盟でなされ，日本側はその内容を不服として1933年に国際連盟を脱退することになる。また，満州国の建国をめぐり，原敬首相は満州国を承認しないとしたことで，五一五事件で暗殺され，その後の齋藤実内閣が満州国を承認し，更に軍部が政治を主導する体制へと転換していくことになった。

問3　エ　高度経済成長期は1955年から70年もしくは73年まで。日中平和友好条約は1978年なのでこの時期には当たらない。東海道新幹線の開通は1964年，キューバ危機は1962年，大阪万博は1970年。

問4　アは版籍奉還では藩主が土地と人民を天皇に差し出し，その後も知藩事として支配し，その後の廃藩置県で中央政府が府知事や県令を送り込み，知藩事は無くなるので誤り。イは解放令で形式的には身分の区別は無くなるが，江戸時代の被差別部落は明治以後も存在し，差別意識は残っていたので，1922年に全国水平社がつくられたので誤り。エは郵便制度を整えたのは渋沢栄一ではなく前島密なので誤り。

問5　エ　いわゆる大航海時代以後，ヨーロッパの人々がアフリカ大陸に武器や雑貨などを持ち込み，それと交換にアフリカの人々を奴隷として新大陸へと連れて行った。ラテンアメリカではスペインが金や銀を掘り出すのに，当初はインディオを使っていたが，インディオに逃げられアフリカから黒人奴隷を連れてきて投入するようになった。

3　(日本の歴史一鎌倉時代から江戸時代の歴史に関する問題)

基本 問1　執権は鎌倉幕府の政所と侍所のトップの職を兼ねるもの。最初が北条政子の父の時政。

問2　イの勘合貿易は足利義満が義持に将軍職を譲り太政大臣となった後の1404年から。南北朝が合一するのは1392年で義満が将軍である時代。アの加賀の一向一揆は1488年で8代将軍足利義尚の時代。ウの分国法は戦国時代に各武将が領国の支配のために定めるものなので，戦国時代になるのが応仁の乱よりは後なので義満の時代ではない。

重要 問3 (1) ウ 1732年は徳川吉宗の享保の改革の最中。アは幕末の開港後のこと。イは1837年。エは1841年。 (2) イ 新井白石が正徳の治の中で，長崎貿易の貿易赤字解消のために長崎の貿易を制限する海舶互市新例を出していたが，長崎貿易の利益を上げるために田沼意次はその制限を解き，長崎で中国の商人に海産物の干物を売り，それで得た金でオランダ商人から物を買うという流れをつくろうとした。その海産物の干物が蝦夷地でつくられるようになる。アは寛政の改革，ウは天保の改革，エは享保の改革の際のもの。

問4 ア 鎌倉時代→ウ 室町時代→エ 江戸時代→イ 明治時代の順。

4 （公民─太平洋戦争後の主な首相とその政治に関連する問題）

問1 ア E 1946～47，1948～54→B 1957～60→G 1960～64→C 1972～74→H 1982～87→F 1993～94→D 2001～06→A 2006～07，2012～20の順。Aがイ，Cがキ，Dがクの説明に該当する。残りはBがア，Eがエ，Fがカ，Gがオ，Hがウに該当。

問2 ウ 日本は1951年の日米安全保障条約以後，日本に何かあった場合にのみ自衛隊などを使う個別的自衛権をとってきたが，安倍内閣の時代の2014年に同盟国のアメリカに脅威がある場合にも自衛隊を使う集団的自衛権へと転換することを閣議決定した。

問3 資料は憲法第9条に関しての政府見解を示した際のもの。

問4 かつてあった三公社は国鉄，専売公社，電電公社で国鉄が現在のJR，専売公社はこの中のたばこ部門が日本たばこ，電電公社がNTTへと民営化し変化した。

問5 ア かつては天皇を神のような存在とし絶対的な権力者に位置づけていたが，第二次世界大戦後に天皇を人間とするようになった。議院内閣制はイギリスではじまった仕組みで，内閣が議会の信任を得て政治を任され，内閣は議会に対して政治の連帯責任を負うというもの。

問6 景気は波のような変動を繰り返すもので，好況の際には消費が伸びて需要が増え物価も上昇するが，ある程度その状態がすすむと景気が後退し不況になり，そうなると消費が押さえられ需要が減り物価も下がる。需要が多く物価が上昇する状態がインフレーション。一般には軽いインフレの状態が景気が良いとされる。

やや難 問7 (C) 所得の再分配は，累進課税で高所得者ほど高い税率での徴税を行い，その金を社会保障などで低所得者への支援等に回すことで所得格差を縮めるもの。 (D) 資源配分の調整とは，市場経済のシステムだけでは社会資本の整備や公共サービスが行きわたらない部分が出てくるのを解消するもので，普通の租税や国債に頼らずに，特別の国債で資金を調達して政府が行う財政投融資によって，社会資本や公共サービスの不足するところへ資金を充てるもの。

★ワンポイントアドバイス★

比較的広範囲からの出題なので，頭の切り替えが大事。即答できるものもあるが，結構考えないとわからないものもあるので，手際よく解答していき，答えにくいものは飛ばして，最後にもう一度やり直すようにしてまずは全体を終えるのがよい。

＜国語解答＞

一　問一　A　ウ　B　イ　C　イ　D　ア　問二　エ　問三　ウ　問四　イ
問五　ウ　問六　エ

二　問一　1　あたえ　3　もうけ　問二　2　ウ　4　ア　問三　イ　問四　イ
問五　ウ

○配点○

一　問一　各5点×4　問二　6点　問六　10点　他　各8点×3

二　問一　各3点×2　問二　各5点×2　他　各8点×3　計100点

<国語解説>

一　(論説文―漢字，表現技法，内容理解，要旨)

基本　問一　A「風情」が正しい。ア「寄付」，イ「不測」，ウ「風呂」，エ「楽譜」。　B「幕」が正しい。ア「思慕」，イ「幕府」，ウ「歳暮」，エ「墓前」。　C「抑制」が正しい。ア「海水浴」，イ「抑揚」，ウ「尾翼」，エ「意欲」。　D「均衡」が正しい。ア「平衡」，イ「閉口」，ウ「良好」，エ「公平」。

問二　句末が「金曜日」と，体言(名詞)になっている。

重要　問三　直後の段落で筆者は，特殊な言葉」の例として「季語」を挙げている。そして「花石榴十三日の金曜日」の句を示したあと，俳句には「言葉以前の，見えない前提がいくつもある。とくに季語の場合，季語を言葉として知っているだけでは不十分で，その実体や実景をよく承知しておく必要がある。もし，そうでないと，……」と説明している。この内容にウが合致している。

問四　「能を観る人は，……自分の方から，その能の世界に入っていかねばならない」とあり，俳句では「読者の方から積極的に俳句のなかに入っていかなければならない」とある。

問五　筆者は，「街のネズミたち」という言葉において，「教養とか自然とかいったものに関わらないところでいきいきとものを作ったり考えたりしようとする人たち」「都会のまん中の超高層ビルの一室で芸術家の男と女が暮らしている」といった状況を想定している。

やや難　問六　筆者は，俳句において，「都市の根拠としての自然に想像力を働かせること」「自分の方から扉を開き，中に入ること――参加すること」が必要だと述べている。エの「俳句は……誰にでも理解することができる」「都会のまん中に住んでいても，……容易に共感することができる」は，こうした筆者の考えと合わない。

二　(古文―歴史的仮名遣い，口語訳，内容理解，文学史)

〈口語訳〉　その日から精進を始めて，三日たった日に，勝った侍が，負けた侍を，「それでは，さあ参ろう」と言ったので，負けた侍は，「ばかな愚か者に出会ったものだ」と思って，一緒に参詣した。勝った侍の言うのに従って，渡すという証文を書いて，観音様の前で僧を呼んで，鐘を打ってことの次第を申させて，「だれそれが二千度お参りしたこと，たしかにだれそれに賭け事の報酬として譲り渡した」と書いて受け取らせたので，勝った侍は受け取って伏し拝んで，その後，少しもたたないうちに，この譲り渡した(負けた)侍は，思いがけないことで捉えられて，牢獄にいることになった。打ち取った(勝った)侍は，すぐに裕福な妻をめとって，思いがけない人の徳を受けて，裕福になって，役人になって，豊かに暮らした。

三宝は目に見えないものだが，誠実な心を尽くして受け取ったので，観音様がすばらしいとお思いになったのだろう。

話を聞いた人は，この受け取った(勝った)侍をほめて，渡した(負けた)侍を憎み，悪口を言ったと語り伝えたことだ。

問一　1　語頭と助詞以外の「は・ひ・ふ・へ・ほ」は「わ・い・う・え・お」に直す。　3「まう」を「もう」に直す。

問二　2　それほどの時間を経ないで，という意味。　4「あはれ」はここでは，すばらしい，という意味。

重要　問三　「勝ち侍」は裕福になって豊かに暮らし，人々からほめられたが，「負け侍」は牢獄に入ってしまい，人々からも悪口を言われた。

やや難　問四　負け侍は，自分は二千度お参りしていないのに，勝ち侍がだまされているので，「をこのしれものにあひたり」とばかにしている。しかし勝ち侍は，二千度参りの経験を誠実な心を尽くして受け取った。このことを人々はほめているのである。

基本　問五　『源氏物語』は平安中期の長編物語。紫式部の作。

★ワンポイントアドバイス★

読解問題として現代文が一題と古文一題が出題され，読み取りのほかに漢字，歴史的仮名遣い，文学史の知識を問う問題などが出題されている。ふだんから，長文を読むことに慣れ，辞典などを活用しながら基礎力を保持しよう！

MEMO

大切なことはメモしておこうネ！

2021年度

★★★★★★★★★★★★★★★★★★★★★★★★

入　試　問　題

2021年度

北海高等学校入試問題

【数　学】（30分）〈満点：60点〉

【注意】1　分数はそれ以上約分できない形で答えなさい。

2　根号がつく場合，$\sqrt{20}=2\sqrt{5}$のように，根号の中を最も小さい正の整数にして答えなさい。

3　円周率はπとしなさい。

1　次の計算をしなさい。

(1)　$7-5\times(7-5)$

(2)　$\dfrac{3}{2}x^2\div\left(-\dfrac{3}{4}x\right)$

(3)　$\dfrac{\sqrt{15}-\sqrt{3}}{\sqrt{3}}-\dfrac{4\sqrt{2}+\sqrt{8}}{2}$

(4)　$(\sqrt{6}-\sqrt{2})^2$

2　次の問いに答えなさい。

(1)　2次方程式$x(x-1)=x$を解きなさい。

(2)　$7<\sqrt{n}<8$を満たす自然数nは何個あるか求めなさい。

(3)　歯数が36で毎秒10回転する歯車Aと，歯数がxで毎秒y回転する歯車Bがかみ合って回転するとき，yをxの式で表しなさい。

(4)　箱の中に1，2，3，4，5，6と書かれたカードが1枚ずつ入っており，この箱の中から順に1枚ずつ2枚のカードを取り出す。1回目に取り出したカードの数字をx座標，2回目に取り出したカードの数字をy座標とする点Pを座標平面上にとるとき，点Pのx座標，y座標がともに奇数となる確率を求めなさい。ただし，取り出したカードは箱の中に戻さないものとする。

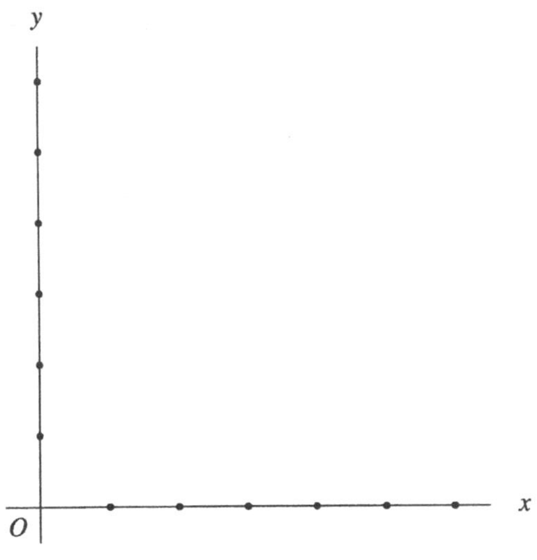

3 次の各問いに答えなさい。

問1

※設問に不備があったため，不掲載。

問2

下の度数分布表は，あるクラスの生徒40人が受けた小テストの得点をまとめたものである。次の(1)，(2)について答えなさい。

(1) 得点の平均が5.9点となるとき，x，yの値をそれぞれ求めなさい。

(2) 次の ア ， イ にあてはまる数をそれぞれ求めなさい。

得点の中央値が6点となるのは，得点が7点であった生徒の人数が ア 人以上 イ 人以下のときである。

得点（点）	人数（人）
1	1
2	1
3	4
4	3
5	x
6	9
7	y
8	2
9	2
10	3
合計	40

4 次のページの図のように，1辺の長さが$2\sqrt{3}$ cmの正方形$OABC$がある。線分OAが半径で，中心角が$90°$の扇形AOCをつくる。線分OCを延長した直線lを軸として，線分AB，線分BC，弧CAで囲まれた図形を1回転させてできる立体をXとする。このとき，次の問いに答えなさい。

(1) Xの体積Vを求めなさい。

(2) Xの表面積Sを求めなさい。

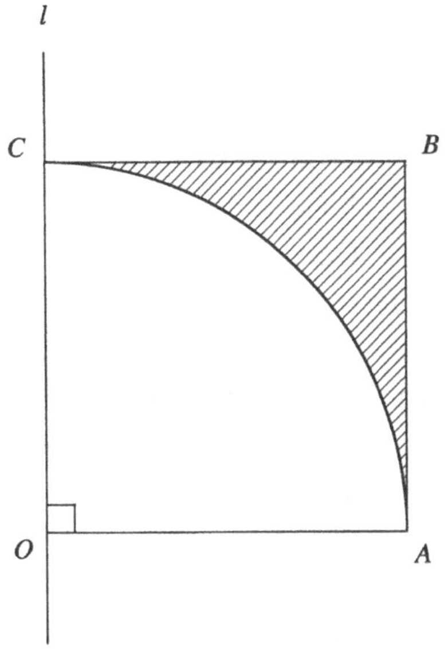

5　下の図のように，関数$y=x^2$…①のグラフと，x軸に平行な直線lが2点A，Bで交わっている。①のグラフ上に点C，y軸上に点Dをとり，平行四辺形$ABCD$をつくる。点Aのx座標が-1であるとき，次の問いに答えなさい。

(1)　点Cの座標を求めなさい。

(2)　原点Oを通る直線mが平行四辺形$ABCD$の面積を2等分するとき，直線mの方程式を求めなさい。

(3)　y軸上に点Pをとり，$\triangle PBC$をつくる。$\triangle PBC$の周の長さが最も短くなる点Pの座標を求めなさい。

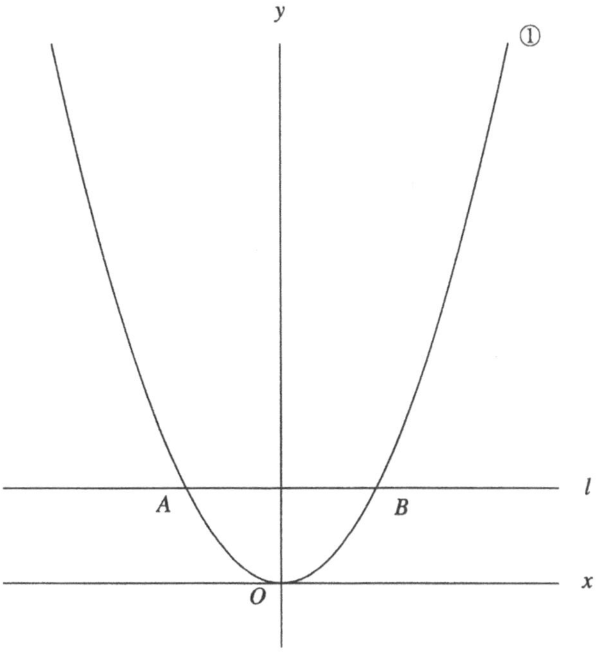

【英　語】（30分）〈満点：60点〉

【注意】 英文の単語（語句）に*印のあるものは，下に注）があります。

1　次の各文の（　　）に入れるのに，最も適当なものをA～Dから1つずつ選びなさい。

問1　My brother doesn't know that plastic bottles are made（　1　）oil.

A. by　　B. in　　C. from　　D. with

問2　We had（　2　）rain this summer.

A. many　　B. very　　C. large　　D. much

問3　Dolphins are（　3　）. They understand our words.

A. tired　　B. smart　　C. careful　　D. dangerous

問4　Ami hasn't finished（　4　）her homework yet.

A. do　　B. doing　　C. to do　　D. to doing

2　日本語の意味になるように，与えられた語や句を正しい語順に並べかえて，英文を完成させなさい。解答は（　1　）～（　8　）に入るものの記号のみを答えなさい。ただし，文頭に来る文字も小文字にしてあります。

問1　彼女はその車を買えるほど裕福だ。

She ______ （　1　） ______ （　2　） ______ ______ car.

A. the　　B. is　　C. buy　　D. enough　　E. rich　　F. to

問2　私はテッドが書いた本を買いました。

I （　3　） ______ ______ （　4　） ______ ______.

A. by　　B. Ted　　C. bought　　D. written　　E. book　　F. a

問3　あなたたちは10年前から友達なのですか。

______ （　5　） ______ ______ （　6　） ______?

A. for　　B. you　　C. ten years　　D. have　　E. friends　　F. been

問4　彼は私ほど一生懸命勉強しない。

He ______ （　7　） ______ ______ （　8　） ______.

A. as　　B. does　　C. hard　　D. not　　E. study　　F. as I

3 Read the website below and answer the questions.

HOKKAI RESTAURANT

Excellent Family Restaurant in Sapporo

We choose our foods with special care.

All our meat, fish, rice, and vegetables are from Hokkaido.

Lunch: 11:00 am － 2:00 pm (Monday － Friday)

Dinner: 5:30 pm － 10:00 pm (open 7 days)

Today's Special Lunch

We have three special dishes for you today.　You can choose from beef, fish, or a sandwich.

You will be happy with our special lunch!

Beef & Salad　　¥ 1,500

Beef steak with tomato sauce. It comes with a fresh vegetable salad. You can choose rice or bread.

Salmon Spaghetti　　¥ 1,300

Our salmon is the best! It is local and fresh. It comes with vegetable soup.

Chicken Sandwich　　¥ 1,000

Enjoy our famous sandwich with boiled chicken and tomato. It comes with French fries.

All dishes come with a drink.
You can choose the drink from our drink menu.

【Drink Menu】

tea / orange juice / apple juice / cola / coffee

Pay **¥100** more if you want to enjoy a **banana shake, hot chocolate, or hot milk.**

【Desserts】

Try some dessert after the meal: **chocolate cake (¥500) / cheesecake (¥400) / ice cream (¥300)**

* Dessert ¥100 off if you show us your student ID card.

Hokkai Restaurant
X-Y-Z Asahimachi Toyohira-ku Sapporo
at Hokkai Building
Tel: 011－148－××××

Q1 Read the next sentence, and choose the best words to put into [ ].

You can eat Salmon Spaghetti with [ ].

A. a salad B. soup C. French fries D. tomato sauce

Q2 Choose the best answer for the question below.

Question：When one high school girl with her student ID card chooses beef steak, hot milk, and chocolate cake, how much will she pay?

A. ¥1,700 B. ¥1,900 C. ¥2,000 D. ¥2,100

Q3 Which one is true?

A. In this restaurant, you can eat lunch every day.

B. This restaurant uses beef from Australia.

C. Chocolate cakes are more expensive than cheesecakes.

D. This restaurant is in a hotel.

4 Two high school students, Naoki and Kaede, and a teacher, Mr. Goosselink (Mr. G), are talking in the classroom. Read and answer the questions below.

Mr. G： Hello, Naoki. [①]

Naoki： Hi! Well, *as you know, Grace, a student from New Zealand is going to visit our school next April and stay in our class for two months. Now, we are talking about what we can do for her. Can you give us any advice, Mr. Goosselink?

Mr. G： Sure! [②]

Kaede： She has sent me several emails already. She is really looking forward to spending two months at our school. How can we welcome her, Mr. Goosselink?

Mr. G： Hmm, she probably needs help with her Japanese. I think the best way to learn is to practice with friends. [③] Then she can meet everyone in your class. What do you think, Naoki?

Naoki： Sounds good. When I visited our sister school in New Zealand last year, at first I had (a) with English. My classmates helped me, so I could improve my English and enjoy my stay in New Zealand more.

Kaede： I'm sure Grace will enjoy a lot of activities here. But I also think she should learn about life in our country. How about planning a (b)?

Naoki： Good idea, Kaede! Why don't we take her to *the Upopoy, National Ainu Museum and Park, first? We can learn about the history and culture of Hokkaido there together.

Mr. G： [④] I know you have exchanged several emails, but we don't know all of her *interests yet. However, she will probably need help with her classes. She will learn about new subjects such as Japanese history. I think it would be good if some students from her classes meet her every week to help her study.

Kaede： Actually, I think she knows a lot about Japanese history already. She often talks about it in her emails. But she may want help with her other classes. Let's ask her what she wants us to do.

Naoki : I think that's the best thing to do, Kaede. I'll send her an email and ask her to do a video chat. [⑤]

Mr. G : Oh! It's time for the *staff meeting. Sorry, I have to go. See you later!

注) as you know：ご存じのとおり　the Upopoy, National Ainu Museum and Park：ウポポイ国立アイヌ民族博物館
interest：興味，関心　staff：職員

Q1 Choose the best sentence to put into [①] to [⑤].

A. I think we should ask Grace.

B. What would you like to know?

C. We can talk to her face to face then.

D. What are you talking about?

E. You should eat lunch with Grace in your classroom every day.

Q2 Choose the best word to put into (a).

A. pleasure　B. trouble　C. fun　D. sadness

Q3 Choose the best word to put into (b).

A. concert　B. party　C. trip　D. game

Q4 Which one is true?

A. They already have a good understanding about Grace's interests.

B. Mr. Goosselink and Kaede don't think that Grace knows Japanese history very well.

C. Naoki thinks that the best way to help Grace is to ask Kaede what Grace wants.

D. They agree to help Grace during her stay in Japan.

5 次の英文を読み，以下の問いに答えなさい。

In 2020, the *coronavirus *pandemic changed the world. Schools, companies, restaurants, and shops closed. Many people around the world *had to stay at home for one month or more. Suddenly, people needed to find new ways to study and work. Two popular choices were 'homeschooling', and 'teleworking'.

For most children, 'school' means wearing a uniform and studying together in a classroom. One problem with 'school' is that some children have difficulty in studying and doing lessons as quickly as their classmates.

By learning at home, (homeschooling), school work can be changed so children can study at their own *pace. If their lesson is difficult, they can spend more time learning that subject. If it is easy, they can quickly move to the next task. Children with *social anxiety also learn better because they do not have to *communicate or be near other children.

Another good point of homeschooling is that children and parents can choose when to study and when to do other *activities. This can make a happier and stronger family *relationship because children and their parents can enjoy studying and playing together more often than usual.

New *technology, such as computers, tablets, and smartphones, has made homeschooling easier and more *effective than before. By using *applications such as Zoom, children can join *online virtual classrooms. Talking with teachers and talking about things with other students online can help children enjoy a ‘(①) school experience’.

For many adults, ‘work’ means wearing a *suit and sitting in an office with other people for many hours.

However, by using a computer and the Internet, many people can now do their work from home, (teleworking). Teleworking has become a very powerful and *profitable way to work. In 2007, 82,500,000 people around the world did telework sometimes. From 2005 to 2017, teleworking increased by 159% in America. Because of the coronavirus pandemic, teleworking has now become even more (②).

Teleworking has good points for workers and companies. If more people work from home, their company can use a smaller and cheaper office. Also, workers can *save time and have *less stress because they don't need to go anywhere. (③), people with young children can save money on expensive care for their children. They can do their job at home and also take care of their children.

The future of homeschooling and teleworking is not known. Studying and working at home is not easy, but can have a very good influence on our way of life.

注) coronavirus：コロナウィルス　pandemic：大流行　had to：have to の過去形　pace：ペース
social anxiety：社交上の不安　communicate：意思疎通をする　activity：活動　relationship：関係
technology：技術　effective：効果的な　application：アプリケーションソフト(アプリ)
online：インターネットを使用した(使用して)　suit：スーツ　profitable：役立つ　save：～を節約する
less：より少ない

問1 (①)に入れるのに，最も適当なものをＡ～Ｄから１つ選びなさい。

Ａ. traditional　　Ｂ. real　　Ｃ. terrible　　Ｄ. international

問2 (②)に入れるのに，最も適当なものをＡ～Ｄから１つ選びなさい。

Ａ. brave　　Ｂ. popular　　Ｃ. famous　　Ｄ. special

問3 (③)に入れるのに，最も適当なものをＡ～Ｄから１つ選びなさい。

Ａ. In addition　　Ｂ. Most of all　　Ｃ. In the end　　Ｄ. For example

問4 次の質問に対する答えとして，最も適当なものをＡ～Ｄから１つ選びなさい。

Question：What is one good point of both homeschooling and teleworking?

Ａ. Parents can go to work with their kids.

Ｂ. People can decide how much time they spend working on their lessons.

Ｃ. Parents and their kids can spend time together at home.

Ｄ. People don't pay much money to use the Internet.

問5 本文の内容に合わないものをＡ～Ｄから１つ選びなさい。

Ａ. The coronavirus spread all over the world in 2020.

Ｂ. It is difficult for some children to learn as quickly as their classmates.

Ｃ. Students can talk with teachers and other students through the Internet when they are homeschooling.

Ｄ. Many people can use more money for their children because of teleworking.

問6　以下の英文は本文を要約したものです。（　Ⅰ　）～（　Ⅲ　）に入れるのに最も適当なものをA～Jから1つずつ選びなさい。

> A lot of people all over the world had to stay at home because of the coronavirus pandemic. *Thanks to new technology such as computers, tablets and smartphones, it is (　Ⅰ　) for us to study and work from home. We are not (　Ⅱ　) that homeschooling and teleworking will develop in the future, but they can have a good (　Ⅲ　) on our way of life.
>
> 注）　thanks to ～：～のおかげで

A. known　B. sure　C. difficult　D. able　E. easy
F. similar　G. strange　H. companies　I. screens　J. influence

【理　科】（30 分）〈満点：60 点〉

1 動物の体のつくりに関する文書を読み，問いに答えなさい。

> 動物には，骨格を持つものと持たないものがあります。魚類やハ虫類，ヒトのように背骨をもつ動物を脊椎動物，①昆虫類や②甲殻類のように背骨をもたない動物を無脊椎動物といいます。これらの動物の体のつくりやはたらきなどには様々な特徴がみられます。
>
> 子のふやし方については，子を③母親の子宮内である程度まで成長させてから産む方法や卵を産んで卵から子をふやす方法などがあります。また，④1回の産卵（子）数も動物によってそれぞれ異なります。
>
> 動物の体温の調節については，⑤周りの環境の変化にともなって変化するものや環境が変化してもほぼ一定の体温に保つことができるものがあります。
>
> また，⑥呼吸のしかたについても動物によってさまざまです。

問1　下線部①の成虫のあしのつき方について，腹側からみたようすを簡単に図で示しなさい。ただし，あしは実線で示し，本数もわかるように書きなさい。

問2　下線部②のなかまはどれですか。3つ選びなさい。

ア　ミジンコ　　**イ**　ヒトデ　　**ウ**　ヤスデ

エ　フジツボ　　**オ**　ダンゴムシ　　**カ**　タツノオトシゴ

問3　下線部③のような子のふやし方を何といいますか。漢字で答えなさい。

問4　下線部④について，1回の産卵（子）数の少ない順に並べなさい。

ア　スズメ　　**イ**　アオウミガメ　　**ウ**　トノサマガエル　　**エ**　マンボウ

問5　下線部⑤の動物にあてはまるものはどれですか。3つ選びなさい。

ア　スナメリ　　**イ**　ヤモリ　　**ウ**　トラザメ

エ　イシガメ　　**オ**　ハクチョウ　　**カ**　イルカ

問6　下線部⑥において，陸上にすむ昆虫類は何という器官で呼吸をしますか。漢字で答えなさい。

2 次の会話文を読み，問いに答えなさい。

> **トオル君**「先生，授業で岩石について勉強したところで興味がわいてきました。石碑《せきひ》があると近づいて見てしまいます。」
>
> **先　　生**「北海高校の正門近くに，明治 44 年の皇太子殿下の北海道行啓《ぎょうけい》を記念して建てられた大きな石碑があるが，あの石碑が何という岩石かわかるかい。」
>
> **トオル君**「たぶん［ 1 ］だと思います。全体的に白っぽく，近くで見るとゴマ塩のかたまりのようです。この特徴から判断しました。」
>
> **先　　生**「正しいかどうか，石碑をルーペで観察してみよう。」
>
> **トオル君**「①同じぐらいの大きさの鉱物が集まっている組織をしています。白く見えていたところには白く不透明な鉱物と，②透明感のある鉱物が含まれていました。また，③黒い鉱物は板状で，光を反射しているものも観察できました。」
>
> **先　　生**「火成岩は石材に使われることも多い。確かにこの石碑は［ 1 ］で間違いなさそうだ。では，向こうに見える胸像の台座の岩石は何かな。」

トオル君「全体的にうすい赤茶色に見えるので［ 1 ］ではなさそうです。」

先　　生「ルーペで観察するとどうだろう。石碑で観察された白く不透明な鉱物が，この台座の岩石ではカリウムを多く含むのでややピンクがかっている。透明感のある鉱物や黒い鉱物を含み，組織も石碑と同じだね。火成岩は［ 2 ］をもとに分類されているので，この岩石は石碑の岩石と分類上は同じ岩石なのだ。」

トオル君「よくわかりました。」

先　　生「ところで，石碑の隣の石造りの倉庫は，石碑と同じく明治44年に建てられたのだが，札幌軟石でできている。4万年前の支笏火山の大噴火によって④大量の火山灰が高温の火山ガスとともに火山の斜面を高速で流れ下り，そのときの⑤火山灰が堆積してできた岩石だ。かつては，札幌の南部でその岩石を切り出し，小樽や札幌の中心部へ運び，石倉を建てたのだ。札幌軟石は北海道の開拓と発展を支えた岩石と言えるね。」

問1　空欄1にあてはまる岩石名は何ですか。選びなさい。

ア　玄武岩　イ　閃緑岩　ウ　はんれい岩　エ　流紋岩　オ　安山岩
カ　花こう岩　キ　凝灰岩　ク　石灰岩　ケ　チャート

問2　火成岩が下線部①の組織を持つ場合，どのようにしてその岩石ができたと考えられますか。選びなさい。

ア　マグマが地表付近まで運ばれ，地表や地表付近で短い時間で冷えて固まった。
イ　マグマが地上にふき出ることなく，長い時間をかけて地下の深いところで冷えて固まった。
ウ　火山灰などの火山噴出物が降下して堆積してできた。
エ　火山灰などの火山噴出物が高温の火山ガスとともにふき出し，高温のまま堆積してゆっくり冷えて固まった。
オ　川のはたらきによって粒子の大きさのそろった堆積物が海で堆積してできる。
カ　同じ大きさのプランクトンの殻が堆積してできた。

問3　下線部②と③の鉱物は何ですか。それぞれ選びなさい。

ア　長石　イ　角閃石　ウ　石英
エ　かんらん石　オ　黒雲母　カ　輝石

問4　空欄2にあてはまる文章として最も適当なものはどれですか。選びなさい。

ア　マグマの冷え方の違いや含まれる鉱物の種類と割合
イ　マグマのねばりけの違いや含まれる無色鉱物と有色鉱物の割合
ウ　含まれる化学成分の違いや火山の形
エ　含まれる化学成分の違いや鉱物の種類と割合

問5　下線部④を何といいますか。選びなさい。

ア　津波　イ　液状化　ウ　溶岩流　エ　火砕流　オ　発泡

問6　下線部⑤の岩石を何といいますか。選びなさい。

ア　玄武岩　イ　閃緑岩　ウ　はんれい岩　エ　流紋岩　オ　安山岩
カ　花こう岩　キ　凝灰岩　ク　石灰岩　ケ　チャート

3 次の実験について問いに答えなさい。

ある電熱器にかける電圧V〔V〕とそのときに流れる電流I〔A〕を測定したところ，図1のようになりました。

この電熱器を使用して次の実験1～3について以下の問いに答えなさい。ただし，実験に使用した電源の電力料金は1 kWh（キロワット時）あたり25円であるとします。また，電力が水の加熱に利用できる割合はいずれも同じであり，水に加えられた熱はすべて水の温度上昇に使われるとし，いずれの実験においても室温は同じであるとします。

実験1：電熱器を100 Vの電源に図2のようにつなぎ，1.0 kgの水を室温から沸騰させる。水が室温から沸騰し始めるまでに10分かかった。

実験2：電熱器を2つ用意し，図3のように100 Vの電源につなぎ，2.0 kgの水を室温から沸騰させた。

実験3：電熱器を2つ用意し，図4のように100 Vの電源につなぎ，2.0 kgの水を室温から沸騰させた。

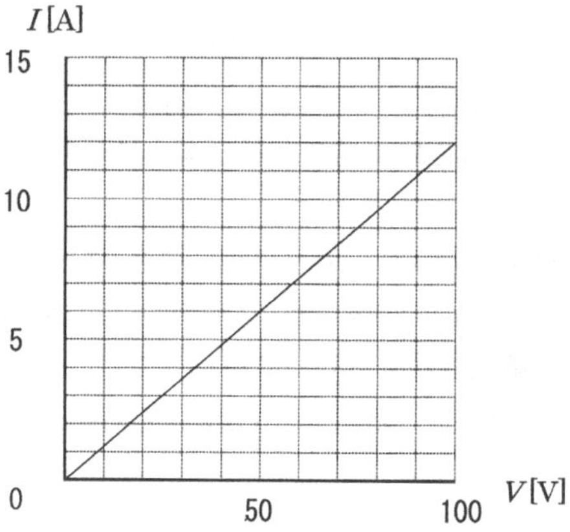

図1

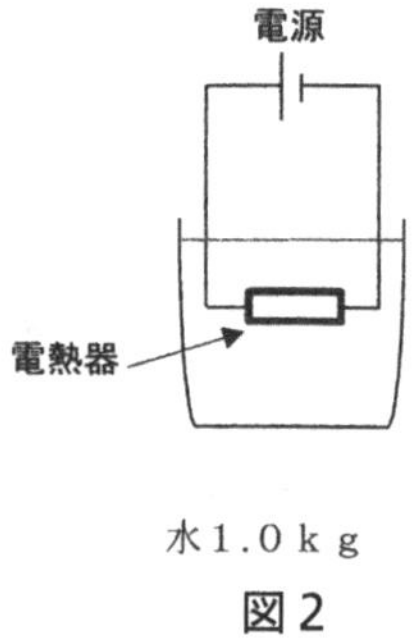

図2

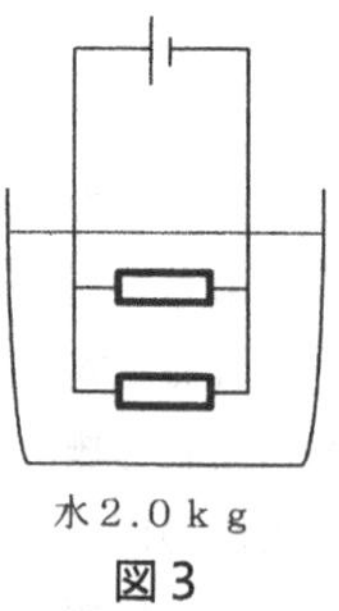

図3

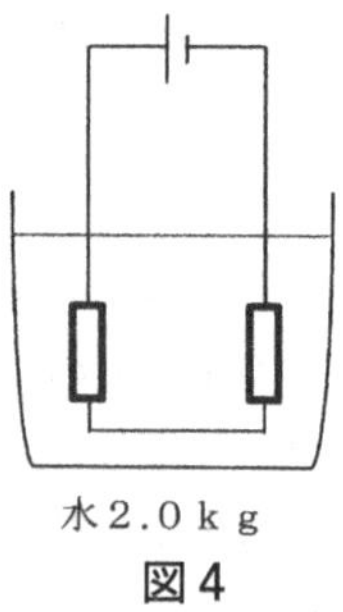

図4

問1 実験1において，電熱器で消費される電力は何kWですか。小数第一位まで求めなさい。

問2 実験1において，水が沸騰し始めるまでに必要な電力料金はいくらですか。書きなさい。

問3 実験2，実験3で室温の水2.0 kgが沸騰し始めるまでに，それぞれ何分かかりますか。書きなさい。

問4 実験2，実験3で室温の水2.0 kgを沸騰させるための電力料金はそれぞれ何円ですか。書きなさい。

4 次の実験について問いに答えなさい。

図1は，100 gの水に溶ける物質の質量と温度の関係を示したグラフです。また，表1は100 gの水に溶ける硝酸カリウムの質量と温度の関係を示した表です。

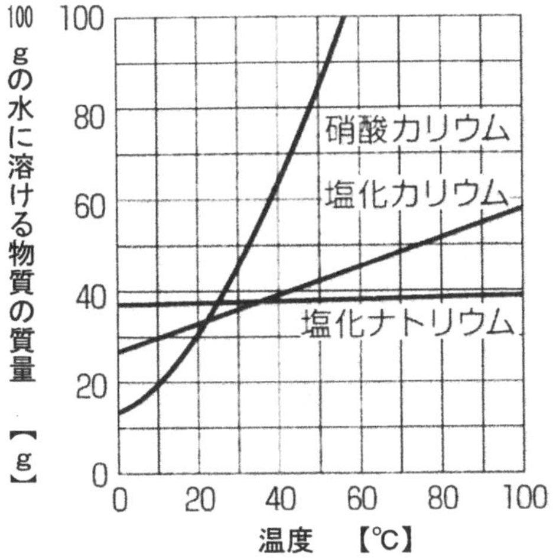

図1

温度【℃】	100 gの水に溶ける硝酸カリウムの質量【g】
10	20
20	30
30	45
40	64
50	85
60	110
70	136

表1

問1　次の文の[　]に適当な語句を書きなさい。

一定量の水に物質を溶かし，物質がそれ以上溶けることのできなくなった水溶液を[1]という。ある物質を100 gの水に溶かして[1]にしたときの，溶けた物質の質量を[2]という。また，固体の物質をいったん水に溶かし，[2]の差を利用して再び結晶として取り出すことを[3]という。

図中の3つの化合物のうち，高温から低温に温度を変化させて行う[3]が適さないと考えられるものは[4]である。

問2　20 gの硝酸カリウムが完全に溶解している水溶液が70 gあります。この水溶液を冷却したとき，何℃で結晶が析出しますか。グラフを用いて計算し，整数で書きなさい。

問3　50℃の硝酸カリウムの飽和水溶液が200 gあります。この水溶液を10℃に冷却したとき，析出する硝酸カリウムは何gですか。ただし，表の値を用いて計算し，小数第一位を四捨五入して整数で書きなさい。

【社　会】（30分）〈満点：60点〉

1　次の文章は，北海道新聞の記事です。この記事を読んで，以下の問いに答えなさい。

地域から～①１７９の窓

≪帯広・十勝方面（10月9日朝刊の記事）≫

本別発『6次化』手応え

【本別】町内の畑作農家前田茂雄さん（45）が商品化した「十勝ポップコーン～黄金のとうもろこし畑から～」の累計販売数が年内にも150万個を突破する見通しだ。農産物の生産・加工・販売を一貫して行う6次産業化の取り組みで，②道内外に販路を拡大。新型コロナウィルスの感染拡大に伴う巣ごもり需要もあり，売れ行きを伸ばしている。

前田さんは120㌶の畑で小麦やビートなどを生産。顔の見える③農業を消費者に見せようと，海外産トウモロコシが原料の大半を占める国内ポップコーン市場に着目。2013年からポップコーンに最適な爆裂種の生産に着手し，商品の袋詰めなど設備投資に約8千万円を投じた。

だが，当初は失敗続きだった。④冷害で全量を廃棄したり，急激な乾燥で表皮がひび割れたりするなど課題に直面し，損失は1千万円以上に膨らんだ。

前田さんは14年から毎年米国を訪れ，先進農家に栽培技術を学んだ。冷害や乾燥対策でも試行錯誤して改善を図り，16年に商品化。粒が大きめでサクサクとした軽い歯応えで，電子レンジで数分温めるだけで食べられる。同年度の北海道加工食品コンクールでは最高賞の道知事賞に選ばれた。

・・・(中略)・・・

今年の販路数はコロナによる巣ごもり消費もあり，前年比15%増と好調に推移。累計販売数は8月末時点で134万個で，年内に150万個に達するのは確実な見通しだ。

今後は塩味以外の種類の拡充を図るほか，22年以降には台湾やシンガポールなど海外への本格輸出に乗り出す考え。前田さんは「本別産ポップコーンのおいしさを国内外で発信したい」と意気込む。

北海道新聞朝刊〔改〕

問1　下線部①の数字は北海道の市町村数を表しています。図1は北海道唯一の政令指定都市「札幌」の地形図の一部です。この地形図について述べた文として**誤っているもの**を次から1つ選びなさい。

国土地理院地図／GIS Mapsより拡大引用

図1

ア．等高線の50という数字から，この地形図は2万5千分の1の縮尺であり，地図上の2 cmの長さは実際の距離1 kmとなる。

イ．高さを示す地図記号は「三角点」であり，円山は225 mの高さがある。

ウ．円山の斜面には，原始林や多くは広葉樹林であることが地図記号から理解できる。

エ．円山山頂から，おおよそ東南東の方向に急崖があり，そのふもとに「老人ホーム」の施設がある。

問2　下線部②について，近年の輸送における特徴に関する文章中の空欄に当てはまる適語の組み合わせとして最も適当なものを次から1つ選びなさい。

> 貿易や商品輸送には，主に船舶と航空機が利用されています。[A]は海上輸送，[B]などは航空輸送されています。
> 日本では国内の交通網の発達によって人やモノの移動，産業が活発になってきました。特に1960年代以降，[C]に鉄道や高速道路などが，東京を中心として整備されてきました。ある距離を人々が移動するのにかかった時間で表す[D]は縮まりました。

a：生鮮食品や軽量で価格の高い電子部品　　b：鉱産資源や自動車などの重いもの
c：高度経済成長期　　d：バブル経済期
e：時間距離　　f：実質距離

	A	B	C	D
ア	a	b	d	f
イ	b	a	c	e
ウ	a	b	c	e
エ	b	a	c	f
オ	a	b	d	e
カ	b	a	d	e

問３　下線部③について，下の文章を読み，以下の問いに答えなさい。

　日本人の主食として欠かせないものが「米」である。しかし，食生活の洋風化により日本人の米の消費量が減り，1965年頃から生産された米が余るようになった。そのため，政府は1970年頃から農家に対して米を作る面積を減らしたり，他の作物をつくったりするように求めた。これを（　X　）政策という。この政策を進めるために，協力した農家には奨励金を出していた。
　北海道の米作りは，石狩平野・上川盆地が中心で，道東地域では畑作や酪農が盛んである。北海道で生産された米の多くは道外に出荷されており国内の「食糧基地」としての役割を果たしている。

（１）文中の空欄（　X　）に入る適語を答えなさい。
（２）文中の二重下線部についての説明として**誤っているもの**を次から１つ選びなさい。
ア．火山灰地の広がる十勝平野では，気候が寒冷で稲が育たず畑作が中心の農業地域となっている。泥炭地を排水したり，他の地域から土を持ち込み，土地改良した結果，農家一戸あたりの耕作面積は40㌶にもなり，機械化が進んでいる。
イ．北海道東部の根釧台地は火山灰台地であり，流氷や夏の海霧《かいむ》の影響で，夏でも気温があまり上がらず，耕作に適さないため酪農がおこなわれている。1950年代から，国営事業により機械化や大規模化が実現したが，乳製品の価格下落などもあり，農家経営は非常に厳しい。
ウ．てんさい（さとう大根），あずき，じゃがいもが主に栽培され，いずれも生産量全国一となっている。近年は，海外へ輸出されている農産物も多数ある。
エ．コメの輸入自由化による安価な外国産米の流通が広がりを見せ，高齢化に伴う後継者不足が深刻な問題となっていることから，近年，離農する稲作農家が増え，稲作から人件費のかからない酪農にシフトする農家が多数増えている。

問４　下線部④について，右図を参考にして，以下の文章の空欄に当てはまる適語・数字を答えなさい。

> 東北地方に冷害をもたらす風に「やませ（右図⇦）」がある。また，東北地方太平洋沿岸には，「（　１　）（右図⬭）」と呼ばれる谷が海に沈み込み，入り組んだ海岸線となっている。東日本大震災では大きな被害をもたらした。北緯「（　２　）（右図――）」度が秋田県と岩手県をまたいで通過している。

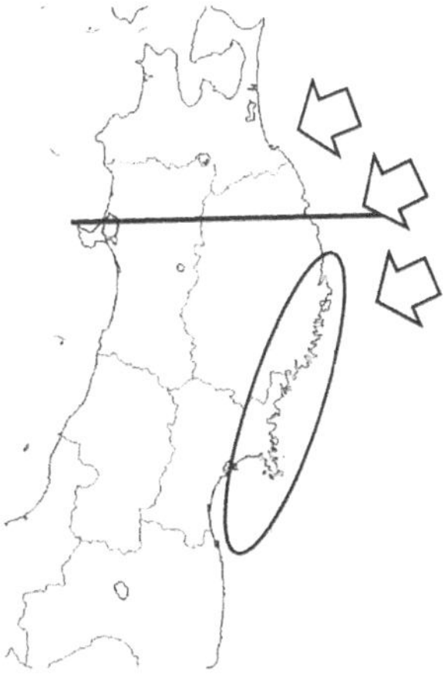

２　世界の大陸・気候・生活文化に関する以下の問いに答えなさい。

問１　次の写真１中のＡ～Ｄは，世界各地の住居を撮影したものです。Ａ～Ｄについて述べた文として下線部が**誤っているもの**を１つ選びなさい。

Ａ

Ｂ

Ｃ

Ｄ

写真１

ア．Ａはマレーシアにみられる住居である。年中高温多雨のため雨季の侵水を避け，床を高くして通気性を良くしている。

イ．Ｂはイランにみられる住居である。乾燥した気候のため，材木を入手することが困難であり，干したレンガや土壁で家を建てている。

ウ．Ｃはモンゴルの移動式住居「ゲル」の様子である。「ゲル」とは「家」というモンゴル語で，たたんで持ち運ぶことができる。

エ．Ｄはギリシャのティーラ島の住居である。夏の高温多雨に対応して，壁に石灰を塗った白い建物が多くみられる。

問２　次の図１を見て，以下の問いに答えなさい。

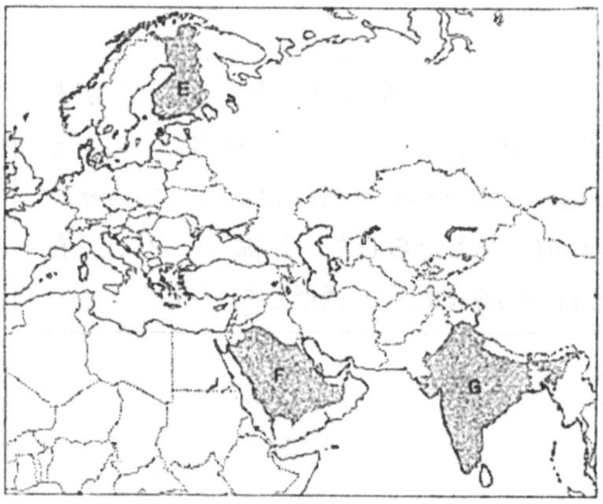

図１

（１）図１中のＧの国で信仰されている主な宗教を答えなさい。

（２）下のａ～ｃ文は，図１中のＥ～Ｇのいずれかの国のハンバーガーショップの販売・購入について述べたものです。ａ～ｃとＥ～Ｇとの正しい組合せを次から１つ選びなさい。

ａ：男性用と女性用に分けられたカウンターで商品を注文し，加工・調理方法も宗教上の教義に適した商品がつくられ，販売されている。

ｂ：食材には，野菜・豆・鶏肉などが中心となっており，牛肉を使用せず菜食主義の人に配慮した商品も販売されている。

ｃ：パンをライ麦でつくった商品も販売されており，肉類を用いていない健康に配慮しているメニューもみられる。

	ア	イ	ウ	エ	オ	カ
a	E	E	F	F	G	G
b	F	G	E	G	E	F
c	G	F	G	E	F	E

問３　次の表１は，各大陸における気候帯とその割合を示したものであり，Ｈ～Ｊは，ユーラシア大陸・アフリカ大陸・南アメリカ大陸のいずれかを表したものです。大陸名とＨ～Ｊの正しい組み合わせを次から１つ選びなさい。

表１

大陸／気候帯	H	I	J	北アメリカ大陸	オーストラリア大陸
熱帯	38.6%	7.4%	63.4%	5.2%	16.9%
乾燥帯	46.7%	26.1%	14.0%	14.4%	57.2%
温帯	14.7%	17.5%	21.0%	13.5%	25.9%
冷帯	－	39.2%	－	43.4%	－
寒帯	－	9.8%	1.6%	23.5%	－

「データブック・オブ・ザワールド」より作成

	ア	イ	ウ	エ	オ	カ
ユーラシア大陸	H	H	I	I	J	J
アフリカ大陸	I	J	H	J	H	I
南アメリカ大陸	J	I	J	H	I	H

3 次の論説は，2020年6月19日の毎日新聞朝刊「金言」に掲載されたものです。この文章を読み，以下の問いに答えなさい。

「逃げなかった奴隷」 小倉孝保

米国警官による黒人男性暴行死をきっかけに，欧米では①奴隷制度に対する評価の見直しが盛んだ。実は日本にも，②アフリカから奴隷とみられる人々がやって来たことがある。③織田信長に仕えた黒人侍，弥助はその一人だ。

信長が黒い肌をした外国侍を家臣としていたことは，宣教師ルイス・フロイスが16世紀末，書簡で記している。後に弥助と呼ばれる男性は1579（天正７）年，④イエズス会の船で九州に入った。アフリカの東沿岸で売買された奴隷と考えられている。

20代前半で整った顔立ち。明るく聡明，礼儀正しく壮健だった。武器の扱いに慣れ，イエズス会では宣教師の護衛をしていた。黒い肌が珍しかったのだろう。⑤堺では彼を一目見ようと大勢が集まり，死者まで出ている。

信長は宣教師から彼を紹介され，一目で気に入り，従者付きの私邸を与える。日本語に堪能となった弥助は，⑥本能寺の変（1582年）でも信長のそばに仕え，焼け落ちる寺を抜け出すと逃げとおすこともできたであろうに主君の嫡男《ちゃくなん》，信忠の下にはせ参じている。

歴史探偵さながら弥助を調査しているのは，⑦英国出身のロックリー・トーマス日本大学准教授である。「信長と弥助」という著書もある。弥助の出身地について，モザンビーク説が有力だが，先生は現在の南スーダン周辺ではないかと推測している。「当時，モザンビークでは奴隷貿易が減っていました。弥助は背が188 cmと高く，肌は墨のような黒。南スーダン地域の民族だと思います。」

先生の祖母は⑧第二次世界大戦前の1938年，ドイツ各地で起きた⑨反ユダヤ主義暴動（水晶の夜）で英国に逃れた難民である。「そうした個人的体験から，私は弥助のように，意に反し移住されられた人々に興味があります。一人一人にストーリーがあるのです。」

私たちは歴史を考えるとき，偉人たちに注目しがちだ。歴史舞台の片隅に生きた弥助のような人物に光を当てることで，歴史は重層的な像を結ぶ。⑩ポルトガル人によるアフリカ奴隷貿易が始まったのは1441年。以来，欧州の奴隷商人に買われ大西洋を渡った黒人は約1000万人。その一人一人に家族との別れや恋愛，友情や悩みといった物語がある。

きょう（19日）は米国の奴隷解放記念日。来日奴隷に思いをはせてみてはどうだろう。「弥助はその後，加藤清正を主君としたのではないか」とは，「歴史探訪」の推理である。清正にも黒人の家臣がいた。妻子を持ち，貿易を担当していたという。

問１　下線部①に関わって，奴隷制度は古代から存在していたといわれています。下の地図と写真を参考にして，その古代文明の名称と使用されていた文字を答えなさい。

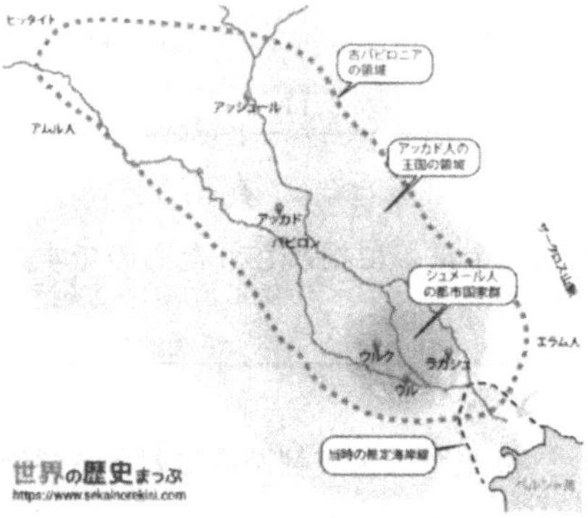

問２　下線部②に関わって，15世紀後半に始まった大航海時代では，アフリカ大陸の南端を抜けて，アジアを目指す動きがありました。その動きの中で1498年にインドのカリカットに到達したポルトガル人の名を答えなさい。

問３　下線部③の人物の行ったことの説明として**誤っているもの**を次から一つ選びなさい。

ア．甲斐・信濃を支配する武田勝頼を桶狭間で破った。

イ．仏教勢力には厳しい態度をとり，比叡山延暦寺を焼き討ちした。

ウ．楽市令を出して座をなくし，市場での税を免除して商工業を活発化させた。

エ．近江に壮大な安土城を築いて全国統一の拠点とした。

問４　下線部④の組織の宗派に関する建築物として，最も適切なものを次の写真ア～エから選び記号で答えなさい。また，その建築物が建てられている場所を次のページの地図中Ａ～Ｄから選び記号で答えなさい。(完全解答)

ア

イ

ウ

エ

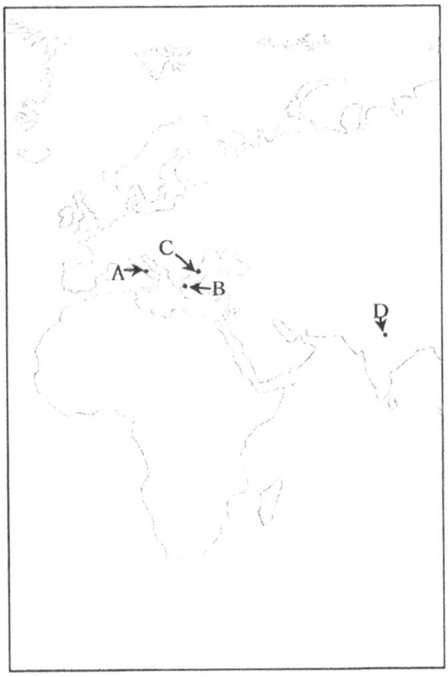

問５　下の写真は，歴史的に価値あるものを撮影した写真です。この中で，下線部⑤の堺にゆかりのないものを１つ選び記号で答えなさい。

ア．仁徳天皇陵

イ．鉄砲鍛冶屋敷

ウ．日本最古の木造洋式灯台

エ．富岡製糸場

問６　下線部⑥の後，天下統一を実現したのが豊臣秀吉です。豊臣秀吉にゆかりのある写真・資料として**誤っているもの**を１つ選び記号で答えなさい。

ア．松江城

イ．亀甲船

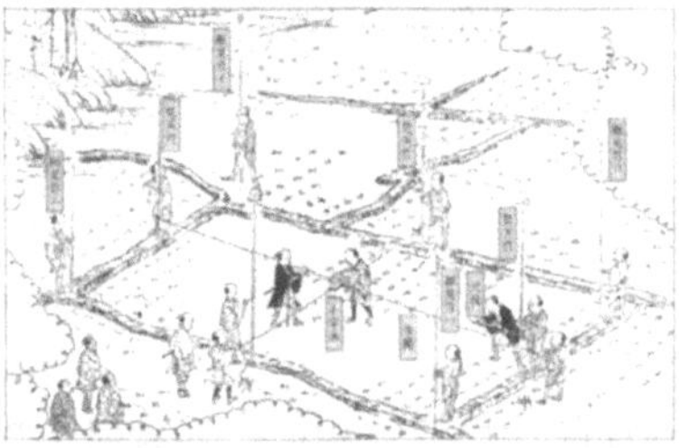

ウ．太閤検地

エ．刀狩

問７　下線部⑦の英国では，1688 年から 89 年の名誉革命によって，立憲君主制と議会政治が始まることになりました。その際に発表された以下の史料を一般的に何というか答えなさい。

第１条　議会の同意なしに，国王の権限によって法律その効力を停止することは違法である。 第４条　国王大権と称して，議会の承認なく，国王の利用のために税金を課すことは，違法である。

問８　下線部⑧の時期として**誤っているもの**を次から１つ選びなさい。

ア．日本の関東軍は，奉天郊外の柳条湖で南満州鉄道の線路を爆破し，これを機に軍事行動を始めた。

イ．中国では，毛沢東を主席とする中華人民共和国が成立し，アメリカが支援する国民党は，台湾に逃れた。

ウ．栃木県の足尾銅山から高濃度の硫酸銅が流れ出し，近くを流れる渡良瀬川の水を汚染し，農業や漁業に大きな被害を出した。

エ．ロシア革命により，ソビエト社会主義共和国連邦が成立した。

問９　下線部⑨の反ユダヤ主義運動に関わって，第二次世界大戦のさなかの 1940 年７月，ポーランドのユダヤ人がナチス・ドイツの迫害からのがれるため，ソ連と日本を通過してアメリカにわたろうと，リトアニアの日本領事館に押し寄せました。この時，ドイツと同盟関係であった日本政府の意向を無視して，１カ月余りにわたりビザを発行し続け，約 6000 人もの命を救った人物がいました。このときの領事代理の人名を答えなさい。

問10　下線部⑩のポルトガルは，歴史的に日本と深いかかわりのある国です。特に戦国時代から安土桃山時代にかけて，南蛮貿易が盛んに行われ，様々な物が日本にもたらされました。その影響が分かる資料として**誤っているもの**を次から１つ選びなさい。

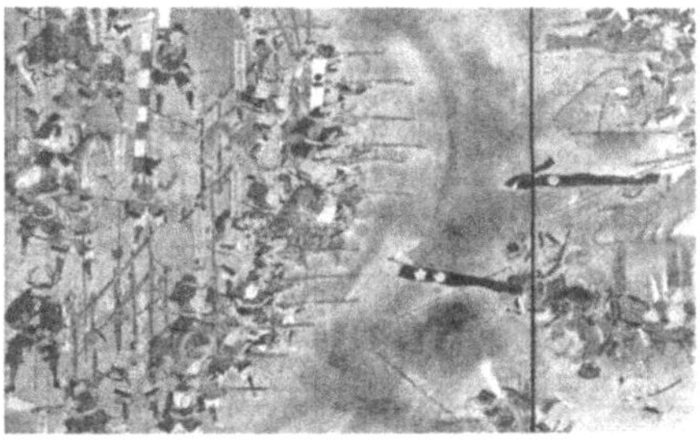

ア

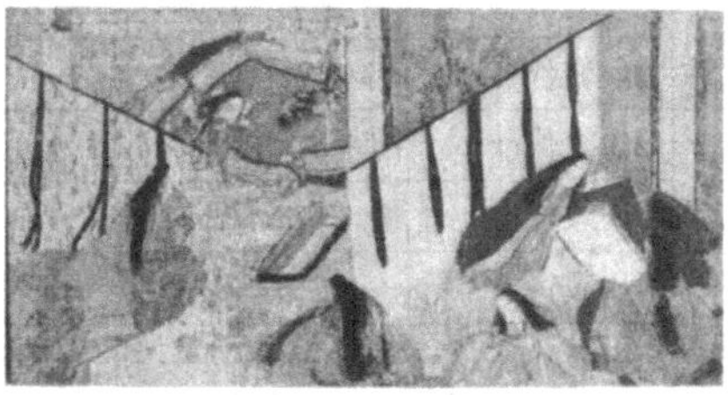

イ

ウ

エ

4　次の文章を参考にして，以下の問いに答えなさい。

2020年4月，①女子高校生が，新型コロナウイルスによる休校期間の中で「いまできること」を考えました。たくさんのマスクを自宅で手作りして②保育園に寄付をしました。彼女は，中学校時代から裁縫が得意で，自分の得意なことをいかして，マスクが無くて困っている人の役に立ちたいと思い，このような寄付活動をおこなったそうです。近年，③彼女のように10代という若い世代が社会で活躍しています。社会に貢献しようと活動しているのは大人だけではなく，若者でもできることがたくさんあるということを彼女らは教えてくれています。

問１　下線部①に関連して，若者の政治参加に関する以下の問いに答えなさい。

（１）2014年国民投票法の改正によって，投票年齢が満18歳以上の日本国民に引き下げられました。憲法改正の流れに関する次の文中（　a　）～（　c　）に当てはまる語句を答えなさい。

憲法改正の発議は，各議院の総議員の（　a　）以上の賛成をもって国会が発議する。その後，国民投票をおこない，（　b　）の賛成があれば承認される。その承認をうけて，天皇が（　c　）の名で公布する。

（2）資料１を参考に，国政選挙における各世代の投票率についての文章として，正しいものを次から１つ選びなさい。

資料１

	2014 年 衆議院議員選挙	2016 年 参議院議員選挙	2017 年 衆議院議員選挙	2019 年 参議院議員選挙
10 歳代		46.78%	40.49%	32.28%
20 歳代	32.58%	35.60%	33.85%	30.96%
30 歳代	42.09%	44.24%	44.75%	38.78%
40 歳代	49.98%	52.64%	53.52%	45.99%
50 歳代	60.07%	63.25%	63.32%	55.43%
60 歳代	68.28%	70.07%	72.04%	63.58%
70 歳代以上	59.46%	60.98%	60.94%	56.31%
全体	52.66%	54.70%	53.68%	48.80%

総務省 HP 参照

ア．18 歳選挙の導入後，10 代の投票率が 20・30 代よりも高い水準にある。この要因として，主権者教育による若者の政治意識向上が読み取ることができる。

イ．2017 年衆議院議員選挙では，各世代において 2016 年参議院議員選挙よりも投票率が下がっている。この要因は，選挙区の見直しで衆議院の議席数が増加されたことである。

ウ．2019 年参議院議員選挙では，各世代において 2017 年衆議院議員選挙よりも投票率が下がっている。日本の民主政治の在り方として，有権者全体の政治意識改革が今後の課題とされている。

エ．2013 年からインターネットを使った選挙運動が解禁された。これによって，50 代以上の世代の投票率が 50％を下回る投票率が記録された。

問２　下線部②に関連して，女子高校生の寄付活動やボランティアのように，社会貢献を支援することを目的に非営利組織促進法が制定されています。ボランティアなどの社会貢献活動を支援する組織を何というか，正しいものを次から１つ選びなさい。

ア．NPO　　イ．TPP　　ウ．NGO　　エ．GHQ

問３　下線部③に関連して，写真１は環境活動家グレタ＝トゥーンベリ（当時 16 歳）が国連気候変動枠組み条約 COP25 で演説を行っているものです。これに関連する以下の問いに答えなさい。

（朝日新聞デジタル　引用）

写真１

（1）彼女は15歳で「気候変動のための学校ストライキ」を一人で開始し，社会を形成する多くの人々に影響を与えて，スウェーデン政府に気候変動対策を求めていました。社会を形成する多くの人たちの意見を総称して何というか，**漢字2文字で**答えなさい。

（2）彼女が主張している良好な環境を求める権利の一部として，日本では2018年に嫌煙権に関連する法改正が行われました。2020年4月改正健康増進法の施行に伴い，環境整備が全国的に強化されました。以下の写真から嫌煙権に関する写真として最も適当なものを1つ選び記号で答えなさい。

ア．工場から出る煙

イ．バスやトラックが出す排気ガス

ウ．たばこの煙

エ．野焼きの煙

（3）彼女はSNSを使って世界の若い世代に環境保全を訴えていました。これに関連して，情報社会で生きていくためには情報を正しく活用する能力が求められます。マスメディアの情報を批判的に読み取る力を何というか，**カタカナで**答えなさい。

問4　下線部③に関連して，写真2はノーベル平和賞を受賞したマララ＝ユズフサイ（当時17歳）の写真です。彼女は女性の権利を求めて人権活動を行っていました。これに関連する以下の問いに答えなさい。

（朝日新聞デジタル　引用）

写真2

（1）彼女が求めた女性の権利に関連して，日本国内における女性の権利に関する文章として**誤っているもの**を次から１つ選びなさい。

ア．1945年衆議院選挙法改正によって，女性の参政権が認められ，1946年の総選挙で日本人初の女性国会議員が誕生した。

イ．1985年労働基準法によって雇用における女性差別の禁止が規定された。

ウ．1999年育児・介護休業法によって，育児や介護と仕事を両立できる環境整備が企業に求められるようになった。

エ．2018年民法改正によって，2022年から女性の結婚可能年齢が16歳から男性と同じ18歳に引き上げられることが決まった。

（2）彼女はグローバル化の促進の中で女性の権利の向上を訴えています。これに関連して，日本社会の中で認められている新しい人権とそれと関係の深い法律の組み合わせとして適切なものを次から選びなさい。

A．知る権利　　B．自己決定権　　C．プライバシーの権利

①．臓器移植法　　②．個人情報保護法　　③．情報公開法

ア．A－①　B－②　C－③

イ．A－①　B－③　C－②

ウ．A－②　B－①　C－③

エ．A－②　B－③　C－①

オ．A－③　B－①　C－②

カ．A－③　B－②　C－①

のままで食べた。

エ、自分に回ってきたお供え物のおさがりを自分の分だけではなく他の人の分まで食べた。

問三　傍線部2「吐き入れたりけれ」、3「立ちて外にてぞ咲ひける」の主語を次の中からそれぞれ一つずつ選び、記号で答えなさい。

ア、頼方　　イ、章家　　ウ、侍共　　エ、定任

問四　この文章から読み取れる教訓として適当なものを次の中から一つ選び、記号で答えなさい。

ア、何事も楽しみながら前向きに行動するべきである。

イ、何事も準備をしておくことで焦らず余裕を持って行動できる。

ウ、何事も冷静に頭を回転させて行動しなければならない。

エ、何事も自分の直感を信じて行動しなければならない。

問五　『今昔物語集』と同じように、平安時代に成立した作品を次の中から一つ選び、記号で答えなさい。

ア、『徒然草』　　イ、『万葉集』

ウ、『方丈記』　　エ、『竹取物語』

エ、「犬」の話があったが、その「図式論」の通りに考えると、どれほど親しい人やかわいがっているペットでも、一度は「人間だ」とか「犬だ」とかいう概念を通じてその存在を確認しているということになるので、認識とは面白いものだな、と感じた。

二　次の文章は『今昔物語集』の一節である。藤原定任《さだたふ》の子である藤原章家《あきいへ》には頼方《よりかた》という見事な武者ぶりの侍が仕えており、次の場面は章家とその章家に仕える侍たちが部屋で食事をするところである。読んで、後の問いに答えなさい。（なお、一部表記を改めた箇所がある。）

其れが、章家が、a※曹司《ざうし》にて、侍共数《さぶらひどもあま》た居合ひて、然《しか》るべき事などして物b食ひける次《ついで》に、章家は既に物食ひ畢《は》てて、※下《おろし》を取り出でて、物食ひ畢てたる侍共の、主《あるじ》の下を分《わか》ちて、次第に下様《くだりざま》に置きける程に、1此の頼方が許《もと》に成りて、本《もと》食ひける器《うつはもの》に今少し残りたりけるに、下を指遣《さしつかは》したりければ、「異者《こともの》共の為《す》る様に、我が器に受けてこそは食はむずらめ」と、侍共皆見ける程に、頼方、主の器を取りて、我が器には移さずして、思ひ忘れて、主の器ながらさふさふと掻含《かきふく》みけるを、異者共此れを見て、「彼《あ》れは何《いか》に。御器《ごき》ながらは食ひつるぞ」と云ひけるに、頼方、其の時に思ひ出でて、「実《まこと》に然《さ》ぞかし。錯《あやまち》してけり」と思ひけるに、※吉《よ》く臆病しにければ、含みたりける飯《いひ》をこそ、其の御器に亦《また》2吐き入れたりければ、只《ただ》其の器ながら食ひつるをだに侍共も主も「穢《きたな》なり」と見つるに、唾《つばき》加はりながら含みたる飯を器に吐き入れたりければ、長き鬚《ひげ》に懸かりなどして有りければ、※巾《のご》ひ繚《あつか》ひなどしけるこそ、極めて悪《にく》く弊《つたな》かりけれ。異侍共此れを見て、3立ちて外《よそ》にてぞ咲《わら》ひける。

※曹司――貴族や武家の邸宅内で子弟に与えられる部屋
※下――神仏の供物のおさがりや貴人の食べ残しのこと
※吉く臆病しにければ――すっかり気が動転して
※巾ひ繚ひなどしけるこそ――ぬぐいわずらっている様子は

問一　二重傍線部a「曹司（ざうし）」、b「食ひける」の読みを、現代仮名遣いに直し、すべてひらがなで答えなさい。

問二　傍線部1「此の頼方が許に成りて」とあるが、その後の頼方の行動として適当なものを次の中から一つ選び、記号で答えなさい。

ア、自分に回ってきたご主人の食べ残しを遠慮して少し残した。
イ、自分に回ってきたお供え物のおさがりを自分の食器に移して食べた。
ウ、自分に回ってきたご主人の食べ残しをご主人の食器できないから。

ウ、難しい体操などの普段目にしない姿勢は言葉では表現しきれないから。

エ、人間の姿勢は何をしているかわからないと意味が一過的になるから。

問四　傍線部３「図式論」とはどのようなものか。最も適当なものを次の中から一つ選び、記号で答えなさい。

ア、カントが唱えた人間のものの見方についての説であり、目の前にある個々の事物からその性質を捉え、その集合が我々の言葉の区切りを多様なものにしていく過程を述べている。

イ、カントが唱えた人間のものの見方についての説であり、事物をまず一般的な概念によって捉えており、その上で目の前にある個々のもののイメージを捉えていると述べている。

ウ、カントと筆者が唱えた人間と犬との共存に関する説であり、概念的に「犬」と呼ばれるものの特徴を客観視したあとに直接目の前にいる犬の特徴を観察していると述べている。

エ、カントと筆者が唱えた人間のものの見方に関する説であり、カントが「直観が概念によって規定されている」と明らかにしたことをふまえ、筆者は直観に代わる部分が言語だと述べている。

問五　傍線部４「或るビルの中のオフィスに友人を訪問するとする」について、これは何のために挙げられた例か。左の文の空欄①～④にあてはまる本文中の言葉を、字数に従って抜き出して埋めなさい（句読点や記号は含まない）。

（①　二字）が、事物や（②　二字）と同じように、（③　二字）によって（④　二字）されていることを示すため。

問六　次に示すのは、本文を読んだ生徒の感想である。本文の内容を適切に捉えて**いない**ものを次の中から一つ選び、記号で答えなさい。

ア、風景を見ているときに、知っている言葉によって区切られて見えるということだから、花の種類をたくさん知っている人が花壇を見るととても細かく分けられるし、それを全く知らない人が見るとひとかたまりの「花壇」にしか見えないのだろうな、と思った。

イ、「ポスト」は私たち現代人には身近で、それに込められている思いを抜きにしては「ポスト」を「ポスト」と認識できないのであれば、それが存在しない昔の人や、通信技術の発達でポストが無くなった未来の人に、どう見えるのか尋ねてみたいと思った。

ウ、「歩いてくる」という動作を表す言葉が存在しない場合、「両足を交互に上げ下ろししながらこちらに向かって進んでいる」という一連の動作を観察することはできるので、「どういう意図か」は別としてもその姿を別の言葉で表現することは可能だろうと思った。

匹の犬を制作するのだ、と言い換えることができるだろう。

　上のカントの認識論の説明では触れなかったがその中核となるのが「時間」である。そこでこれまでにポストや家や人間といった事物、それから人間の動作を例にとったが、ここで「時間」をとりあげて、そこでの言葉の働きがやはり事物や動作の場合と同じであるかどうかを観察してみよう。

　4或るビルの中のオフィスに友人を訪問するとする。エレベーターで六階に上りドアをあけ受付けに行き……そうして後友人に会う。この叙述は一連の行動を時間的順序で述べたものである。いうまでもなく頭に近い方が尻のものより「より以前」で尻に近い方が「より以後」である。一つ一つを省略しないで書けば、「そしてその後」とか「その前に」とかという言葉をはさむことになるだろう。［　D　］、これらの時間順序の概念、または言葉がなければ友人訪問の経験は全く違ったものになるだろう。一連の行動の一つ一つはてんでんばらばらであろうし、友人訪問の一連の行動として「綜合統一」されることはないだろう。二つの事件や行動の時間的順序関係は色や形の様にその事件や行動の中に見えているわけではないし音の様に聞えているのでもない。それはまさに時間順序の概念または言葉によってこの世界に投げ入れられたのである。従ってここでは言葉や概念による「制作」ということが事物や動作の場合よりも自然に受け入れられるだろう。

（大森荘蔵『思考と論理』より。なお、問題作成のため省略または改めた箇所がある。）

問一　空欄A～Dにあてはまる語句を次の中からそれぞれ一つずつ選び、記号で答えなさい。

ア、いずれにせよ　　イ、もちろん
ウ、ところで　　エ、しかし
オ、したがって　　カ、例えば

問二　傍線部1「言語が制作したもの」とはどのようなことか。最も適当なものを次の中から一つ選び、記号で答えなさい。

ア、街頭に見られる様々な事物やまたその事物のありさまを、言語によって表現しているということ。
イ、街頭の風景は、家や門・ポストといった言語による区切りで認識され成り立っているということ。
ウ、家という一つのまとまった事物は、無数の言語表現の中でかなり強固に固定されているということ。
エ、街頭に見られる様々な事物について、幼児や外国人や画家は、正確に捉えることは難しいということ。

問三　傍線部2「紙凧《たこ》のように」について、次の(1)・(2)に答えなさい。

(1)用いられている修辞を次の中から一つ選び、記号で答えなさい。

ア、擬人法　　イ、隠喩（暗喩）
ウ、直喩　　エ、倒置

(2)筆者はなぜ「紙凧のように」と表現したのか。最も適当なものを次の中から一つ選び、記号で答えなさい。

ア、フィギュアスケートのような姿勢は不安定で維持するのが難しいから。
イ、人間の姿勢は一度言葉に表さないと固定することがやポストとしては見えないのである。そして「ポスト」という言葉が無ければ、その様々な思いが籠る場所がないのである。

　このことはポストのような事物ではなく人間の動作や姿の場合にはもっとはっきりとする。向うから人が「歩いてくる」、ベンチに人が「腰かけて」、「空を眺めている」。こういうとき、「歩いてくる」とか「眺める」とかという言葉が無いとしたなら風景は全く別様に見えるだろう。それがどのように見えるのか私達には想像ができない。その想像を語る言葉を持たないからである。「歩いてくる」という言葉がないとき、向うから歩いてくる人の姿は一体どのように把握すればいいのか。その言葉を持っているわれわれにはその姿は「歩いてくる」姿である以外のものではありえない。だからその姿はその言葉によってそう見えるのであり、それゆえにその姿はその言葉が制作すると言えるのである。こちらに向ってくる人の姿は「歩いてくる」という言葉の鋳型《いがた》にはめられて歩いてくる人間の姿に造形されるのである。レスリングや難しい体操やフィギュアスケートの中で見える人間の異常な姿勢にはすらりとはまる言葉の鋳型がないために屡々《しばしば》不安定で一過的な姿にしか見えない。確実に固定されて安定した人の姿は2紙凧《たこ》のように言葉の支柱でつっ張られて始めて存在するのである。

　以上で述べてきたような考え、事物のあり方や人間の動作は言葉によって制作されたものであるという考えは私独りのものではない。既にカント（**I.Kant,1724-1804**）の認識論の中にこの考えが埋めこまれていたといえる。ただカントはあからさまに「言語」を主題とはしないで、「悟性」の「概念」にその役割を与えていたためにこの点が見逃されやすかったのである。カント認識論の根底の枠組《わくぐみ》は、客観的事物対象と客観世界は時間・空間という直観形式と悟性概念によって構成されたものであるという、カント自身がコペルニクスに比べた逆転的思想にある。カントの述べ方は複雑な用語で難解であるが、その「3図式論」が私の論点に比較的に近い。彼は概念が経験に適用される時の型を「図式（**Schema**）」と呼ぶ。すなわち「経験的概念は、常に構想力の図式に、即ち我々の直観を或る一般概念に従って規定する規則としての図式に直接に関係するのである」。例えば「犬という概念は、一つの規則——換言すれば、私の構想力がそれに従って或る四足獣の形態を一般的に描き得るような規則を意味するものであって、経験が私に示すような或る特殊な個々の形態や……具体的に表象し得るような形像だけに限られるのではない」。つまり、犬という概念の図式はあの犬この犬といった個々の犬のイメージ（形像）ではなくて一般に犬なるものを描きあげる規則を図式と呼ぶのである。個々の犬の「形像はこの図式によって、またこの図式に従って初めて可能になる」のである。ということは、「　C　」道に寝そべっている犬を見るとき、それが「犬」の姿（形像）であると認識するのは犬という概念の図式によって可能となる、ということである。その犬の視覚像は様々な色の面が集ったものであろう。カントはそれを「直観に与えられた多様」という。このてんでんばらばらな色模様を一匹の犬の姿にまとめあげる（カントは結合とか綜合《そうごう》統一という）のが犬という概念の図式である。それがなければ単に多様な色模様しか見えないだろう。それを一匹の犬という客観的対象に仕上げるのは犬という概念でありその図式なのである。ここで犬という概念はまさに「犬」という言葉に他ならない。それゆえ、犬という言葉が客観的対象としての一

【国語】〈三〇分〉〈満点：六〇点〉

【注意】全ての設問において、句読点は一字に数えることとします。

一　次の文章を読んで、後の問いに答えなさい。

街中を歩いているとき、家の塀《へい》、電柱、庭木、郵便箱、といった様々の事物が見えている。そのような様々な事物はそれぞれの輪郭でその周囲から区切られて見えている。だがどうしてそのような区切りで区画されて見えるのだろうか。別な区切り、例えば電柱の中程の水平の区切り、あるいは郵便箱をその背景である黒塗りの塀の一部と一緒にまとめた区画だって可能であろう。その他無数の区切り方でその街頭風景が見えてもいいはずである。それなのにその風景は見慣れた事物に分節して見えるのはどうしてだろうか。それは習慣のためだ、と答えられるかもしれない。［　A　］、ではそれならその習慣がどうしてできたのだろうか。他の可能な区切りで見える習慣が生じることも可能だったのではなかろうか。ここで、それは言語に起因する、というより他はないように私には思える。

一つの家を「家」と呼ぶことは何はともあれそれを一つの家としてまとまった事物として見ることだろう。つまり、或《あ》るまとまった輪郭線で周囲の背景から区切られた一つの事物として見ることである。その輪郭は絶対に変更不可能というわけではないが、かなり強固に固定されていて易《やす》く変更されない。特にそれを縦や横に二つに割るような大巾《おおはば》な変更は不可能だといって差支《さしつか》えないだろう。

こうして「家」と呼ばれる事物が固定される。そして「誰それの家」、「家を建てる」、「家が焼ける」、「家に入る」、「三軒の家」、「家並」、といった無数の言語表現の中に参入することで、いわば言語的にガンジガラメにされ、それによって「家」という事物は益々強く固定される。それによって、街頭で見る家はもはや「家」としか見えず、「家」以外に見られることは稀《まれ》な例外的状況以外ではなくなるのである。この「家」という言語的呪縛から逃れられるのは、無心な幼児や、日本が初めての外国人とか、ただ色彩だけに注意する画家などであって、普通の成人には不可能のことである。

そしてもちろんそれは今例にとった「家」ばかりではない。街頭に見られる様々な事物や、またその事物のありさまの隅々にまでこの言語的支配が及んでいる。「大きな門構え」、「赤いポストが突っ立っている」、「電柱の影が長く伸びている」、「塀の上で庭木が揺れている」、こういう風景はまさに1言語が制作したものなのである。言語以前にこのような風景があり、それをこのように言語で表現したというのではない。

［　B　］例えば「ポスト」という言葉が日本語に導入された以前にポストという事物が製作され街中に設置された。しかしそれ以来ポストが通信の主要な要素の一つとして私達の生活の重要な風物になるのに伴って「ポスト」という言葉は私達が頻繁に使う親しいものになった。それは人間の生活の一部が籠《こも》った言葉として私達の口と頭に定着している。このとき向うにポストがあるのが見えるならばそれは「ポスト」として見える以外にはない。その風景はわれわれ現代日本人にだけ見える風景であり、その同じ風景を江戸時代の人、ましてや縄文日本人が見るとすれば全く異なって見えるだろう。要するに、「ポスト」に籠められた様々な「思い」を抜きにしてはポストはもは

2021年度

解　答　と　解　説

《2021年度の配点は解答欄に掲載してあります。》

＜数学解答＞

[1]　(1)　-3　　(2)　$-2x$　　(3)　$\sqrt{5}-3\sqrt{2}-1$　　(4)　$8-4\sqrt{3}$

[2]　(1)　$x=0,\ 2$　　(2)　14個　　(3)　$y=\dfrac{360}{x}$　　(4)　$\dfrac{1}{5}$

[3]　問1　廃問　　問2　(1)　$x=7,\ y=8$　　(2)　ア　5　　イ　12

[4]　(1)　$8\sqrt{3}\pi\,cm^3$　　(2)　$60\pi\,cm^2$

[5]　(1)　C(2, 4)　　(2)　$y=5x$　　(3)　P(0, 2)

○配点○

[1]　各3点×4　　[2]　各4点×4

[3]　問1(廃問につき，全員に4点)　　問2　各4点×2((2)完答)

[4]　各4点×2　　[5]　各4点×3　　計60点

＜数学解説＞

基本　[1]　**(数・式の計算，平方根の計算，式の展開)**

(1)　$7-5\times(7-5)=7-5\times2=7-10=-3$

(2)　$\dfrac{3}{2}x^2\div\left(-\dfrac{3}{4}x\right)=\dfrac{3x^2}{2}\times\left(-\dfrac{4}{3x}\right)=-2x$

(3)　$\dfrac{\sqrt{15}-\sqrt{3}}{\sqrt{3}}-\dfrac{4\sqrt{2}+\sqrt{8}}{2}=\sqrt{5}-1-\dfrac{4\sqrt{2}+2\sqrt{2}}{2}=\sqrt{5}-1-\dfrac{6\sqrt{2}}{2}$

$=\sqrt{5}-1-3\sqrt{2}=\sqrt{5}-3\sqrt{2}-1$

(4)　$(\sqrt{6}-\sqrt{2})^2=6-2\sqrt{12}+2=6+2-2\times2\sqrt{3}=8-4\sqrt{3}$

[2]　**(2次方程式，平方根，比例関数，確率)**

(1)　$x(x-1)=x$　　$x^2-x=x$　　$x^2-2x=0$　　$x(x-2)=0$　　$x=0, 2$

(2)　$7<\sqrt{n}<8$から，$49<n<64$　　この不等式を満たす自然数nの個数は，$64-49-1=14$(個)

基本　(3)　$36\times10=xy$から，$y=\dfrac{360}{x}$

(4)　カードの取り出し方は全部で，$6\times5=30$(通り)　　そのうち，x座標，y座標がともに奇数になる場合は，$(x, y)=(1, 3)$，$(1, 5)$，$(3, 1)$，$(3, 5)$，$(5, 1)$，$(5, 3)$の6通り

よって，求める確率は，$\dfrac{6}{30}=\dfrac{1}{5}$

[3]　**(統計)**

問2　(1)　人数の関係から，$1+1+4+3+x+9+y+2+2+3=40$　　$x+y=15$…①

合計点の関係から，$1\times1+2\times1+3\times4+4\times3+5\times x+6\times9+7\times y+8\times2+9\times2+10\times3$

$=5.9\times40$　　$5x+7y=236-145=91$…②　　①×7－②から，$2x=14$　　$x=7$

これを①に代入して，$7+y=15$　　$y=8$

重要　(2)　$x=15-y$　　得点が5点以下の人数は，$1+1+4+3+(15-y)=24-y$

中央値が6点となるのは，点数が低い順から20番目と21番目の点数が6点になる場合だから，
$24-y+1=20$より，$y=5$　　$24-y+9=21$より，$y=12$
よって，得点が7点であった生徒の人数は，5人以上12人以下

4 **（空間図形の計量問題－体積，表面積）**

（1）Vは，底面が半径$2\sqrt{3}$の円で高さが$2\sqrt{3}$の円柱の体積から，半径$2\sqrt{3}$の半球の体積をひいたものになるから，$\pi\times(2\sqrt{3})^2\times2\sqrt{3}-\frac{4}{3}\pi\times(2\sqrt{3})^3\times\frac{1}{2}=24\sqrt{3}\pi-16\sqrt{3}\pi$
$=8\sqrt{3}\pi\ (cm^3)$

（2）$S=\pi\times(2\sqrt{3})^2+2\sqrt{3}\times2\pi\times2\sqrt{3}+4\pi\times(2\sqrt{3})^2\times\frac{1}{2}=12\pi+24\pi+24\pi=60\pi\ (cm^2)$

5 **（図形と関数・グラフの融合問題）**

（1）①に$x=-1$を代入して，$y=(-1)^2=1$　　よって，$A(-1, 1)$　　点Bはy軸に関して，点Aと対称な点だから，$B(1, 1)$　　$AB=1-(-1)=2$　　$DC=AB=2$から，点Cのx座標は2
これを①に代入して，$y=2^2=4$　　したがって，$C(2, 4)$

重要　（2）平行四辺形ABCDの2本の対角線の交点をQとする。点Qは線分ACの中点になるから，
$\frac{2+(-1)}{2}=\frac{1}{2}$，$\frac{4+1}{2}=\frac{5}{2}$より，$Q(\frac{1}{2}, \frac{5}{2})$　　直線mが点Qを通るとき，直線mは平行四辺形ABCDの面積を2等分する。
よって，$\frac{5}{2}\div\frac{1}{2}=5$から，直線$m$の方程式は，$y=5x$

重要　（3）△PBCの周りの長さが最も短くなるのは，BCの長さは決まっているので，BP+PCが一番短くなるときである。y軸に関して点Cと対称な点をEとすると，$E(-2, 4)$
BP+PC＝BP+PEから，点Pが直線EB上にあるとき，BP+PCは一番短くなる。
$\frac{1-4}{1-(-2)}=\frac{-3}{3}=-1$から，直線EBの傾きは$-1$
直線EBの式を$y=-x+b$として点Bの座標を代入すると，$1=-1+b$　　$b=2$
よって，直線EBの式は，$y=-x+2$　　点Pはy軸上にあるので，$P(0, 2)$

★ワンポイントアドバイス★

2（1）で，両辺をxで割って，$x-1=1$，$x=2$としないように気をつけよう。
等式の性質でA＝Bならば，A/C＝B/Cが成り立つのは，C ≠ 0の場合である。

＜英語解答＞

1　問1　C　　問2　D　　問3　B　　問4　B

2　問1　1　E　　2　F　　問2　3　C　　4　D　　問3　5　B　　6　A
問4　7　D　　8　C

3　Q1　B　　Q2　C　　Q3　C

4　Q1　①　D　　②　B　　③　E　　④　A　　⑤　C　　Q2　B　　Q3　C　　Q4　D

5　問1　B　　問2　B　　問3　A　　問4　C　　問5　D

問6　Ⅰ　E　　Ⅱ　B　　Ⅲ　J

○配点○

1　各2点×4　　2・3　各3点×7（2完答）　　4　Q1　4点（完答）　　他　各2点×3

5　問6　各2点×3　　他　各3点×5　　　計60点

＜英語解説＞

1　（語句補充問題：受動態，動名詞）

問1　be made from ～　「～からできている，～を原料とする」

基本　問2　不可算名詞 rain に用いる数詞は much。

問3　smart「賢い」

基本　問4　finish は目的語に動名詞を用いる。

2　（語句整序問題：不定詞，現在完了，受動態，比較）

問1　She [is rich enough to buy the] car.

基本　問2　I [bought a book written by Ted.]

問3　[Have you been friends for ten years ?]

基本　問4　He [does not study as hard as I.]

3　（広告読解問題：内容吟味）

（全訳）

北海レストラン

札幌にあるすばらしいファミリーレストラン

特別に吟味した食材を使用。

すべての食事，魚，米，野菜は北海道産です。

ランチ：午前11時～午後2時（月曜日～金曜日）

ディナー：午後5:30～午後10時（週7日）

今日の特別ランチ

3つの特別ランチがあります。ビーフ，魚，サンドイッチから選ぶことができます。

私たちの特別ランチに満足するでしょう！

ビーフ＆サラダ　　¥1500

トマトソースのビーフステーキ。新鮮な野菜サラダ付き。ライスかパンかを選べます。

サーモンスパゲッティ　¥1300

私たちのサーモンは最高！地元の新鮮食品。野菜スープ付き。

チキンサンドイッチ　　¥1000

蒸し鶏とトマトの有名なサンドイッチをお楽しみください。フライドポテト付。

すべての食事に飲み物が付きます。

飲み物はドリンクメニューより選べます。

【ドリンクメニュー】

紅茶 / オレンジジュース / アップルジュース / コーラ / コーヒー

¥100追加で**バナナシェイク，ホットチョコレート，ホットミルク**も選べます。

【デザート】

食後にデザートを試してください：**チョコケーキ（500円）／チーズケーキ（400円）／アイスクリーム（300円）**

＊学生証を見せたらデザート100円割引。

北海レストラン
札幌豊平区旭町X－Y－Z　北海ビル
電話：011－148－xxxx

基本　Q1　今日の特別ランチより，サーモンスパゲッティには野菜スープが付いてくる。

重要　Q2　「1人の女子高校生が学生証を見せて，ビーフステーキ，ホットミルク，チョコレートケーキを選んだら，いくら払いますか？」
ビーフステーキ1500円＋ホットミルク100円＋チョコレートケーキ500円－学生割引100円＝2000円

基本　Q3　メニューよりチョコレートケーキは500円でチーズケーキは400円なので，正解はC。

4（会話文問題：内容吟味，語句補充）

（全訳）

Mr. G：こんにちは，ナオキ。①何を話しているの？

Naoki：やあ！ご存じの通り，ニュージーランドからの生徒，グレースが私たちの学校を次の4月に訪問して2カ月私たちのクラスに参加します。それで，彼女に何ができるかを話しているところです。なにかアドバイスはありますか，グーセンリンク先生？

Mr. G：もちろん！②何を知りたい？

Naoki：彼女はいくつかメールをすでに送ってきました。彼女は本当にこの学校で2ヵ月を過ごすことを楽しみにしています。彼女をどうやって歓迎できますか，グーセンリンク先生？

Mr. G：うーん，おそらく日本語の助けが必要だろうね。一番いい方法は友達と練習することだよ。③毎日グレースと一緒に教室でお昼を食べるべきだね。そうすると教室で彼女は全員に会える。ナオキ，どう思う？

Naoki：いいですね。僕がニュージーランドの姉妹校を訪問した時，最初は英語でa苦労しました。クラスメイトが助けてくれたので，僕の英語も上達してニュージーランドでの滞在もより楽しめました。

Kaede：グレースはきっとここでの活動をたくさん楽しむでしょうね。だけど私たちの国での生活について彼女も学ぶべきだと思う。b旅行を計画するのはどうかな？

Naoki：いい考えだよ，かえで！彼女をまずはウポポイ国立アイヌ民族博物館に連れて行かない？そこで一緒に北海道の歴史と文化について学ぶことができるよ。

Mr. G：④グレースに聞いてみるべきだと思うよ。何回かメールのやり取りをしたのは知っているけれど，彼女の興味をすべて知ったわけではないからね。けれど，授業でも彼女は助けが必要だろう。日本史のような新しい科目を学ぶからね。彼女のクラスから何人かの生徒が彼女の勉強を助けるのに毎週会えたら良いのではと思うよ。

Kaede：実は彼女は日本史についてはすでにかなり知っていると思います。メールの中でよくそのことについて話します。しかし，彼女は他の授業で助けが必要かもしれません。彼女が私たちに何をしてほしいのか聞いてみましょう。

Naoki：それが一番いいと思うよ，かえで。彼女にメールしてビデオチャットをするように頼むよ。⑤その時に直接彼女と話せるよ。

Mr. G: お！職員会議の時間だ。ごめんね，もう行かないと。またね！

Q1　①返答にwe are talking about…とあるのでDが適する。

②アドバイスを求められた場面で具体的に何を聞きたいのかを述べる。

③友達と一緒に練習できる方法を述べる場面。

④続きに彼女の興味関心をすべて知ったわけではないと述べていることから，本人に聞くべきという内容を選ぶ。

⑤ビデオチャットで直接話すことができる。

基本　Q2　have trouble with ～　「～で苦労する」

基本　Q3　後続部分で博物館に行くことが具体例としてあげられていることから読み取る。

Q4　登場人物のすべてがグレースの滞在を助けようとアイディアを出し合っていることから正解はD。

5　（長文読解問題：内容吟味，要旨把握，語句選択）

（全訳）　2020年に，コロナウィルスの大流行が世界を変えた。学校，会社，レストラン，店が閉まった。世界中の多くの人々は一ヵ月かそれ以上家にいなければならなかった。突然に人々は勉強するためや働くための新しい方法を探す必要があった。2つの人気の選択は「ホームスクーリング」と「テレワーク」だった。

ほとんどの子供たちにとって,「学校」とは制服を着て教室で一緒に勉強することを意味する。「学校」の1つの問題はクラスメイトと同じスピードで勉強するのに苦労する生徒が中にはいるということだ。

家庭学習（ホームスクーリング）によって，学校の勉強が変化し，子供たちは彼ら自身のペースで勉強することができる。もし授業が難しければ，その科目にもっと時間を費やすことができる。もし簡単なら，次の課題に素早く移ることができる。社交上の不安がある子供たちも，他の子供たちとコミュニケーションを取ったり近くにいたりする必要はないので，より良く学ぶことができる。

ホームスクーリングの別の利点は，子供と親がいつ勉強するかといつ他の活動をするかを選ぶことができることだ。普段よりも子供と親が一緒に勉強と遊びを楽しめるので，これにより家族の関係はさらに幸福で強いものになるだろう。

新しいテクノロジー，例えばコンピュータ，タブレット，スマートフォンによって，ホームスクーリングは以前よりもより簡単で効果的になっている。Zoomのようなアプリを使うことにより，子供たちはインターネットを使用したバーチャル教室に参加できる。オンライン上で先生と話したり他の生徒たちと話し合ったりすることで，子供たちは「①実際の学校体験」を楽しむことができる。

多くの大人にとって，「仕事」はスーツを着て他の人と共にオフィスに何時間も座っていることを意味する。

しかしながら，コンピュータとインターネットを使うことで，今や多くの人が自宅で仕事をすることができる（テレワーク）。テレワークはとても有力で役立つ働き方になっている。2007年に,世界中の8250万人がテレワークを時々行った。2005年から2017年まで，テレワークはアメリカで159%増加した。コロナウィルスの大流行により，テレワークは今やさらに②人気になった。

テレワークは働く人と会社に利点がある。もしより多くの人が自宅で働けば，彼らの会社は小さな安いオフィスを使うことができる。また，働き手はどこにも行く必要がないので，時間を節約できてストレスがより少ない。③加えて，幼い子供をもつ人々は子供のお金のかかるケアを節約できる。彼らは自宅で仕事をして，子供を世話することもできる。

ホームスクーリングとテレワークの未来はわからない。自宅での勉強と仕事は楽ではないが，私たちの生活様式にとても良い影響を与えることができる。

基本 問1 Zoomを活用したバーチャルな教室ではあるが，オンラインで先生や他の生徒と話すことで現実の学校体験ができる。

基本 問2 前文にテレワークが159%増加したと述べられている。今はコロナでさらにテレワークが人気の働き方であることを読み取る。

重要 問3 子供のいる働き手を追加情報として述べている。In addition 「加えて」

問4 「ホームスクーリングとテレワークの両方にとっての利点は何か？」

重要 問5 第8段落にテレワークにより時間とお金を節約できると述べられている。

問6 Ⅰ 第5段落1文目から判断。

Ⅱ 最終段落を参照。be not sure that ～ 「～は確かではない」

Ⅲ 最終段落を参照。have a good influence 「良い影響がある」

★ワンポイントアドバイス★

広告，会話など様々な長文読解問題に対応できるように，日頃から多くの種類の読解問題にチャレンジしておこう。英問英答の出題もあるので，しっかりと内容を理解し把握できる読解力を高めることが重要だ。

<理科解答>

[1] 問1

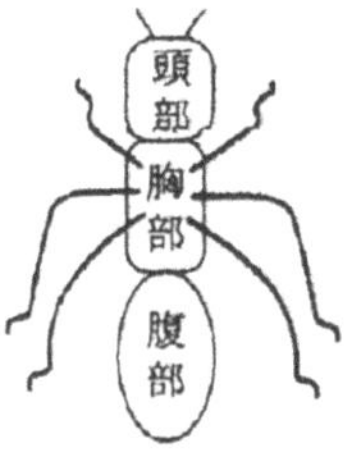

問2 ア・エ・オ　問3 胎生　問4 ア＜イ＜ウ＜エ

問5 イ・ウ・エ　問6 気管[気門]

[2] 問1 カ　問2 イ　問3 ② ウ　③ オ　問4 ア　問5 エ　問6 キ

[3] 問1 1.2kW　問2 5円　問3 実験2 10分　実験3 40分

問4 実験2 10円　実験3 10円

[4] 問1 1 飽和水溶液　2 溶解度　3 再結晶　4 塩化ナトリウム　問2 27℃

問3 70g

○配点○

[1] 問1・問2・問4 各3点×3(問2完答)　他 各2点×3(問5完答)

[2] 問1～問3 各2点×3(問3完答)　他 各3点×3

[3] 問1 4点　問2 3点　他 各2点×4

[4] 問1 各2点×4　問2 3点　問4 4点　計60点

<理科解説>

1 (動物の種類とその生活―動物の分類)

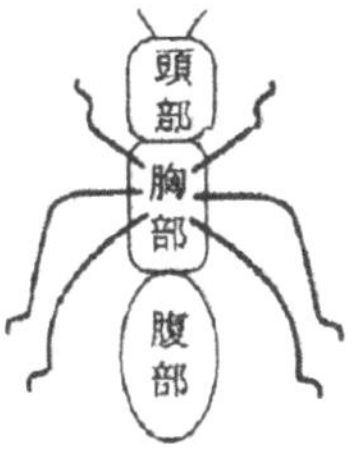

基本 問1　昆虫の足は，胸の部分から3対6本出ている。

問2　ミジンコ，フジツボ，ダンゴムシが甲殻類である。ヒトデはきょくひ足動物，タツノオトシゴは魚類に属する。

重要 問3　母親の子宮の中で子供が成長するものを胎生という。

問4　卵を親が世話するものほど，卵の数は少ない。魚類のように産んだ卵が他の動物に食べられてしまう危険性が高いものは，多くの卵を産んで子孫が残る可能性を高めている。卵の数の少ない順に，スズメ<アオウミガメ<トノサマガエル<マンボウとなる。

問5　鳥類とホ乳類は体温が周囲の気温の変化で変わらない恒温動物である。魚類，両生類，ハ虫類は周囲の気温の変化の影響を受ける変温動物である。ここでは，ヤモリ，トラザメ，イシガメが変温動物である。スナメリとはイルカの仲間である。

基本 問6　昆虫は体の横にある気門から空気を取り入れ，気管という管を通して空気が全身に運ばれる。

2 (地層と岩石―岩石の特徴)

重要 問1　白っぽい岩石は花こう岩か流紋岩が考えられる。ゴマ塩のような黒い部分を含むことから，花こう岩と思われる。あとの①の記述から，この岩石が等粒状組織をもつことがわかるので，深成岩の花こう岩と判断できる。

重要 問2　マグマが地下の深い場所でゆっくりと冷えて固まってできた岩石は，鉱物の大きさが同じくらいの大きさになる。これを等粒状組織という。

問3　岩石を構成する鉱物のうち無色鉱物はセキエイと長石であり，透明感のあるものはセキエイである。黒色の鉱物は黒雲母である。

問4　火山岩はマグマが急激に冷やされてできる火山岩と地下の深い部分でゆっくりと冷やされてできる深成岩に分類される。また，それぞれの鉱物の割合の違いでも分類される。鉱物の割合の違いで色調に違いがでる。

問5　大量の火山灰が高温の火山ガスとともに火山の斜面を高速で流れ落ちる現象を火砕流という。

問6　火山灰がたい積してできた岩石を凝灰岩という。

3 (電力と熱―回路と電力)

基本 問1　電力（W）の大きさは，電圧×電流で求まる。図1より，100Vの電圧のとき流れる電流は12Aなので，電熱線で消費される電力は100 × 12 ÷ 1000＝1.2（kW）である。

重要 問2　電力量（kWh）は電力（kW）×時間（h）で求まる。$1.2 \times \frac{10}{60} = 0.2$（kWh）であり，1kWhは25円なので，25 × 0.2＝5（円）になる。

重要 問3　並列に電熱線をつなぐと，全体の抵抗は図2のときの半分になりそれぞれの電熱線に12Aの電流が流れる。電熱線にかかる電圧は共に100Vなので，回路全体では図2の2倍の電力となる。水の量が2倍なので，沸騰までにかかる時間は実験1と同じ10分である。

直列に電熱線をつなぐと，全体の抵抗が2倍になりそれぞれの電熱線に流れる電流は6Aになる。電熱線にかかる電圧は50Vずつになるので，回路全体では図2の半分の電力になる。水の量が2倍なので沸騰までにかかる時間は4倍になり40分である。

問4　実験Ⅰに比べて水の量が2倍なので，必要な電力量も2倍である。実験2も3も電力量は同じなので，電気料金は5×2＝10（円）である。

4 （溶液とその性質―溶解度）

基本 問1　1　それ以上物質を溶かすことができなくなった水溶液を，飽和水溶液という。
2　水100gに最大限溶ける物質の質量を溶解度という。　3　溶解度は温度によって異なる。温度による溶解度の差を利用して結晶を取りだす方法を再結晶という。　4　再結晶法は，温度による溶解度の差が大きいものに適する。図より，塩化ナトリウムは温度による溶解度の差が小さいので再結晶法には適さない。

重要 問2　70gの水溶液のうち，20gは硝酸カリウムで50gは水である。グラフに適用するため，水の量を100gと考えると，40gの硝酸カリウムが溶けていることになる。40gの硝酸カリウムで飽和水溶液になるのは27℃付近である。

重要 問3　50℃で水100gに溶ける硝酸カリウムは85gであり，このとき飽和水溶液の質量は185gである。これを10℃まで冷やすと85－20＝65gの結晶が析出する。それで50℃の飽和溶液200gを同様に50℃から10℃まで冷やすと，x（g）の結晶が析出するとして，65:185＝x:200　x=70.2≒70（g）の結晶が析出する。

★ワンポイントアドバイス★
全分野において，総合問題の形で出題されている。理科全般の幅広く，確実な知識が求められる問題である。

＜社会解答＞

1　問1　ア[イ]　問2　イ　問3　(1)　減反　(2)　エ
問4　(1)　リアス式海岸　(2)　40

2　問1　エ　問2　(1)　ヒンドゥー教　(2)　エ　問3　ウ

3　問1　メソポタミア文明，楔形文字　問2　ヴァスコ=ダ=ガマ　問3　ア
問4　ア，A　問5　エ　問6　ア　問7　権利の章典　問8　イ　問9　杉原千畝
問10　イ

4　問1　(1)　(*a*)　3分の2　(*b*)　過半数　(*c*)　国民　(2)　ウ　問2　ア
問3　(1)　世論　(2)　ウ　(3)　メディアリテラシー　問4　(1)　イ　(2)　オ

○配点○

1・2・4　各2点×20

3　問1　各1点×2　他　各2点×9(問4完答)　計60点

＜社会解説＞

1 （日本の地理－北海道の地形・産業など）

重要 問1　等高線の50という数字が，地形図で見て取ることができない。

基本 問2　海上輸送に適しているものは，重くて体積が大きい石油や鉄鋼などの原材料や工業製品の輸送など，航空機輸送は，電子機器などのような軽くて高価な工業製品に向いている。1960以降の日本経済は，高度経済成長期で東京を中心に交通網が整備されていった。Dの時間距離は2地点間の距離を，移動にかかる時間で表したもの。近年は交通機関の高速化

が進み，時間距離はどんどん短かくなっている。

問3 (1) 減反政策では，日本人の生活が豊かになり，食の洋風化も進み，米の消費量は減り始め，国は多くの米の在庫を抱えることになった。そのため，農家に米の生産量を抑えてもらうために，補助金を出して，米作りの面積を減らし（減反）たり，他の作物をつくって（転作）もらったりした。

(2) 離農する農家は増えているが，酪農に変わる農家が増えているわけではない。

基本 問4 1の三陸海岸は，リアス海岸になっている。三陸の沖合あたりが，寒流（千島海流，親潮）と暖流（日本海流，黒潮）の，ぶつかりあう潮目になっているので，寒暖の両方の海流の魚があつまる，良い漁場になっている。また，リアス海岸の波の静かさを利用した養殖も盛んであり，カキやホタテなどの貝，こんぶ，わかめなどを養殖している。

2 （地理－世界の大陸・気候・生活など）

基本 問1 エの文章に夏の高温多雨に対応しているとあるが，ギリシャは地中海気候なので，高温多雨にならない。

基本 問2 (1) Gの国はインドなのでヒンドゥー教である。

(2) aは宗教上の教義に適する商品を提供しているはイスラム教徒が多い国であるのでF，bは牛肉を使用しないのはヒンドゥー教でG，cのライ麦を主食にしているのは，ヨーロッパの国々なのでEとなる。

重要 問3 南アメリカ大陸では，大陸の南端は寒帯で氷河も見られることからJとなる。ユーラシア大陸はすべての気候帯がみられる。アフリカ大陸には，冷帯・寒帯は見られない。

3 （日本と世界の歴史－四大文明，宗教，名誉革命，第二次世界大戦時のヨーロッパ，日本の歴史的建造物，生活など）

基本 問1 二本の大河がペルシャ湾にそそいでいることからメソポタミア文明。文字は楔形文字が使用されていた。

基本 問2 バスコ＝ダ＝ガマは，ポルトガルの援助を受けて航海をし，1498年にアフリカ経由でインドに到達した。この結果，ポルトガルは主にアジアに進出して，インドのゴアや中国のマカオを拠点に香辛料などの貿易を行い，大きな利益を上げた。

重要 問3 桶狭間の戦いは，1560年。今川義元と織田信長の戦い。織田信長が勝利。織田信長は少数の軍勢で大軍の今川義元を破り，天下統一への勢いをつけた。武田勝頼との戦いは，長篠の戦い。

問4 ザビエルはキリスト教の宣教師である。アはローマのサンピエトロ大聖堂，イはイスタンブールのアヤソフィア。キリスト教聖堂からイスラム教モスクへ改造されたもの。ウはギリシャの都市国家のパルテノン宮殿。エは世界一美しい墓として知られる，北インドのタージマハル。ヒンドゥー教国インドにおいて栄華を極めたイスラム王朝，ムガル帝国の皇帝シャー・ジャハーンが建造した。

問5 エの富岡製糸場は，1872年に開業した，群馬県富岡市の製糸工場。当時輸出の主力だった生糸生産を近代化し，殖産興業を推進するために明治政府が設立した。日本最初の本格的な器械製糸による官営模範工場として知られる。

基本 問6 松江城は，出雲国，現在の島根県松江市殿町に存在し，松江藩の藩庁として機能した平山城。堀尾吉晴によって築城されたもの。堀尾吉晴は，織田信長，豊臣秀吉，徳川家康のそれぞれに仕え，戦国の世を生き抜いた人物。

重要 問7 権利の章典では，国王は議会の承認がなければ，税金を掛けることもできず，また議会の承認なしでは法律を国王は作れないようになった。こうして，国王は議会にしたがうようになり，政治の中心は議会に移り，国王と言えども，議会の定めた法律にしたがう立憲君主制がイギリスで始まった。

問 8　毛沢東は，中華民国（孫文・蔣介石）に反発して，独自のグループ（中国共産党）を作る。第二次大戦が終結し，世界に平和が訪れるが，中華民国と毛沢東の争いが再開し，中華民国と互角の強さを誇り，領土を拡大していき，中華民国は，逃げ場がなくなり，台湾に移動する。中国本土では毛沢東が「中華人民共和国」を建国した。

やや難　問 9　第二次世界大戦中の 1940 年夏，リトアニアの領事代理・杉原千畝は，ナチス・ドイツに迫害されたユダヤ難民 6000 人にビザを発給して命を救った。外務省は戦後，本国の訓令に反したとして杉原を退職させたが，2000 年に初めて正式に謝罪，千畝は名誉を回復した。千畝は官僚的手続きにとらわれず人道的見地に立って多くの命を救った。

問 10　イは平安時代の貴族の様子。

4　(公民－政治参加世界，新しい人権など)

基本　問 1　(1)　憲法改正の流れは，衆議院と参議院それぞれ両方の総議員の 3 分の 2 以上の国会での賛成によって発議され，国民投票にかけ，過半数の賛成があれば，憲法は改正される。これらの条件の一つでも満たさなければ，その発議での憲法改正は廃案になる。たとえば衆議院の 3 分の 2 以上の賛成があっても参議院の 3 分の 2 が満たさなければ廃案となる。衆参の 3 分の 2 以上を満たしても，国民投票の過半数の賛成に届かなければ廃案。以上の条件を満たし，もしも憲法改正が決まったら，天皇が国民の名で憲法改正を公布する。

(2)　アは 2017 年，2019 年ともに 30 代より低い水準となっている。イは 30 代，40 代，50 代，60 代では上がっている。エは 50 代以上で 50% を一度も下回っていない。

重要　問 2　イの TPP は環太平洋経済連携協定のこと。環太平洋パートナーシップ協定とも言う。地域的な国家間の経済連携のしくみのようなもの。ウの NGO は政府ではない組織（非政府組織）。地球規模の問題の解決に取り組んでいる民間の団体のこと。たとえば，国際アムネスティ，国際赤十字，国境なき医師団など。エの GHQ は「連合国軍総司令部」のことで，アメリカなどの連合国側の国々が結成した組織。日本を占領下におき，さまざまな改革を進めた。

問 3　(1)　世論とは，政治や社会の問題について，国民が持つ様々な意見や希望のこと。世論づくりのうえで大きな役割をもつのが新聞，テレビなどのマスメディアである。

(2)　たばこの煙を吸いたくない人が，吸わないように出来る権利の嫌煙権も，環境権の一部と考えられている。嫌煙権の観点から，公共機関などでは，分煙や禁煙が進んでいる。

重要　(3)　一つの情報をうのみにすることなく，いろんな情報を比べることによって，情報を確かめて，きちんと考えて判断する必要がある。このように，メディアを利用しつつも，メディアをうのみにせず，さまざまな視点から確かめることによって，メディアから社会についての正しい情報を読み解く能力のことをメディア・リテラシーという。

重要　問 4　(1) イの男女差別が禁止されたのは，男女雇用機会均等法である。

重要　(2)　A　知る権利を保障するために 1999 年には情報公開法が制定された。B　自己決定権は，個人的な事柄について，さまざまな人や物事から干渉されずに自由に決定する権利。医療現場での患者が十分な説明を受けたうえで同意するインフォームド・コンセントや自らの臓器の提供について意思を表明するドナーカードもこの権利に基づいている。C　私生活での秘密であるプライバシーを，他人に勝手に公開されるべきではないという考えに基づき，私生活の秘密を守るべきという「プライバシーの権利」が主張されている。このような考えにもとづき 個人情報保護法が 2003 年に制定され 2005 年に施行された。

★ワンポイントアドバイス★

問題数は昨年度より少なくなっているが，試験時間も短かくなっている。問題のリード文は，読みごたえがある。読み解いていくのに時間がかかると思われる。得意な分野から解いていこう。

＜国語解答＞

一 問一 A エ B イ C カ D ア 問二 イ 問三 (1) ウ (2) イ
問四 イ 問五 ① 時間 ② 動作 ③ 言語［言葉］ ④ 制作 問六 ウ

二 問一 a ぞうし b くいける 問二 ウ 問三 2 ア 3 ウ 問四 ウ
問五 エ

○配点○

一 問一・問三 (1) 各2点×5 問二・問三 (2) 各4点×2
問四・問六 各5点×2 問五 各3点×4

二 問一・問二 各2点×4 他 各4点×3 計60点

＜国語解説＞

一 (論説文―接続語の問題，内容吟味，用法，脱文・脱語補充，要旨)

問一 A [A] の前で，風景と事物が分節して見えるのは習慣のためとするのに対し，なぜ習慣ができたのかと逆接の事を言っている。 B [B] の前で，言語以前に人間が作った物が存在して，それを言語が表現したわけではないことを説明し，後では「ポスト」を例にして，言葉より前に街中に設置され，我々の生活に「ポスト」という名前とともに定着した事を説明している。 C [C] の前で，犬を例に挙げ，個々の犬のイメージ(形像)ではなく，一般気的な犬の姿形のことを「図式」と呼ぶとしている。 D [D] の前で，時間的前後を述べるが，その後で，前後関係なく，時間の概念がなければ一連の行動が変化することを表している。

問二 傍線部の前に，「街頭に見られる様々な事物や，またその事物のありさまの隅々にまでこの言語的支配が及んでいる。」とし，「門構え」「赤いポスト」「電柱の影」「塀の上で庭木」など，様々な言語よって風景が規定されているとしている。

問三 (1) 「直喩」とは，「たとえば」「ような」などの語を使って，ある事柄を他のものに例える用法。 (2) 傍線部の前後で，「確実に固定されて安定した人の姿は，(中略) 言葉の支柱でつっ張られて始めて存在する」と述べられている。

問四 傍線部の前に，この「図式論」がカントの認識論の中に埋め込まれていたとあり，また後には犬を例に出し，「犬という概念の図式はあの犬この犬といった個々の犬のイメージ(形像)ではなくて一般に犬なるものを描きあげる規則を図式と呼ぶのである。個々の犬の『形像はこの図式によって，またこの図式に従って始めて可能になる』」としている。

問五 ①② 傍線部の前に，「ここで『時間』をとりあげて，そこでの言葉の働きがやはり動作の場合と同じであるかどうかを観察してみよう」とあることから判断する。 ③④ 先の「言葉の働き」とは，言葉(言語)によってあらゆる事物をイメージし，作り上げているということである。

問六　「歩いてくる」を，「両足を交互に上げ下ろししながらこちらに向かって進んでいる」と想定した場合，その言葉通りで人は認識し，またイメージを作り上げていくので，それ以外の言葉で規定可能とは本文にはないので誤り。

二　（古文－仮名遣い，内容吟味，文脈把握，文学史）

＜現代語訳＞　その男が，章家の部屋で，大勢の侍たちと一緒に，然るべき仕事をした後に食事をしていたが，章家はすでに食事を終えていて，そのお下がりを取って，食事を終えたばかりの侍たちと共に，お下がりを分け，上席から順に下に回していったが，それが頼方の所に回ってきた。頼方が食べていた食器にまだ少し食べ物が残っていたが，お下がりが回ってきたので，「他の者がするように，自分の食器に受けて食べるだろう」と侍たちが見ていると，頼方は主人の食器を取り，自分の食器には移さずに，うっかりして，主人の食器から直接さらさらと口の中に掻きこんでいたのを，他の者たちはこれを見て，「どうしたことだ。ご主人の食器のまま食べてしまったぞ」と言ったので，頼方は，その時はじめて気がついて，「まことにそうだった。とんでもないことをしてしまった」と思ったとたん，すっかり気が動転してしまい，口に含んでいた飯を，主人の食器にまた吐き入れてしまったので，主人の食器から直接食べたのでさえ，侍共も主人も「汚い」と見ていたのに，いったん口に入れて唾が混じった飯を食器に吐き入れたものだから，飯が長い鬢にくっつきそれをぬぐいわずらっている様子は，まことに醜態そのものであった。他の侍共はこれを見て，立ち上がって外に出て行って笑い転げた。

問一　a　（子音 t）au は（子音 t）o となる。　b　語の途中や語尾のハ行はワ行で読む。

問二　「主の器を取りて，我が器には移さずして，思ひ忘れて，主の器ながらさふさふと掻含みける」を現代語訳して，頼方の行動を読み取る。

問三　2　傍線部の前より，頼方は気が動転して，口に含んだ飯を器に吐き戻したのである。

3　傍線部の前より，侍共が頼方の様子を見て，立ち上がり外へ出て大笑いしたのである。

問四　頼方が誤った作法を行った事に，気が動転してさらなる無作法を重ねてしまったのが本文の内容である。

問五　『竹取物語』は，平安時代前期に成立した日本の物語。

★ワンポイントアドバイス★

論説文のジャンルが幅広く出題されるので，文脈を丁寧に追って要旨を的確にとらえる練習をしよう。古文は，重要古語や仮名遣いなどの基礎を固め，また現代語訳付きでいいので，少しでも古典に慣れておこう。

2020年度

★★★★★★★★★★★★★★★★★★★★★★★★

入 試 問 題

2020年度

北海高等学校入試問題

【数　学】（50分）〈満点：60点〉

【注意】1.　分数はそれ以上約分できない形で答えなさい。

2.　根号がつく場合，$\sqrt{20}=2\sqrt{5}$のように，根号の中を最も小さい正の整数にして答えなさい。

3.　円周率はπとしなさい。

1　次の計算をしなさい。

(1)　$-3^2+10\times\left(\dfrac{9}{6}\right)^2$

(2)　$2\sqrt{5}+\dfrac{4}{\sqrt{6}}\div\sqrt{\dfrac{2}{15}}-\sqrt{45}$

(3)　$\dfrac{x-1}{2}-\dfrac{2x-3}{3}$

(4)　$2(x-2y)(x+3y)-(x^2+2xy+y^2)$

2　次の問いに答えなさい。

(1)　$(x-1)(x-9)+4x$を因数分解しなさい。

(2)　2次方程式$2x^2+ax-8=0$の解の1つが4のとき，aの値を求めなさい。また，もう1つの解を求めなさい。

(3)　2組の連立方程式 $\begin{cases} ax+by=4 \\ 4x+3y=2 \end{cases}$，$\begin{cases} 3x+4y=5 \\ bx+ay=1 \end{cases}$ が同じ解をもつとき，aおよびbの値を求めなさい。

(4)　一周3.3 kmの池があり，A君とB君は同じ場所に立っています。A君は池の周りを左回りで歩きました。B君はA君が出発してから10分後に右回りで走りました。A君の歩く速さは分速60 mで，B君の走る速さは分速120 mでした。このとき，B君は出発してから何分後にA君に出会うか求めなさい。

(5)　次の図のように底面の半径が5 cm，母線の長さが15 cmの円すいがある。底面の円周上の点Aから母線OB上の点を通り，この立体の側面に沿って点Aまでもどる。そのときの最短距離を求めなさい。

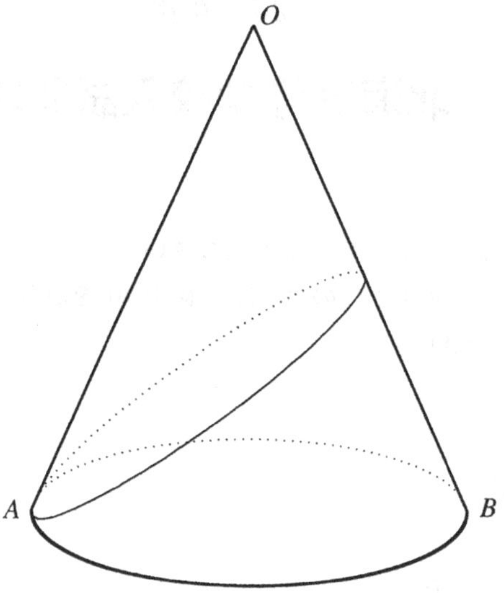

3　赤玉2個，白玉3個入った袋がある。この袋の中から玉を1個取り出して色を調べ，それを袋にもどしてから，また，玉を1個取り出すとき，次の確率を求めなさい。

(1)　どちらも赤玉が出る確率

(2)　赤玉と白玉が1個ずつ出る確率

4　下の図のように，BCの長さを2 cmとする$AB=AC$の二等辺三角形ABCがある。点DはAC上の点であり，$AD=BD=BC$である。BD上に$CD=CE$となる点Eをとり，CE上に$DE=DF$となる点Fをとる。このとき，次の問いに答えなさい。

(1)　$\angle EFD$の大きさを求めなさい。

(2)　ABの長さを求めなさい。

(3)　DFの長さを求めなさい。

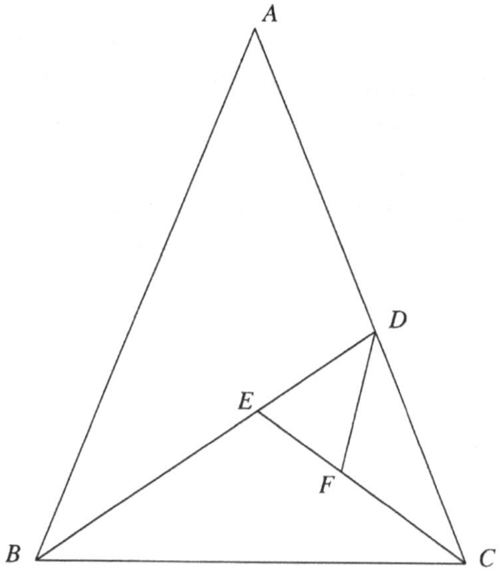

5 下の図のように，関数$y = x^2$ … ①のグラフと直線$y = kx$ … ②が原点Oと点Aで交わっている。点Aのx座標は2であり，点Bはx軸上の負の部分にあり，点Cはy軸上の正の部分にある。また，直線BCは直線OAと平行であり，$\triangle OAB$の面積は3 cm^2である。このとき，次の問いに答えなさい。ただし，座標の1目もりは1 cmとする。

(1) kの値を求めなさい。

(2) 点Bの座標を求めなさい。

(3) 直線BC上にx座標が正である点Pをとる。四角形$OAPC$の面積が10 cm^2となるとき，点Pのx座標を求めなさい。

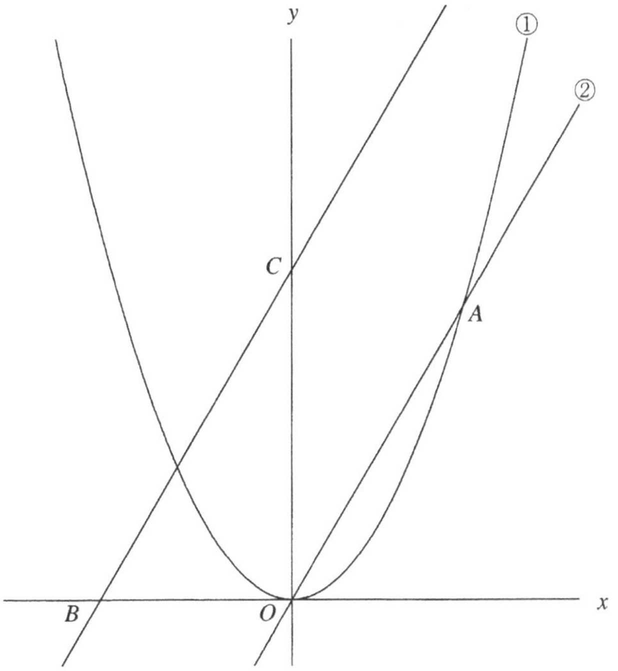

6 AチームとBチームがラグビーの試合を行い，1点差でAチームが勝利した。1回のトライによる得点は5点，そのトライ後に1回だけ与えられるゴールキック(コンバージョン)が成功したときの得点を2点とする。Aチームは，トライの回数がBチームよりも1回少なかった。また，Aチームの総得点の$\dfrac{2}{7}$がコンバージョンによる得点であった。Bチームは，コンバージョンの成功による得点が1回であり，残りはすべてトライによる得点であった。このとき，次の問いに答えなさい。ただし，両チームの総得点はトライとコンバージョンによるもののみとする。

具体例

あるチームのトライによる得点が6回，コンバージョンの成功による得点が3回とすると
総得点は，　$5 \times 6 + 2 \times 3 = 36$点　である。

(1)　Aチームのトライの回数をxとしたとき，Bチームの得点をxを用いて表しなさい。

(2)　Aチームのトライの回数を求めなさい。

7　下の図のように，一辺の長さが$2\ cm$の正三角形ABCの各頂点を中心として，半径がその正三角形の辺の長さとなる円を描き，その弧で結んでできる図形(ルーローの三角形)が正方形$DEFG$に接している。また，点Aは正方形$DEFG$の対角線DF上にあり，AFは線分BCの垂直二等分線である。このとき，次の問いに答えなさい。

(1)　下の図のルーローの三角形の面積を求めなさい。

(2)　斜線部分①の面積を求めなさい。

(3)　斜線部分②の面積を求めなさい。

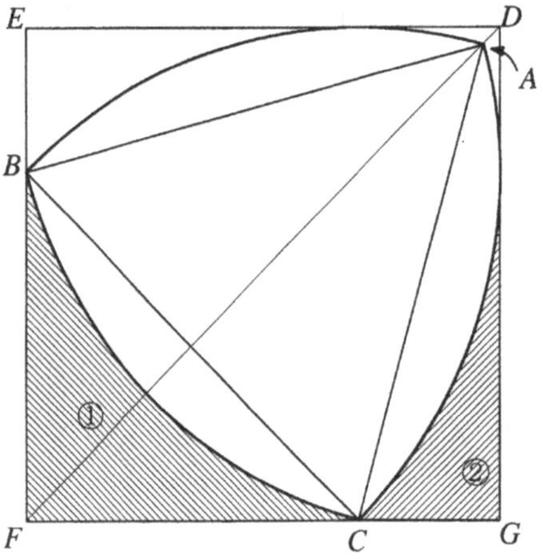

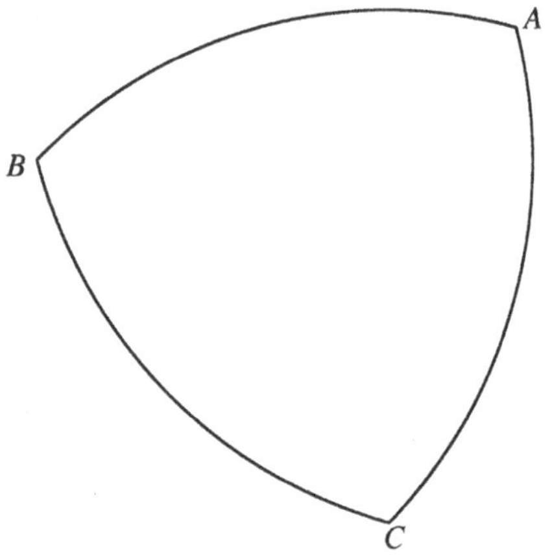

ルーローの三角形

【英　語】（50分）〈満点：60点〉

1　次の各文の（　　）に入れるのに，最も適当なものをA～Dから1つずつ選びなさい。

問1　Keiko sat down（　1　）Kana and Mary.

A. from　　B. between　　C. in　　D. over

問2　（　2　）any CDs in my room.

A. There are　　B. There aren't　　C. There is　　D. There isn't

問3　The typhoon（　3　）great damage to my house.

A. built　　B. did　　C. broke　　D. won

問4　Masahiro（　4　）near my house, but now he lives in Okinawa.

A. used to live　　B. use to live　　C. used lived　　D. was used to live

問5　I don't know（　5　）.

A. where lives Tom　　B. where does Tom live

C. where Tom lives　　D. where Tom live

2　日本語の意味になるように，与えられた語を正しい語順に並べかえて，英文を完成しなさい。解答は（　1　）～（　6　）に入るものの記号のみを答えなさい。ただし，文頭に来る文字も小文字にしてあります。

問1　割れた窓には近づかないように。

Don't ________ （　1　） ________ ________ （　2　） ________.

A. window　　B. close　　C. come　　D. to　　E. broken　　F. the

問2　その公園はたくさんの木で覆われている。

The park ________ ________ （　3　） ________ （　4　） ________.

A. trees　　B. lots　　C. is　　D. with　　E. of　　F. covered

問3　一緒に散歩をしませんか。

________ （　5　） ________ ________ ________ （　6　） together?

A. we　　B. don't　　C. walk　　D. take　　E. why　　F. a

3　①～④を並べかえて二人の自然な会話にする場合，その順序として最も適当なものをA～Dから1つずつ選びなさい。

問1

① Yes, of course.　Twice.

② Yes, I am going to go to Hokkaido.　The food is very delicious.

③ Have you decided where to go for winter vacation?

④ Have you ever been there?

A. ③→②→④→①　　B. ③→①→④→②

C. ④→①→③→②　　D. ④→②→③→①

問2

① How many slices of pizza do you need?

② Sure.　OK, I've finished.

③ This looks very delicious.　Can you cut it?

④ Please cut it for six people.

A. ①→③→④→②　　B. ①→④→②→③

C. ③→④→②→①　　D. ③→①→④→②

4 Read the website below and answer the questions.

Welcome to Hokkai Bowling Stadium!

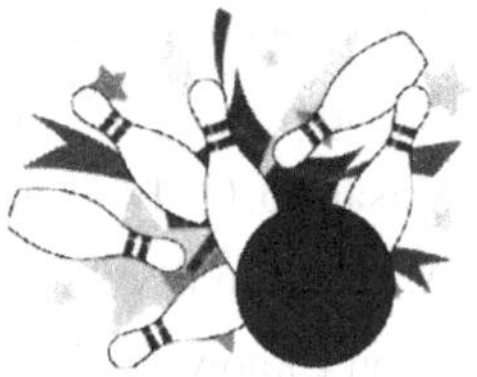

■Business hours

From Monday through Friday　9:00 a.m. to 1:00 a.m.

Saturday, Sunday and holidays　5:00 a.m. to 1:00 a.m.

	1 game (including *shoe rental)		
Age	Child (～12)	Student (13～18)	Adult (19～)
9:00 a.m. ～ 10:00 p.m.	500 yen / person	600 yen / person	600 yen / person
10:00 p.m. ～ 1:00 a. m			700 yen / person
5:00 a.m. ～ 9:00 a.m.	300 yen / person	400 yen / person	400 yen / person

Information

・We welcome bowlers of all ages.

・Children aged 12 or under cannot do bowling without adults.

・Students aged 18 or under are not [1] to enter after 10:00 p.m.

・If you become a member of Hokkai Bowling Stadium, you can receive a 100-yen discount for each game.

・To be a member of Hokkai Bowling Stadium, you must be 13 or over.

・We have a special bowling lesson only for adult members.

Every Friday	7:00 p.m. ～ 8:00 p.m.	2,000 yen / person (including shoe rental)

Hokkai Bowling Stadium

x-y-z Asahimachi Toyohira-ku Sapporo

Tel: 011－814－××××

COUPON

One Game Free

(*available for only one child)

注) shoe rental：貸し靴料金　available：利用できる

Q1 Choose the best word to put into [1] on the website.

A. added　　B. allowed　　C. broken　　D. examined

Q2 Choose the best answer for the question below.

Question : When one adult and one student (both members) and two children do bowling (1 game) with one coupon from 7 a.m., how much will they pay?

A. 800 yen　　B. 900 yen　　C. 1,100 yen　　D. 1,200 yen

Q3 Which one is true?

A. Everyone can become a member of Hokkai Bowling Stadium, and get a discount.

B. Adults must be with a student to do bowling.

C. If an 8-year-old girl and her mother receive a bowling lesson, they will pay 4,000 yen.

D. You can start bowling from 8:00 a.m. every Sunday.

5 Read and answer the questions below.

"What do you want to do when you become an adult?" Every year, boys and girls are asked about this. The lists below show jobs children want to do in the future in 2014 and 2019. What can you see from them?

Some jobs are popular in both years. The top two for boys and girls are the same in 2014 and 2019. In 2019, more than half of the boys think that they want to be an athlete. This is because the Tokyo Olympics will be held in 2020. Girls are more interested in helping people, so many girls want to get a job as a teacher or a doctor.

However, there have been some changes in 5 years. "Flight attendant" was popular among girls in 2014, but it was replaced by "Designer" in 2019. The most surprising jump for boys came in the 4th place in 2019. The new job, "YouTuber" is now on the list.

Some children haven't thought of their future job, but this is not a problem because their dream may change as they grow up. The important thing is to know they can choose jobs freely. Parents or teachers can *support them to make their dream come true. If they do so, children can get experience and *expand their view of the world. This is the key for their future.

List1

Top 5 answers in 2014		
	Boys	Girls
1	Baseball player (21.6%)	Nursery teacher (22.3%)
2	Soccer player (19.3%)	School teacher (18.8%)
3	Doctor (13.5%)	Doctor (14.5%)
4	School teacher (11.7%)	*Pastry chef (12.0%)

List2

Top 5 answers in 2019		
	Boys	Girls
1	Baseball player (23.8%)	Nursery teacher (25.2%)
2	Soccer player (21.6%)	School teacher (20.1%)
3	Doctor (13.7%)	*Pastry chef (15.2%)
4	YouTuber (12.6%)	Doctor (10.4%)

5	Musician (8.8%)	Flight attendant (8.6%)

Not clear : in 2014 Boys 0.2% / Girls 0.2%

5	[1] (10.8%)	Designer (7.6%)

Not clear : in 2019 Boys 0.3% / Girls 0.1%

注） pastry chef : お菓子職人　　support ～ : ～を支援する　　expand ～ : ～を広げる

Q1　Choose the best word(s) to put into [1] on List2.

A. Game programmer　　B. Salesclerk

C. Musician　　D. Basketball player

Q2　Which one is true?

A. "Pastry chef" is in the same place for girls in 2014 and 2019.

B. Some children cannot decide what they want to be because they have a lot of dreams.

C. "YouTuber" is not as popular among boys as "Doctor" in 2019.

D. More and more girls want to help people because of the Tokyo Olympics.

Q3　Read the next sentence, and choose the best answer to put into [ ].

The writer thinks that children [ ] with the help of their parents and teachers.

A. make a comment on their future

B. take care of others

C. grow up fast

D. realize their dream

6　Two high school students are talking about *voting in *elections. Read and answer the questions below.

Aki : Do you know that young people who are 18 years or older have the (a) to *vote in Japan?

Hiro : Yes, I do. It changed in 2016. You are now 18. [①]

Aki : Yes, of course. When I was a small child, it was hard for my mother to find places to take care of me while she worked. So, I plan to vote for the politicians who want to help working mothers.

Hiro : I agree (b) you, but I'm not interested in elections.

Aki : [②]

Hiro : Well, for two reasons. For one thing, I know almost nothing about elections.

Aki : Oh, don't worry about that. [③] I hear that is very practical. What's the other reason?

Hiro : I think politicians don't *keep their word after they are (c). I don't like politicians!

Aki : Some are like that, but then some are very *reliable.

Hiro : Sorry, I don't think so.

Aki : Do you know the biggest problem with elections in Japan?

Hiro : [④] What is it?

Aki : It's the low *voting rate, and that's not limited to just young people. But nothing will change if people like you don't vote. The only way to improve the situation is for people to vote in elections.

Hiro：However, what should people like me − who no longer believe any politicians − do? That's a really difficult question.

Aki：[⑤] To *cast a blank vote is very useful to say "no". That is a good way to (d) our *opinions and ideas.

Hiro：You are very *passionate about this. Because it's important for our future, I'll vote in the next election.

注） voting：投票　election：選挙　vote：投票する　keep one's word：約束を守る　reliable：信頼できる
voting rate：投票率　cast a blank vote：白票を投じる　opinion：意見　passionate：熱烈な

Q1 Choose the best sentence to put into [①] to [⑤].

A. How come?

B. I have no idea.

C. Oh, I know.

D. We will learn about elections in class.

E. Will you vote in the coming election?

Q2 Choose the best word to put into (a).

A. source　B. right　C. harvest　D. cooperation

Q3 Choose the best word to put into (b).

A. in　B. from　C. for　D. with

Q4 Choose the best word to put into (c).

A. elected　B. ordered　C. reported　D. moved

Q5 Choose the best word to put into (d).

A. throw　B. show　C. shake　D. reduce

[7] 次の英文を読み，以下の問いに答えなさい。

The Internet has changed our way of life. Today we can no longer live without the Internet because it has become necessary for our life, and we can use the Internet *anytime anywhere. (①), we can *reserve a hotel room in a foreign country while we are going to the country on a plane, or we can look for friends who have the same hobby through *SNS even at night.

However, we must not forget the bad side of the Internet. *Crime on the Internet is increasing. The crime (②) "Internet *fraud" is becoming a big problem.

One example of Internet fraud was like this；a 50-year-old man wanted to buy an expensive watch for his daughter's 20th birthday. He found a watch with a great design on a website. Soon, he bought it and asked the shop to wrap it as a present. A few days later, he got the *parcel from the shop. He gave it to his daughter on her birthday. She opened it and was surprised to see it because the present in the parcel was just a rock.

Another example was a 15-year-old boy. He belonged to a brass band club at school, and he wanted his own drum set, but it was very expensive. One day, he found a shopping website. The website said "Welcome to the NNN website. We sell only *brand-name instruments, but it's your lucky day! We are having a big *sale now. Hurry up and get a big discount!" He was excited and soon bought the drum set which he really wanted. Then, he waited. After a month, he became worried and sent an e-mail to the shop from the website. However, the e-mail address was *false. He paid for the drum set, but it never arrived.

Internet shopping is (③) all over the world, and a lot of people are happy to use it. However, sometimes we are *deceived by such websites. How can we protect ourselves from Internet fraud? Sometimes, just calling the shop is a simple and good way. If there is no phone number on the website, it may be a *fake website. Also, *reviews of the store can help you in order to share the information about fake websites. We must remember that Internet shopping has both good and bad sides, so it is necessary to study about it and be careful before we buy anything.

注） anytime anywhere：いつでも，どこでも　reserve ～：～を予約する
SNS：ソーシャル・ネットワーキング・サービス（交友関係を構築するウェブサービス）
crime：犯罪　fraud：詐欺（さぎ）　parcel：小包　brand-name：ブランド商品
sale：セール　false：誤った　deceive ～：～をだます　fake：偽の　review：批評

問1　(①)に入れるのに，最も適当なものをA～Dから1つ選びなさい。

A. At the same time　B. For example
C. In the end　D. In addition

問2　(②)に入れるのに，最も適当なものをA～Dから1つ選びなさい。

A. calls　B. has called　C. calling　D. called

問3　次の質問に対する答えとして，最も適当なものをA～Dから1つ選びなさい。

Question：Why did the 15-year-old boy send an e-mail to the NNN website?

A. This was because he didn't get a big discount.
B. This was because the drum set was not the one which he wanted.
C. This was because he got the drum set before he paid for it.
D. This was because the drum set didn't reach him.

問4　(③)に入れるのに，最も適当なものをA～Dから1つ選びなさい。

A. spreading　B. falling　C. sticking　D. lying

問5　本文の内容に合うものをA～Dから1つ選びなさい。

A. The Internet is so useful that our life has improved.
B. Many people visit foreign countries because the Internet users are increasing little by little.
C. The 50-year-old man was asked to buy a present from his daughter, so he did his shopping on the Internet.
D. You have to protect you and your family from Internet fraud by calling people around you.

問6　以下の英文は本文を要約したものです。(Ⅰ)～(Ⅲ)に入れるのに最も適当なものをA～Jから1つずつ選びなさい。

> Our life has changed as the Internet becomes more popular. Many people are (Ⅰ) to use it. However, some websites may give us (Ⅱ). So, we must pay attention to the (Ⅲ) points about the Internet.

A. sorry　B. trouble　C. exciting　D. energy　E. dangerous
F. willing　G. change　H. similar　I. true　J. hope

8 Read and answer the question below in English with 20 words or more.

Many junior high school students become a high school student, but some students are worried about it for several reasons.

Question : What are you worried about when you become a high school student?

You should write your answer after '*I'm worried about becoming a high school student.*'

《条件》

・主語と動詞を含む20語以上の英文で書きなさい。ただし，英文は2文以上になってもよい。

・短縮形(I'mなど)は1語と数え，記号(ピリオドやコンマなど)は語数に含めない。

・答えは解答用紙の下線部＿＿＿＿や＿＿＿＿に1語ずつ詰めて書くこと。

Question : What are you worried about when you become a high school student?

Answer : I'm worried about becoming a high school student.

＿＿＿＿ ＿＿＿＿ ＿＿＿＿ ＿＿＿＿ ＿＿＿＿

＿＿＿＿ ＿＿＿＿ ＿＿＿＿ ＿＿＿＿ ＿＿＿＿

＿＿＿＿ ＿＿＿＿ ＿＿＿＿ ＿＿＿＿ ＿＿＿＿

＿＿＿＿ ＿＿＿＿ ＿＿＿＿ ＿＿＿＿ ＿＿＿＿

20語

＿＿＿＿ ＿＿＿＿ ＿＿＿＿ ＿＿＿＿ ＿＿＿＿

＿＿＿＿ ＿＿＿＿ ＿＿＿＿ ＿＿＿＿ ＿＿＿＿

＿＿＿＿ ＿＿＿＿ ＿＿＿＿ ＿＿＿＿ ＿＿＿＿

＿＿＿＿ ＿＿＿＿ ＿＿＿＿ ＿＿＿＿ ＿＿＿＿

【理　科】（50 分）〈満点：60 点〉

【注意】1.　分数はそれ以上約分できない形で答えなさい。

2.　根号がつく場合，$\sqrt{20}=2\sqrt{5}$のように，根号の中を最も小さい正の整数にして答えなさい。

3.　円周率はπとしなさい。

1

【実験】　①0.9 gの水酸化ナトリウムを溶かし，水酸化ナトリウム水溶液60 gを作りました。また，濃度の異なる塩酸A・B・Cを３つのビーカーに10 cm^3入れ，それぞれのビーカーにBTB溶液を加えました。次に，塩酸A・B・Cの入ったビーカーに，下線部①で作った水酸化ナトリウム水溶液を駒込ピペットで少しずつ加えていき，②ビーカー中の水溶液が黄色から緑色に変化したところで加えるのをやめました。その結果，塩酸A・B・Cの入ったビーカーに加えた水酸化ナトリウム水溶液の体積は，以下の表のようになりました。

【結果】

	加えた水酸化ナトリウム水溶液の体積［ｃｍ^3］
塩酸A	２０
塩酸B	5
塩酸C	１０

問１　下線部①について，この水溶液の質量パーセント濃度は何％になりますか。**小数第１位まで**求めなさい。

問２　水酸化ナトリウムは水に溶けて電離します。水酸化ナトリウムの電離を表す式を書きなさい。

問３　塩酸の性質の説明として，**誤っている**ものはどれですか。選びなさい。

ア　マグネシウムなどの金属と反応して酸素を発生する

イ　青色リトマス紙を赤色にする

ウ　pH の値は７より小さい

エ　水溶液中には水素イオンが生じている

問４　下線部②の時，ビーカー中の水溶液の性質は何性ですか。選びなさい。

ア　酸性　　　イ　中性　　　ウ　アルカリ性

問５　塩酸A，B，Cを濃度の高い順に並べたものはどれですか。選びなさい。

ア　A＞B＞C　　　イ　A＞C＞B　　　ウ　B＞A＞C

エ　B＞C＞A　　　オ　C＞B＞A　　　カ　C＞A＞B

2　次の会話文を読み，問いに答なさい。

ケンジ君：昨年は，胆振東部地震によって全道で停電となりました。停電してはじめて都市型の生活は電気エネルギーに頼っていると痛感しました。電気のない生活は考えられません。

先　　生：電気はエネルギーの輸送や変換が容易で，使用するときには廃棄物が出ないこと，家電製品はスイッチ一つではたらくなど，電気エネルギーは非常に利用しやすいエネルギーだから，生活の中の多くの場面で電気が使われているよね。

ケンジ君：しかし，日本の石炭火力発電に関して海外から批判されていますが，なぜ石炭だけが問題なのですか。

先　　生：①石炭，石油，天然ガスの中では最も二酸化炭素を排出するからだね。

ケンジ君：②もし，石炭の代わりに天然ガスを使用すると，二酸化炭素の排出量を少なくすることができますね。

先　　生：確かにそうだけど，石炭火力発電の高効率化によっても二酸化炭素の排出量を減らすことができる。日本はこれに取り組んでいるんだ。特定のエネルギー資源に依存しすぎると，国際情勢の変化があった場合，エネルギー供給が途絶えるリスクがあるんだよ。

ケンジ君：石油，石炭，天然ガスのほとんどを輸入している日本では，③再生可能エネルギーの開発を早急に進めなくてはなりませんね。

表１　１人が１日に消費する電力量 kWh（2016 年）

北米	３２．６
オセアニア	２３．７
日本	２１．０
西欧	１４．９
ロシア・その他旧ソ連邦諸国・東欧	９．９
中東	１０．５
中国	１０．３
中南米	５．７
アジア（除く日本，韓国）	５．４
アフリカ	１．４
世界平均	７．７

表２　日本の発電電力量に占める各エネルギー資源の割合％（2016 年）

石炭	３３
石油	８
天然ガス	３９
水力	８
原子力	２
その他	１０

表３　燃焼して同じ熱量を得るために排出される二酸化炭素排出量の比（石炭を 10 とする）

石炭	１０
石油	８
天然ガス	６

問１　下線部①について，石炭，石油，天然ガスのように，大昔に生きていた動植物の遺骸などが変化して生成した燃料のことを何といいますか。漢字４文字で書きなさい。

問２　日本において，１日に消費する１人あたりの電力量は，25 W の LED 蛍光灯５本を何日間つけたままにした電力量に等しいですか。表１の数値を利用して計算し，**整数で**答えなさい。

問３　下線部②について，発電のための石炭の使用を止め，石炭による発電量をすべて天然ガスによる火力発電によって供給できたとすると，2016 年の日本で発電のために排出された二酸化炭素のうち，およそ何％が削減されますか。表２，表３を利用し，**小数第１位を四捨五入し整数で**答えなさい。ただし，発電による二酸化炭素の発生は石炭・石油・天然ガスによるものとし，燃焼で得られる熱量がそのまま電気エネルギー（発電電力量）になっているものとします。また，石油による発電量はかわらないものとします

問４　下線部③について，再生可能エネルギーの説明として**最も適当なもの**はどれですか。選びなさい。

ア　電気エネルギーを再度もとのエネルギー資源に戻すことができるエネルギーのことである
イ　利用する以上の速さで自然界によって補充されるエネルギーのことである
ウ　地球にあるものから得られるエネルギーのことである
エ　岩石に含まれる放射性物質が放出する核エネルギーのことである
オ　天然ガスの主成分であるメタンのように化学的に合成できるエネルギーのことである

3

電熱線 a，電熱線 b，電流計を用いて，次の実験を行いました。

【実験１】　図１でスイッチ１のみを入れ，電源の電圧を変化させて，電流を調べました。下の表はその結果を示したものです。

電圧　(V)	１．０	２．０	３．０	５．０	８．０
電流(mA)	３１	６３	９４	１５６	２５０

【実験２】　図１でスイッチ１とスイッチ２を入れ，電源の電圧を 16 V にすると，電流計は 2.5 A を示しました。

【実験３】　図２でスイッチ３を入れると，電流計は1.5Ａを示しました。

図１

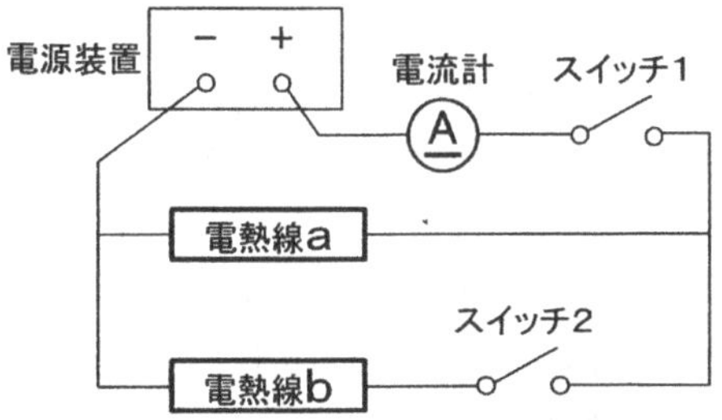

図２

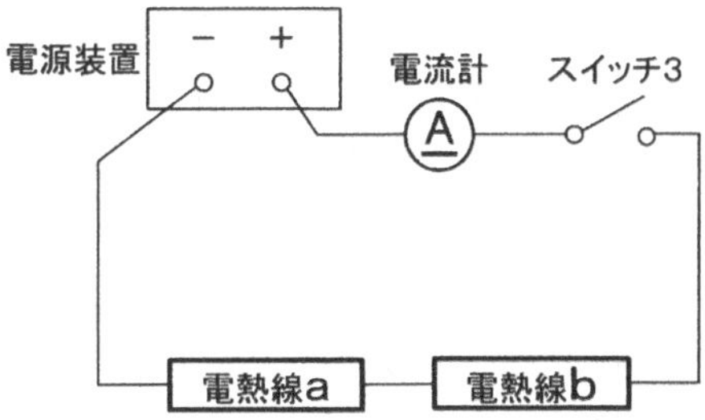

問１　次の（1）～（4）の問いに答えなさい。

（1）　実験１で電源の電圧と電流の関係を表すグラフを書きなさい。

（2）　電熱線ａの抵抗は何Ωですか。答えは**小数第１位を四捨五入して整数**で書きなさい。

（3）　実験２で電熱線ｂに流れる電流は何Ａですか。書きなさい。

（4）　実験３で電源の電圧は何Ｖですか。書きなさい。

問２　図３は，たこ足配線の例を示している。次の文の［Ａ］，［Ｂ］に入ることばの組み合わせとして適切なものはどれですか。選びなさい。

家庭では，電気器具はすべて［Ａ］につながるように配線されている。このため，１つのテーブルタップに複数の電気器具を接続すると，テーブルタップの導線に流れる電流の強さは，各器具を流れる［Ｂ］と等しくなる。図３のようなつなぎ方をすると，導線が過熱して火災の原因となることがある。

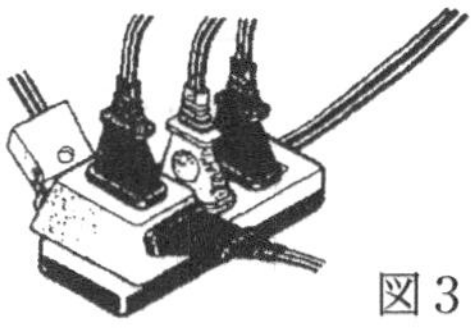

図３

	A	B
ア	直列	電流の強さ
イ	並列	電流の強さ
ウ	直列	電流の強さの和
エ	並列	電流の強さの和

問３　現在，日本人の生活の身の回りには，科学技術がいたるところで利用されています。IHクッキングヒーターや地下鉄・電車・バスに乗るときに使うICカードは，磁界の変化によって電流が流れる物理現象を利用しています。この物理現象を何といいますか。漢字４文字で書きなさい。

問４　IHクッキングヒーターで調理するとき，最も効率よく調理できる鍋の材質は何ですか。選びなさい。ただし，鍋の大きさや形状，厚みは同じものとします。

ア　アルミニウム　　イ　銅　　ウ　金　　エ　鉄

4

多細胞生物では，体内の細胞が正常な機能を果たすために，それらを取り囲む体内の状態(体内環境)を一定に保とうとする性質があります。これをホメオスタシスといいます。ほとんどの細胞は，体内環境をつくる体液($_{A}$血液や$_{B}$組織液などの総称)に浸されて維持されています。体液は循環系によって循環し，いろいろな栄養分や酸素などを全身の細胞に供給するとともに，老廃物を運び去っています。

心臓は，血液循環の中心であり，ヒトでは$_{C}$２心房２心室で構成されています。右心房の上部には洞房結節(とうぼうけっせつ)という規則的に興奮する特殊な部分があり，ここから心臓全体に拍動のペースを維持する刺激が出ています。この刺激により，心臓の４つの部屋は協調して収縮と弛緩(しかん)を繰り返し，血液を一定の方向へ送り出しています。血液の循環は，（　a　）を肺へ送り出す（　b　）と，（　c　）を全身に送り出す（　d　）からなります。（　d　）によって全身を循環して心臓に戻ってきた（　a　）は，$_{D}$（　b　）でガス交換を行った後，再び全身に送られます。

問１　下線部Aについて，ヒトにおける血液の成分とその働きについての説明文①～③において正しい選択肢の組み合わせはどれですか。選びなさい。

①　アメーバ状で大きさにも違いがある白血球は，細菌だけでなくウイルスも取り込み分解することができる。

②　定形で中央にくぼみのある赤血球は，酸素や二酸化炭素と結合して体全体に運ばれる。

③　小さく定形の血小板は，出血時の血液を固める物質を分泌する。

ア．①のみ　イ．②のみ　ウ．③のみ　エ．①と②　オ．②と③
カ．①と③　キ．①と②と③　ク．正しい選択肢はない

問２　下線部Bについて，毛細血管から染み出た組織液は，血管以外の管にも戻ります。その管を何と言いますか。書きなさい。

問３　赤血球中にある酸素と結合するタンパク質を何と言いますか。書きなさい。

問４　下線部Cと同じつくりの心臓をもつ生物はどれですか。選びなさい。

ア．カラス　イ．サンショウウオ　ウ．メダカ　エ．ヘビ　オ．カメ

問５　文中の（　a　）（　c　）には血液の種類があてはまります。それぞれ何と言いますか。答えなさい。また，どちらの血液が「あざやかな赤色」をしていますか。a，cで答えなさい。

問６　文中の（　b　）（　d　）には循環名があてはまります。それぞれ何と言いますか。書きなさい。

問７　下線部Dの循環について，血液の流れる方向として最も適当なものはどれですか。選びなさい。

ア．右心室 → 肺静脈 → 肺 → 肺動脈 → 左心房
イ．右心室 → 肺動脈 → 肺 → 肺静脈 → 左心房
ウ．右心房 → 肺静脈 → 肺 → 肺動脈 → 左心室
エ．右心房 → 肺動脈 → 肺 → 肺静脈 → 左心室
オ．左心室 → 肺静脈 → 肺 → 肺動脈 → 右心房

カ．左心室　→　肺動脈　→　肺　→　肺静脈　→　右心房

キ．左心房　→　肺静脈　→　肺　→　肺動脈　→　右心室

ク．左心房　→　肺動脈　→　肺　→　肺静脈　→　右心室

問８　血液が流れる血管についての説明文①～③において，正しい組み合わせはどれですか。選びなさい。

①　動脈は心臓から出た血液が流れる血管であるため，弾力があり，逆流を防ぐ弁がある。

②　静脈は心臓にもどる血液が流れる血管であるため，血管の壁は動脈より厚い。

③　ヒトの場合，毛細血管は静脈と動脈をつないでいる。

ア．①のみ　イ．②のみ　ウ．③のみ　エ．①と②　オ．②と③

カ．①と③　キ．①と②と③　ク．正しい選択肢はない

5　次の会話文を読み，問いに答えなさい。

先　生：実験の準備をしましょう。まず，上皿てんびんを用意してくださいね。

Ａさん：①上皿てんびんを使うときにはいくつかの注意点がありますね。

先　生：そうですね。正しい手順で操作を行いましょう。今日は３種類の金属を準備しました。みなさんに配られたのは，「鉄・銅・アルミニウム」のいずれかです。種類を特定するには，どのような実験をすれば良いでしょうか。

Ｂさん：見た目にも違いがあるので，②それぞれの金属の特徴を比較してはどうでしょうか。

先　生：いいですね，やってみましょう。他の方法を考えられた人はいませんか。

Ｃさん：はい。③密度をはかる方法があります。物質によって値が決まっているから区別できるはずです。

先　生：すばらしい。密度であれば，金属だけではなく，④プラスチックやガラスなどの非金属の種類の特定にも使えますね。

問１　下線部①について，上皿てんびんを用いて薬品をはかりとる方法として，**誤っている**操作はどれですか。すべて選びなさい。

ア　安定した水平な台の上に置く。

イ　正確にはかりとるために，指針が目盛り板の中心で止まるまで静かに待たなければいけない。

ウ　一方の皿に，薬包紙と，はかりとりたい質量の分銅をのせる。

エ　薬品をのせる皿には，折り目のついた薬包紙を置く。

オ　片付ける際には，両方のうでに皿を乗せてバランスがとれた状態で静かにしまう。

問２　下線部②について，アルミニウムの説明はどれですか。選びなさい。

ア　赤みを帯びており，延性，展性，熱や電気の伝導性がよい。

イ　軽くてやわらかく，延性，展性，熱や電気の伝導性がよい。

ウ　硬くて丈夫であり，磁石に引き寄せられる。建築材料に用いられる。

エ　常温（約20℃）で液体として存在できる。体温計や血圧計で使用されている。

問３　下線部③について，上皿てんびんを用いてある金属を117 gはかり取りました。水の入った

メスシリンダーに，この金属片を静かに入れると下図のように変化しました。この金属の密度は何 g/cm^3 になりますか。**小数第１位まで求めなさい。**

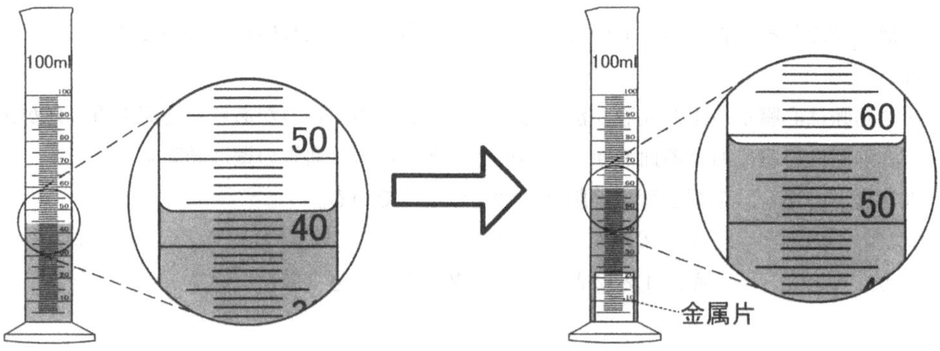

問４　下線部④について，水の入ったビーカーに，あるプラスチックを入れると水面に浮かびました。一方で，食用油の入ったビーカーに入れると，そのプラスチックは静かに沈みました。このプラスチックとして最も適当なものは，表１の中のどれですか。名称を書きなさい。ただし，水の密度は 1.00［g/cm^3］，食用油の密度は 0.92［g/cm^3］とします。

表１

プラスチックの名称	密度［g／cm^3］
ポリプロピレン	0.90 ～ 0.91
ポリエチレン	0.93 ～ 0.97
ポリスチレン	1.04 ～ 1.06
ポリ塩化ビニル	1.20 ～ 1.60
ポリエチレンテレフタラート	1.38 ～ 1.40

6

12月中旬のある日の午前０時に，札幌(北緯43度，東経141度)で星を観察しました。南の空に，オリオン座で最も明るい(　A　)，こいぬ座で最も明るいプロキオン，おおいぬ座で最も明るいシリウスが冬の大三角形を形成し，(　A　)は南中していました。(　A　)の南中後，しばらくしてシリウスが南中したとき，シリウスは地平線から31度の高度で観察できました。オリオン座は天の赤道(地球の赤道面と天球が交わった円周線)近くにある星座です。

問１　文中の(　A　)にあてはまる星の名前を書きなさい。

問２　この日の(　A　)が地平線から出てきた時刻はおよそ何時ごろですか。選びなさい。

　ア　午後０時　　イ　午後３時　　ウ　午後６時　　エ　午後９時

問３　この日，シリウスが没するのはどの方角ですか。選びなさい。

　ア　南西　　イ　真西　　ウ　北西

問４　この日，札幌と同一経線上の赤道でシリウスを観察すると，シリウスの南中高度は何度になりますか。書きなさい。

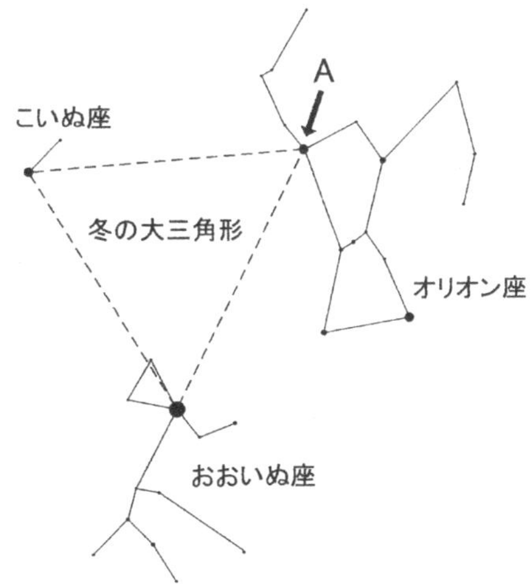

7

空き箱と焦点距離100 mmの凸レンズを用いて，図1のようなカメラを作りました。スクリーンは半透明の紙で，映った像をカメラの後ろ側から観察することができます。図2の配置で，スクリーン上に物体Aの像がはっきり映るように，レンズとスクリーンとの距離 x を調整しました。

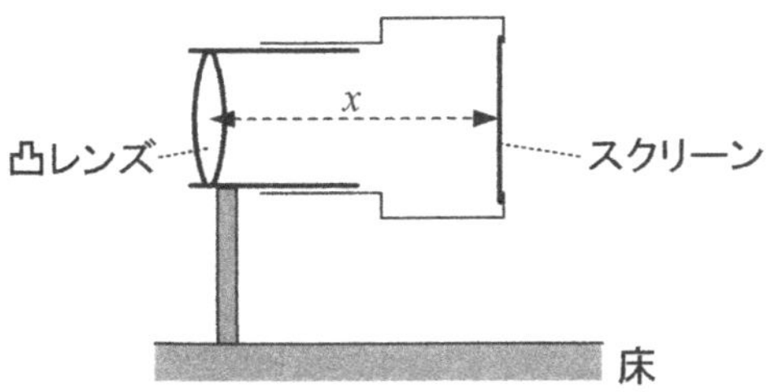

図1

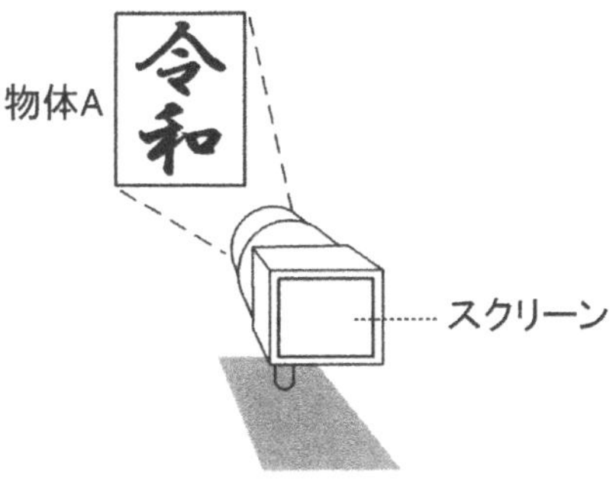

図2

問1　文中の下線部について，スクリーン上の像はどのようになりますか。選びなさい。

ア　イ　ウ　エ

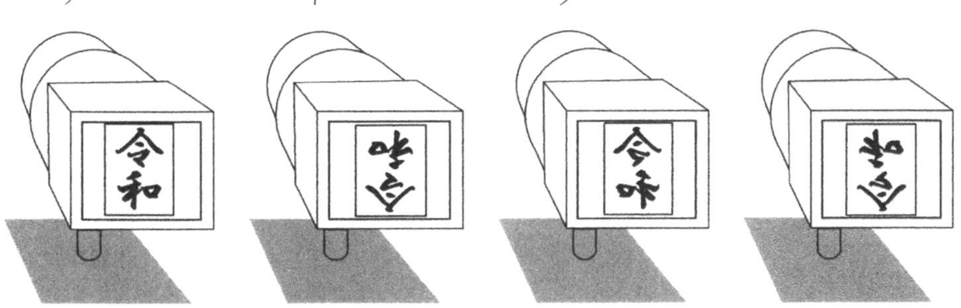

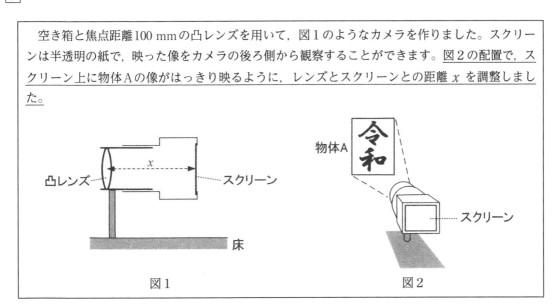

問２　文中の下線部について，このときスクリーンに映った像は，実像と虚像のどちらですか。選びなさい。

ア　実像　　　イ　虚像

問３　文中の下線部について，さらにレンズの下半分を黒い紙でおおいました。このときスクリーン上の像はどのように変化しますか。選びなさい。

ア　像の下半分が見えなくなった　　イ　像の上半分が見えなくなった

ウ　像全体が暗くなった　　エ　像全体が明るくなった

オ　像が小さくなった　　カ　像が大きくなった

問４　図３のように，直角をなす２枚の平面鏡があります。点Ｅからは鏡のつくる物体Ｐの像はいくつ見えますか。選びなさい。

ア　１　　イ　２　　ウ　３　　エ　４　　オ　５　　カ　６

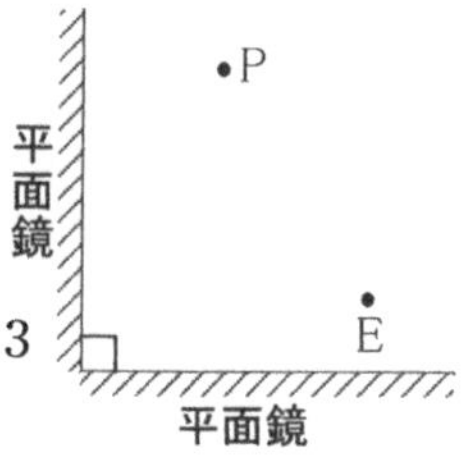

図３

【社　会】（50分）〈満点：60点〉

1　次の表1は2019年に日本で開催されたラグビーワールドカップの予選の組合せについて示したものです。これに関する以下の問いに答えなさい。

表1

プールA	プールB	プールC	プールD
アイルランド	ニュージーランド	イングランド	オーストラリア
スコットランド	南アフリカ共和国	フランス	ウェールズ
日本	イタリア	アルゼンチン	ジョージア
ロシア	ナミビア	アメリカ合衆国	フィジー
サモア	カナダ	トンガ	ウルグアイ

問1　プールAのロシアに関して，次の写真1は世界の代表的なスープについて示したものです。このうち，ロシアの代表的なスープに該当するものを下から1つ選んで記号で答えなさい。

てんさいの一種であるテーブルビートを使った甘みのある赤い色のスープです。

ア

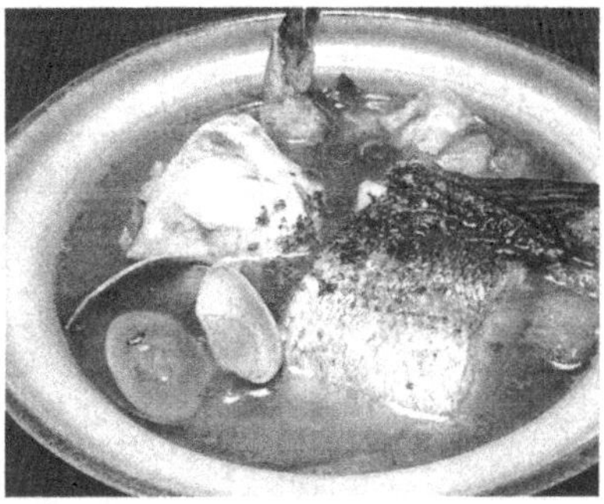

漁師たちが商品価値のない魚を煮て家庭料理としたのが発祥です。

イ

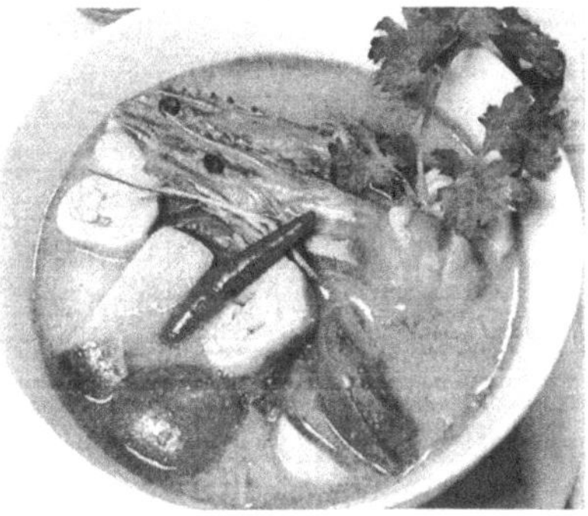

「エビを混ぜた煮込み料理」の意味で、具材の出汁が出たスープに酸味と辛みでバランスをとったものです。

ウ

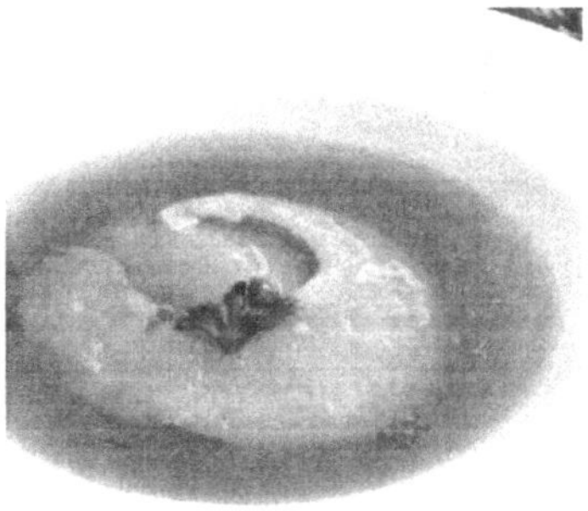

サメのヒレを繊維に沿って細く割いた身を入れたものが一般的です。

エ

写真1

問２　プールＡの日本に関する以下の問いに答えなさい。

（１）　次の図１は，日本の富山市，横浜市，岡山市，長野市のいずれかの都市の雨温図について示したものです。2019 年のラグビーワールドカップの決勝戦が行われた横浜市に該当するものを下から１つ選んで記号で答えなさい。

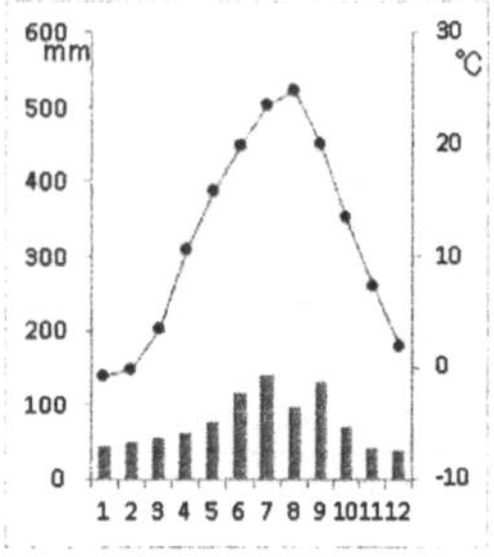

ア

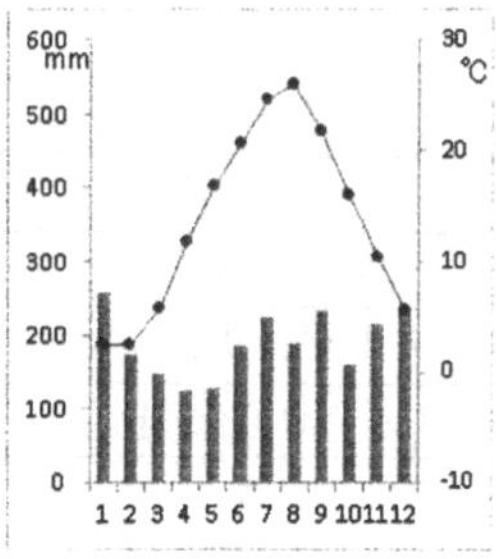

イ

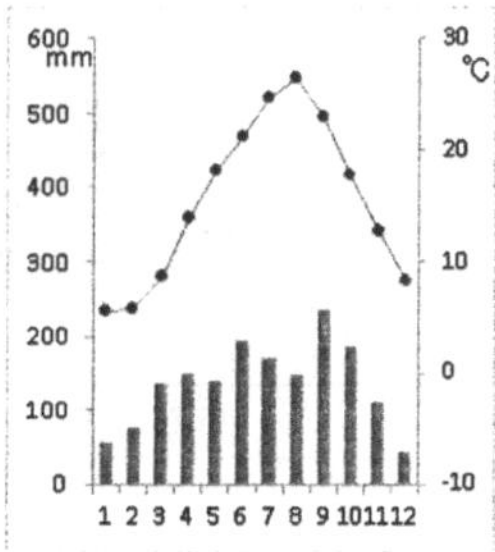

ウ

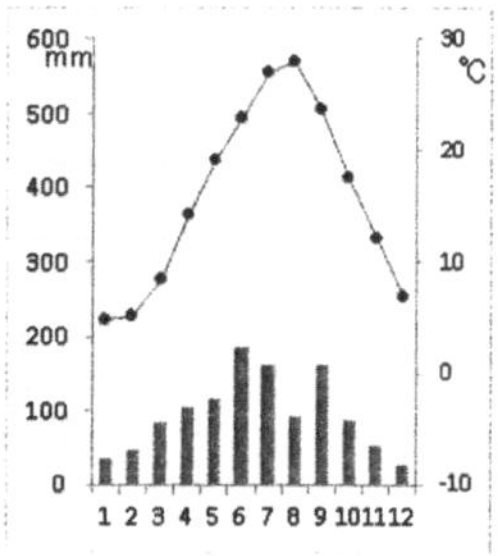

エ

図１

（２）　次の写真２中のⅠ・Ⅱは，それぞれ気象衛星が撮影した，ある月の日本周辺の画像です。それぞれ何月に撮影されたものか，正しい組合せを下から１つ選んで記号で答えなさい。

Ⅰ

Ⅱ

写真２

	ア	イ	ウ	エ	オ	カ
Ⅰ	１月	１月	６月	６月	９月	９月
Ⅱ	６月	９月	１月	９月	１月	６月

問３　プールＢのニュージーランドに関して，2019 年のラグビーワールドカップでは，次の写真３に示したニュージーランド代表による試合前の「ハカ」も話題となりました。これは，ニュージーランドの先住民が戦いの前に行っていた伝統的な儀式が，イギリス発祥のラグビーと融合したものです。この先住民を何というか答えなさい。

写真３

問４　プールＢの南アフリカ共和国は，２位で予選を通過し，決勝トーナメントでは見事に優勝を果たしました。その南アフリカでは，長い間ヨーロッパ系以外の人々を差別してきました。これに関する以下の文章を読んで，文章中の空欄に該当する最も適当な語句をカタカナで答えなさい。

人種差別問題を抱えていた南アフリカ社会で闘い，黒人，白人，さまざまな人種がいる虹色の国を一つにしたネルソン・マンデラ大統領は，1995 年の自国開催ラグビーワールドカップで優勝の歓喜に包まれたスタジアムで，フランソワ・ピナール主将と同じ背番号６がついた緑と金色のジャージを着て，笑顔で誇らしげに大観衆の祝福に応えていました。

あれから 24 年。英雄マンデラと同じ６番をつけるのは，南ア代表「スプリングボクス」の第 61 代主将，シヤ・コリシ。かつて白人ナショナリズムの象徴といわれたスプリングボクスの 127 年の歴史で，初めての黒人キャプテンです。エラスムス監督は，人口の約９割が非白人（黒人・混血など）という国で，チームの非白人選手の割合を 50％超にすることを目標とし黒人のコリシをキャプテンに任命しました。コリシは［　　　　］（人種隔離政策）が廃止になる 1991 年に，ポートエリザベス近くの非白人居住区にある貧困家庭に生まれました。当時，母は 16 歳，父は 18 歳で，若い両親はわが子を育てられず，一緒に暮らした祖母が育ててくれましたが，いつも空腹でした。小学校の１年間の授業料 50 ランド（約 350 円）が払えないほど貧しかったのです。「貧しい地区の子どもたちが夢見るのは，乗り合いタクシーの運転手になることくらい。ましてやスプリングボクスのキャプテンになるなんて夢にも思わなかった」と話します。尊敬する偉大な故マンデラは，スポーツには「世界を変える力」，「刺激する力」，「人々を結びつける力」があると言いました。

貧困から誇り高き南アフリカ代表の主将になったコリシは，「私は黒人の子どもたちだけでなく，あらゆる人種の人々を鼓舞したい。恩返しがしたい。

すべての南ア人のためにプレーする。我々は想像以上に大きなものを代表している」と話しました。

問５　プールＢのイタリアに関する以下の問いに答えなさい。

（１）　世界各地では，地域の自然環境を反映して，様々な材料や建築様式の家がみられます。写真４からイタリアに該当するものを１つ選んで記号で答えなさい。

石造りの家
ア

木骨づくりの家
イ

高床式の家
ウ

日干しれんがの家
エ

写真４

（２）　次の表２は，写真５の作物の生産上位国を示したものです。イタリアを含む地中海沿岸地域で広く栽培され，果実は食用や油の原料になります。この作物の名称を答えなさい。

表２

国　名	%
スペイン	38.6
イタリア	14.4
ギリシャ	9.8
トルコ	8.2
モロッコ	5.8
チュニジア	5.4

『データブツク　オブ・ザ・ワールド 2016』により作成。

写真５

問６　プールＢのナミビアに関して，ナミビアの位置を示した次の図２を参考にして，この国で撮影された植生景観を次の写真６から１つ選んで記号で答えなさい。

図２

砂漠
ア

丈の短い草原
イ

丈の長い草原と疎林
ウ

熱帯雨林
エ

写真６

問７　プールＢのカナダに関する以下の問いに答えなさい。

（１）　カナダ北部には，写真７のように犬ぞりを用いて，漁労やアザラシの狩猟などを行って生活している人々が居住しています。このような人々を何というか，写真７とこれに関する説明文を参考にして答えなさい。

写真７

以前は犬ぞりでの移動が中心でしたが，近年ではスノーモービルを使うこともあります。また，今でもアザラシなどの生肉を食べています。これはタンパク質やビタミンをとったり，寒い環境の中で体温を維持するのに効果があるためです。

（２）　カナダでは，英語以外にもう１つ公用語を採用しているため，街中では写真８のような二か国語で記された案内表示が多くみられます。英語以外のもう１つの公用語について答えなさい。

写真８

問８　プールＣのイングランドについて，イギリスに関する以下の問いに答えなさい。

（１）　イギリスのある組織からの離脱に関する記事です。文章中の空欄に該当する組織名を答えなさい。

英，［　　　］離脱へ　国民投票は離脱派勝利

英国が［　　　］から離脱するか残留するかを問う国民投票は，23日午後10時（日本時間24日午前６時）に締め切られ，開票作業の結果，残留支持派が約48％，離脱支持派が約52％となり，離脱支持側の僅差での勝利となった。キャメロン首相はこれまで，離脱の判断が出れば，ただちに［　　　］に対して離脱の手続きを進めると表明しており，英国は［　　　］離脱に向けて大きく舵を切ることになった。

『産経新聞』2016年６月24日付より抜粋。一部改変。

（2） イギリスは，正式名称を「グレートブリテンおよび北アイルランド連合王国」といい，四つの国が連合して成り立っている国です。このことは，ユニオンジャックとよばれる国旗を見てもわかります。これに関して示した図3中の空欄（X）に該当する国を，表1中から選んで答えなさい。

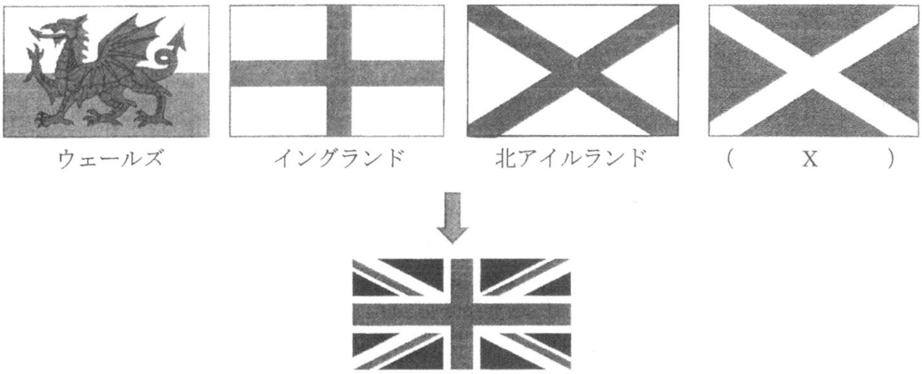

図3

問9 プールCのフランスに関して，次の図4は，2019年のラグビーワールドカップに出場した国のうち，フランス（パリ），イタリア（ローマ），ニュージーランド（ウェリントン），ロシア（イルクーツク）のいずれかの都市の雨温図について示したものです。フランス（パリ）に該当するものを1つ選んで記号で答えなさい。

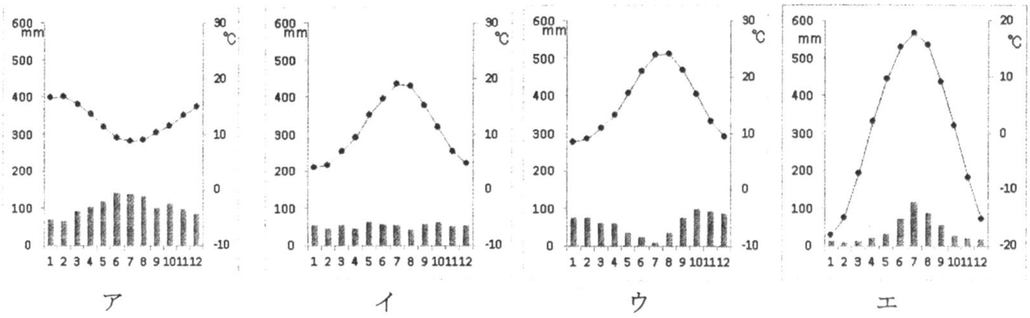

図4

問10 プールCのアルゼンチンに関して，国土の中央部に広がる写真9のような広大な草原を何というか，答えなさい。

写真9

問11　プールCのアメリカ合衆国に関する以下の問いに答えなさい。

（1）　アメリカ合衆国の中西部では，写真10のようにスプリンクラーがついた長さ400 mの装置が散水しながら動いて灌漑するため，円形の畑が広がっています。このような灌漑方法を何というか，答えなさい。

写真10

（2）　アメリカ合衆国では，写真11のように出荷前の肉牛にとうもろこしを中心とした栄養価の高い穀物飼料を与え，効率よく肥育する牧場がみられます。このような肥育場を何というか答えなさい。

写真11

問12　プールCのトンガに関する次の文章を読んで，文章中の空欄に該当する農産物を下から1つ選んで記号で答えなさい。

> 南太平洋にあるトンガ王国は，約170の島からなります。親日的な国として知られており，学校の授業ではそろばんが導入されています。また，ラグビーが盛んで，日本でラグビー選手として活躍しているトンガ人もいます。トンガの重要な輸出品は［　　　］です。トンガでは，日本と同じ品種の［　　　］の栽培が持ち込まれ，1990年代には，生産された［　　　］の多くを日本に輸出していました。2000年代に入ると，ニュージーランド，メキシコ，ニューカレドニアなどとの間で競争が激しくなり，［　　　］に依存してきたトンガの農業は大きな問題を抱えています。

ア．サツマイモ　　　イ．ジャガイモ　　　ウ．サトウキビ　　　エ．カボチャ問 13　プールDのオーストラリアに関する以下の問いに答えなさい。

（1）　次の写真 12 のうち，オーストラリアで撮影されたものを 1 つ選んで記号で答えなさい。ただし，他の 3 つは，2019 年のラグビーワールドカップに出場したアメリカ合衆国で撮影されたものです。

ア

イ

ウ

エ

写真 12

（2）　オーストラリアの先住民は写真 13 のようにブーメランを用いて，狩猟や採集生活を行ってきましたが，現在ではそのような伝統的な生活をする人は減少しています。オーストラリアの先住民を何というか答えなさい。

写真 13

問14　プールDのフィジーに関して，2019年のラグビーワールドカップに出場したいずれかの国の国旗について示したものです。フィジーに該当するものを図5から1つ選んで記号で答えなさい。

ア　　イ　　ウ　　エ

図5

2　次の写真とそれぞれの説明文を読んで，以下の問いに答えなさい。

A

Aの写真は法隆寺で，世界最古の木造建築として知られ，聖徳太子（厩《うまや》戸《と》皇子）が建てたものと伝えられています。この時代は，①推古天皇や蘇我馬子と協力しながら政治がすすめられ，冠位十二階の制度や十七条の憲法が定められ，遣隋使が派遣されました。

B

Bの写真は②東大寺の大仏で，聖武天皇の時代に造られました。この時代は，仏教の力にたよって伝染病や災害などの不安から国家を守ろうと考え，国分寺・国分尼寺なども各国に建てられました。また，③人口が増えたことから口分田が不足し，耕地の拡大のため墾田永年私財法が定められました。

C

Cの写真は④平等院鳳凰堂で，藤原頼通によって建てられました。この時代は，摂関政治が最も栄え，摂政・関白には藤原氏がつきました。藤原氏を中心とする貴族たちは国司からの多くのおくり物を受け取ったり，広大な《　a　》を持ったりするようになりました。

D

Dの絵は⑤「一遍上人絵伝」の一部分です。右側で馬に乗っている人物は北条時宗で，鎌倉の入り口で一遍と出会った場面を描いています。この時代は，⑥2度の蒙古襲来もあり，御家人の生活が苦しくなったため，徳政令も出されました。

E

Eの写真は慈照寺銀閣です。この銀閣は，八代将軍Ⅰ）足利義政が造らせたもので，同じ敷地にはⅡ）寝殿造の東求堂同仁斎があります。この時代は，義政のあとつぎをめぐって有力な守護大名が争いを始め，Ⅲ）応仁の乱と呼ばれる大きな戦乱となりました。

問１　下線部①に関する文として，誤っているものを次から１つ選びなさい。

ア．聖徳太子（厩《うまや》戸《と》皇子）は，摂政として政治をおこなった。

イ．冠位十二階によって，親から子へとその役割が引き継がれていった。

ウ．十七条の憲法で，天皇の命令に従うべきことなど，役人の心得を示した。

エ．小野妹子らを遣隋使として派遣し，隋の進んだしくみや文化を取り入れようとした。

問２　下線部②に関して，次の写真のうち，東大寺の大仏が造られた天平文化の時期のものを次から１つ選びなさい。

ア

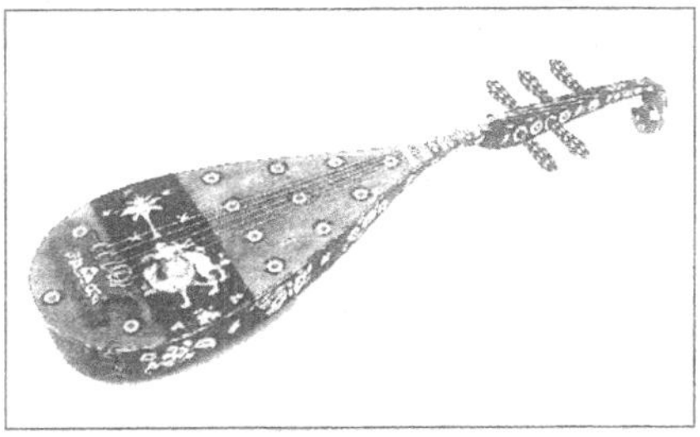

イ

ウ

エ

問３　下線部③に関して，口分田や律令制の税制を説明した次の文のうち，正しいものを次から１つ選びなさい。

ア．税の負担のうち，稲の収穫の約10％を納めるものであった。

イ．税の負担のうち，調は特産物で，それらを都へ運ぶ費用は国司が負担した。

ウ．戸籍は毎年作成され，家族の氏名（姓氏）・年齢や身分などが記されていた。

エ．口分田は６歳以上の男女に与えられ，死後に国へ返さなければならなかった。

問４　下線部④を説明した以下の文の空欄【あ】に入る語句を漢字２字で答えなさい。

阿弥陀仏にすがって死後に極楽【あ】に生まれ変わることを願う【あ】信仰を背景として建立された。

問５　写真Ｃの説明文中の空欄《　ａ　》にあてはまる，土地に関する語句を漢字２字で答えなさい。

問６　下の絵は，下線部⑤の一遍が，念仏をすすめるためにおこなった行為です。この行為を何というか，答えなさい。

問７　下線部⑥に関して，徳政令が出されても一時的な効果しかなく，鎌倉幕府への反感は強まっていきました。その中で，政治の実権を朝廷に取り戻すために兵を挙げ，鎌倉幕府をほろぼした天皇は誰か，答えなさい。

問８　写真Ｅの説明文の二重下線部Ⅰ～Ⅲの中には１つ誤りがあります。その番号を答え，正しい語句を答えなさい。

３　次の年表を見て，以下の問いに答えなさい。

1688	イギリスで名誉革命が起き，翌年権利の章典が定められる…①
1776	アメリカで独立宣言が発表される…②
1789	フランス革命が起こり，人権宣言が発表される…③
1867	15代将軍徳川慶喜が大政奉還をおこなう
1874	板垣退助らが，政府に民撰議院設立建白書を提出する…④
1890	第１回衆議院議員総選挙が実施され，第１回帝国議会が開かれる…⑤
1912	第１次護憲運動が起こり，《　１　》内閣が退陣する…⑥
1922	ソビエト社会主義共和国連邦（ソ連）が成立する…⑦
1925	加藤内閣により，普通選挙法が成立する…⑧
1933	ドイツでヒトラーが政権を握る…⑨
1940	全政党が解党し大政翼賛会が成立する…⑩
1945	女性の選挙権・参政権が認められる

問１　年表中①②③に関して，それぞれの出来事で定められたり，発表されたりしたものを以下の史料Ａ～Ｃからそれぞれ選びなさい。（完全解答）

史料Ａ

1．人は生まれながらに，自由で平等な権利を持つ。社会的な区別は，ただ公共の利益に関係のある場合にしか設けられてはならない。
11．思想と言論の自由は人間の最も貴重な権利の一つである。

史料B

我々は以下のことを自明の真理であると信じる。人間はみな平等に創られ，ゆずりわたすことのできない権利を神より与えられていること。その中には，生命，自由，幸福の追求の権利がある。

史料C

議会の同意なしに，国王の権限によって法律とその効力を停止することは違法である。

問2　年表中④に関して，次の自由民権運動に関する文を年代の古いものから順に並べ替えなさい。

Ⅰ：埼玉県の秩父地方では，自由党の影響の下で，農民らが高利貸しや郡役所をおそった秩父事件が起こった。

Ⅱ：北海道開拓使に関わる事件を発端として，民権派の攻撃にさらされた政府は国会開設の勅諭を出して，10年後に国会を開くことを約束した。

Ⅲ：自由民権運動と重なりながら，不平士族が西郷隆盛を中心として西南戦争を起こしたが，政府軍によって鎮圧された。

問3　年表中⑤に関して，この時の選挙権を「直接国税」という語句を使い説明しなさい。

問4　年表中⑥の空欄《１》にあてはまる首相名をフルネームで答えなさい。

問5　年表中⑦に関して，ソ連が成立するまでのことを説明した文として誤っているものを，次から１つ選びなさい。

ア．レーニンらが中心となって，代表会議（ソビエト）中心の社会主義国家を誕生させた。

イ．ソビエト政府は銀行や鉄道，工場など重要な産業を国有化した。

ウ．民族自決を唱えて，イギリスと単独講和を結び，第一次世界大戦から離脱した。

エ．資本主義国は社会主義の影響の拡大をおそれて，ロシア革命に干渉するため，シベリアに出兵した。

問6　年表中⑧の制定を理論的に支えた，次の文のような考えを主張した人物を答えなさい。また，この考えを何というか答えなさい。

大日本帝国憲法の下，主権がどこにあっても，民衆の考え方にもとづき，政党や議会を中心とした政治を行うことが可能であるという考え方

問7　年表中⑨に関して，このヒトラーやイタリアのムッソリーニが進めた，個人よりも民族や国家の利益を最優先する軍国主義的な独裁政治の体制を何というか，カタカナで答えなさい。

問８　年表中⑩に関して，次のア～エは日中戦争開始から太平洋戦争終結までの国民生活を示した写真とその説明文である。その説明文として誤っているものを次から１つ選びなさい。

ア．この写真は戦争の長期化により生活必需品の供給が減ったため行われた、切符制に関するものである。

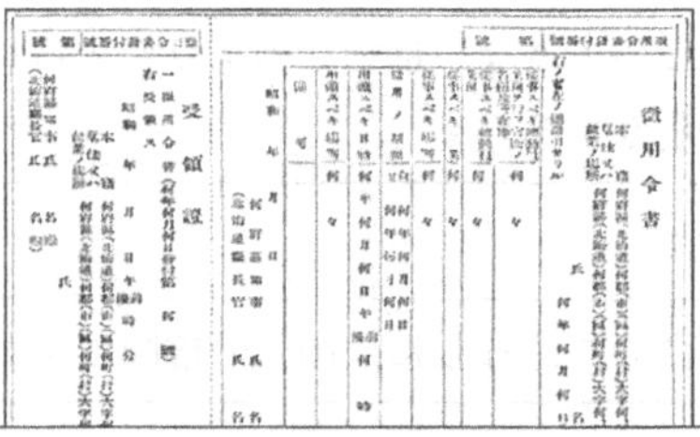

イ．この写真は国家総動員法にもとづいておこなわれた、労働力の動員に関するものである。

ウ．この写真は太平洋戦争において徴兵を猶予されていた中学生や女学生たちが戦場に召集された学徒出陣の壮行会のものである。

エ．この写真は太平洋戦争において、兵器にするために供出された寺の鐘が集められたときのものである。

4　次の文章は，昨年の国会における安倍首相の所信表明演説をまとめた一部です。以下の問いに答えなさい。

1　はじめに

第200回の国会に当たり，所信を申し上げます。①日本国憲法の下，第１回の②国会，初の国会が開かれた昭和22年，戦争で全てを失ったわが国は，いまだ塗《と》炭《たん》の苦しみの中にありました。…（中略）

そうした中にあっても，先人から受け継いだ，わが国の平和と繁栄は，必ずや守り抜いていく。そして，新しい令和の時代にふさわしい，希望にあふれ，誇りある日本を創り上げ，次の世代へと引き渡していく。その責任を，皆さん，共に，果たしていこうではありませんか。

2　１億総活躍社会

■　教育無償化

最大の挑戦は，急速に進む③少子高齢化です。

■　１億総活躍社会

15年前，１人のALS（筋萎縮性側索硬化症）患者の方にお会いしました。

「人間どんな姿になろうとも，人生をエンジョイできる」全身がまひしていても弾くことができるギターを自ら開発。

■　全世代型④社会保障

１億総活躍社会の完成に向かって，多様な学び，多様な働き方，そして多様なライフスタイルに応じて安心できる社会保障制度。三つの改革に，安倍内閣は果敢に挑戦いたします。

3　地方創生

■　成長戦略

先般の年金財政検証では，アベノミクスによって支え手が500万人増えた結果，将来の年金給付に係る所得代替率が，改善いたしました。安定した社会保障の基盤，それは，強い経済であります。

■　農産物輸出

⑤ベトナムやシンガポールでは，最近，日本の粉ミルクが人気です。世界に目を向けることで，安全で安心な日本の農産物に，もっと大きな可能性が広がります。

■　⑥災害に強い故郷づくり

昨年度，福島の農産品輸出は，震災前から４割近く増加し，過去最高となりました。外交努力により規制が撤廃されたマレーシアやタイへの桃の輸出が好調です。

■　中小・小規模事業者

地方への外国人観光客は，ここ６年で４倍を超えました。観光は，地方の新たな活力です。

■　経済最優先

これからも，安倍内閣は経済最優先です。消費税率引き上げによる影響には，引き続き十分に目配りしてまいります。

4　外交・安全保障

■　⑦自由貿易の旗手

「下方リスクから守るために，全ての政策手段を用いる，との，われわれのコミットメントを再確認する」大阪サミットでは，G20（20カ国・地域首脳会議）の全ての国が，世界の持続的な成長を実現するため，協調していくことで一致しました。

■　地球儀をふかんする⑧外交

日米同盟を基軸としながら，わが国は，英国，フランス，オーストラリア，インドなど基本的な価値を共有する国々と手をたずさえ，自由で開かれたインド太平洋を実現してまいります。

5　おわりに

（後略）　　　　　　　　　　　　　　（2019年10月5日　北海道新聞　引用）

問１　下線部①に関連する以下の問いに答えなさい。

（１）　日本国憲法の三大原則を漢字で答えなさい。（完全解答）

（２）　つぎの憲法条文中の空欄（　a　）（　b　）に当てはまる語句を漢字で答えなさい。（完全解答）

第１条　天皇は，日本国の（　a　）であり日本国民統合の（　a　）であつて，この地位は主権の存する日本国民の（　b　）に基く。

問２　下線部②に関連する以下の問いに答えなさい。

（１）　日本の選挙制度に関する次の文章の空欄（　c　）（　d　）（　e　）に当てはまる数字を答えなさい。

> 日本の衆議院議員選挙は，小選挙区制で定数（　c　）名と全国を（　d　）のブロックに分けて行う比例代表制で定数（　e　）名とを組み合わせた選挙制度が採られています。

（２）　次の表は，比例代表選挙で各政党が獲得した得票数です。以下の条件から，ドント方式で計算して各政党が獲得する議席数は何議席になるか，次の中から１つ選びなさい。

【条件】　X選挙区　　定数７人

	A党	B党	C党	D党
候補者数	5人	5人	4人	3人
得票数	60万票	84万票	36万票	24万票

	A党	B党	C党	D党
ア．	2議席	2議席	2議席	1議席
イ．	1議席	4議席	1議席	1議席
ウ．	2議席	4議席	1議席	0議席
エ．	2議席	3議席	1議席	1議席
オ．	1議席	3議席	2議席	1議席

問３　下線部③に関連する次の表１表２を参考にして，以下の説明文の中で正しいものを１つ選びなさい。

表１　世界の地域と日本における年齢３区分別人口割合（％）

地域国名	1950			2015			2050		
	0～14歳	15～64歳	65歳以上	0～14歳	15～64歳	65歳以上	0～14歳	15～64歳	65歳以上
アジア	36.4	59.6	4.0	24.6	67.9	7.6	18.0	64.2	17.8
アフリカ	41.3	55.4	3.2	41.0	55.5	3.5	32.1	61.9	6.0
ヨーロッパ	26.3	65.7	8.0	15.8	66.6	17.6	15.0	57.2	27.8
北アメリカ	27.1	64.8	8.2	18.9	66.3	14.8	17.0	60.5	22.5
先進地域	27.4	64.9	7.7	16.4	66.0	17.6	15.5	57.9	26.6
発展途上国	37.5	58.7	3.8	28.1	65.5	6.4	22.2	63.6	14.2
日本	35.4	59.7	4.9	13.0	61.0	26.0	12.6	51.1	36.4

表2　地域別人口変遷・将来人口（百万人）

地域＼年	1950	2015	2050
総人口（百万人）	2537	7384	9772
アジア	1404	4420	5257
アフリカ	229	1194	2528
ヨーロッパ	549	741	716
北アメリカ	228	572	714
先進地域	815	1253	1298
発展途上国	1712	6130	8474

『データブック　オブ・ザ・ワールド2019　引用一部改変』

ア．1950年から2050年にかけての世界の総人口は，どこの地域でも増加している。

イ．1950年の先進地域と発展途上国の人口に占める65歳以上の人口は，共に6000万人台である。

ウ．1950年から2050年までの各地域で，人口増加率がもっとも高いのはアジアである。

エ．日本の高齢化率は世界の各地域と同様に低くなっている。

問4　下線部④に関連する，以下の問いに答えなさい。

（1）　日本の社会保障制度は，日本国憲法第25条の規定に基づいて整備されてきました。第25条②にある「社会保障」は公的扶助と社会保険を指しているため，日本の社会保障制度は，社会保険，社会福祉，公的扶助，公衆衛生を柱にしています。それぞれの社会保障制度の説明として正しいものを選びなさい。

1　社会保険　　2　社会福祉　　3　公的扶助　　4　公衆衛生

ア．病気や災害，失業に備える

イ．子供への保育や障害者などを支援する

ウ．生活が苦しい人に必要な保護を行う

エ．国民が健康的な生活を送るための健康づくりを行う

（2）　第二次世界大戦後，全国民を対象とし「ゆりかごから墓場まで」を目指す社会保障制度を確立させた国はどこか答えなさい。

問5　下線部⑤に関連する，以下の問いに答えなさい。

（1）　次の地域経済統合（国際分業と市場の拡大を目指す経済圏）の説明として正しいものを選びなさい。

1　東南アジア諸国連合　　2　アジア太平洋経済協力会議

ア．シンガポール，ニュージーランド，チリ，ブルネイの四カ国が2006年に締結した自由貿易協定のこと。2010年にアメリカ，オーストラリア，ペルー，ベトナム，マレーシアが交渉に参加。日本は2013年に交渉参加。

イ．1970年代に入り，発展途上国の中で急速な工業化と高い経済成長率を達成した国や地域のこと。

ウ．インドネシア，マレーシア，フィリピン，シンガポール，タイの5ヶ国で結成した地域連合のこと。

エ．オーストラリアの提唱で始まったもので，開かれた地域経済協力を目指す政府間の公式な枠組のこと。

（2） EUのように，経済，環境，安全保障などの分野で，同じ課題をかかえる国どうしが特定の地域でまとまりを作り，協調や協力を強めようとする動きが強くなっています。このような動きを何というか答えなさい。

問６ 下線部⑥に関連して，2011年の東日本大震災の原発事故をきっかけに，日本のエネルギー政策のあり方が大きな議論になっています。今後の日本において，環境に優しく動植物に害を与えないエネルギー（太陽光・地熱・風力等）のことを何というか，漢字４字で答えなさい。

問７ 下線部⑦に関連して，日本が他国と貿易をおこなう時は，自国の通貨を相手国の通貨に交換する必要があります。この通貨と通貨を交換する時の比率のことを何というか答えなさい。

問８ 下線部⑧に関連して，現在日本は複数の「領土」問題を抱えています。つぎの地図上の（ A ）～（ C ）の地域に当てはまるものをそれぞれ下の記号から答えなさい。またそれらの地域はどこの国と問題になっているか，その国名も答えなさい。

ア 尖閣諸島　　イ 竹島　　ウ 北方領土

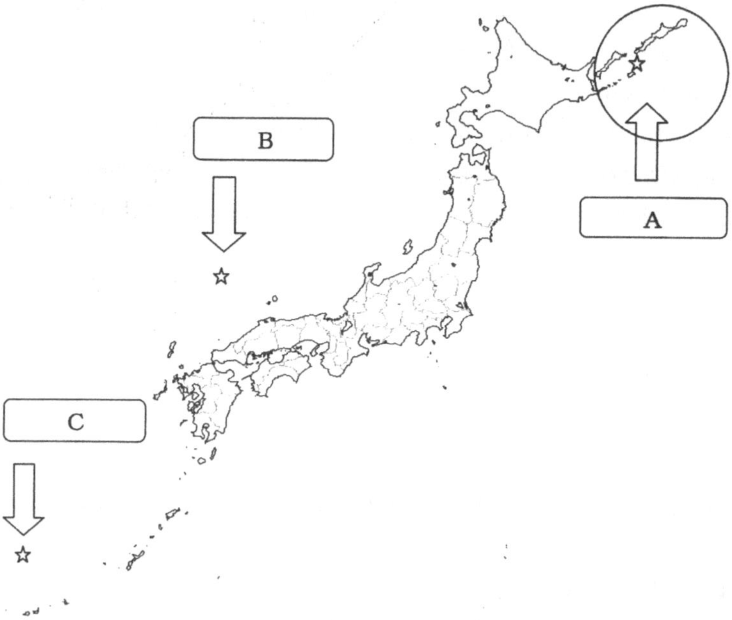

られたことに気付かずに慌てふためく滑稽さを描いている。

問五　『醒睡笑』は江戸時代に編纂《へんさん》された書物である。江戸時代に著された作品として適当なものを、次の中から一つ選び記号で答えなさい。

ア、『徒然草』　　イ、『今昔物語集』

ウ、『枕草子』　　エ、『奥の細道』

出を、秋の訪れとともに回想するきっかけとなる働き。

問六　この文章の表現に関する説明として、最も適当なものを次の中から一つ選び記号で答えなさい。

ア、「先生に指された時のように」「馬鹿にするような」などの例えを使うことにより、「僕」の心情や場面を丁寧に説明しながら描写している。

イ、「しくしく」「どやどや」「ぶるぶる」などの擬態語を多用することにより、「僕」の気持ちが音楽的なリズムをもって描写されている。

ウ、「僕」が泣き出す場面ではいつも、絵具を盗んだことを後悔し反省する気持ちだけが描写されている。

エ、作者の幼少期の出来事が、現在の「僕」の置かれた状況と対比されながら、懐かしさと淋しさをもって描写されている。

三　次の文章を読んで、後の問いに答えなさい。

有人《あるひと》銭をうづむ時、※1かまへて人の目には蛇に見えて、身が見る時ばかり銭になれよといふを、※内の者聞き居て、※そと銭をほりてとりかへ、［　　］をいれてをきたり。件《くだん》の亭主、後《のち》にほりてみれば、蛇あり。※2やれをれじや、見わすれたかと、幾度もなのりつるこそ※聞事《ききごと》なれ。

（『醒睡笑《せいすいしょう》』）

※かまへて——必ず

※内の者——女房

※そと——こっそりと

※やれ——おい

※聞事——聞くだけの価値があること

問一　本文中の空欄にあてはまる漢字一字を、本文中より抜き出して答えなさい。

問二　傍線部1「かまへて人の目には蛇に見えて、身が見る時ばかり銭になれよ」とあるが、どのような思いから出た言葉か。適当なものを次の中から一つ選び記号で答えなさい。

ア、盗人を懲らしめてやろうという思い。

イ、欲深い生き方を改めようという思い。

ウ、自分の銭を他人に盗まれたくないという思い。

エ、女房を驚かせてやろうという思い。

問三　傍線部2「やれをれじや、見わすれたか」は誰が誰に対して発した言葉か。適当なものを次の中から一つ選び記号で答えなさい。

ア、有人が内の者に　　イ、内の者が亭主に

ウ、亭主が蛇に　　エ、蛇が有人に

問四　本文の内容を説明したものとして適当なものを、次の中から一つ選び記号で答えなさい。

ア、時として人の欲深さは、貴重な金銭を恐ろしい蛇に変えてしまうという話から、無欲で生きることの大切さが説かれている。

イ、物事がうまく進んでいるときに油断をすると、思いもよらぬ失敗を招くことがあるという教訓を描いている。

ウ、欲深いものは財産を失い、善い行いをしたものに福がもたらされるという勧善懲悪の教えが説かれている。

エ、欲深い男が、隠しておいた金銭をその妻によって蛇にすり替え

手はどこにも見つかりません。

※教場――学校で授業する部屋。現在は教室という。

※ポケット――ポケット。

※メンコ――子供のおもちゃ。円形の厚紙で表面に絵がある。地上に置いた相手のものに交互に打ち当て、裏返せば勝ちとする

※リンネル――亜麻の繊維で織った薄地織物。リネン。

問一　二重傍線部**a**「スミ」、**b**「頷（いて）」、**c**「イス」、**d**「房」、**e**「ナガ（め）」について、カタカナは漢字に改め、漢字は読みをひらがなで、それぞれ答えなさい。

問二　空欄Aに入る最も適当な慣用句を、次の中から一つ選び記号で答えなさい。

ア、渡りに船　　　イ、鬼に金棒

ウ、多勢に無勢　　エ、弱り目に祟《たた》り目

問三　傍線部**1**「僕の好きな受持ちの先生」とあるが、この文章全体を通して、この先生はどのような人物として描かれているか。最も適当なものを次の中から一つ選び記号で答えなさい。

ア、男性的な髪形や言動をし、日ごろから口数が少なくあっさりとした指導をしてくれた先生。

イ、「僕」の好物だった葡萄をくれ、自分のしたことを悔い落ち込んでいた「僕」を元気づけてくれた先生。

ウ、「僕」の行動や心の奥底を全て見抜いた上で、穏やかに柔らかく包容力をもって導いてくれた先生。

エ、「僕」のとった行為に対し、反省の気持ちを言葉で伝えた「僕」を認め、寛大に許してくれた先生。

問四　傍線部**2**「僕はもうたまりませんでした」とあるが、この時の「僕」の心情として**適当ではないもの**を次の中から一つ選び記号で答えなさい。

ア、大好きな憧れの先生の部屋に「僕」を引きずって行き、先生の前で恥をかかせたクラスメイトへの憎しみ。

イ、大好きな憧れの先生に、自分が「いやなこと」をするような人間だと思われてしまったことに対する絶望感。

ウ、大好きな憧れの先生が静かに仰った言葉を聞き、自分がしてしまったことを改めて強く恥じている気持ち。

エ、大好きな憧れの先生が、自分を軽蔑せず全てを受けとめさとしてくれたことに対し、少しほっとしている気持ち。

問五　この作品全体において「一房の葡萄」はどのような働きをしているか。その説明として**適当ではないもの**を次の中から一つ選び記号で答えなさい。

ア、「僕」を理解し温かく導いてくれた先生への思慕や「ジム」の前で感じた切なさや喜びを、甘酸っぱい記憶としてよみがえらせる働き。

イ、葡萄を渡してくれた時の先生の白い手と紫色の葡萄を描くことにより、幼少期の思い出を美しい色彩感を伴わせてよみがえらせる働き。

ウ、先生が「ジム」と「僕」に、同じ一房の葡萄を切り分け渡してくれたことにより、再び対等な関係に戻れることを暗示する働き。

エ、大人になった「僕」が、かつての少年の日の忘れられない思い

く思いますよ。きっとですよ」

そういって先生は僕のカバンの中にそっと葡萄の房を入れて下さいました。僕はいつものように海岸通りを、海をナガ[e]めたりしながら、つまらなく家に帰りました。そして葡萄をおいしく喰べてしまいました。

けれども次の日が来ると僕はなかなか学校に行く気にはなれませんでした。お腹が痛くなればいいと思ったり、頭痛がすればいいと思ったりしたけれども、その日に限って虫歯一本痛みもしないのです。仕方なしにいやいやながら家は出ましたが、ぶらぶらと考えながら歩きました。どうしても学校の門をはいることは出来ないように思われたのです。けれども先生の別れの時の言葉を思い出すと、僕は先生の顔だけはなんといっても見たくてしかたありませんでした。僕が行かなかったら先生はきっと悲しく思われるに違いない。もう一度先生のやさしい眼で見られたい。ただその一事《ひとこと》があるばかりで僕は学校の門をくぐりました。

そうしたらどうでしょう、先《ま》ず第一に待ち切っていたようにジムが飛んで来て、僕の手を握ってくれました。そして昨日のことなんか忘れてしまったように、親切に僕の手をひいて、どきまぎしている僕を先生の部屋に連れて行くのです。僕はなんだか訳がわかりませんでした。学校に行ったらみんなが遠くの方から僕を見て「見ろ泥棒の嘘《うそ》つきの日本人が来た」とでも悪口をいうだろうと思っていたのに、こんな風にされると気味が悪いほどでした。

二人の足音を聞きつけてか、先生はジムがノックしない前に戸を開けて下さいました。二人は部屋の中にはいりました。

「ジム、あなたはいい子、よく私の言ったことがわかってくれましたね。ジムはもうあなたからあやまってもらわなくってもいいと言っています。二人は今からいいお友達になればそれでいいんです。二人とも上手に握手をなさい。」と先生はにこにこしながら僕たちを向い合せました。僕はでもあんまり勝手過ぎるようでもじもじしていますと、ジムはぶら下げている僕の手をいそいそと引張《ひっぱ》り出して堅く握ってくれました。僕はもうなんといってこの嬉しさを表せばいいのか分らないで、唯《ただ》恥しく笑う外《ほか》ありませんでした。ジムも気持よさそうに、笑顔をしていました。先生はにこにこしながら僕に、

「昨日の葡萄はおいしかったの。」と問われました。僕が顔を真赤にして「ええ」と白状するより仕方がありませんでした。

「そんならまたあげましょうね。」

そういって、先生は真白《まっしろ》な※リンネルの着物につつまれた体を窓からのび出させて、葡萄の一房をもぎ取って、真白い左の手の上に粉のふいた紫色の房を載せて、細長い銀色の鋏《はさみ》で真中《まんなか》からぷつりと二つに切って、ジムと僕とに下さいました。真白い手の平に紫色の葡萄の粒が重《かさな》って乗っていたその美しさを僕は今でもはっきりと思い出すことが出来ます。

僕はその時から前より少しいい子になり、少しはにかみ屋でなくなったようです。

それにしても僕の大好きなあのいい先生はどこに行かれたでしょう。もう二度とは遇《あ》えないと知りながら、僕は今でもあの先生がいたらなあと思います。秋になるといつでも葡萄の房は紫色に色づいて美しく粉をふきますけれども、それを受けた大理石のような白い美しい

やさしい顔をこちらに向けて、ちょっと首をかしげただけで何の御用という風をしなさいました。そうするとよく出来る大きな子が前に出て、僕がジムの絵具を取ったことを委《くわ》しく先生に言いつけました。先生は少し曇った顔付きをして真面目《まじめ》にみんなの顔や、半分泣きかかっている僕の顔を見くらべていなさいましたが、僕に「それは本当ですか」と聞かれました。本当なんだけれども、僕がそんないやな奴（やつ）だということを、どうしても僕の好きな先生に知られるのがつらかったのです。だから僕は答える代りに本当に泣き出してしまいました。

　先生は暫《しばら》く僕を見つめていましたが、やがて生徒たちに向って静かに「もういってもようございます」といって、みんなをかえしてしまわれました。生徒たちは少し物足らなそうにどやどやと下に降りていってしまいました。

　先生は少しの間《あいだ》なんとも言わずに、僕の方も向かずに、自分の手の爪を見つめていましたが、やがて静かに立って来て、僕の肩の所を抱きすくめるようにして「絵具はもう返しましたか」と小さな声で仰《おっしゃ》いました。僕は返したことをしっかり先生に知ってもらいたいので深々《ふかぶか》と b頷いて見せました。

　「あなたは自分のしたことをいやなことだったと思っていますか」

　もう一度そう先生が静かに仰った時には、2僕はもうたまりませんでした。ぶるぶると震えてしかたがない、唇《くちびる》を、噛《か》みしめても噛みしめても泣声《なきごえ》が出て、眼からは涙がむやみに流れて来るのです。もう先生に抱かれたまま死んでしまいたいような心持ちになってしまいました。

「あなたはもう泣くんじゃない。よく解《わか》ったらそれでいいから泣くのをやめましょう、ね。次ぎの時間には教場に出ないでもよろしいから、私《わたくし》のこのお部屋にいらっしゃい。静かにしてここにいらっしゃい。私が教場から帰るまでここにいらっしゃいよ。いい」と仰りながら僕を c長イスに坐らせて、その時また勉強の鐘がなったので、机の上の書物を取り上げて、僕の方を見ていられましたが、二階の窓まで高く這《は》い上《あが》った葡萄蔓《ぶどうづる》から、一房の西洋葡萄をもぎって、しくしくと泣きつづけていた僕の膝《ひざ》の上にそれをおいて、静かに部屋を出て行きなさいました。

　一時《じ》がやがやとやかましかった生徒たちはみんな教場にはいって、急にしんとするほどあたりが静かになりました。僕は淋しくって淋しくってしようがないほど悲しくなりました。あの位《くらい》好きな先生を苦しめたかと思うと、僕は本当に悪いことをしてしまったと思いました。葡萄などはとても喰《た》べる気になれないで、いつまでも泣いていました。

　ふと僕は肩を軽くゆすぶられて眼をさましました。僕は先生の部屋でいつの間にか泣《なき》寝入りをしていたと見えます。少し痩《や》せて身長《せい》の高い先生は、笑顔を見せて僕を見おろしていられました。僕は眠ったために気分がよくなって今まであったことは忘れてしまって、少し恥《はずか》しそうに笑いかえしながら、慌てて膝の上から辷《すべ》り落ちそうになっていた葡萄の d房をつまみ上げましたが、すぐ悲しいことを思い出して、笑いも何も引込《ひっこ》んでしまいました。

「そんなに悲しい顔をしないでもよろしい。もうみんなは帰ってしまいましたから、あなたもお帰りなさい。そして明日はどんなことがあっても学校に来なければいけませんよ。あなたの顔を見ないと私は悲し場面です。これを読んで、後の問いに答えなさい。

僕はしかし先生の眼を見るのがその日に限ってなんだかいやでした。そんな風で一時間がたちました。なんだかみんな耳こすりでもしているようだと思いながら一時間がたちました。

※教場《きょうじょう》を出る鐘が鳴ったので僕はほっと安心して溜息《ためいき》をつきました。けれども先生が行ってしまうと、僕は僕の級で一番大きな、そしてよく出来る生徒に

「ちょっとこっちにお出《い》で」と肱《ひじ》の所を掴《つか》まれていました。僕の胸は、宿題をなまけたのに先生に指《さ》された時のように、思わずどきんと震えはじめました。けれども僕は出来るだけ知らない振りをしていなければならないと思って、わざと平気な顔をしたつもりで、仕方なしに運動場の[a]スミに連れて行《ゆ》かれました。

「君はジムの絵具《えのぐ》を持っているだろう。ここに出し給《たま》え」

そういってその生徒は僕の前に大きく拡《ひろ》げた手をつき出しました。そういわれると僕はかえって心が落着いて、

「そんなもの、僕持ってやしない」と、ついでたらめをいってしまいました。そうすると三、四人の友達と一緒に僕の側《そば》に来ていたジムが、

「僕は昼休みの前にちゃんと絵具箱を調べておいたんだよ。一つも失《な》くなってはいなかったんだよ。そして昼休みが済んだら二つ失くなっていたんだよ。そして休みの時間に教場にいたのは君だけじゃないか」と少し言葉を震わしながら言いかえしました。

僕はもう駄目《だめ》だと思うと急に頭の中に血が流れこんで来て顔が真赤《まっか》になったようでした。すると誰だったかそこに立っていた一人がいきなり僕の※ポケットに手をさし込もうとしました。僕は一生懸命にそうはさせまいとしましたけれども、［　A　］でとても叶《かな》いません。僕のポケットの中からは、見る見るマーブル球《だま》（今のビー球《だま》のことです）や鉛の※メンコなどと一緒に、二つの絵具のかたまりが掴み出されてしまいました。「それ見ろ」といわんばかりの顔をして、子供たちは憎らしそうに僕の顔を睨《にら》みつけました。僕の体はひとりでにぶるぶる震えて、眼の前が真暗《まっくら》になるようでした。いいお天気なのに、みんな休《やす》み時間を面白そうに遊び廻っているのに、僕だけは本当に心からしおれてしまいました。あんなことをなぜしてしまったんだろう。取りかえしのつかないことになってしまった。もう僕は駄目だ。そんなに思うと弱虫だった僕は淋しく悲しくなって来て、しくしくと泣き出してしまいました。

「泣いておどかしたって駄目だよ」とよく出来る大きな子が馬鹿にするような、憎みきったような声で言って、動くまいとする僕をみんなで寄ってたかって二階に引張《ひっぱ》って行こうとしました。僕は出来るだけ行くまいとしたけれども、とうとう力まかせに引きずられて、階子《はしご》段《だん》を登らせられてしまいました。そこに[1]僕の好きな受持ちの先生の部屋があるのです。

やがてその部屋の戸をジムがノックしました。ノックするとははいってもいいかと戸をたたくことなのです。中からはやさしく「おはいり」という先生の声が聞えました。僕はその部屋にはいる時ほどいやだと思ったことはまたとありません。

何か書きものをしていた先生は、どやどやとはいって来た僕たちを見ると、少し驚いたようでした。が、女のくせに男のように頸《くび》の所でぶつりと切った髪の毛を右の手で撫《な》であげながら、いつものとおりの

問五　次の一文が入る最も適切な箇所を探し、直前の五字を答えなさい。

また、科学に限らず、音楽家であろうが、塗師《ぬし》であろうが、ヒヨコ鑑定士であろうが、専門家は非専門家よりもその対象をよく知っている。

問六　傍線部**1**「その存在を現在の姿からさらに発展・展開させていく性質」とあるが、「科学」がこの性質を保持するには、どういうことが必要不可欠となるのか。本文中より十四字で抜き出して答えなさい。

問七　傍線部**3**「枚挙にいとまがない」、**5**「余儀なく」の語句の意味を、次の中からそれぞれ一つずつ選び記号で答えなさい。

3「枚挙にいとまがない」
ア、あげればきりがない
イ、あげようとしてもその余裕がない
ウ、現実でなくどうにもならない
エ、何とも言い表しようがない

5「余儀なく」
ア、深く考えることもなく
イ、やむを得ず
ウ、恐れはばかりながら
エ、うまい具合に

問八　傍線部**2**「たくさんの間違いが発見され、そして消えていった」とあるが、そうならない科学的な仮説とはどのようなものか。本文中の語句を用い、解答欄の「〜仮説。」につながるように、四十字以内で説明しなさい。

問九　傍線部**4**「科学は『生きて』おり、生物のように変化を生み出し、より適応していたものが生き残り、どんどん成長・進化していく」とあるが、その結果、「科学」についてどのようなことが言えるか。本文中より十六字で抜き出して答えなさい。

問十　傍線部**6**「こういった科学的知見の確度の判定という現実的な困難さに忍び寄って来るのが、いわゆる権威主義である」とあるが、筆者が「権威主義」について不安視していることがわかる最も適切な一文を本文中より抜き出し、最初の五字を答えなさい。

問十一　本文の内容と合致しているものを、次の中から一つ選び記号で答えなさい。

ア、誰もが簡単に判断できない仮説は権威に委ね、修正による発展を繰り返すことで、科学の不完全さを補完できる。
イ、根拠が明白で、再現性に関しても検証され、批判・反論に対応できる、科学的に実証された仮説のみが信用に値する。
ウ、非専門家である一般人も参加して仮説検証できるように、職業的科学人は情報を公開し、啓蒙活動を行う必要がある。
エ、科学が「生きた」ものであるために、どの仮説でも間違いがあれば修正され変わり得る可塑性を失ってはならない。

二

次の文章は、横浜のミッションスクールに通っていた有島武郎自身の幼少期の体験が基になっている小説『一房の葡萄』の一節です。「僕」は臆病で心も体も弱い子でしたが、絵を描くことが好きでした。ある日の昼休み、誰もいなくなった教室で「僕」は西洋人のクラスメイト「ジム」の舶来品の高価な絵の具を衝動的に盗んでしまいます。そして次の授業が始まりました。以下の文章はそれに続くえてきた知見はそうでないものより強靭さを持っている傾向が一般的に認められることは、間違いのないことである。だから、何事に関しても専門家の意見は参考にすべきである。それも間違いない。多少の不具合はあったとしても、どんな指標も万能ではないし、権威主義による判断も分かりやすくある程度、役に立つなら、それで十分だという考え方もあろうかと思う。

しかし、なんと言えばよいのだろう。かつてアインシュタインは「何も考えずに権威を敬うことは、真実に対する最大の敵である」と述べたが、この権威主義による言説の確度の判定という手法には、どこか拭《ぬぐ》い難い危うさが感じられる。それは人の心が持つ弱さと言えばいいのか、人の心理というシステムが持つバグ、あるいはセキュリティーホールとでも言うべき弱点と関連した危うさである。端的に言えば、人は権威にすがりつき安心してしまいたい、そんな心理をどこかに持っているのではないかと思うのだ。拠《よ》りどころのない「分からない」という不安定な状態でいるよりは、とりあえず何かを信じて、その不安から逃れてしまいたいという指向性が、心のどこかに潜んでいる。権威主義はそこに忍び込む。

そして行き過ぎた権威主義は、科学そのものを社会において特別な位置に置くことになる。「神託を担う科学」である。倒錯《とうさく》した権威主義の最たるものが、科学に従事している研究者の言うことなら正しい、というような誤解であり（それはこのエッセイの信頼性もまた然《しか》りなのだが……）、［　F　］逆に科学に従事する者たちが、非専門家からの批判は無知に由来するものとして、聖典の寓言《ぐうげん》のような専門用語や科学論文の引用を披露することで、高圧的かつ一方的に封じ込めてしまうようなことも、「科学と社会の接点」ではよく見られる現象である。これまで何度も書いてきたように、科学の知見は決して100％の真実ではないにもかかわらず、である。

こういった人の不安と権威という構図は、宗教によく見られるものであり、「科学こそが、最も新しく、最も攻撃的で、最も教条的な宗教的制度」というポール・カール・ファイヤアーベントの言は、e示唆に富んでいる。「権威が言っているから正しい」というのは、本質的に妄信的な考え方であり、いかに美辞を弄《ろう》しようと、とどのつまりは何かにしがみついているだけなのだ。

（中屋敷均『科学と非科学』）

問一　二重傍線部a「ナイホウ」、b「トラ（え）」、c「テイショウ」、d「シンコク」、e「示唆」について、カタカナは漢字に改め、漢字は読みをひらがなで、それぞれ答えなさい。

問二　空欄Aに入る最も適当な四字熟語を、次の中から一つ選び記号で答えなさい。

ア、針小棒大　イ、奇想天外　ウ、玉石混交　エ、同床異夢

問三　空欄B・Dに適する語句を、Bは二字、Dは五字で、それぞれ本文中より抜き出して答えなさい。

問四　空欄C・E・Fに適する語句を、次の中からそれぞれ一つずつ選び記号で答えなさい。ただし、同じ選択肢を二度以上選んではいけません。

ア、しかし　イ、たとえば　ウ、ところで

エ、だから　オ、また

さを保証しない。

より正確に言えば、もし１００％正しいところまで修正されていたとしても、それを完全な１００％、つまり科学として「それで終わり」と判定するようなプロセスが体系の中に用意されていない。どんなに正しく見えることでも、それをさらに修正するための努力は、科学の世界では決して否定されない。［　Ｃ　］科学的知見には、「正しい」or「正しくない」という二つのものがあるのではなく、その仮説がどれくらい確からしいのかという確度の問題が存在するだけなのである。

では、我々はそのような「原理的に不完全な」科学的知見をどう[b]トラえて、どのように使っていけば良いのだろうか？一体、何が信じるに足るもので、何を頼りに行動すれば良いのだろう？優等生的な回答をするなら、より正確な判断のために、対象となる科学的知見の確からしさに対して、正しい認識を持つべきだ、ということになるだろう。

「科学的な知見」という大雑把なくくりの中には、それが基礎科学なのか、応用科学なのか、成熟した分野のものか、まだ成長過程にあるような分野なのか、あるいはどんな手法で調べられたものなのかなどによって、確度が大きく異なったものが混在している。ほぼ例外なく現実を説明できる非常に確度の高い法則のようなものから、その事象を説明する多くの仮説のうちの一つに過ぎないような確度の低いものまで、幅広く存在している。それらの［　Ｄ　］を正確に把握して峻《しゅん》別《べつ》していけば、少なくともより良い判断ができるはずである。

［　Ｅ　］、近年、医学の世界で[c]テイショウされているevidence-based medicine（ＥＢＭ）という考え方では、そういった科学的知見の確度の違いを分かりやすく指標化しようとする試みが行われている。これは医学的な知見（エビデンス）を、調査の規模や方法、また分析手法などによって、階層化して順位付けし、臨床判断の参考にできるように整備することを一つの目標としている。同じ科学的な知見と言っても、より信頼できるデータはどれなのかを判断する基準を提供しようとする、意欲的な試みと言えるだろう。

しかし、こういった非専門家でも理解しやすい情報が、どんな科学的知見に対しても公開されている訳ではもちろんないし、科学的な情報の確度というものを単純に調査規模や分析方法といった画一的な視点で判断して良いのか、ということにも、実際は[d]シンコクな議論がある。一つの問題に対して専門家の間でも意見が分かれることは非常に多く、そのような問題を非専門家が完全に理解し、それらを統合して専門家たちを上回る判断をすることは、現実的には相当に困難なことである。

[6]こういった科学的知見の確度の判定という現実的な困難さに忍び寄って来るのが、いわゆる権威主義である。たとえばノーベル賞を取ったから、『ネイチャー』に載った業績だから、有名大学の教授が言っていることだから、といった権威の高さと情報の確度を同一視して判断するというやり方だ。この手法の利点は、なんと言っても分かりやすいことで、現在の社会で「科学的な根拠」の確からしさを判断する方法として採用されているのは、この権威主義に基づいたものが主であると言わざるを得ないだろう。

もちろんこういった権威ある賞に選ばれたり、権威ある雑誌に論文が掲載されるためには、多くの専門家の厳しい審査があり、それに耐

【国　語】〈五〇分〉〈満点：六〇点〉

【注意】全設問において、記号・句読点は一字に数えることとします。

一　次の文章を読んで、後の問いに答えなさい。

科学と生命は、実はとても似ている。それはどちらも、[1]その存在を現在の姿からさらに発展・展開させていく性質を[a]ナイホウしているという点においてである。その特徴的な性質を生み出す要点は二つあり、一つは過去の蓄積をきちんと記録する仕組みを持っていること、そしてもう一つはそこから変化したバリエーションを生み出す能力が内在していることである。この二つの特徴が漸進《ぜんしん》的な改変を繰り返すことを可能にし、それを長い時間続けることで、生命も科学も大きく発展してきた。

だから、と言って良いのかよく分からないが、科学の歴史を紐解けば、[2]たくさんの間違いが発見され、そして消えていった。科学における最高の栄誉とされるノーベル賞を受賞した業績でも、後に間違いであることが判明した例もある。たとえば１９２６年にデンマークのヨハネス・フィビゲルは、世界で初めて「がん」を人工的に引き起こす事に成功したという業績で、ノーベル生理学・医学賞を受賞した。しかし、彼の死後、寄生虫を感染させることによって人工的に誘導したとされたラットの「がん」は、実際には良性の腫瘍《しゅよう》であったことや、腫瘍の誘導そのものも寄生虫が原因ではなく、餌のビタミンA欠乏が主因であったことなどが次々と明らかになった。

ノーベル賞を受賞した業績でも、こんなことが起こるのだから、多くの「普通の発見」であれば、誤りであった事例など、[3]実は枚挙にいとまがない。誤り、つまり現実に合わない、現実を説明していない仮説が提出されることは、科学において日常茶飯事であり、２０１３年の『ネイチャー』誌には、医学生物学論文の70％以上で結果を再現できなかったという衝撃的なレポートも出ている。

しかし、そういった［　A　］の科学的知見と称されるものの中でも、現実をよく説明する「適応度の高い仮説」は長い時間の批判に耐え、その有用性や再現性故に、後世に残っていくことになる。そして、その仮説の適応度をさらに上げる修正仮説が提出されるサイクルが繰り返される。それはまるで生態系における生物の「適者生存」のようである。ある意味、[4]科学は「生きて」おり、生物のように変化を生み出し、より適応していたものが生き残り、どんどん成長・進化していく。それが最大の長所である。現在の姿が、いかに素晴らしくとも、そこからまったく変化しないものに発展はない。教条主義に陥らない〝可塑性〟こそが科学の生命線である。

しかし、このことは「科学が教えるところは、すべて［　B　］される可能性がある」ということを論理的必然性をもって導くことになる。科学の進化し成長するという素晴らしい性質は、その中の何物も「不動の真理」ではない、ということに論理的に帰結してしまうのだ。たとえば夜空の星や何百年に1回しかやってこない彗星《すいせい》の動きまで正確に予測できたニュートン力学さえも、アインシュタインの一般相対性理論の登場により、一部修正を[5]余儀なくされている。法則中の法則とも言える物理法則でさえ修正されるのである。科学の知見が常に不完全ということは、ある意味、科学という体系が持つ構造的な宿命であり、絶え間ない修正により、少しずつより強靭《きょうじん》で真実の法則に近い仮説ができ上がってくるが、それでもそれらは決して１００％の正し

2020年度

解　答　と　解　説

《2020年度の配点は解答欄に掲載してあります。》

＜数学解答＞

1　(1)　$\dfrac{27}{2}$　(2)　$\sqrt{5}$　(3)　$\dfrac{-x+3}{6}$　(4)　x^2-13y^2

2　(1)　$(x-3)^2$　(2)　$a=-6$, $x=-1$　(3)　$a=2$, $b=3$　(4)　15分後
(5)　$15\sqrt{3}$cm

3　(1)　$\dfrac{4}{25}$　(2)　$\dfrac{12}{25}$

4　(1)　72°　(2)　$1+\sqrt{5}$(cm)　(3)　$3-\sqrt{5}$(cm)

5　(1)　$k=2$　(2)　$\mathrm{B}\left(-\dfrac{3}{2},\ 0\right)$　(3)　$\dfrac{14}{3}$

6　(1)　$5x+7$(点)　(2)　4回

7　(1)　$2\pi-2\sqrt{3}$(cm^2)　(2)　$1+\sqrt{3}-\dfrac{2}{3}\pi$(cm^2)　(3)　$2\sqrt{2}-1-\dfrac{1}{2}\pi$(cm^2)

○配点○

1　各2点×4　2　各3点×6　3　各3点×2　4　(1)　2点　(2)，(3)　各3点×2
5　(1)　2点　(2)，(3)　各3点×2　6　各3点×2　7　各2点×3　計60点

＜数学解説＞

基本　1　(数・式の計算，平方根の計算，式の展開)

(1)　$-3^2+10\times\left(\dfrac{9}{6}\right)^2=-9+10\times\left(\dfrac{3}{2}\right)^2=-9+10\times\dfrac{9}{4}=-9+\dfrac{45}{2}=-\dfrac{18}{2}+\dfrac{45}{2}=\dfrac{27}{2}$

(2)　$2\sqrt{5}+\dfrac{4}{\sqrt{6}}\div\sqrt{\dfrac{2}{15}}-\sqrt{45}=2\sqrt{5}+\dfrac{4\sqrt{6}}{6}\times\dfrac{\sqrt{15}}{\sqrt{2}}-3\sqrt{5}=2\sqrt{5}+\dfrac{2}{3}\sqrt{\dfrac{6\times15}{2}}-3\sqrt{5}=2\sqrt{5}+\dfrac{2}{3}\times3\sqrt{5}-3\sqrt{5}=2\sqrt{5}+2\sqrt{5}-3\sqrt{5}=\sqrt{5}$

(3)　$\dfrac{x-1}{2}-\dfrac{2x-3}{3}=\dfrac{3(x-1)-2(2x-3)}{6}=\dfrac{3x-3-4x+6}{6}=\dfrac{-x+3}{6}$

(4)　$2(x-2y)(x+3y)-(x^2+2xy+y^2)=2(x^2+xy-6y^2)-x^2-2xy-y^2=2x^2+2xy-12y^2-x^2-2xy-y^2=x^2-13y^2$

2　(因数分解，2次方程式，連立方程式，方程式の応用問題，最短距離)

(1)　$(x-1)(x-9)+4x=x^2-10x+9+4x=x^2-6x+9=(x-3)^2$

(2)　$2x^2+ax-8=0$に$x=4$を代入して，$2\times4^2+4a-8=0$　$4a=-24$　$a=-6$　$2x^2-6x-8=0$　$x^2-3x-4=0$　$(x+1)(x-4)=0$　$x=-1$，4　よって，もう1つの解は，$x=-1$

(3)　$4x+3y=2$…①　$3x+4y=5$…②　①×4－②×3から，$7x=-7$　$x=-1$　これを①に代入して，$4\times(-1)+3y=2$　$3y=2+4=6$　$y=2$　$ax+by=4$と$bx+ay=1$に$x=-1$，$y=2$を代入して，$-a+2b=4$…③　$-b+2a=1$　$2a-b=1$…④　③＋④×2から，$3a=6$　$a=2$　これを④に代入して，$2\times2-b=1$　$b=4-1=3$

(4)　B君が出発してx分後に出会ったとして方程式を立てると，$60(x+10)+120x=3300$　$60x+$

$600+120x=3300$　　$180x=2700$　　$x=15$(分後)

(5)　円すいの展開図において，側面の中心角は，$360°\times\dfrac{2\pi\times5}{2\pi\times15}=120°$　　求める最短距離は，2辺の長さが15cmでその間の角が120°の二等辺三角形の底辺の長さになるから，$15\times\dfrac{\sqrt{3}}{2}\times2=15\sqrt{3}$ (cm)

3 (確率)

基本 (1)　玉の取り出し方は全部で，$5\times5=25$(通り)　　そのうち，どちらも赤がでる場合は，2個の赤玉を赤1，赤2とすると，(赤1，赤1)，(赤1，赤2)，(赤2，赤1)，(赤2，赤2)の4通り　　よって，求める確率は，$\dfrac{4}{25}$

(2)　3個の白玉を白1，白2，白3とすると，赤玉と白玉が1個ずつ出る場合は，(赤1，白1)，(赤1，白2)，(赤1，白3)，(赤2，白1)，(赤2，白2)，(赤2，白3)，(白1，赤1)，(白1，赤2)，(白2，赤1)，(白2，赤2)，(白3，赤1)，(白3，赤2)の12通り　　よって，求める確率は，$\dfrac{12}{25}$

4 (平面図形の計量問題―角度，三角形の相似)

(1)　$\angle A=a$とすると△DABは二等辺三角形だから，$\angle BDC=2a$　　△BCDも二等辺三角形だから，$\angle DCB=\angle BDC=2a$　　△ABCも二等辺三角形だから，$\angle ABC=\angle ACB=2a$　　△ABCの内角の和の関係から，$a+2a+2a=180°$　　$5a=180°$　　$a=36°$　　△CDEと△DEFも二等辺三角形だから，$\angle EFD=\angle FED=\angle CDE=2\times36°=72°$

(2)　$AB=x$とすると，$CD=x-AD=x-2$　　$\triangle ABC\backsim\triangle BCD$から，$AB:BC=BC:CD$　　$x:2=2:(x-2)$　　$x(x-2)=4$　　$x^2-2x-4=0$　　2次方程式の解の公式から，$x=\dfrac{2\pm\sqrt{(-2)^2-4\times1\times(-4)}}{2}=\dfrac{2\pm\sqrt{20}}{2}=\dfrac{2\pm2\sqrt{5}}{2}=1\pm\sqrt{5}$　　$x>0$から，$x=1+\sqrt{5}$ (cm)

重要 (3)　$CD=1+\sqrt{5}-2=\sqrt{5}-1$　　$\triangle BCD\backsim\triangle CDE$から，$BC:CD=CD:DE$　　$2:(\sqrt{5}-1)=(\sqrt{5}-1):DE$　　$DE=\dfrac{(\sqrt{5}-1)^2}{2}=\dfrac{5-2\sqrt{5}+1}{2}=\dfrac{6-2\sqrt{5}}{2}=3-\sqrt{5}$　　$DF=DE=3-\sqrt{5}$ (cm)

5 (図形と関数・グラフの融合問題)

基本 (1)　①に$x=2$を代入して，$y=2^2=4$　　よって，A(2，4)　　②に点Aの座標を代入して，$4=2k$　$k=2$

(2)　△OABの面積から，$\dfrac{1}{2}\times OB\times4=3$　　$OB=\dfrac{3}{2}$　　点Bのx座標は負の数から，$B\left(-\dfrac{3}{2},\ 0\right)$

重要 (3)　直線OAの傾きは，$\dfrac{4}{2}=2$　　BC//OAから，直線BCの式を$y=2x+c$として点Bの座標を代入すると，$0=2\times\left(-\dfrac{3}{2}\right)+c$　　$c=3$　　よって，直線BCの式は，$y=2x+3$　　C(0，3)　　点Pのx座標をpとする。△PAC＝(四角形OAPC)－△OAC$=10-\dfrac{1}{2}\times3\times2=10-3=7$　　△PAC＝△OPC$=\dfrac{1}{2}\times3\times p=\dfrac{3}{2}p$　　$\dfrac{3}{2}p=7$から，$p=7\times\dfrac{2}{3}=\dfrac{14}{3}$

6 (方程式の応用問題)

(1)　Bチームのトライの回数はAチームのトライの回数より1回多いから，$x+1$(回)で，コンバージョンの成功による得点が1回だから，Bチームの得点は，$5(x+1)+2\times1=5x+7$(点)

重要 (2)　Aチームの得点はBチームの得点より1点多いから，$5x+7+1=5x+8$(点)　　Aチームのトライによる得点は$5x$だから，コンバージョンによる得点は，$5x+8-5x=8$(点)　　$\dfrac{2}{7}(5x+8)=8$か

ら，$5x+8=8\times\frac{7}{2}=28$　　$5x=20$　　$x=4$(回)

7　(平面図形の計量問題―面積，円の性質)

(1)　扇形ABCの面積は，$\pi\times2^2\times\frac{60^\circ}{360^\circ}=4\pi\times\frac{1}{6}=\frac{2}{3}\pi$　　扇形ABCから正三角形ABCを引いた部分の面積は，$\frac{2}{3}\pi-\frac{1}{2}\times2\times2\times\frac{\sqrt{3}}{2}=\frac{2}{3}\pi-\sqrt{3}$　　よって，求める面積は，$\frac{2}{3}\pi+2\left(\frac{2}{3}\pi-\sqrt{3}\right)=\frac{2}{3}\pi+\frac{4}{3}\pi-2\sqrt{3}=2\pi-2\sqrt{3}$ (cm²)

(2)　△BCFは斜辺の長さが2cmの直角二等辺三角形である。$\triangle BCF=\frac{2\times2}{2}\div2=1$　　よって，①の面積は，$1-\left(\frac{2}{3}\pi-\sqrt{3}\right)=1+\sqrt{3}-\frac{2}{3}\pi$ (cm²)

重要　(3)　ルーローの三角形とDGとの接点をHとしてBHを引く。BH//FCから錯角は等しいので，$\angle HBC=\angle BCF=45^\circ$　　②の面積は，長方形BFGHの面積から，△BCFの面積と扇形BCHの面積をひいたものになるから，$\sqrt{2}\times2-1-\pi\times2^2\times\frac{45^\circ}{360^\circ}=2\sqrt{2}-1-\frac{1}{2}\pi$ (cm²)

★ワンポイントアドバイス★

7(3)は，DGとの接点をHとしてBHを引くことがポイントである。接点であることから，四角形BFGHは長方形になる。

＜英語解答＞

1　問1　B　　問2　B　　問3　B　　問4　A　　問5　C

2　問1　1　B　　2　E　　問2　3　D　　4　E　　問3　5　B　　6　C

3　問1　A　　問2　D　　**4**　Q1　B　　Q2　B　　Q3　D

5　Q1　D　　Q2　C　　Q3　D

6　Q1　①　E　　②　A　　③　D　　④　B　　⑤　C　　Q2　B　　Q3　D　　Q4　A　　Q5　B

7　問1　B　　問2　D　　問3　D　　問4　A　　問5　A　　問6　Ⅰ　F　　Ⅱ　B　　Ⅲ　E

8　(1)　I would like to belong to a baseball club at high school. However, the club I want to join is known for its high level. I'm afraid I can't keep up with it.(33語)

(2)　First, I must study hard because the test becomes more difficult. Second, it takes more time to get to school, so I have to get up early.(27語)

(3)　I want to go to Canada on the exchange trip, but my mother told me if I don't pass all my tests, I cannot go. So I'm worried if I can do a good job for the exchange trip.(39語)

○配点○

1　各2点×5　　2　各2点×3(各完答)　　3　各2点×2　　4　各2点×3　　5　各2点×3
6　各1点×9　　7　問6　各1点×3　　他　各2点×5　　8　6点　　計60点

＜英語解説＞

1 （語句補充：語彙・助動詞・間接疑問文）

基本 問1　between ～ and …「～と…の間」

基本 問2　否定文で使われる any は「全く(～ない)」の意味になる。

問3　do damage で「被害を与える」の意味。did は do の過去形。

問4　〈used to ＋動詞の原形〉「(よく)～したものだ」

問5　I don't know. と Where does Tom live? を1つにした間接疑問文にする。疑問詞以降は where Tom lives と平叙文の語順になる。

2 （語句整序：語彙・分詞・受動態・疑問詞）

やや難 問1　(Don't) come close to the broken window(.)　close to ～ で「～に接近した」の意味。window を「壊された」が修飾する，分詞を使った文。broken は break の過去分詞形。window は「壊される」と受動の意味を持つので過去分詞を用いる。また，過去分詞 broken は単独で修飾するので window の直前に置く。

重要 問2　(The park) is covered with lots of trees(.)　be covered with ～ で「～でおおわれている」という意味。lot of ～ は「たくさんの」の意味。of は前置詞なので後には名詞がくる。

問3　Why don't we take a walk (together?)　Why don't we ～? で「～するのはどうですか」，take a walk で「散歩する」の意味。

3 （会話文：文整序）

問1　③「冬休みはどこへ行くべきか，君は決めたかい」 → ②「ええ，私は北海道へ行くつもりよ。食べ物がとてもおいしいの」 → ④「君はそこへ行ったことがあるのかい」 → ①「ええ，もちろん。2回ね」

問2　③「これはとてもおいしそうに見えるわ。それを切ってくれますか」 → ①「ピザが何切れ必要ですか」 → ④「それを6人用に切ってください」 → ②「わかりました。さあ，終わりました」

4 （長文読解・資料読解：語句補充・内容吟味）

（全訳）　北海ボーリング場へようこそ。

■営業時間

月曜日から金曜日まで　午前9時から午前1時まで

土曜日と日曜日，休日　午前5時から午前1時まで

	1ゲーム(貸し靴料金を含む)		
年齢	子ども(～12歳)	生徒(13～18歳)	大人(19歳～)
午前9時～午後10時	500円／人	600円／人	600円／人
午後10時～午前1時			700円／人
午前5時～午前9時	300円／人	400円／人	400円／人

案内

・全ての年齢のボーリングをする人を歓迎します。

・12歳以下の子どもは大人なしでボーリングをすることができません。

・18歳以下の生徒は午後10時以後に入場する[1]ことができません。

・もし北海ボーリング場の会員になれば，ゲームごとに100円割引を受けることができます。

・北海ボーリング場の会員になるためには，13歳以上でなければなりません。

・大人の会員のためだけに，特別なボーリング練習があります。

毎週金曜日	午後7時～午後8時	2,000円／人(貸し靴料金を含む)

北海ボーリング場
札幌市豊平区旭町x-y-z
電話：011-814-××××

割引券
1ゲーム無料
(子ども1人だけに利用できます)

Q1 「ウェブサイトの[1]に入れる最も良い文を選びなさい」〈allow ＋人＋ to ＋動詞の原形〉で「(人)が～するのを可能にする」の意味。

Q2 「下の質問に最も良い答えを選びなさい。質問：大人1人と生徒1人(両方とも会員)，子ども2人がクーポン1枚を使って午前7時からボーリングをすると(1ゲーム)，彼らはいくら支払うか」 午前7時からの大人1人，学生1人はそれぞれ400円で，2人とも会員だからそれぞれ100円割引になるので400×2－100×2＝600円。割引券は子供1人だけに利用できるから，子ども料金は1人分だけ支払うことになり，300円。合計で600＋300＝900円である。

Q3 「どれが一致しているか」 A. 「全ての人が北海ボーリング場の会員になり，割引を受けることができる」(×) 「案内」の箇条書き6つ目参照。会員になれるのは13歳以上である。 B. 「ボーリングをするために，大人は生徒と一緒でなければならない」(×) 「案内」の箇条書き2つめ参照。12歳以下の子どもが大人と一緒でなければならないのである。 C. 「もし8歳の少女と彼女の母がボーリング練習を受けるなら，彼らは4,000円支払う」(×) 「案内」の箇条書きの最後参照。練習を受けられるのは大人だけである。 D. 「毎週日曜日の午前8時からボーリングを始めることができる」(○) 「営業時間」参照。

5 **(長文読解・論説文：語句補充・内容吟味)**

(全訳) 「あなたは大人になったら何をしたいですか」毎年，男の子と女の子はこれについて尋ねられる。下の表は，2014年と2019年の，子どもたちが将来したい仕事を示す。それらから何を見ることができるか。

両方の年で人気がある仕事もある。男の子と女の子の上位2つは2014年と2019年で同じである。2019年には，男の子の半分より多くが，彼らは運動選手になりたい，と考えている。これは2020年に東京オリンピックが開催される予定だからである。女の子は人の役に立つことにより関心があるので，多くの女の子たちが教師や医師としての仕事を得たがる。

しかしながら，5年でいくつかの違いもある。2014年には女の子たちの間で「客室乗務員」が人気があったが，2019年にはそれは「デザイナー」に取って代わられた。男の子の最も驚くべき急上昇は2019年の4位に起こった。新しい仕事，「ユーチューバー」が今や表に載っている。

自分の将来の仕事を考えていない子どもたちもいるが，彼らが成長するにつれて彼らの夢は変わるかもしれないので，これは問題ではない。重要なことは，彼らが自由に仕事を選ぶことができる，と知ることだ。両親や先生は彼らが彼らの夢を実現させることを支援することができる。もし彼らがそうすれば，子どもたちは経験を得たり，彼らの世界の視野を広げたりすることができる。これが未来への鍵だ。

表1

2014年の上位5つの答え		
	男の子	女の子
1	野球選手（21.6%）	保育士（22.3%）
2	サッカー選手（19.3%）	教師（18.8%）
3	医師（13.5%）	医師（14.5%）
4	教師（11.7%）	お菓子職人（12.0%）
5	音楽家（8.8%）	客室乗務員（8.6%）

不明：2014年　男の子0.2%／女の子0.2%

表2

2019年の上位5つの答え		
	男の子	女の子
1	野球選手（23.8%）	保育士（25.2%）
2	サッカー選手（21.6%）	教師（20.1%）
3	医師（13.7%）	お菓子職人（15.2%）
4	ユーチューバー（12.6%）	医師（10.4%）
5	[1]（10.8%）	デザイナー（7.6%）

不明：2014年　男の子0.3%／女の子0.1%

Q1 「表2の[1]に入れる最も良い語(句)を選びなさい」 A. 「ゲームプログラマー」(×) B. 「販売店員」(×) C. 「音楽家」(×) D. 「バスケットボール選手」(○) 第2段落第3文参照。「2019年には，男の子の半分より多くが」「運動選手になりたい」のである。表2にある運動選手は野球選手とサッカー選手で，なりたい割合は23.8＋21.6＝45.4%で半分に届かない。だから，空欄1にも運動選手が入ると考えるのが適切。

Q2 「どれが一致しているか」 A. 「お菓子職人は女の子の2014年と2019年では同順位だ」(×) 表1・表2参照。2014年には4位，2019年には3位である。 B. 「たくさんの夢を持っているので，何になりたいかを決められない子どもたちもいる」(×) たくさんの夢を持っている，という記述はない。 C. 「2019年には『ユーチューバー』は男の子の間で『医師』ほど人気がない」(○) 表2参照。医師は3位，ユーチューバーは4位である。 D. 「東京オリンピックのおかげで，ますます多くの女の子が人々の役に立ちたがっている」(×) 第2段落第3文・第4文参照。オリンピックの影響を受けているのは男の子である。

Q3 「次の文を読んで，[ ]に入れる最も良い答えを選びなさい」「子供たちは彼らの両親や先生の支援で[ ]と筆者は考える」 A. 「彼らの将来に関する意見を言う」(×) B. 「他の人の世話をする」(×) C. 「速く成長する」(×) D. 「彼らの夢を実現する」(○) 第4段落第3文参照。

6 **(長文読解・会話文：語句補充)**

(全訳) 2人の高校生が，選挙における投票について話している。読んで，下の質問に答えなさい。

アキ：日本では，18歳以上の若者が投票する a権利を持っている，と君は知っているかい。

ヒロ：うん。それは2016年に変わったんだ。君は今18歳だ。①来る選挙で君は投票するかい。

アキ：うん，もちろんだよ。僕は小さい子どもだったとき，僕の母にとって，彼女が働いている間に僕の世話をする場所を見つけることは困難だったんだ。だから，僕は働くお母さんを支援したがっている政治家に投票する計画なんだ。

ヒロ：君 bに同意するけれど，僕は選挙には興味がないんだ。

アキ：②どうしてだい。

ヒロ：そうだね，2つの理由からだな。1つには，僕は選挙についてほとんど何も知らないからだ。

アキ：ああ，それは心配しないで。③僕たちは授業で選挙について学ぶ予定だよ。それはとても実用的だそうだ。もう1つの理由はなんだい。

ヒロ：政治家は，彼らが c選ばれた後で約束を守らない，と僕は思うんだ。僕は政治家が好きではないよ。

アキ：そのような人もいるけれど，一方で，とても信頼できる人もいるよ。

ヒロ：悪いけれど，僕はそう思わないな。

アキ：日本の選挙における最大の問題を君は知っているかい。

ヒロ：④わからない。それは何だい。

アキ：それは低投票率で，それは若者だけに限られないんだ。でも，もし君のような人々が投票しなければ，なにも変わらないよ。状況を改善するための唯一の方法は人々が選挙で投票することなんだ。

ヒロ：しかしながら，僕のような，もうどんな政治家も信じない人々は何をするべきなんだい。それは本当に難しい質問だよ。

アキ：⑤ああ，そうだね。白票を投じることは，「否認」を主張するためにとても有効だよ。それは僕たちの意見や考えを d示すための良い方法なんだ。

ヒロ：君はこれにとても熱烈なんだな。それは僕たちの将来のために重要だから，僕は次の選挙で投票するよ。

Q1 「①から⑤に入れる最も良い文を選びなさい」 全訳参照。

Q2 「(a)に入れる最も良い語を選びなさい」 A. 「原因」(×) B. 「権利」(○) C. 「収穫」(×) D. 「協力」(×)

Q3 「(b)に入れる最も良い語を選びなさい」 agree with ～「～に同意する」

Q4 「(c)に入れる最も良い語を選びなさい」 A. 「選ぶ」(○) B. 「命令する」(×) C. 「報告する」(×) D. 「動かす」(×)

Q5 「(d)に入れる最も良い語を選びなさい」 A. 「投げる」(×) B. 「示す」(○) C. 「振る」(×) D.「減らす」(×)

7 **(長文読解・論説文：語句補充・内容吟味・要旨把握)**

(全訳) インターネットは私たちの生活様式を変えている。それは私たちの生活にとって必要になっていて，私たちはいつでもどこでもインターネットを使うことができるので，今日，私たちはもはやインターネットなしに暮らすことができない。①例えば，飛行機でその国へ行っている間に，私たちは外国のホテルの部屋を予約することができたり，夜でさえ，私たちはソーシャル・ネットワーキング・サービスを通じて同じ趣味を持つ友達を探すことができたりする。

しかしながら，私たちはインターネットの悪い側面を忘れてはいけない。インターネット上の犯罪は増えている。「インターネット詐欺」②と呼ばれる犯罪は大問題となっている。

インターネット詐欺の1つの例は，このようだった。ある50歳の男性が彼の娘の20歳の誕生日のために高価な腕時計を買いたかった。彼はウェブサイトで素晴らしいデザインの腕時計を見つけた。間もなく，彼はそれを買い，プレゼントとしてそれを包装するように店に頼んだ。数日後，彼は店からの小包を受け取った。彼は彼女の誕生日に彼の娘にそれを与えた。彼女はそれを開けて，小包の中のプレゼントがただの石だったので，見て驚いた。

別の例はある15歳の少年だった。彼は学校でブラスバンド部に所属し，彼は彼自身のドラムセットが欲しかったが，それはとても高価だった。ある日，彼はショッピング・ウェブサイトを見つけた。ウェブサイトには，「NNNウェブサイトへようこそ。私たちはブランド商品の楽器しか売りませんが，あなたの幸運な日です。私たちは今，大セールを開催しています。急いで大きな割引を受けてください」彼はわくわくして，すぐに彼が本当に欲しかったドラムセットを買った。それから，彼は待った。1ヶ月後，彼は心配になって，ウェブサイトから店にeメールを送った。しかしながら，

eメールアドレスは誤っていた。彼はドラムセットの支払いをしたが，それは決して届かなかった。

インターネットショッピングは世界中に③広がっていて，たくさんの人々がそれを使って幸せだ。しかしながら，時には，私たちはそのようなウェブサイトにだまされる。私たちはどのようにインターネット詐欺から私たち自身を守ることができるか。時には，店にただ電話することは単純で良い方法だ。もしウェブサイトに電話番号がなければ，それは偽のウェブサイトであるかもしれない。また，店の批評は偽のウェブサイトについての情報を共有するためにあなたの助けになりうる。インターネットショッピングは良い側面と悪い側面の両方を持っている，と私たちは覚えておかなくてはならないので，それについて勉強し，私たちが何かを買う前に注意することが必要だ。

問1　A.「同時に」(×)　B.「例えば」(○)　C.「結局は」(×)　D.「加えて」(×)

問2　the crime を分詞以下が修飾している文。the crime は「(インターネット詐欺と)呼ばれる」と受動の意味になるので，過去分詞 called「呼ばれる」を使うのが適切。

問3「質問：15歳の少年はなぜNNNウェブサイトにeメールを送ったのか」A.「これは，彼が大きな割引を受けなかったからだった」(×)　B.「これは，ドラムセットが，彼が欲しかったそれではなかったからだ」(×)　C.「これは，彼がそれの支払いをする前に，ドラムセットを手に入れたからだ」(×)　D.「これは，ドラムセットが彼に届かなかったからだ」(○)「それは決して届かなかった」(第4段落最終文)から，「彼は心配になって」「eメールを送った(第4段落第10文)のである。

問4　A.「広がる」(○)　B.「落ちる」(×)　C.「くっつく」(×)　D.「横たわる」(×)

問5　A.「インターネットはとても有用なので，私たちの生活は改善されている」(○)　第1段落参照。　B.「インターネットを使う人が少しずつ増えているので，多くの人々が外国を訪れる」(×)　C.「50歳の男性はプレゼントを買うことを彼の娘から頼まれたので，彼はインターネットで買い物をした」(×)　D.「あなたの周りの人々に電話をかけることによって，あなたはインターネット詐欺からあなたとあなたの家族を守らなくてはならない」(×)

問6「インターネットがより大衆的になるにつれて，私たちの生活は変わっている。多くの人々はそれをⅠ喜んで使う。しかしながら，私たちにⅡ問題を起こすかもしれないウェブサイトもある。だから，私たちはインターネットのⅢ危険な点に注意を払わなければならない」

8　(自由英作文)

(全訳)　読んで，20かそれより多い語で英語で下の質問に答えなさい。

多くの中学生が高校生になるが，それについていくつかの点で心配する生徒もいる。

質問：あなたは高校生になるとき，何について心配か。

「私は高校生になることが心配です」の後にあなたの答えを書きなさい。

自由英作文を書くときは，長い文を書かない方が良い。1文が長くなると，それだけミスするポイントが増えるからである。

(解答例)　(1)「私は高校でバスケット部に所属したい。しかしながら，私が参加したい部はその高いレベルで知られている。私はそれについていけないのではないか，と心配する」

(2)「第1に，テストがより難しくなるので，私は一生懸命に勉強しなくてはならない。第2に，学校に着くのにより多くの時間がかかるので，私は早く起きなければならない」

(3)「私は交換旅行でカナダへ行きたいが，もし私が全てのテストに合格しなければ，私は行くことができない，と私の母は私に言った。だから，私が交換旅行のために良くやれるかどうか，私は心配だ」

★ワンポイントアドバイス★
会話文問題でよく出題される会話表現はまとめて覚えるようにしよう。日本語に直訳すると意味のわからない特殊な表現は，特に気をつけよう。

＜理科解答＞

1　問1　1.5％　問2　$NaOH \rightarrow Na^{+} + OH^{-}$　問3　ア　問4　イ　問5　イ

2　問1　化石燃料　問2　7日　問3　21％　問4　イ

3　問1　(1)

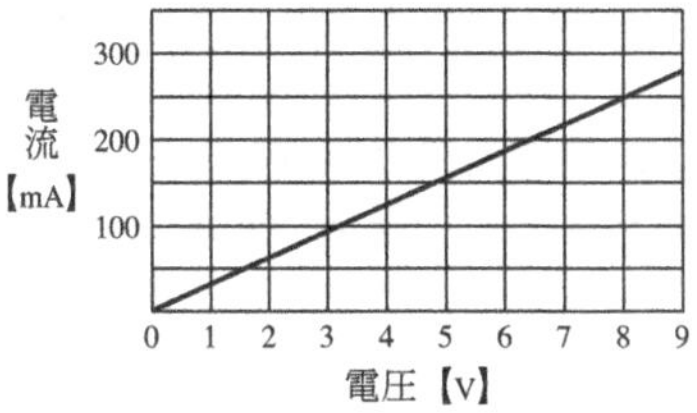

(2)　32Ω　(3)　2A　(4)　60V
問2　エ　問3　電磁誘導　問4　エ

4　問1　ア　問2　リンパ管　問3　ヘモグロビン　問4　ア　問5　a　静脈血　c　動脈血　あざやかな色　c　問6　b　肺循環　d　体循環　問7　イ　問8　ウ

5　問1　イ，オ　問2　イ　問3　7.8g/cm^3　問4　ポリエチレン

6　問1　ベテルギウス　問2　ウ　問3　ア　問4　74度

7　問1　イ　問2　ア　問3　ウ　問4　ウ

○配点○

1　問3，問4　各1点×2　他　各2点×3(問2完答)　2　各2点×4　3　問1(1)　2点　他　各1点×6　4　問1，問4，問5，問8　各2点×4(問5完答)　問7　3点　他　各1点×4　5　問2　1点　他　各2点×3(問1完答)　6　問1　1点　他　各2点×3　7　問2　1点　他　各2点×3　計60点

＜理科解説＞

1　(溶液とその性質―濃度・酸・中和)

基本　問1　溶質の質量は0.9gで，溶液の質量は60gなので，パーセント濃度は$(0.9 \div 60) \times 100 = 1.5$％

重要　問2　水酸化ナトリウムは水に溶けて，ナトリウムイオンと水酸化物イオンに電離する。イオン反応は$NaOH \rightarrow Na^{+} + OH^{-}$となる。

問3　塩酸は多くの金属と反応して水素を発生する。

基本　問4　BTB溶液は中性で緑色を示す。酸性では黄色，アルカリ性では青色である。

問5　酸とアルカリの反応を中和という。塩酸をちょうど中和するのに必要な水酸化ナトリウム水溶液の体積が多いものほど，塩酸の濃度は濃い。よってA，C，Bの順になる。

2　(その他―化石燃料)

基本　問1　大昔の動植物の遺骸からできる燃料を，化石燃料という。

問2　求める日数をx日とすると，電力量は$25 \times 5 \times 24x \div 21 \times 1000 = 21.0$より，$x=7$　7日間である。

やや難　問3　石炭を使ったときの二酸化炭素の排出量は，$33 \times 10 + 8 \times 8 + 39 \times 6 = 628$　石炭をすべて天然ガスにかえた時の二酸化炭素の排出量は，$8 \times 8 + (33+39) \times 6 = 496$　削減された二酸化炭素の割合は，$\{(628-496) \div 628\} \times 100 = 20.6 \fallingdotseq 21$％である。

問4　再生可能エネルギーとは，太陽光や風力，地熱といった自然界に常に存在するエネルギーであり，枯渇せず，どこにも存在し，二酸化炭素を放出しないという特徴がある。

3　（電流と電圧―回路と電流）

重要　問1　(1)　表より，抵抗の大きさが一定のとき，電流と電圧は比例する。グラフは右上がりの直線となる。　(2)　実験1の結果より抵抗の大きさを求めると，1.0÷0.031≒32.3，2.0÷0.063≒31.7となり，平均すると32Ωである。　(3)　電熱線aに流れる電流は16÷32＝0.5Aであり回路全体の電流は2.5Aなので，電熱線bを流れる電流は2.5－0.5＝2.0Aである。　(4)　電熱線bの抵抗は16÷2.0＝8Ωであり，実験3の回路の全抵抗は32＋8＝40Ωになる。よって電源の電圧は1.5×40＝60Vである。

問2　家庭では電気器具は並列につながるように配線されている。そのため，全体の電流は，各並列回路を流れる電流の和に等しくなる。

問3　磁界の変化によって電流が発生する現象を，電磁誘導という。

問4　IHクッキングヒーターで最も効率よく加熱できるのは鉄鍋である。

4　（ヒトの体のしくみ―血液循環）

問1　赤血球中のヘモグロビンは，酸素を運搬する働きをする。血小板は無定形である。

問2　毛細血管からしみ出た組織液は，リンパ管に再吸収される。

問3　赤血球中に含まれるタンパク質のヘモグロビンは，酸素と結びつき体内に酸素を供給する。

問4　心臓のつくりは動物の種類によって異なる。魚類は1心房1心室であり，両生類は2心房1心室，ハ虫類は2心房2心室であるが心室で動脈血と静脈血が混ざり合う。鳥類と哺乳類は2心房2心室で血液は混ざり合わない。

重要　問5　a　酸素を多く含む血液を動脈血という。心臓から肺に向かう血液は静脈血である。

c　心臓から体の各部に送り出される血液は，動脈血である。

問6　肺に向かう循環を肺循環，体に向かう循環を体循環という。

問7　右心室から送り出された血液は肺動脈を経て肺に運ばれ，肺静脈を経て心臓の左心房に戻る。心臓から出ていく血管を動脈，心臓に戻る血管を静脈という。

問8　逆流を防ぐ弁があるのは静脈である。動脈の方が圧力が高くなるので，血管の壁は動脈の方が厚い。

5　（実験・密度―上皿てんびん・密度）

基本　問1　指針が止まらなくても，両側の振れの大きさが同じになれば指針は中央にくる。片付けるときには，皿は片方に重ねて乗せる。

問2　アルミニウムは軽くてやわらかい金属である。アは銅，ウは鉄，エは水銀の説明である。

問3　密度は物質の質量を体積で割ると求まる。図の目盛の差を取ると金属の体積が求まる。59－44＝15mLの体積なので，密度は117÷15＝7.8g/cm^3である。

問4　水に浮かんだので，このプラスチックの密度は1.00g/cm^3より小さく，食用油に沈んだので0.92g/cm^3より大きい。この範囲にあるのがポリエチレンである。

6　（星と星座―冬の星座と星の見え方）

基本　問1　オリオン座には，リゲルとベテルギウスの2つの1等星がある。ベテルギウスとおおいぬ座のシリウス，こいぬ座のプロキオンの3つでできる三角形を冬の大三角という。

問2　星は1時間で15度東から西へ移動する。午前0時に南中したので，地平線から出てくる時間は6時間前の午後6時頃である。

問3　観察は冬至の時期に近いので，シリウスは南西の方角に沈む。

問4　札幌との緯度の差が43度なので，赤道上ではシリウスの南中高度は31＋43＝74度になる。

7 （光と音の性質―レンズ，鏡に映る像）

基本 問1　凸レンズでできる実像は，上下左右が逆になる。

基本 問2　スクリーンに映る像は実像である。

問3　レンズの半分を覆っても像の全体がスクリーンに映るが，光の量が半分になるので，できた像は暗くなる。

問4　縦向きの鏡で反射された像，横向きの鏡で反射された像，両方の鏡で反射された像の3つの像ができる。

★ワンポイントアドバイス★

全分野において，総合問題の形で出題されている。理科全般の幅広い知識が求められる問題である。

＜社会解答＞

1　問1　ア　問2　(1)　ウ　(2)　ア　問3　マオリ　問4　アパルトヘイト
問5　(1)　ア　(2)　オリーブ　問6　ア　問7　(1)　イヌイット
(2)　フランス語　問8　(1)　EU[ヨーロッパ連合]　(2)　スコットランド　問9　イ
問10　パンパ　問11　(1)　センターピボット方式　(2)　フィードロット　問12　エ
問13　(1)　エ　(2)　アボリジニ　問14　イ

2　問1　イ　問2　イ　問3　エ　問4　浄土　問5　荘園　問6　踊念仏
問7　後醍醐天皇　問8　番号　Ⅱ　語句　書院造

3　問1　①　C　②　B　③　A　問2　Ⅲ→Ⅱ→Ⅰ　問3　直接国税15円以上納める満25歳以上の男子　問4　桂太郎　問5　ウ　問6　人物　吉野作造　考え　民本主義
問7　ファシズム　問8　ウ

4　問1　(1)　国民主権，平和主義，基本的人権の尊重　(2)　a　象徴　b　総意
問2　(1)　c　289　d　11　e　176　(2)　エ　問3　イ　問4　(1)　1　ア
2　イ　3　ウ　4　エ　(2)　イギリス　問5　(1)　1　ウ　2　エ
(2)　地域主義[リージョナリズム]　問6　再生可能(エネルギー)　問7　為替相場[レート]　問8　A　記号　ウ　国名　ロシア　B　記号　イ　国名　韓国
C　記号　ア　国名　中国

○推定配点○

1　各1点×20　2　各1点×8(問8完答)　3　問1～問3　各2点×3(問1，問2各完答)
他　各1点×6　4　問1，問8　各1点×5(各完答)　他　各1点×15　計60点

＜社会解説＞

1 （地理―世界と日本の地誌の問題）

問1　アはロシアでビートを使うボルシチと呼ばれるもの。イは一般にあら汁と呼ばれるもので，商品価値がない魚以外に，魚を三枚におろした後の骨周りの部分を使ったりもする。ウはタイのトムヤムクンというもの。エはフカヒレのスープ。

重要 問2　(1)　横浜市は太平洋側の気候のもので，岡山市と比べれば降水量は多いのでウになる。岡山

市は瀬戸内の気候になるので降水量が少ないエ，長野市は降水量が少ない点では岡山市と似ているが冬の寒さが厳しいのでアになる。富山市は日本海側の冬の降水量が多い特徴が顕著なイ。

(2)　Ⅰは刷毛で引いたような細い筋状の雲が横に延びている巻雲(筋雲)になっているので冬。Ⅱは日本列島の上に東西に帯状に厚い雲が張っているので梅雨の時期のものと判断できるのでアの組み合わせになる。

問3　ニュージーランドの先住民族はポリネシア系のマオリ族。イギリスの植民地であったので白人もいるが，先住民は違う。

問4　アパルトヘイトは南アフリカでかつて実施されていた人種差別政策。apartheidのapartは英語でも分ける，離れるの意味。南アフリカは最終的にはイギリスの植民地からの独立になるがその前はオランダ領であったので，南アフリカの言語にはオランダ語もかなり入っている。

重要　問5　(1)　地中海沿岸で日差しが強い国々にはアのような家が多くみられる。アのような家はイタリアの沿岸部，半島部にみられる。イタリアでもアルプス山脈に近い地域であればイのような家もある。ウは寒冷地にあるもので，ロシアのシベリア地方など永久凍土が広がるところでは，家の中の暖房の熱が地面に伝わり永久凍土が溶けるのを防ぐために地面から家を浮かせてある。エの日干し煉瓦の家は北アフリカや西アジアなどの砂漠地帯に広くみられるもの。　(2)　オリーブは地中海周辺の国々で広く栽培されている。日本でも比較的温暖で降水量が少ない場所ということで瀬戸内海の小豆島で栽培がさかんである。

やや難　問6　ナミビアの沿岸部を流れる海流が寒流のため，海の上で上昇気流が発生しにくく，雨雲ができないのでナミビアの辺りには雨がほとんど降らないため，砂漠が広がっている。同様の理由で砂漠がみられるのは南米のチリの北部。イはステップ気候のモンゴルあたり，ウはサバナ気候のケニアやタンザニアあたり，エは熱帯雨林気候の地域で，アフリカのギニア湾沿岸かコンゴ，もしくは南米のブラジルあたり。

問7　(1)　イヌイットは北米大陸北部の先住民族。アメリカのアラスカ州やカナダに広がる。

(2)　カナダの東部にあるケベック州の辺りがかつてフランスの植民地であった名残で，カナダの中では英語の他にフランス語も使われている。

問8　(1)　EUヨーロッパ連合は1993年にECヨーロッパ共同体から発展して設立。ECからEUが発足した時は12カ国であったが，現在はイギリスが抜けても27カ国。　(2)　イギリスはグレートブリテン島にイングランド，ウェールズ，スコットランドの3つの王国があり，隣のアイルランド島に北アイルランドがある。アイルランド島の南はアイルランド共和国で別の国。

重要　問9　フランスのパリは西岸海洋性気候で，比較的気温の変化は小さく，降水量は年間を通してほとんど変わらないのが特徴なのでイ。アがニュージーランドのウェリントンで南半球の気温の変化の特徴がみられるもの。ウはイタリアのローマの地中海性気候。気温の変化は西岸海洋性気候のものよりは大きく，夏の高温になるときに雨が少なく，冬に雨が多くなるのが特色。エはロシアのイルクーツクのもので冬の冷え込みが厳しく，冬の降水量が少ない冷帯冬季少雨気候のもの。

問10　南米のアルゼンチンとブラジルの間にはさまるウルグアイのところに湾のようにしか見えないラプラタ川という川があり，この川の流域に広がる温帯草原がパンパ。比較的降水量がある地域ではとうもろこしや穀物などの栽培が，降水量の少ない場所では放牧が盛んである。

問11　(1)　センターピボット方式は普通には水を得にくい場所で，井戸を掘りその井戸の水をくみ上げ，その井戸から長いパイプを伸ばして，パイプが井戸を中心に円を描いて動けるように車輪を付け，パイプの途中にスプリンクラーを取り付けてあり，パイプが井戸を中心に水をまきながら動くようにした設備。上空から見ると，円形の農地になる。　(2)　フィードロットは肉牛の商品価値を高めるために，普通の牧草地で育てた後，出荷の前に影響価の高い飼料を与えて十分に太らせてから出荷するようにしたもの。

やや難 問12　エ　カボチャは日本では夏の短い時期に栽培，収穫するものなので，冬から翌年の夏までの時期に日本で出回るもののほとんどは輸入品になる。サツマイモは日本の中では比較的広い範囲で栽培されており収穫量も多く，輸出されるほど。またジャガイモは日本の場合には春に植え夏に収穫されるものと秋に植え春に収穫されるものとがあり，輸入もあるが，熱帯の作物ではない。サトウキビはサバナ気候の場所での栽培が盛んだが，日本での消費量は多くないので輸入はさほどない。

問13　(1)　エがオーストラリアのウルル(エアーズロック)で，オーストラリア大陸のほぼ中央にある。アはアメリカのグランドキャニオンで西のコロラド州のコロラド川による浸食の渓谷，イはナイアガラの滝でオンタリオ湖とエリー湖の間にある，ウはモニュメントバレーで西のアリゾナ州とユタ州の境界付近。　(2)　アボリジニはオーストラリアの先住民を指して使われる呼び名。ただし，現在では差別的なニュアンスがあるということであまり使われなくなってきている。

問14　イ　フィジーはかつてはイギリスの植民地で，そこから独立をした国なので，国旗の中にユニオンジャックが使われている。アは南アフリカ，ウはアルゼンチン，エはサモアの国旗。

2　**(日本の歴史－飛鳥から室町までの文化に関連する問題)**

重要 問1　イ　家ごと(家系)ごとに官職が割り振られていた氏姓制度に問題が出てきたから聖徳太子の冠位十二階が採用されたので，親とは関係なく子の能力で官職が与えられた。

問2　イは東大寺正倉院におさめられている螺鈿紫檀五絃琵琶。アは中尊寺金色堂の中で国風文化の時代のもの，ウは東大寺南大門の金剛力士像で鎌倉時代のもの，エは広隆寺の半跏思惟像で飛鳥時代のもの。

やや難 問3　ア　班田収授法で口分田を与えられている農民は収穫の約3%を租として納める。　イ　調や庸の布を都へ納める際の経費の負担は農民。　ウ　戸籍は6年毎に作成されることになっていた。

問4　浄土信仰は平安時代に，釈迦が亡くなってから時間が経ち，仏教のありがたい教えが廃れ末法の世になるという考えが広まり，それに伴って来世で救われることを阿弥陀如来に祈るものが広がり，それが浄土信仰になる。

問5　荘園は初期の段階では有力者が農民を集め自分の収入を増やすために開墾させた土地であったが，平安時代になるとその荘園から得られる収入を有力者へのわいろとして寄進する形に変化していった。典型的な荘園はその土地を耕す農民とその荘園の本来の持ち主である領主が別の人間であるのが特徴で，この関係は最終的には太閤検地によって解消されるまであった。しかし，明治時代になってから再び小作地として地主から農民が借りて耕すものが現れ，荘園が復活したような感じになる。これが解消されるのは第二次大戦後の農地改革になる。

問6　平安末から鎌倉時代にかけて従来の仏教とはやや異なるものが現れ，民間への布教も盛んに行われるようになる。その中で一遍が広めていった時宗は念仏を行うのに踊りを踊るという独特のスタイルを持っていた。

問7　鎌倉時代末期に皇室の中で皇位継承をめぐる対立が生じ二つの系統に分かれる。ここに鎌倉幕府の執権北条高時が介入し，二つの系統に対して交互に天皇を立てるようにさせた。このことに反発したのが後醍醐天皇で，幕府と対立し後醍醐天皇が討幕を企てるが発覚し，幕府はもう一方の系統の天皇を擁立し後醍醐天皇を隠岐に流す。すると後醍醐天皇の子の護良親王が挙兵し楠木正成らも呼応し，この動きを抑えることを足利尊氏らに命じるが，足利尊氏は幕府に背き六波羅探題を攻撃し，新田義貞も鎌倉に攻め込み鎌倉幕府が滅亡し，再び後醍醐天皇の政治になる。

問8　Ⅱ　慈照寺の東求堂は学校の教科書などに写真が掲載されている書院造の典型例。

3 （日本と世界の歴史―近現代史）

問1　①　権利章典の内容は史料のC。国王の権限を議会の力で大幅に制限する内容。　②　独立宣言の内容は史料のB。典型的な市民革命の一つである独立戦争の理念として自由，平等の精神がうたわれている。　③　人権宣言の内容は史料のA。

問2　Ⅲ　西南戦争は1877年→Ⅱ　国会開設の勅諭は1881年→Ⅰ　秩父事件は1884年の順。

重要　問3　1889年に黒田清隆内閣によって出された最初の衆議院選挙法の有権者資格は「直接国税を15円以上納める満25歳以上の男子」というもので，全国民の約1％ほどしか参政権を得られなかった。この選挙法はこの後，段階的に納税額の制限が緩和され，1925年の加藤高明内閣のもとで納税額の制限がなくなりすべての満25歳以上の男子となり，全国民の約20％ほどが有権者資格を得るようになり，さらに太平洋戦争後の1945年に幣原喜重郎内閣が出した法律によって年齢制限が20歳以上に下がり，女性にも参政権が与えられるようになり有権者が全人口の50％ほどになる。

やや難　問4　第一次護憲運動の頃は西園寺公望と桂太郎が交互に内閣総理大臣を務めており，陸軍の師団増設をけったことで西園寺内閣が倒れ，その後に成立した桂内閣が議会の承認を得ずに師団増設を認めたことにたいして議会側が憲法にのっとった政治を行うことを求め退陣に追い込んだのが第一次護憲運動。

やや難　問5　ウ　1918年に，前年のロシア革命によって成立した社会主義政権がドイツとの間で単独講和を結び戦線離脱してしまう。ただこのあとにドイツも革命によって帝政が倒れ，臨時政府が協商国側と交渉し戦争は終結する。

問6　吉野作造が唱えた民本主義は天皇制のもとでの民主主義。民主主義は本来，国民の意思に従って政治を行うものであり，政治の在り方を最終的に決める主権を当然，国民がもっていることが望ましいのだが，民本主義の場合には主権は天皇が握っているので，天皇の意思と国民の意思とが一致するのなら問題ないがそうでないと矛盾することになる。

問7　ファシズムは全体主義とも訳される。個々の国民の利益よりも国家の利益を優先するもの。

問8　ウ　写真は学徒出陣のもの。従来は大学生は徴兵制の対象から外されていたが，1943年に戦局が悪化したことで徴兵の猶予が取り消され，文系の大学生や専門学校生，高校生が兵士として戦場に送り出されることになった。

4 （公民―2019年の国会における安倍首相の演説に関連する問題）

問1　(1)　日本国憲法の三大原則は国民主権（主権在民），平和主義（戦争放棄），基本的人権の尊重。(2)　天皇の位置づけに関するもの。日本の象徴であり，日本国民統合の象徴でもあり，このことを国民すべてが合意しているという意味で国民の総意に基づくとしている。

重要　問2　(1)　2019年の段階で衆議院議員の総数は465名で，小選挙区選出分が289，比例代表選出分が176になる。衆議院の比例は全国を11のブロックに分けて選出する。　(2)　比例代表選挙で各党への議席配分を決める方式がドント式で，これは各党の得票数を整数で順に割ったものの表をつくり，その表の数字を大きい順に議員定数分の個数だけ数字を拾っていき，その拾われた数字の個数が各党の獲得する議席数となる。この場合，例えばA党は60万票を獲得しているので，この数字を整数で割っていき，60万，30万，20万，15万，12万と並べていき，他の政党も同様にやる。この数字の中から大きい順に7つ拾い，その拾われた数字の個数でA党は2，B党は3，C党とD党はそれぞれ1議席を獲得することになる。

問3　ア　ヨーロッパでは2015年から2050年では減少している。　ウ　人口増加率はアジアよりもアフリカの方が高い。　エ　世界的に高齢化率は高くなっている。

重要　問4　(1)　1　社会保険は万が一に備えるものなのでア。　2　社会福祉は金銭面以外でも弱者救済のために行うものなのでイ。　3　公的扶助は生活の苦しい人を経済的に支援するものなのでウ。

4　公衆衛生は国民が健康に生活できるようにするものなのでエ。　(2)「ゆりかごから墓場まで」という表現は1942年にイギリスで発表されたベバリッジ報告書の中で使われた表現で，この報告に基づいて第二次世界大戦後のイギリスで社会保障制度が定められていった。

問5　(1)　1　東南アジア諸国連合ASEANは1967年に東南アジアの五か国で結成された地域連合なのでウ。ちなみに現在は10カ国になっている。　2　アジア太平洋経済協力会議APECはオーストラリアの提唱で始まった太平洋域の国や地域によるものでエ。　(2)　地球規模ではなく，特定の地域の中での結びつきの強化を図るのが地域主義リージョナリズム。

問6　石油や石炭，天然ガス，あるいはバイオエタノールなどは燃やしたらそれで終わりになるが，太陽光や地熱，風力などを動力源とするものは繰り返しそのエネルギーを利用できるので再生可能エネルギーとされる。

問7　各国の貨幣の価値が異なるので，その価値の比率を示すものが為替相場(為替レート)になる。かつてはこの為替相場は固定していたが1973年以後変動相場制に移行したので，現在ではこの為替相場は時々刻々と変動するようになっている。

問8　ア　尖閣諸島は日本の西端にある与那国島の北方にあり，この海域の海底に石油や天然ガスなどがあるので中国との間でもめている。　イ　竹島は日本海の島で，現在ここは韓国が不当に占拠した状態になっている。　ウ　北方領土は日本が江戸時代にロシアと交わした日露和親条約で日本の領土となっている場所。太平洋戦争末期の1945年8月8日に当時のソ連が日本に宣戦布告し，その後占領しそのままになっている。

★ワンポイントアドバイス★

小問数が解答欄の数で57あり，試験時間が50分なので時間的にはけっこう厳しい。比較的広範囲からの出題なので，頭の切り替えが大事。即答できるものもあるが，結構考えないとわからないものもあるので，手際よく解答していき，最後に残ったものをもう一度やり直すのがよい。

＜国語解答＞

一　問一　a　内包　b　捉(え)　c　提唱　d　深刻　e　しさ　問二　ウ
問三　B　修正　D　確からしさ　問四　C　エ　E　イ　F　オ　問五　とである。　問六　教条主義に陥らない〝可塑性〟　問七　3　ア　5　イ
問八　(例)　有用性や再現性が高く，長い時間の批判にも耐え，修正が絶え間なく繰り返される(仮説。)　問九　科学の知見が非常に不完全ということ　問十　端的に言え
問十一　エ

二　問一　a　隅　b　うなず(いて)　c　椅子　d　ふさ　e　眺(め)　問二　ウ
問三　ウ　問四　ア　問五　ウ　問六　ア

三　問一　蛇　問二　ウ　問三　ウ　問四　エ　問五　エ

○配点○

一　問三・問六・問九～問十一　各2点×6　問八　6点　他　各1点×12

二　問一　各1点×5　他　各3点×5　三　各2点×5　計60点

＜国語解説＞

一 （論説文－要旨，内容吟味，文脈把握，接続語の問題，脱文・脱語補充，漢字の読み書き，語句の意味，熟語）

問一　a 「内包」は，内部に含み持つこと。「包」を「方」と誤らないこと。「包」の訓読みは「つつ－む」。「包装」「包囲」などの熟語がある。　b 「捉えて」は「捕らえて」との送り仮名の違いに注意する。「捉」の音は「ソク」。「捕捉」などの熟語がある。　c 「提唱」は，ある意見・主張を示して広く人々によびかけること。「提」は同音の「定」を書く誤りが多い。また，同音で形の似た「堤」と区別する。訓読みは「さ－げる」。「提供」「提出」などの熟語がある。「唱」は，呼びかける意味で「口(くちへん)」がつく。訓読みは「とな－える」。「唱和」「暗唱」などの熟語がある。　d 「深刻」は，重大で深く心に刻みつけられる様子。「刻」の訓読みは「きざ－む」。「彫刻」「刻印」などの熟語がある。　e 「示唆」は，それとなく示すこと。「示」の音は「ジ・シ」。「示」を「シ」と読む熟語には「示威」もある。「唆」は，教えて悪いことをさせるの意味。「教唆」の熟語がある。

問二　「玉石混交」は，すぐれたものと劣ったものが入り混じっていること。「そういった」が指しているのは，前の部分で説明されている，科学の発見には多くの誤りが含まれているという内容。具体例として「医学生物学論文の70％以上で結果を再現できなかった」と数値が挙げられているが，70％以上は「石(＝劣ったもの)」，残りの30％以内が「玉(＝すぐれたもの)」ということである。ア「針小棒大」は，針のように小さいことを棒のように大きく言うという意味から，ちょっとしたことを大げさに言うこと。イ「奇想天外」は，ふつうでは思いもつかない様子。エ「同床異夢」は，一緒に寝ても見る夢は違うという意味で，表面上は同じ位置にいてもそれぞれ思惑が違うこと。

問三　B 「このこと」が指しているのは，前の部分で説明されている，科学の世界では「仮説の適応度をさらに上げる修正仮説が提出されるサイクルが繰り返される」という内容。二字という指定があるので「すべて修正される可能性がある」ということである。　D 「それら」が指しているのは，直前で話題にしている「科学的な知見」の「確度」についてである。「確度」では五字という指定に合わないので，「確度」を五字で言い換えている言葉を探す。すると，ひとつ前の段落に「科学的知見の確からしさ」という言葉が見つかる。

やや難　問四　C 直前の，正しく見えることでも修正するための努力をする，という内容を理由として，科学的知見には「正しい」か「正しくないか」という二つがあるのではなく，確度の問題が存在するだけだと述べている。理由を示す「だから」があてはまる。　E 直前で話題にしている「科学的な知見」の「確度」を把握して峻別する(＝見分ける)例として「evidence-based medicine(EBM)という考え方」を紹介している。例示の「たとえば」があてはまる。　F 直前の，科学そのものを特別な位置に置く行き過ぎた権威主義に付け加えて，非専門家からの批判を「高圧的かつ一方的に封じ込めてしまうようなことも，『科学と社会の接点』ではよく見られる現象である」と述べている。付け加える働きをする「また」があてはまる。

やや難　問五　脱文は，専門家と非専門家を比較している。文章中で専門家と非専門家を比較している箇所は，第十段落である。第十段落では，専門家でも意見が分かれるような科学の「問題を非専門家が完全に理解し，それらを統合して専門家たちを上回る判断をすることは，現実的には相当に困難なことである」と述べている。それに付け加えて，「また，科学に限らず……専門家は非専門家よりもその対象をよく知っている」と説明を補足している。

問六　科学が持つ「(自分という)存在を現在の姿からさらに発展・展開させていく性質」について説明を続けて，第四段落の最後で「現在の姿が，いかに素晴らしくとも，そこからまったく変化しないものに発展はない。教条主義に陥らない〝可塑性〟こそが科学の生命線である」と述べている。「教条主義」は，特定の権威者の教義・思想を絶対的なものと考え，現実を無視して機械的に適用しようとする立場。「可塑性」は，外から力を加えると形を変え，力を取り去ってもそのままの形を残す性質。「生命線」は，そのものが存在し成立するためにはどうしてもゆずれない限界線。つまり，科学はノーベル賞を受賞したというような権威に捉われず，形を変化させていく(＝現在の姿からさらに発展・展開させていく)ことこそが，科学が存在し成立するためにはどうしてもゆずれないことだというのである。

基本 問七　3 「枚挙」は，事柄をひとつひとつ数え上げること。「いとま」は，時間の余裕。ひとつひとつ数え上げる時間の余裕がない，ということで「あげればきりがない」の意味。　5 「余儀ない」は，ほかにとるべき方法がないの意味。「やむを得ず」は，しかたなくの意味。どちらも，他に方法がないという意味である。

重要 問八　傍線部に関する具体例が，直後に示されている。そして，そうならない「現実をよく説明する『適応度の高い仮説』」について説明している。解答として使えるのは，「長い時間の批判に耐え，その有用性や再現性故に，後世に残っていくことになる。そして，その仮説の適応度をさらに上げる修正仮説が提出されるサイクルが繰り返される」の部分である。「サイクル」は，物事がある状態からいくつかの変化をへてふたたびもとと同じ状態になり，それを繰り返すこと。「仮説の適応度……サイクルが繰り返される」の部分は，解答の後半部分にあたる〝仮説の適応度を上げるために修正が絶え間なく繰り返される〟ということを説明している。前半部分は，「長い時間の批判に耐え」ること，「有用性や再現性」があることを説明すればよい。

問九　傍線部は，科学の性質について説明したもの。このような，常に変化・成長・進化する性質のために，科学についてどのようなことが言えるのかということを，続く段落で「しかし，このことは『科学が～」と書き出して説明している。読み進めていくと「科学の知見が常に不完全ということは，ある意味，科学という体系が持つ構造的な宿命であり」とある。「科学という体系が持つ構造的な宿命」とは，科学が初めから持っているものということで，〝科学の性質〟ということである。言い換えれば，「科学の知見が常に不完全ということは，科学が持つ性質である」ということになる。常に変化・成長・進化する性質であるから，常に不完全なのである。

問十　「権威主義」については，「たとえばノーベル賞を取ったから～」と具体例を挙げて説明した後で，「権威の高さと情報の確度を同一視して判断するというやり方だ」と述べている。そして，このやり方についての筆者の考えを述べている。「不安視」という観点で読んでいくと，「拭い難い危うさが感じられる」とあり，「人の心理という……弱点と関連した危うさである」として「端的に言えば，人は権威にすがりつき安心してしまいたい，そんな心理をどこかに持っているのではないかと思うのだ」と，人の心理を不安視している。「端的に言えば」は，わかりやすく言えば，ということ。

重要 問十一　エは，問六・問九で捉えた内容と合致する。アは，問十で捉えたように権威主義を不安視しているので合致しない。イは，問八で捉えたように仮説は「修正が絶え間なく繰り返される」ことが重要であり，それに触れていないので合致しない。ウは，問五で捉えたように，非専門家が専門家たちを上回る判断をすることは，現実的には相当に困難なことと述べているので合致しない。

二 （小説一主題，情景・心情，内容吟味，漢字の読み書き，慣用句）

問一　a 「隅」は，形の似た「偶」「遇」と区別する。「隅」は，かたすみ，はしっこの意味。「隅」の音は「グウ」。「一隅」「片隅(かたすみ)」などの熟語がある。「偶」は「偶然」「偶数」，「遇」は「待遇」「優遇」などの熟語がある。　b 「頷く」は，「うなづく」としないように注意する。「うなずく」が正しいかなづかいである。　c 「椅子」の「椅」は，「椅子」以外にはほとんど使われないので，熟語の形で覚えてしまおう。「子」を「ス」の音で使うのは「様子」や「扇子」などがある。　d 「房」は，花や実などが一つの枝や茎にたくさん群がってついて，たれているもの。葡萄(ぶどう)やバナナが一般的。「房」の音は「ボウ」。「冷房」「独房」などの熟語がある。　e 「眺」はつくりを「非」と書かないように注意する。音は「チョウ」。「眺望」などの熟語がある。

基本　問二 「多勢に無勢」は，少人数で大人数に立ち向かっても勝ち目がないこと。「僕」一人に対して，相手はジムと三，四人の友達である。ア「渡りに船」は，ちょうどその場にふさわしく，好都合なこと。イ「鬼に金棒」は，強い上にさらに強さを加えること。エ「弱り目に祟り目」は，困っている時に，さらに困るようなことが起こること。

やや難　問三　先生の言葉を追っていくと，「あなたは自分のしたことをいやなことだったと思っていますか」と「先生が静かに仰った」とあり，「僕」はその言葉を聞いて「もう先生に抱かれたまま死んでしまいたいような心持ちになってしまいました」とある。さらに「あなたの顔を見ないと私は悲しく思いますよ」と言い，「僕」は「もう一度先生のやさしい眼で見られたい」と思っている。先生は，西洋人のクラスメイトに囲まれている日本人の僕を，包容力をもって受け入れているのである。先生の表情については，「いつものとおりのやさしい顔」とあり，後半では「先生はにこにこしながら」という表現が繰り返されている。このような先生の様子・態度を説明しているのはウ。ア，「口数が少なくあっさりとした指導」は合わない。イ，「元気づけてくれた」のでなく，受け入れてくれたのである。エ，「僕」は「反省の気持ちを言葉で伝え」ていない。

問四　アの「クラスメイトへの憎しみ」は描写されていない。「震えてしかたがない唇」「泣声が出て，眼からは涙がむやみに流れて来る」は，絶望感や恥じる気持ちが表現されている。そして，問三で捉えたように，先生の包容力に救われてほっとしている。

問五　ウの，「ジム」と「再び対等な関係に戻れる」は，ジムと「僕」との間に関係の上下があるとは初めから描かれていないので適当ではない。葡萄と幼少期の体験，先生の記憶が重なっていることは，最後の「秋になるといつでも葡萄の房は……白い美しい手はどこにも見つかりません」の一文に表現されているので，ア・エは適当。イは，「真白い手の平に紫色の葡萄の粒が重って乗っていたその美しさを僕は今でもはっきりと思い出すことが出来ます」とあるので，適当。

重要　問六 「先生に指された時のように」の後には，「思わずどきんと震えはじめました」とある。また，「馬鹿にするような，憎みきったような声で言って」に続いて，「動くまいとする僕をみんなで寄ってたかって二階に引張て行こうとしました」と，場面の様子が描写されている。アは，適当。「しくしく」「ぶるぶる」は感情と結びついていると言えるが，「どやどや」は様子を表している。また，いずれも「音楽的なリズム」を持たせることを意図したものではない。イは適当ではない。先生の部屋での場面に「ぼくがそんないやな奴だということを，どうしても僕の先生に知られるのがつらかったのです。だから僕は応える代わりに本当に泣き出してしまいました」とある。これは「絵具を盗んだことを後悔し反省する気持ち」とは異なるので，ウは適当ではない。「現在の『僕』の置かれた状況」は，最後に「もう二度とは遇えないと知りながら，僕は今でもあの先生がいたらなあと思います」とあるだけで，幼少期の出来事と対比されてはいない。エは適当ではない。

三　**(古文一主題，内容吟味，文脈把握，脱語補充，文学史)**

〈口語訳〉 ある人が銭を埋める時，必ず，人の目(が見る時)には蛇に見えて，私が見る時だけ銭になれよと言うのを，女房が聞いていて，こっそりと銭を掘り出して取りかえ，蛇を入れておいた。例の亭主が，(その)あとに掘ってみると，蛇がいた。おい，俺だ，見忘れたのかと，何度も名乗ったことは聞くだけの価値があることである。

基本 問一　直後の文に「件の亭主，後にほりてみれば，蛇あり」とある。女房が銭の代わりに蛇を入れておいたのである。

問二　蛇であれば，持って行く人はいないだろうと考えたのである。

問三　銭が蛇の姿のままでいると思った亭主が，蛇に向かって「おい，俺だ，見忘れたのか」と言っているのである。

重要 問四　最後の「聞事なれ(＝聞くだけの価値があることである)」というのは，滑稽で面白い話であるから聞くだけの価値があるということ。『醒酔笑』は，笑い話を集めた本である。

やや難 問五　『奥の細道』は，江戸時代前期の俳人松尾芭蕉による俳諧紀行文。ア『徒然草』は，鎌倉時代末期の随筆。作者は兼好法師。イ『今昔物語集』は，平安時代後期の説話集。編者は未詳。ウ『枕草子』は，平安時代中期の随筆。作者は清少納言。

★ワンポイントアドバイス★

論説文は筆者の考えや主張を，理由・根拠を含めて説明の筋道をたどって正確に読み取ろう。指示語や言葉の意味に注意する。小説は，場面の様子，表情や行動，会話，心理描写を手がかりに，人物の内面や心情を正確に読み取ろう。古文は，内容を正しくとらえることを心がけよう。

MEMO

大切なことはメモしておこうネ！

2019年度

★★★★★★★★★★★★★★★★★★★★★★★★

入　試　問　題

2019年度

北海高等学校入試問題

【数　学】（50分）　＜満点：60点＞

1　次の計算をしなさい。

(1)　$-2^2 \div 12 \times (-3) \div (-5)$

(2)　$(2\sqrt{3}+\sqrt{5})(2\sqrt{3}-\sqrt{5})-(2+\sqrt{3})^2$

(3)　$\dfrac{2x-y}{2}-\dfrac{x-y}{3}$

(4)　$(x+2y)^2+3(x-y)(x-3y)$

2　次の問いに答えなさい。

(1)　$\triangle ABC$は，ABの垂直二等分線がCを通り，BCの垂直二等分線はAを通る。$\triangle ABC$はどんな三角形か答えなさい。

(2)　前輪の半径が50cm，後輪の半径が75cmの手押し車がある。前輪が300回転するとき，後輪は何回転するか求めなさい。

(3)　x軸，y軸とそれぞれ（3，0），（0，4）で交わる直線の式を求めなさい。

(4)　2次方程式　$3(3x-1)^2-12=0$　を解きなさい。

(5)　右の図のように，縦が14m，横が16mの長方形の土地に長方形の縦，横にそれぞれ平行な同じ幅の道路をつくったところ，残りの土地の面積は168m^2になった。道路の幅は何mか求めなさい。

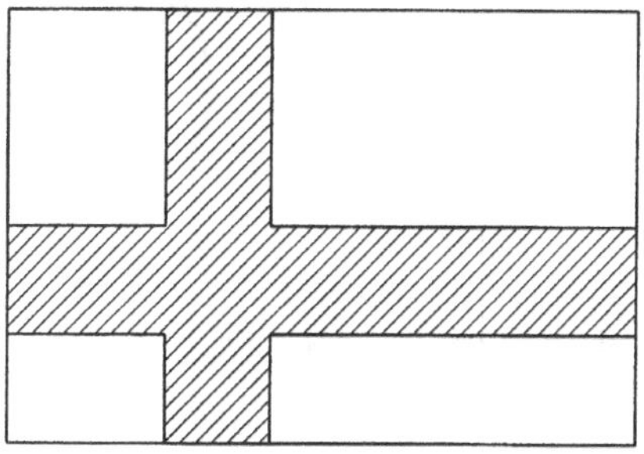

(6)　下の図はある山の略図である。I君はAから出発し山道を頂上Bまで登り，Cまで下っていくのに4時間かかった。帰りは同じ道を通ってCから出発点Aに戻ってくるのに4時間10分かかった。I君の上り，下りの歩く速さをそれぞれ毎時4km，6kmとしたとき，AからBまでの道のりを求めなさい。

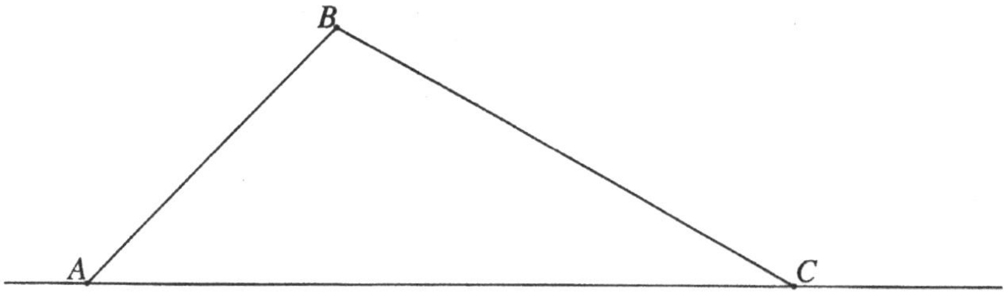

3 下の図A，Bのように，となり合う円がすべて接しており，その周りにひもをたるまないようにかけたとき，次の問いに答えなさい。ただし，円の半径を5㎝とし，ひもの結び目は考えないこととする。

(1) 図Aのひもの長さを求めなさい。

(2) 図Bのひもの長さを求めなさい。

図A

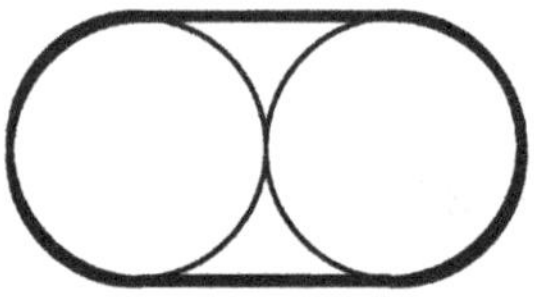

図B

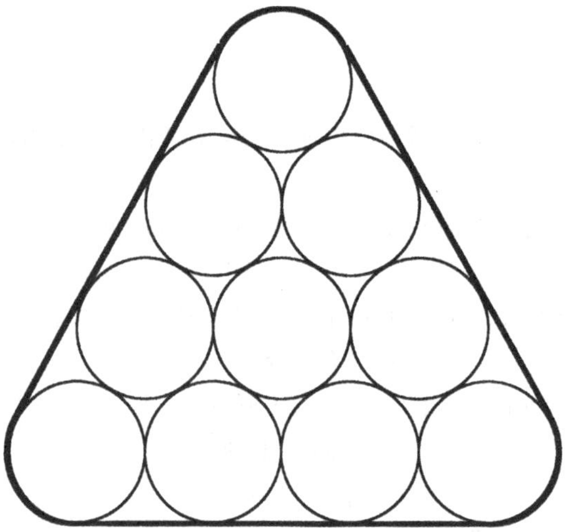

4 下の図で，AB，DC，GHは互いに平行である。$AB=DC=10$㎝，$GH=4$㎝とするとき，次の比を最も簡単な整数の比で答えなさい。

(1) $BH:FH$

(2) $EF:BC$

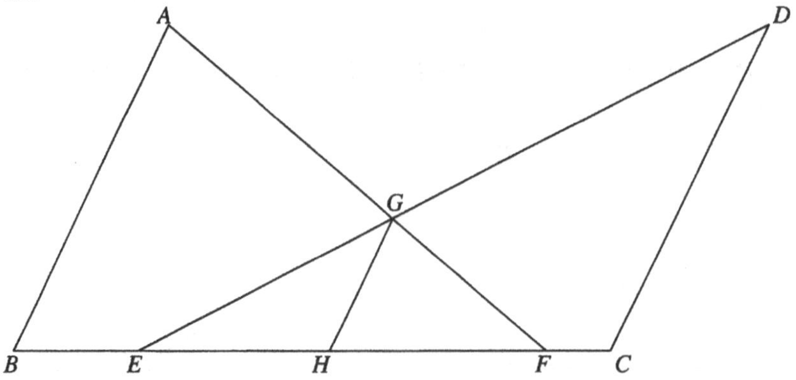

5 下の図のように，y 軸上の点 P を通り，x 軸に平行な直線が関数 $y=x^2$ のグラフと交わる点を A，B とするとき，次の問いに答えなさい。ただし，座標の１目もりは１㎝とする。

(1) 点 A の x 座標を a とするとき，$\triangle OAB$ の面積を a を用いた式で表しなさい。ただし，$a>0$ とする。

(2) $\triangle OAB$ が直角三角形となるとき，点 A の座標を求めなさい。

(3) $\triangle OAB$ が正三角形となるとき，$\triangle OAB$ の面積を求めなさい。

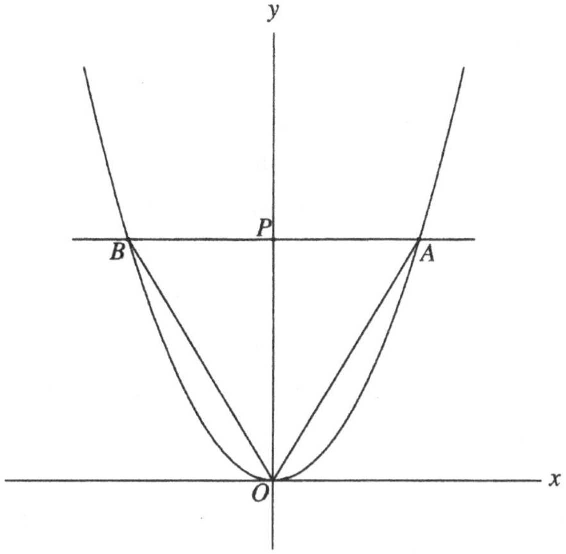

6 点 P は数直線上を原点 O から出発して下の規則に従って移動する。サイコロを２回投げた後の点 P の位置を表す数を a とするとき，次の問いに答えなさい。

＜ 規 則 ＞

サイコロを１個投げるごとに

①偶数の目が出たときは，その目の数だけ正の方向に移動する。

②３，５の目が出たときは，その目の数だけ負の方向に移動する。

③１の目が出たときは，その位置から移動しない。

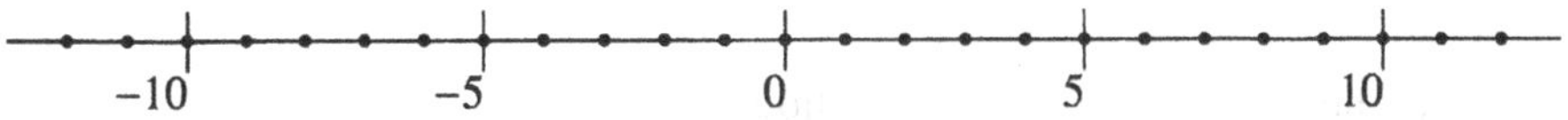

(1) a の最も小さな数を求めなさい。

(2) $a=4$ となるサイコロの目の出方は何通りあるか答えなさい。

(3) $a \geqq 4$ となる確率を求めなさい。

【英　語】（50分）　＜満点：60点＞

1　次の各文の（　）に入れるのに，最も適当なものをA～Dから1つずつ選びなさい。

問1　I didn't think that he（　1　）to Germany to study music.

A．would visit　B．will go　C．goes　D．would go

問2　He got angry and went out without（　2　）a word.

A．to say　B．saying　C．say　D．being said

問3　Mr. Brown is the gentleman（　3　）she has long wanted to see.

A．which　B．whose　C．who　D．what

問4　All the people listening to Tom's speech were deeply（　4　）by his words.

A．surprising　B．exciting　C．felt　D．moved

問5　John（　5　）in music since he heard Mozart.

A．is being interested　B．has been interesting

C．has been interested　D．is interesting

2　日本語の意味になるように，与えられた語や句を正しい語順に並べ替えて，英文を完成しなさい。解答は（1）～（6）に入るもののアルファベットのみを答えなさい。

問1　彼は親切にも，私に道を教えてくれた。

He _____ _____ （　1　） _____ _____ （　2　）.

A．enough　B．the way　C．me　D．was　E．kind　F．to show

問2　ニューヨークは世界で最も刺激的な都市です。

New York _____ （　3　） _____ _____ （　4　） _____.

A．city　B．is　C．in　D．the most　E．the world　F．exciting

問3　私は，君に貸してあげられるお金を少し持っていた。

I _____ （　5　） _____ （　6　） _____ _____.

A．to　B．you　C．little　D．had a　E．lend　F．money

3　①～④を並べ替えて二人の自然な会話にする場合，その順序として最も適当なものをA～Dから1つず選びなさい。

(1)① All shoes are ten percent off this week.

② Thanks.

③ Excuse me.　Do you have any shoes?

④ Sure.　We have ladies' shoes on the third floor and men's shoes on the fifth floor.

A．①→③→④→②　B．①→②→③→④　C．③→①→②→④　D．③→④→②→①

(2)① Oh!　Well then, good luck!

② I'm afraid I have to leave now, Mary.

③ Sorry, I have a math test tomorrow, and I haven't studied for it yet.

④ Why?　I thought you could stay out late, George.

A．②→③→④→①　B．②→④→③→①　C．③→④→②→①　D．③→①→②→④

4 *Read the following conversation between the shop manager and a student who wants to get a part-time job in his shop. Then answer the questions below.*

Student : I'm sorry I'm late, because...
Manager: I know. It is snowing hard outside.
Student : Has my job interview been cancelled?
Manager: No. We will give you the interview *as planned.

～ A few minutes later ～

Manager: Thank you (a) coming in today. The interview will only (b) a few minutes.
Student : Are you going to ask me a lot of questions? My last part-time job didn't have an interview.
Manager: Don't worry, I'll only ask you a few questions.
Student : Thank you.
Manager: Let's start your interview. When are you able to work?
Student : My classes finish at 5:00 from Monday (c) Saturday, so I can come here by 5:30 on those days.
Manager: [①]
Student : Yes, but I can only work 2 or 3 evenings a week because I have to study for my tests.
Manager: [②] What experience do you have?
Student : Well, my last (d) was working at a small café, so *I'm used to helping people.
Manager: Good! Then you know how to *deal with people. [③]
Student : To tell you the truth, I'm studying *psychology at college, so I am good at understanding how people feel. I've had some difficult customers at the café in the *past, and through those experiences I've learned how to deal with them.
Manager: Really? [④]
Student : Well, one time a man got angry about waiting too long. I was able to *calm him down.
Manager: That sounds great! [⑤] We'll call you in the next *couple of days.

注）as planned：予定通り　I'm used to helping people：私は人々の役に立てることに慣れている
deal with ～：～に対応する　psychology：心理学　past：過去
calm him down：その人を落ち着かせる　couple of ～：2，3の～

Q1 Choose the best sentence to fill in blanks ① to ⑤.
A. Can you give me an example?
B. That's fine.

C. OK, that's all for today.
D. That's helpful.
E. Are you OK to stay until about 10:00?

Q 2 Choose the best word to put into blank (a).
A. of B. on C. at D. for

Q 3 Choose the best word to put into blank (b).
A. give B. do C. take D. bring

Q 4 Choose the best word to put into blank (c).
A. to B. from C. by D. with

Q 5 Choose the best word to put into blank (d).
A. teacher B. job C. hope D. interview

Q 6 After reading the conversation, which sentence is true?
A. The student was asked many questions in the interview.
B. The student can get to the shop by 5: 30 after his classes finish at 5: 00.
C. The student thinks that he should work only 4 days in a week.
D. The manager will call the student one week later.

5 次の英文を読み，以下の問いに答えなさい。

Rosa was born in Tuskegee, Alabama, not far from Montgomery, on ① February 4, 1913. Her name was Rosa McCauley then. Her parents were James and Leona McCauley. Mr. McCauley was a *carpenter Mrs. McCauley had once been a teacher.

When Rosa was still very small, her family moved to a little farm at the *edge of Montgomery. There, she lived with her mother and her grandparents and her younger brother, Sylvester. Her father had moved to another city.

Rosa *attended the Montgomery *Industrial School for Girls. She was a quiet little girl who liked to read. One of her favorite classes was *sewing *, where she made aprons, handkerchiefs, and easy-to-sew dresses for herself.

In Montgomery, Alabama, and all over the South, there were groups of white men called the Ku Klux Klan. Sometimes they were called the KKK. These men were *cowards. They wore white hoods over their heads to hide their faces and white sheets around their bodies. They wanted black people to be *slaves. So they would *set fire to the homes and schools of blacks. They would also *drag people from their homes and kill them.

Sometimes at night, Rosa would not go to bed. She knew that *at any minute the KKK might break into her home and beat up or kill the whole family. So she sat up, listening and waiting with her grandfather, who kept his shotgun *nearby. The KKK never came, but Rosa *stayed awake many nights.

Black people had other problems in Alabama. There were ② special rules that they had to live by. Rosa did not like these rules at all. She did not like having to drink out of special *water fountains in public places. But ③some were for white people only. She did not like the old, *crowded schools that most black children went to, *while the white children went to new schools.

And when Rosa found out that she could not eat or drink at the food counters in the downtown stores, *she did not like that, either.

One day she and her cousin, Annie Mae Williamson, were shopping. They were *thirsty and went into a five-and-ten-cent store. Annie Mae asked for a soda.

The white saleswoman said, “I’ll sell you an ice-cream cone.”

The saleswoman meant that ④she could eat the cone outside and would not have to sit at the counter. But Annie Mae did not understand. She asked for a soda three times. Then the saleswoman *leaned over and *whispered, “We don’t sell sodas to colored people.”

“Well, why didn’t you tell me that in the first place?” Annie Mae asked angrily as she and Rosa left.

出典：Eloise Greenfield, “I won’t get up! － The story of Rosa Parks － ”（山口書店）

注）carpenter ：大工　edge：外れ　attended ～：～に通った　Industrial school：実業学校
sewing：編み物　, where：そしてそこで　cowards：卑怯者（ひきょうもの）　slaves：奴隷
set fire to ～：～に火をつける　drag ～：～を引きずる　at any minute：今すぐにも
nearby：近くに　stayed awake：目が覚めたままであった
water fountains in public places：公共の水飲み場　crowded：生徒がぎっしりと詰め込まれた
while：ところが一方　she did not like that, either：彼女はそれも好きではなかった
thirsty：のどの乾いた　leaned over：上半身を乗り出した　whispered ～：～とつぶやいた

問１　下線部①の読み方として最も適当なものをＡ～Ｄから１つ選びなさい。

Ａ.　February four, one, nine, one, third
Ｂ.　February the fourth, one nine hundred one, three
Ｃ.　February fourth, nineteen thirteen
Ｄ.　February four, one thousand, nine, one, three

問２　下線部②の「彼らが従わねばならなかった特別な規則」に該当するものを１～９の選択肢の中から選び，その組み合わせとして正しいものをＡ～Ｆから１つ選びなさい。

１. Black people had to move to Alabama.
２. The KKK might break into the homes of black people.
３. Black people had to drink out of special water fountains in public places.
４. Shopworkers didn’t have to sell ice-cream cones to black people.
５. Black children had to go to old, crowded schools.
６. Black people could not eat or drink at the food counters in the downtown stores.
７. Shopworkers had to tell black children to sit at the counter.
８. The KKK had to wear white clothes.

9．Black people had to have problems.

A．1－3－5　　B．2－4－6　　C．3－5－6

D．4－7－9　　E．3－5－8　　F．1－7－9

問3　下線部③は具体的には何を指しますか。最も適当なものをA～Dから1つ選びなさい。

A．some people　　B．some rules

C．some water fountains　　D．some members of the KKK

問4　下線部④は何［誰］を指しますか。最も適当なものをA～Dから1つ選びなさい。

A．Rosa　　B．the saleswoman　　C．Annie Mae　　D．the KKK

問5　次の質問に対する答えとして，最も適当なものをA～Dから1つ選びなさい。

Question : Why did the KKK set fire to the homes and schools of black people?

A．This was because they wore white hoods over their heads.

B．This was because they wanted to hide their faces.

C．This was because they wanted to kill black people.

D．This was because they wanted black people to be slaves.

問6　本文の内容に合うものをA～Eから1つ選びなさい。

A．Rosa's family had to move to a little farm at the edge of Montgomery.

B．The KKK were kind to black people.

C．One night the KKK broke into Rosa's home and killed her father.

D．Rosa and Mae were able to buy a soda.

E．Mae got angry when she heard the saleswoman said that she wouldn't sell sodas to colored people.

6　次の英文を読んで，以下の問いに答えなさい。なお，文章の左にある［1］～［7］は段落の番号を表している。

［1］The first thing I want to say about British and Japanese *education is that in many ways they are very similar.　We have exciting teachers and *boring teachers, school uniform, homework, *exams that we get nervous about … Just like in Japan.　In some ways, my schooldays in Britain were quite *similar to your schooldays in Japan.

［2］And in some ways, ①they were quite different.

［3］You know, ② many people in Britain say "my schooldays were the happiest days of my life."　Usually it's because they've forgotten all the bad things that happened to them and only remembered the good ones.

［4］My schooldays were not always happy.　I got into trouble quite often, and sometimes I thought the work would never end.　*The only time I was perfectly happy was in those *innocent days when I was in *primary school.　I had a wonderful time in primary school; in fact I can only remember *one time when I felt bad.

［5］That happened one day when I walked home after school to have *supper with my family. But my family wasn't at home. There was nobody there. The door was locked. I didn't know what to do. I felt very *lonely. I sat down in front of the door and started to cry.

[6] After an hour, my grandmother came home. "Tommy, what are you doing here?" she asked me. She was very surprised to see me.

[7] You see, I thought I had gone home after school ended, but I had made a mistake. I had gone home at lunchtime, four hours too early. I was that kind of kid. *Stupid. My grandmother took me back to school and said sorry to the teacher. The teacher laughed. "He's just an *absent-minded professor," she said. What a nice teacher.

出典：Tom Jill, "The Great British Joke"（研究社，2000）

注） education：教育　boring：生徒を退屈にさせる
exams that we get nervous about：私たちが心配する試験　similar to ～：～と似ている
The only time I was perfectly happy：私が全く幸せであった唯一の時は　innocent：無邪気な
primary school：小学校　one time when I felt bad：私が苦々しく感じた時　supper：夕食
lonely：さみしく　Stupid：愚かな　absent-minded professor：（皮肉を込めて）物忘れの大先生

問１　下線部①は何を指しますか。最も適当なものをＡ～Ｄから１つ選びなさい。

A. Britain and Japan
B. teachers in Britain and teachers in Japan
C. British education and Japanese school uniforms
D. my schooldays in Britain and your schooldays in Japan

問２　下線部②で，なぜ「多くのイギリスの人々は，自らの学生時代が人生で最も幸せな時代であったと言っている」のですか。最も適当なものをＡ～Ｄから１つ選びなさい。

A. That is why they have not been always happy.
B. This is because British and Japanese education are very similar.
C. The reason is that they have had a wonderful time in their school days.
D. This is because they have remembered the good memories and forgot all the bad memories.

問３　本文の［５］～［７］が伝えている事柄は何ですか。最も適当なものをＡ～Ｄから１つ選びなさい。

A. It tells us about the writer's happy days.
B. It shows only one bad time in his life.
C. It shows only one time when the writer felt bad in primary school.
D. It shows one time when the writer felt happy.

問４　以下の英文は本文を要約したものです。（Ⅰ）と（Ⅱ）を埋めるのに最も適当なものを後の１～６からそれぞれ１つずつ選び，その組合わせとして適当なものをＡ～Ｆから１つ選びなさい。

The writer says that (Ⅰ) British and Japanese education are very similar in many ways. In his primary schooldays, he only had one bad (Ⅱ).

１．subject　２．all　３．both　４．teacher　５．either　６．experience

Ａ．（Ⅰ）－２　（Ⅱ）－１　Ｂ．（Ⅰ）－２　（Ⅱ）－４

Ｃ．（Ⅰ）－３　（Ⅱ）－６　Ｄ．（Ⅰ）－３　（Ⅱ）－１

Ｅ．（Ⅰ）－５　（Ⅱ）－４　Ｆ．（Ⅰ）－５　（Ⅱ）－６

問５　本文の内容に合うものをＡ～Ｄから１つ選びなさい。

Ａ．The writer's primary school days were bad.

Ｂ．The writer went back home early, and asked his grandmother to play with him in his primary school days.

Ｃ．The teacher at his primary school gave the writer a lot of homework.

Ｄ．The writer went home too early and was brought back to school by his grandmother.

7　*Read the following sentences and answer the question in English with 20 words or more.*

Many people have smartphones and enjoy using them. However, some people do not like smartphones.

Question : Why do you think some people do not like smartphones?

You should write your answer after *'Some people do not like smartphones because...'*

《条件》

・主語と動詞を含む20語以上の英文で書きなさい。ただし，英文は２文以上になってもよい。

・短縮形（I'm など）は１語と数え，記号（ピリオドやコンマなど）は語数に含めない。

・答えは解答用紙の下線部＿＿や＿＿に１語ずつ詰めて書くこと。

Question : Why do you think some people do not like smartphones?

Answer : Some people do not like smartphones

because ＿＿＿ ＿＿＿ ＿＿＿ ＿＿＿

＿＿＿ ＿＿＿ ＿＿＿ ＿＿＿

＿＿＿ ＿＿＿ ＿＿＿ ＿＿＿

＿＿＿ ＿＿＿ ＿＿＿ ＿＿＿

＿＿＿ ＿＿＿ ＿＿＿ ＿＿＿ 20語

＿＿＿ ＿＿＿ ＿＿＿ ＿＿＿

＿＿＿ ＿＿＿ ＿＿＿ ＿＿＿

＿＿＿ ＿＿＿ ＿＿＿ ＿＿＿

＿＿＿ ＿＿＿ ＿＿＿ ＿＿＿

＿＿＿ ＿＿＿ ＿＿＿ ＿＿＿

【理　科】（50分）　＜満点：60点＞

1　次の実験について，問いに答えなさい。

　図１のように，水平面と一定の傾きをもつ斜面がなめらかにつながっています。台車を水平面上に置いてから勢いを与えてはなすと台車は動きはじめ，面から離れることなくまっすぐ運動し，Ａ，Ｂの各点を通過しました。その後，台車は斜面を上ってＣで静止した直後に斜面を下り，水平面へ戻っていきました。ＡＢ間の距離は75㎝であり，ＡＢ間は一定の速さで運動しました。図２はこのときの台車について，ＡＣ間のＡ点からの水平方向の距離と位置エネルギーとの関係を表したものです。ただし，摩擦や空気の抵抗は考えないものとします。

図1
図2

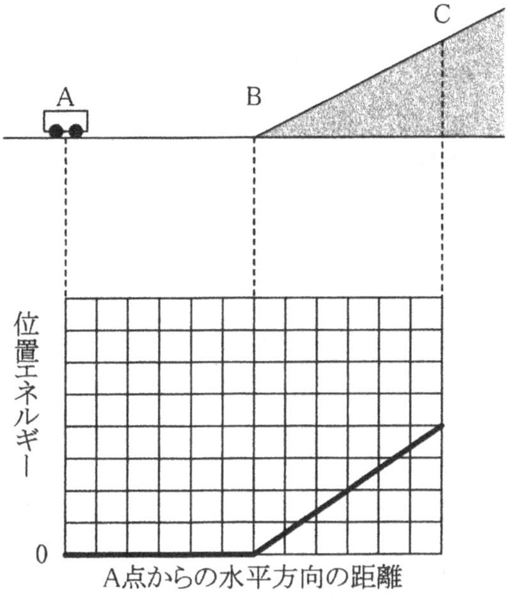

問１　台車がＡＢ間を通過するのに，1.5秒かかりました。このときの台車の速さは何㎝／ｓですか。書きなさい。

問２　台車がＡＢ間およびＢＣ間を運動しているとき，台車の運動の向きに台車にはたらく力について正しく述べているのはどれですか。ＡＢ間，ＢＣ間についてそれぞれ選びなさい。

ア　力は一定の大きさではたらいている。　　イ　力はしだいに大きくなる。

ウ　力はしだいに小さくなる。　　エ　力ははたらいていない。

問３　この台車の，Ａ点からの水平方向の距離と運動エネルギーとの関係を表すグラフを，Ａ点からＣ点までについて書きなさい。なお，解答らんの太い実線は，位置エネルギーの変化の様子を示しています。

2　次の会話文を読み，問いに答えなさい。

先　生：「Ⓐ，Ⓑ，Ⓒ，Ⓓ，Ⓔの５つのビーカーにそれぞれ種類の異なる無色の①溶液を入れました。砂糖水，アンモニア水，塩酸，水酸化ナトリウム水溶液，食塩水のどれが入っているかわかりません。Ⓐ～Ⓔにそれぞれどの水溶液が入っているのか，実験して明らかにしましょう。どのような実験方法があるでしょうか。」

小 林 君：「それぞれのにおいをかぐ方法があります。Ⓐ～Ⓔの水溶液の②においをかぐと，Ⓐとⓓの水溶液にだけ刺激臭がありますね。」

島 田 君：「私はフェノールフタレイン溶液を１～２滴加えてみることにしました。ⓓとⓔの水溶液だけ赤色を示しましたよ。」

渡辺さん：「私は，Ⓐ・Ⓑ・Ⓒの水溶液にスチールウールを入れてみました。③Ⓐの水溶液からは気体が発生しましたが，ⒷとⒸの水溶液では変化が見られませんでした。」

松原さん：「私はⒷとⒸの水溶液に電流を通しましたが，④Ⓑの水溶液のみ電流が流れたことがわかりました。」

問１　下線部①について，以下の文中の空らん [a]，[b] にあてはまる語句をそれぞれ書きなさい。

溶液に溶けている物質を [a]，ａを溶かしている液体を [b] といいます。また，ｂが水である溶液を水溶液と呼びます。

問２　下線部②について，においをかぐときには手であおぐようにすると言われるのはなぜですか，簡潔に書きなさい。

問３　ビーカーⒶ・Ⓑ・ⓓの水溶液の中にとけている物質は何ですか。それぞれ**化学式**で答えなさい。

問４　下線部③について，起こった反応を化学反応式で書きなさい。

問５　下線部④について，電流をよく通す物質はどれですか。**すべて**選びなさい。

ア　エタノール　　イ　蒸留水　　ウ　塩化銅　　エ　レモン果汁

3　次の文章を読み，問いに答えなさい。

種子植物のからだは，根，茎，葉の三つの器官で構成されています。根は，土の中にのびて植物のからだを支えると同時に，土の中にある水や水にとけた養分などを吸収します。茎は，植物のからだを支えるとともに，水や水にとけた養分の通路や葉でつくられた栄養分を通す通路をもっています。これらの通路を合わせて [a] といいます。葉は，光合成によって栄養分を作り出しますが，光合成でつくられた栄養分や根から吸い上げた水などを通す通路をもち，また，水を水蒸気として出したり，空気の出入りを調節したりする部分ももっています。

問１　根には，水や水にとけた養分をできるだけたくさん吸収するために表面積を大きくした細胞が見られます。何といいますか。**漢字で**書きなさい。

問２　文中の空らん [a] にあてはまる語句を**漢字で**書きなさい。

問３　次のページの図は，茎の横断面を模式的に表したものです。ススキの茎の断面として最も適当なものはどれですか。選びなさい。ただし，ａは道管を，ｂは師管を表します。

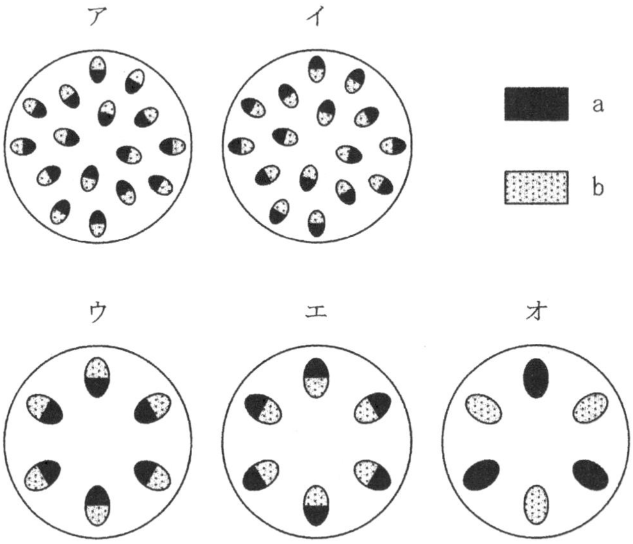

問4　葉にも文中の a がみられます。葉の断面では，a はどのようにみられますか。選びなさい。ただし，図の上部を葉の表側とし，aは道管を，bは師管を表します。

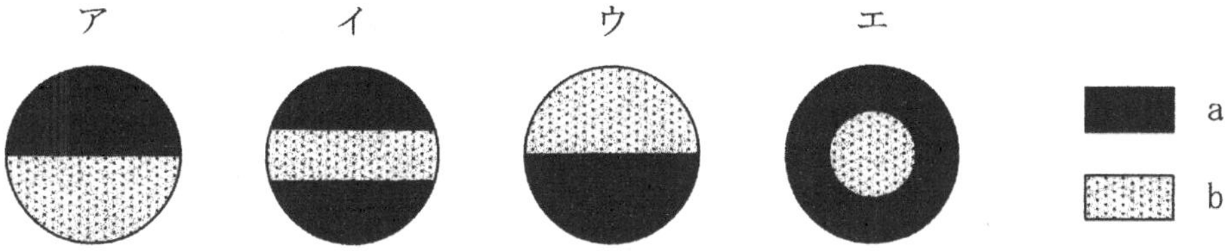

4　次の文章を読み，問いに答えなさい。

日本付近には，世界の活火山のうちの約10%の活火山があります。地球的規模では，活火山の分布と地震の分布は一致しているようです。しかし，日本なら日本という限られた地域で見ると，それらは少しずれていることがわかります。これは日本だけではなく，海溝付近の火山帯，地震帯に共通にいえることです。

右図には，日本付近のプレート境界と，主な活火山が示されています。活火山には，鹿児島県の桜島のように頻繁に噴火している火山がある一方，木曽御嶽山や草津白根山のように突然激しく噴火するものもあります。①噴火の際に放出される火山灰を調べると，マグマの性質がわかります。

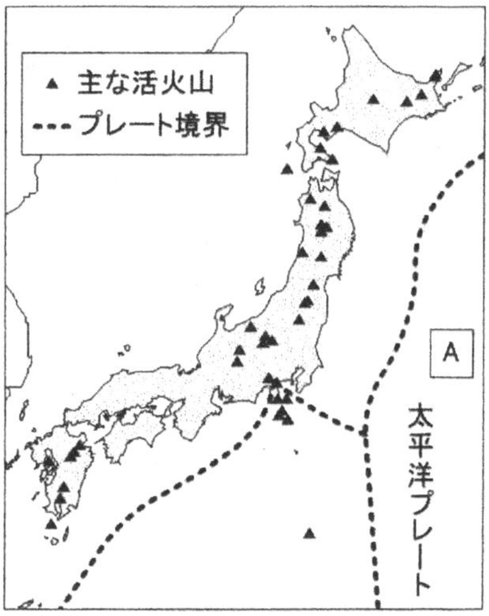

地震は，②プレートの運動によって蓄積されたひずみが地下の岩石の破壊によって解放されるとき，その振動が地表面に伝わる現象です。最初に岩石の破壊がおこった場所が震源であ

り，震源の周辺で面の広がりをもって岩石の破壊がおこります。③この一連の岩石の破壊が発生する面をその地震の震源断層といい，一般に大規模な地震がおこるとき，その面積は大きくなります。

地震のゆれの強さは震度によって表され，現在の日本では，震度0から最大震度 [a] までの10階級に分けられています。一方，地震の規模（地震で放出されるエネルギー）をはかるものさしは [b]（記号：M）といいます。Mが2大きくなると，エネルギーはちょうど [c] 倍になります。

地震による大きなゆれの発生を速報によって事前に少しでも早く知らせることができれば，震災の軽減に役立てられます。これは，近年，④緊急地震速報として実用化されています。

問1　下線部①について，採取した火山灰から鉱物粒子を取り出しルーペで観察するとき，鉱物粒子を火山灰から取り出す操作として**誤っているもの**はどれですか。選びなさい。

ア	イ
蒸発皿に火山灰と水を入れ、うわずみがにごらなくなるまで水を何度もかえながら洗う。 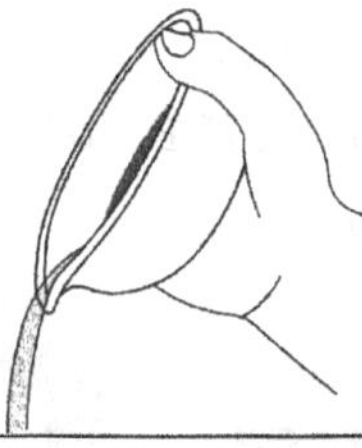	火山灰を蒸発皿に入れ、水を加えて指の腹でよくこねる。 
ウ	**エ**
磁石をビニール袋に包み、磁石にひきつけられた鉱物をとりだす。 	火山灰を乳ばちに入れ、乳棒をつかって細かくすりつぶす。 

問2　下線部②について，太平洋プレートは，東太平洋海嶺でつくられ拡大するプレートのうち，西に進んできたものです。図中の太平洋プレートの**A**付近が海嶺でつくられたときは，どのような時代でしたか。選びなさい。

ア　マンモスやナウマンゾウが生息していた

イ　大型のは虫類である恐竜が繁栄していた

ウ　光合成をする生物の誕生により酸素が海水中に増加した

エ　両生類が誕生し，陸上に動物が進出した

問3　下線部③について，1923年～2016年におこった主な地震の震源断層を示した図として，最も適当なものは次のページのどれですか。選びなさい。なお，各地震の震源断層を地表面に投影した部分を で示しています。

ア　　イ　　ウ　　エ

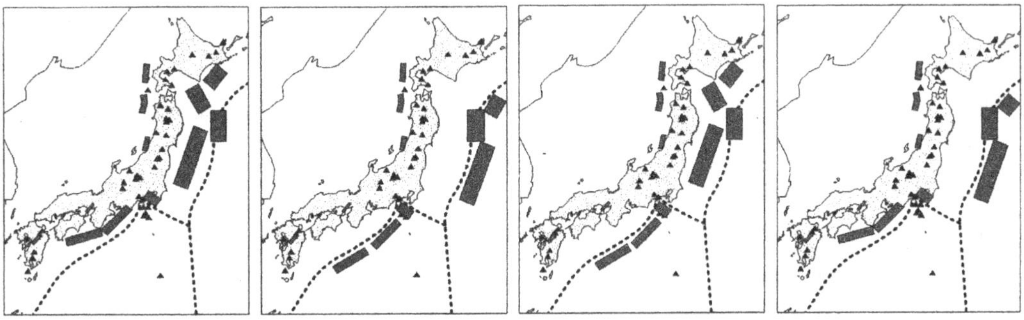

問4　下線部④を正しく説明したものはどれですか。選びなさい。

ア　P波を観測した観測所から，直接，テレビ・ラジオ放送や携帯電話各社などに地震波検知の情報が伝えられるしくみ。

イ　震源に近い地震計で観測したP波の情報が自動で気象庁に伝えられ，地震発生時刻や震源，強いゆれの予想される地域などを自動計算し，テレビ・ラジオ放送や携帯電話各社などにそれらの情報が伝達されるしくみ。

ウ　震源の位置や地震の規模をすぐに推定し，これらをもとに沿岸で予想される津波の高さを求め，地震が発生してから約3分を目標に，大津波警報，津波警報または津波注意報が気象庁から発表されるしくみ。

エ　震源に近い地震計で観測したP波とS波の到着時刻の差から震源の位置を，また，S波のゆれの大きさから各地の予想震度を気象庁で自動計算し，テレビ・ラジオ放送や携帯電話各社などにそれらの情報が伝達されるしくみ。

問5　文中の空らん［a］～［c］にあてはまる語句または数値を書きなさい。

［5］ 次の文章を読み，問いに答えなさい。

空気中で音が伝わるという現象は，音を出す物体が空気を振動させ，その空気の振動がまわりの空気に伝達されることで起こります。このとき，音が伝わる速さは音を出している物体の速さに影響されません。

いま，水平かつ直線のレール上を電車が一定の速さ時速61.2kmで走っているとします。この電車の前方には健児さんが静止して立っています。電車と健児さんとの間の距離が136mになった時から，電車は振動数1140Hzの警笛を2秒間鳴らし続けました。ただし，警笛の音が空気中を伝わる速さは秒速340mであり，風はないものとします。また，警笛の音は最初から最後まで健児さんにはっきりと聞こえているものとします。

※1秒間に空気が振動する回数を振動数といい，その単位はHz（ヘルツ）で表されます。

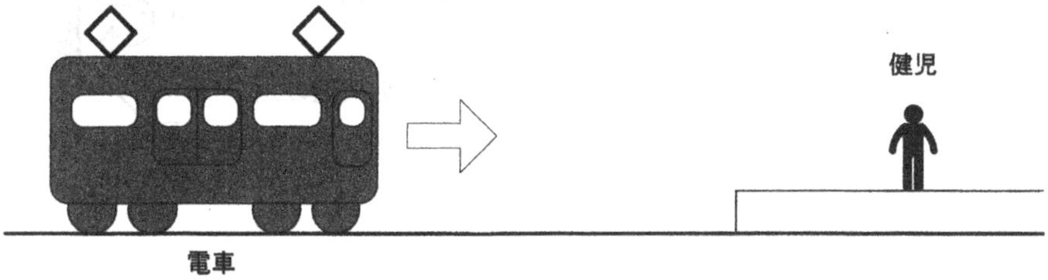

問1　この電車の速さは何m／sですか。書きなさい。

問2　電車が警笛を鳴らし始めてから，健児さんに警笛が聞こえ始めるまでに何秒かかりますか。書きなさい。

問3　電車が警笛を鳴らし終えてから，健児さんに警笛が聞こえなくなるまでに何秒かかりますか。書きなさい。

問4　健児さんは何秒間，警笛を聞くことになりますか。書きなさい。

問5　問4で警笛の音が聞こえている間に健児さんのところでは2280回空気が振動していました。健児さんが聞いた警笛の振動数は何Hzですか。書きなさい。

6　次の実験について，問いに答えなさい。

右図のように，銅とマグネシウムの粉末をそれぞれ0.4gずつステンレス皿全体に広げ，強火で十分に加熱した。ステンレス皿が冷えてから，それぞれの酸化物の質量を測定した。この操作をそれぞれの粉末0.6g，0.8g，1.0g，1.2gについても行いました。

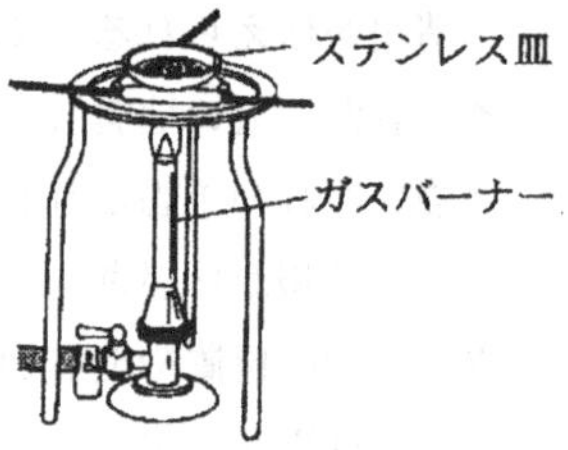

下のグラフは，実験で使用した金属の質量とそれぞれの酸化物の質量の関係を表したグラフです。

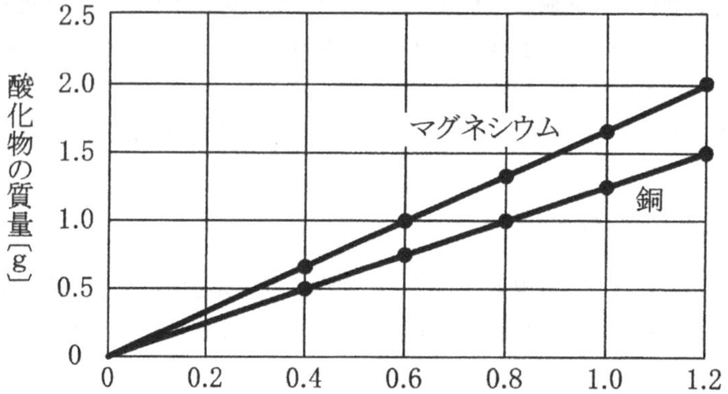

問1　ガスバーナーの操作について述べた次の文の｛　｝⑴，⑵にあてはまるものをア，イからそれぞれ1つずつ選びなさい。

右図のガスバーナーに火をつけると，オレンジ色の炎になったので，ガスの量を変えずに，ガスバーナーのねじ⑴｛ア　A　　イ　B｝だけを⑵｛ア　a（反時計回り）　　イ　b（時計回り）｝の向きに回したところ，青色の炎になった。

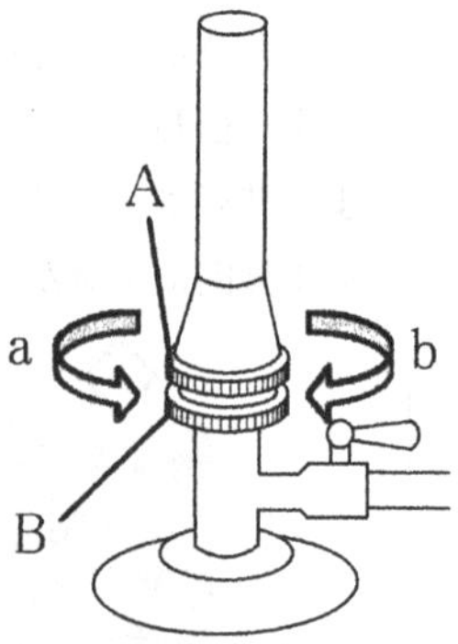

問2　実験より一定量の酸素と化合する銅とマグネシウムの質量の比を，最も簡単な整数比で書きなさい。

問３　2.4 g の銅粉末に対しても同様の操作を行いましたが，加熱が十分でなかったため，反応後の全物質の質量は2.9 g でした。酸化されなかった銅の質量は何 g ですか。書きなさい。

問４　酸化銅を還元して銅に戻すための実験方法として，最も適当なものはどれですか。選びなさい。

ア　乳ばちに入れ，できるだけ粒子が細かくなるようすりつぶす

イ　ＢＴＢ溶液を加え，よく振り混ぜる

ウ　密閉し，０℃以下に冷却する

エ　炭素粉末と混ぜ合わせて加熱する

オ　塩酸を加え，銅の沈殿ができるまで静かに置いておく

7　次の観察について，問いに答えなさい。

札幌市である年の10月21日に，太陽表面の様子を図１の天体望遠鏡を用いて観察しました。①天体望遠鏡を太陽の方向に向け，投影板上の記録用紙に，黒点の様子を記録しました。黒点を記録し，②しばらくそのまま観察していると，太陽像が投影板からずれていきました。ただし，観察中は天体望遠鏡を自動的に動かすモーターは使用せず，天体望遠鏡は固定されたままでした。

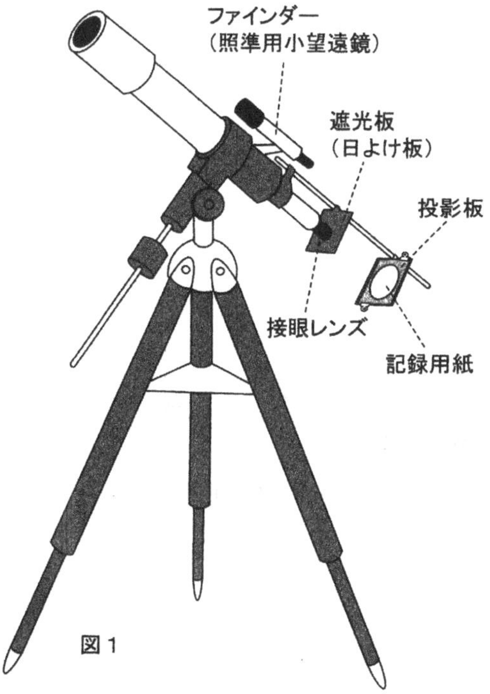

図１

図２は，10月21日に太陽表面の黒点を記録した記録用紙です。③その後，１週間ほど毎日観察を続けると，この黒点は位置と形を徐々に変えながら一定方向へ移動していきました。

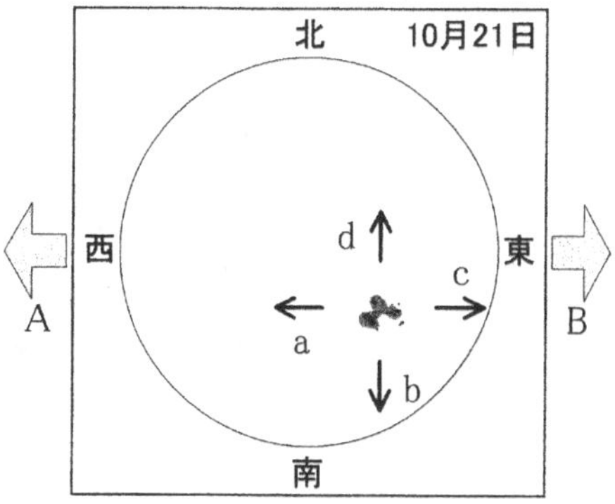

図２

問１　文中の下線部①について，どのように天体望遠鏡を太陽の方向に向けますか。選びなさい。

ア　照準用のファインダーから直接のぞきながら太陽の向きに天体望遠鏡を動かす。

イ　天体望遠鏡の接眼レンズから直接のぞきながら太陽の向きに天体望遠鏡を動かす。

ウ　遮光板に映る天体望遠鏡の影が最も小さく丸くなるように天体望遠鏡を動かす。

エ　夕方は光の量が少なく大気も安定しているので観察しやすく，太陽が沈む位置を予想して天体望遠鏡を向けておく。

問２　下線部②について，太陽像は図２のＡ，Ｂのどちらにずれていきますか。また，下線部③について，黒点は図２のａ～ｄのどちらに移動していきますか。正しい組み合わせを選びなさい。

ア　Ａ・ａ　　イ　Ａ・ｂ　　ウ　Ａ・ｃ　　エ　Ａ・ｄ

オ　Ｂ・ａ　　カ　Ｂ・ｂ　　キ　Ｂ・ｃ　　ク　Ｂ・ｄ

問３　下線部②について，太陽像が投影板からずれていった理由は何ですか。選びなさい。

ア　地球の自転　　イ　地球の公転　　ウ　太陽の自転

問４　下線部③について，１週間後（10月28日）の黒点はどのように記録されましたか。選びなさい。

ア　　　　イ　　　　ウ　　　　エ

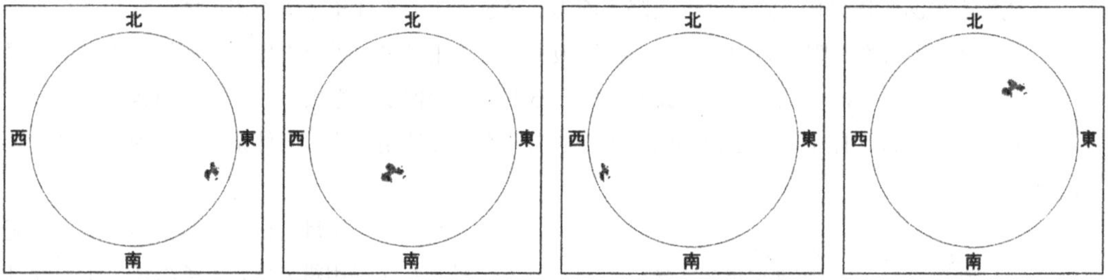

問５　天体望遠鏡で，太陽系の惑星も観察することができます。次のグラフは，太陽系の惑星の特徴を，地球の値を１としたときの比で表したグラフです。たて軸Ｘは何ですか。選びなさい。

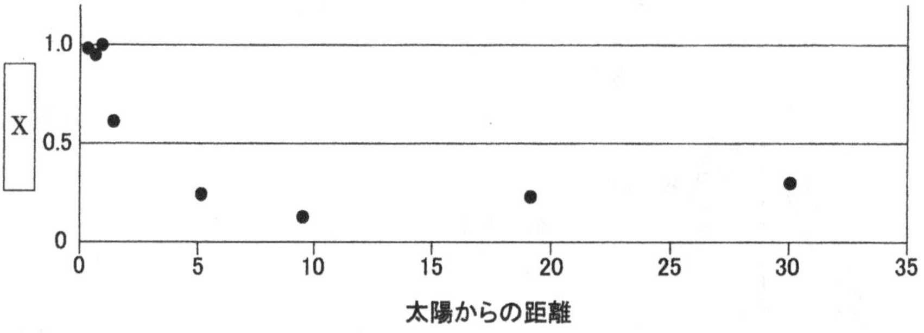

ア　赤道半径　　イ　質量　　ウ　公転周期　　エ　衛星数　　オ　平均密度

8　次の文章を読み，問いに答えなさい。

イソノ君は夏休みに家族で海に行き，潮干狩りをしてたくさんのアサリやハマグリを採りました。自宅に帰り，採った貝を食べる前に貝の中を観察してみようと思いました。アサリを人肌程度のお湯にしばらくつけて殻を少し開かせ，ミニ包丁を用いて片方の殻を開けると次のように見えました。

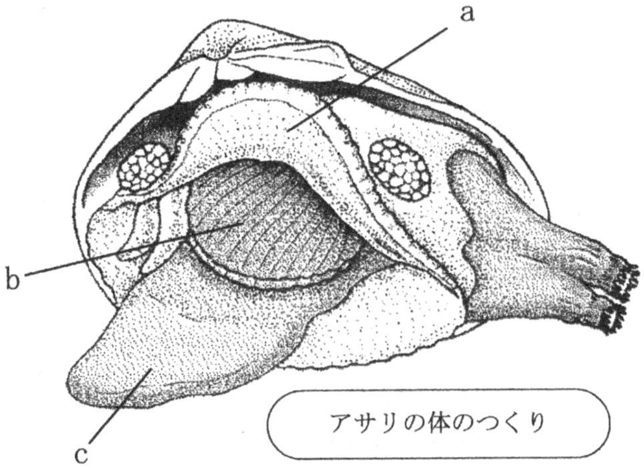

アサリの体のつくり

問１　文中の下線について，ミニ包丁でどのようにして殻を開けるか説明しなさい。

問２　アサリに関係するものをすべて選びなさい。

ア　恒温動物である　　　　イ　外骨格をもっている

ウ　無脊椎動物である　　　エ　タコと同じなかまである

オ　胎生で子供を増やす　　カ　気門から空気を取り入れる

問３　図中のａ～ｃの名称を書きなさい。

問４　マイマイはアサリと同じなかまですが，呼吸の方法がアサリとは異なっています。マイマイの呼吸器官名を書きなさい。

【社　会】（50分）　＜満点：60点＞

1　次の文章を読み，以下の問いに答えなさい。

道を信じ果敢に生き抜いた紅一点

小平小雪（こだいら・こゆき）

「我らは神の前に平等なり」ー。対日抗戦を進める①蒋介石の夫人・宋美鈴に対し，同じクリスチャンの立場から日中和平を呼び掛けた日本人女性がいた。千六百字に及ぶ毛筆の書簡の最後には，「小雪」と署名されている。

小平小雪。これより半世紀余りさかのぼった明治18(1885)年，小雪は北海英語学校の開校式が行われた豊平舘にいた。北海高校が男女共学となる平成11（1999）年までの北海の歴史の中でただ１人の女生徒だ。

埋もれかけていた小雪の生涯は，新たに女生徒を部員に迎えた新聞局の取材によって，再び光を当てられたが，物語は父・元勞（げんろう）との確執から始まる。

■北海道で２番目の代言人／校舎整備に奔走した元勞

小平元勞は，②仙台藩士の長男として生まれ，警視庁警部補として③西南の役の戦陣に加わった後の明治12（1879）年，家族とともに④札幌に移り住んだ。翌年には北海道で二番目の代言人（弁護士）として事務所を開き，その後札幌弁護士会会長も務めた。同15　(1882) 年には札幌自由党を結成するなど，⑤自由民権運動家としての顔も持っていた。

札幌移住は，既に北海道に入植していた旧・伊達藩士擁護（ようご）のためとされるが，詳細は明らかでない。西南の役では，当別や手稲に入植した旧藩士が志願兵として多数加わっていたことから，開拓地での窮状（きょうじょう）を彼らから聞いたのがきっかけかも知れない。また，同郷で警視庁四等巡査だった大津和多理との関係から，大津らの英語学校の設立計画にも加わったと思われる。(中略)

■女学校でストライキ，退学／貧民教育に身を投じた小雪

小雪は，「大試業」と呼ばれる英語学校の学年末試験で13人の「学力優等者」の１人に選ばれると，ミッションスクール・スミス女学校（現在の北星学園女子中高）に入学した。⑥既に洗礼を受けていた彼女は，祖母の死に際して線香を上げることを拒んだことから，父・元勞の怒りを買い，生まれ故郷の仙台に戻ることになった。

しかし，転校先の女学校では，教育方針をめぐるストライキ事件で退学処分となり，今度は東京の明治女学校へ。処分のきっかけとなった学校に対する意見書は「日本⑦子女の教育は日本の方針で行われるべき，校長の教育方針は日本の理想とかけ離れている」といった内容が英文で綴られていた。

明治女学校時代には，⑧勝海舟の家を訪ね「社会の改革はまず宮中より」とする手紙を届けるなど，スト事件とともに行動家で⑨ジャーナリスト的な一面をのぞかせた。

一方，父子の関係はというと，単身で上京してからも父からの仕送りを拒否するなど，対立は続いた。線香事件が象徴するように，儒学を学問の中核と考えていた元勞と，キリスト教を深く信じる娘との間には深い溝があるように思えた。

ところが，小雪は，９年の歳月をかけて父を⑩キリスト者（キリスト教徒）に転身させたのだった。布教活動の傍（かたわ）ら，小学校に通えない子どもたちを対象にした「貧民学校」の教師として身を捧げる姿に，元勞は北海英語学校を開いた大津らの姿を重ね合わせて見たのかも知れない。あるいは，信じた道を突き進む様に，民権家としての自分自身の血脈を感じ取ったのかも知れない。

梶田博昭『百折不撓物語』（地域メディア研究所，2005年）より出題のため一部改変。

問１　下線部①に関連して，蔣介石を説明した文として正しいものを下から記号で答えなさい。

ア．中華民国の大総統となり，首都を北京へ移した。

イ．1911年辛亥革命を起こし，清朝を打倒した。

ウ．満州の軍閥であったが，関東軍によって爆殺された。

エ．中国で孫文の死後，国民党の指導者となった。

問２　下線部②の仙台藩について，現在の都道府県名を**漢字で**答え，図１から正しい所在地を記号で答えなさい。

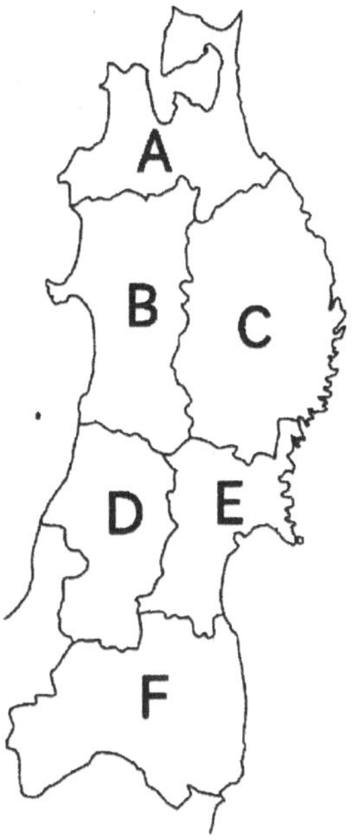

図１

問３　下線部③に関連して，不平士族の最後の反乱となった西南の役（西南戦争）において士族側の首領となった人物を下から記号で答えなさい。

ア．木戸孝允　　イ．西郷隆盛

ウ．坂本龍馬　　エ．大久保利通

問４　下線部④に関連して，札幌はアイヌ語「サッポロペッ」に由来する地名である。その意味を下から記号で答えなさい。

ア．河口がいくつにも分かれている川

イ．乾いた大きな川

ウ．水の色の濃い川

エ．静かな川

問５　下線部⑤に関連して，自由民権運動を説明した文として正しいものを下から記号で答えなさい。

ア．憲法の精神にもとづく政治を守り，民衆の考えを反映していこうという運動。

イ．西洋の文化や生活様式を積極的に取り入れ，国民生活の近代化をめざす運動。

ウ．生産手段の社会的共有・管理によって平等な社会を実現しようとする思想・運動。

エ．政府の専制を批判し，国会開設や立憲政治の確立などを訴えた運動。

問６　下線部⑥に関連して，次の⑴と⑵の問いに答えなさい。

⑴「線香を上げる」とは死者に対して香を焚いて拝むこと（焼香）を指します。小平小雪が線香を上げることを拒否した理由として考えられることを，下から記号で答えなさい。

ア．キリスト教は豚肉を食べることを禁止しているが，線香の製造過程で，豚から抽出した酵素を使うから。

イ．キリスト教は聖典であるコーランで隣人愛を根本精神としており，祖母だけを特別にあつかうことはできないから。

ウ．キリスト教では線香ではなく，死者に対して十字架を供えて拝むものだから。

エ．キリスト教は一神教であり，神以外を礼拝することができないから。

⑵　下記の日本国憲法第20条の空欄（A）に入る適切な語句を**5字**で答えなさい。

> 日本国憲法第20条［（　A　）］
> （　A　）は，何人に対してもこれを保障する。いかなる宗教団体も，国から特権を受け，又は政治上の権力を行使してはならない。

問7　下線部⑦に関連して，パキスタンでは2012年に，女性の人権について訴えていた少女がイスラム武装勢力に銃撃される事件が起きました。一命を取り留めた少女はその後も国際社会に女性の教育を受ける権利などを訴える活動を続け，2014年にノーベル平和賞を受賞しました。この人物を下から記号で答えなさい。

ア．アウン・サン・スー・チー　　イ．ワンガリ・マータイ

ウ．テリーザ・メイ　　エ．マララ・ユスフザイ

問8　下線部⑧に関連して，勝海舟を説明した文として**誤っているもの**を下から記号で答えなさい。

ア．幕府の軍艦咸臨丸の艦長として太平洋を横断し，アメリカに派遣された。

イ．海軍の重要性を主張し，坂本龍馬に大きな影響を与えた。

ウ．江戸城の無血開城に尽力した。

エ．不平等条約を解消するための条約改正の交渉を行い，関税自主権の回復を果たした。

問9　下線部⑨に関連して，次の⑴と⑵の問いに答えなさい。

⑴　国民の「知る権利」を保障する上で重要な役割を果たす新聞・テレビ・ラジオなどの多くの人に情報を伝える媒体を何というか答えなさい。

⑵　新聞やテレビから発信される情報を様々な観点から吟味して，正しく読み解き活用できる力を何というか答えなさい。

問10　下線部⑩に関連して，明治期のキリスト者の1人に札幌農学校出身の内村鑑三がいます。次の文章は，内村が書いた『ぼくはいかにしてキリスト教徒になったか』という本の一節で，あこがれのキリスト教国アメリカで目にした人種差別についての失望感が述べられています。下線部⑴～⑶について，以下の問いにそれぞれ答えなさい。

> しかし，⑴インディアンや⑵アフリカ人に対する人々の感情は激しく，非キリスト教的ではあるが，⑶中国人に対する偏見，嫌悪、反感もまた，異教国であるわが国では見たことがないものだ。アメリカは中国に宣教師を送り，中国の息子や娘たちを孔子の戯言や仏教の迷信からキリスト教へと改宗させようとしている。一方でアメリカは，地面に映る中国人の影でさえ憎悪しているのだ。

⑴　「インディアン」とは北アメリカ大陸の先住民を指す呼称です。ヨーロッパ人として初めてアメリカ大陸に到達したある人物が，この地をインド周辺であると誤解したことから，こう呼ばれるようになりました。この人物を答えなさい。

⑵　地域内の紛争予防，平和維持などを目的として，アフリカで2002年に発足した地域機構を答

えなさい。

⑶　この当時アメリカでは，中国人労働者の移住を禁止する中国人排斥法が施行されました。世界各地に移住した中国系の人々を何というか答えなさい。

2　次のⅠは，国際連合旗の図案を示しており，Ⅱの文章はそれを説明したものです。以下の問いに答えなさい。

Ⅰ．国際連合旗の図案

Ⅱ．国際連合旗の図案を説明した文章

国際連合旗の図案は，1947年に開催された第２回国際連合総会において制定・決議された旗で，淡い青の地に白い図柄で構成されています。①北極点を中心に描いた略地図と，その両側を囲むように平和の象徴である②オリーブの葉からなっています。これは，国際連合が全世界の平和を目的として活動する組織であることを示したものです。

略地図中の５つの円で示されているのが緯線，③北極点を中心に放射状に示された線が経線を表します。（　Ａ　）を示す円がオーストラリア大陸を通り，また，西経90度を示す線が（　Ｂ　）大陸を通っています。

問１　Ⅱの国際連合旗の図案を説明した文章の（A）に入る適語を下から記号で答えなさい。

ア．南緯15度　　イ．南緯30度　　ウ．南緯45度　　エ．南緯60度

問２　Ⅱの国際連合旗の図案を説明した文章の（B）に入る適語を答えなさい。

問３　Ⅱの下線部①に関連して，この図法の説明として最も適当なものを下から記号で答えなさい。

ア．中心からの距離・方位・面積が正しく表されたサンソン図法である。

イ．面積が正しく表される地図だが，赤道から違い位置では形のゆがみ方が大きくなるモルワイデ図法である。

ウ．緯線と経線が直交に交わった地図で，メルカトル図法とよばれ，航海図に用いられることが多い。

エ．正しい面積を知ることはできないが中心からの最短コース（距離）と，正しい方位を知ることができる正距方位図法である。

問４　Ⅱの下線部②に関連して，オリーブやブドウなどの栽培に適し，夏の間の厳しい乾燥に耐え冬に降水量が多くなる気候区分を答えなさい。また，その気候区分の雨温図として最も適当なものを下から記号で答えなさい。

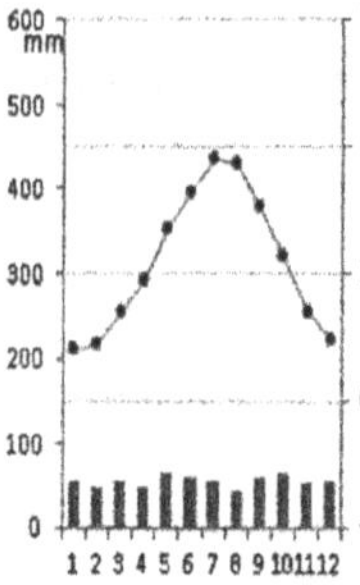

ア：パリ

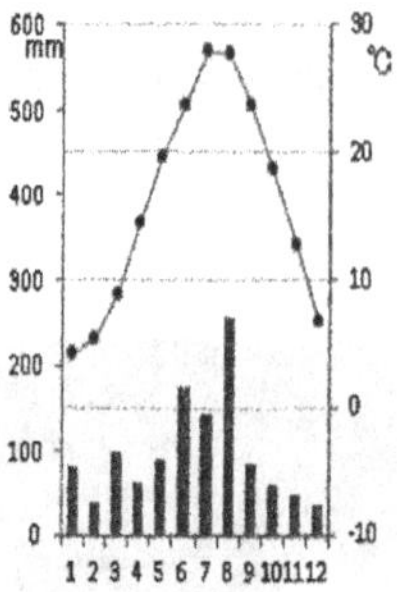

イ：上海

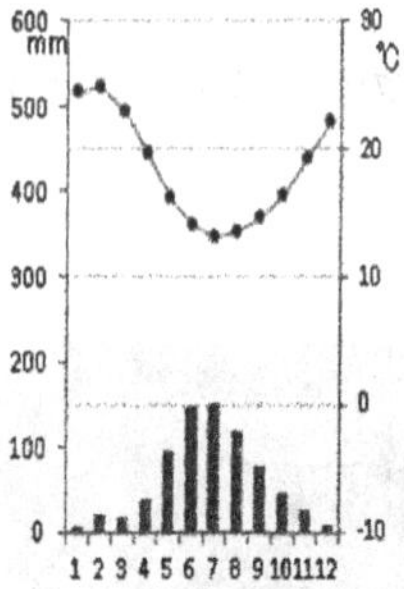

ウ：パース

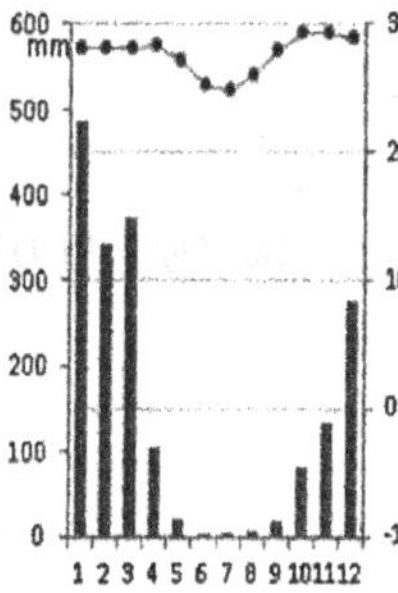

エ：ダーウィン

問５　Ⅱの下線部③に関連して，日本（東経135度）が２月19日午前11時45分の時，国連本部のあるニューヨーク（西経75度）の日時を計算しなさい（時刻は午前・午後をわかるように解答してください）。

３　次の文章を読み，以下の問いに答えなさい。

国際社会は，①主権国家によって構成されています。そして，国家が互いの主権を尊重し合い国際社会の平和と秩序を維持するためには，長年の慣行として定着している国際慣習法や国家間で結ばれる条約などを守ることが重要です。

また，国際連合においては，公海漁業を規制する各種の決議が採択されており，マグロのような，各国の経済水域や公海を回遊している魚種については，地域ごとにさまざまな国際機関が設立され，②漁業の規制について定められています。

資料Ⅲ

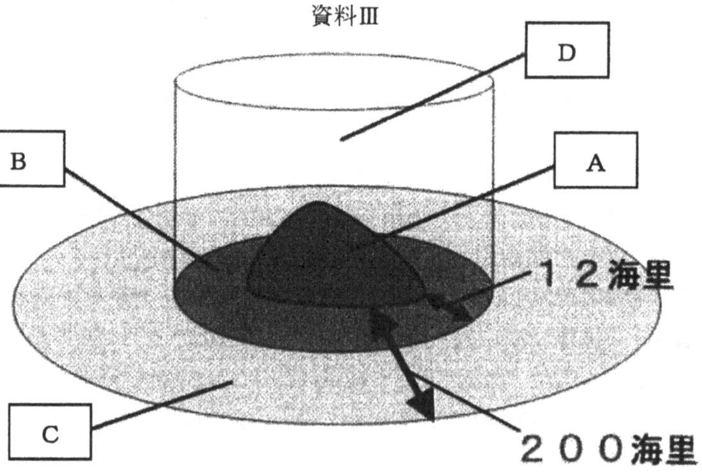

問１　下線部①に関連して，資料ⅢのＡ～Ｄのうちから，主権の及ぶ範囲全体を示す組合せとして最も正しいものを下から記号で答えなさい。

ア．Ａのみ　　イ．ＡとＢ　　ウ．ＡとＢとＣ　　エ．ＡとＢとＤ　　オ．ＡとＢとＣとＤ

問２　資料ⅢのＣの水域を**漢字７字**で答えなさい。

問３　下線部②に関連して，我が国では，水産資源の持続的な利用のため，つくり育てる漁業の取り組みが行われています。人工ふ化させた稚魚を放流するなどして，より自然な形で水産資源を増やす漁業を何というか答えなさい。

4　下の地図を見て，以下の問いに答えなさい。

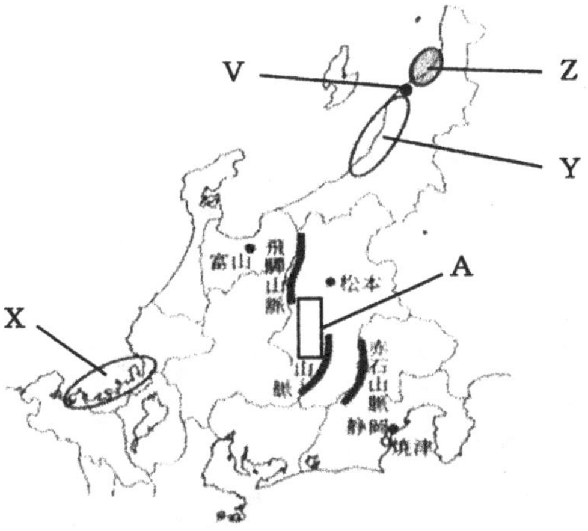

問１　地図中には，赤石山脈，飛驒山脈，［　Ａ　］山脈などの高さ3,000メートル前後の山々がそびえる山脈が示されています。これらの地域は，その景観がヨーロッパを代表する山脈にちなみ，日本［　Ｂ　］と呼ばれています。［Ａ］・［Ｂ］に入る適語としての組み合わせを下から記号で答えなさい。

ア．Ａ：奥羽　　Ｂ：ヒマラヤ

イ．Ａ：木曽　　Ｂ：ヒマラヤ

ウ．Ａ：奥羽　　Ｂ：アルプス

エ．Ａ：木曽　　Ｂ：アルプス

問２　地図中Ｖに河口を持つ阿賀野川流域では，かつて公害が発生しました。日本の４大公害訴訟に関する記述として**適当でないもの**を下から記号で答えなさい。

ア．熊本水俣病は，チッソ水俣工場の排出した廃液中の有機水銀が原因とされる水質汚濁による被害が水俣湾の漁村住民から発生した。

イ．イタイイタイ病は，三井金属鉱業の排出物質に含まれるカドミウムが原因とされた大気汚染で，患者が「イタイイタイ」と泣き叫ぶことからこの名がついたといわれている。

ウ．新潟水俣病は，新潟県阿賀野川流域における水質汚濁による公害。昭和電工の廃液中の有機水銀汚染の食物連鎖で起き，「第２水俣病」とも呼ばれている。

エ．四日市ぜんそくでは，石油化学コンビナート工場群が排出した亜硫酸ガスが原因とされている。1972年被害者側の全面勝訴により，企業の責任が問われ公害防止の対策もとられるようになった。

問３　地図中Ｘで囲まれた海岸は，複雑に入り組んだ海岸になっていますが，Ｙで囲まれた海岸はなだらかな海岸線となっています。Ｘの湾の名称とそこに発達した海岸地形を何というか答えなさい。

問４　前のページの地図Ｚ の地域で採掘されるエネルギー資源は石油で，国内では数少ない産油地です。日本は多くのエネルギー資源を輸入に依存しなければならなく，また自然エネルギーなどを利用する再生可能エネルギー開発を推し進める現状にあります。次の表は『発電電力量に占める再生可能エネルギー比率の比較』です。表を参考にＡ～Ｃの記述の正誤の組み合わせとして最も適当なものを下から記号で答えなさい。

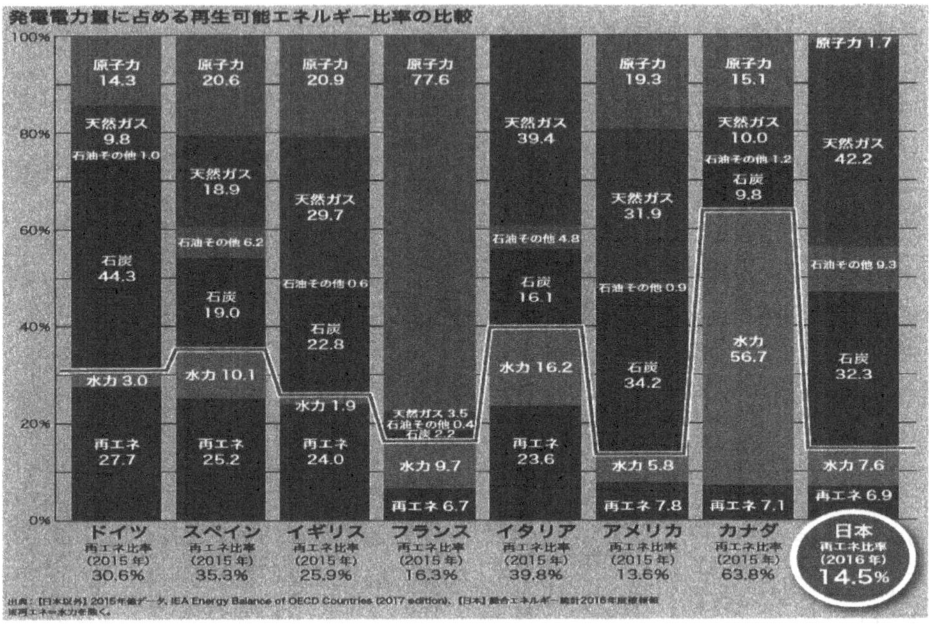

『資源エネルギー庁　日本のエネルギー2016』より引用

Ａ：日本の再生可能エネルギーの割合は14.5％と各国と比べても低い比率であるが，最も比率の高い国はカナダで60％を越えており，水力発電の割合が最も大きい。

Ｂ：フランスは原子力発電に依存する傾向があり，再生可能エネルギー政策に消極的で各国と比べても低く，天然ガスや石炭，石油などの化石燃料による発電は用いていない。

Ｃ：アメリカは化石燃料による発電量が半分以上を占めており，再生可能エネルギーによる発電量は各国と比べても低い比率となっている。

ア．Ａ：正　　Ｂ：正　　Ｃ：誤

イ．Ａ：正　　Ｂ：誤　　Ｃ：正

ウ．Ａ：正　　Ｂ：誤　　Ｃ：誤

エ．Ａ：誤　　Ｂ：誤　　Ｃ：正

オ．Ａ：誤　　Ｂ：正　　Ｃ：誤

カ．Ａ：誤　　Ｂ：正　　Ｃ：正

5　次の略年表に関する以下の問いにそれぞれ答えなさい。

問１　次のａ～ｄの史料は，どの時期に相当するものか，略年表中のＡ～Ｈから選び記号で答えなさい。

ａ．天下の土民が蜂起した。かれらは，徳政だといって，酒屋・土倉などを破壊し，いろいろなものをほしいままに奪い，借金の証書もことごとく破った。このような蜂起は日本の国が始まって以来のことである。

ｂ．人々は稲や麻を植え，かいこをかい，糸をつむいでいる。また，税を納め，市もひらかれている。下戸が大人と道で会うと，草むらの中に後ずさりして道をゆずるのがしきたりである。

ｃ．ああ　弟よ　君を泣く　君死にたまふことなかれ　末に生まれし君なれば　親のなさけは勝りしも親は刃をにぎらせて人を殺せと教えしや　人を殺して死ねよとて二十四まで育てしや

ｄ．この世の中は私のための世界のように思われる。まるで満月が少しも欠けていないように満ちたりた思いがすることだ。

中国	朝鮮		日本
あ			①弥生文化
三国時代・晋・南北朝時代	三韓	き	A
			ヤマト政権の統一進展
い			B
う			②律令政治の進展
	く		
五代			C
え	け		摂関政治
			D
			③武家政治の始まり
			E
元			
			南北朝時代
お			
			F
			戦国大名の割拠
	こ		X
か			④明治維新
			G
			⑤第一次世界大戦
中華民国	植民地時代		H
			⑥第二次世界大戦終結

問2　略年表中の X の時期とは**関係のない絵**を下から記号で答えなさい。

ア．

イ．

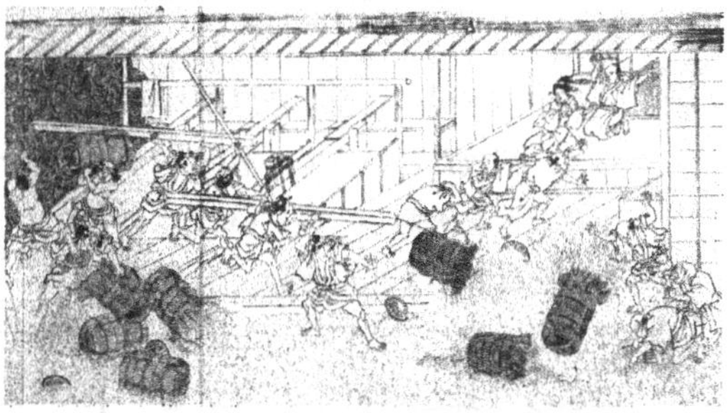

ウ．

エ．

問3　次の⑴・⑵は略年表中**あ**～**こ**のいずれかを説明した文です。それぞれ該当するものを**あ**～**こ**から選び，また，その国名を解答欄に従って答えなさい。

⑴　北方から侵入して現在の平壌付近に都をおいた国で，好太王がしばしば日本の軍を破ったことが碑文に記されている。

⑵　この国では禅宗がさかんになり，朱子学もおこった。また，商業が栄え，銅銭が大量に流通していたため，日本は現在の兵庫の港をととのえて貿易を行った。

問4　下線部①に関連して，弥生時代を説明する文として該当するものを下から記号で答えなさい。

ア．大陸の技術の影響を受けて須恵器などのように土器の製法も進歩した。当時の生活がよく判るいろいろな土器も多く作られ，祭祀にも使われた。

イ．この時代は貧富の差がなく，共同で狩りや漁，採集で得た食料の保存や煮炊きのために土器を使用するようになった。人口も増え，地面に穴を掘り屋根をつけた住居に定住するようになった。

ウ．大小さまざまな大きさの墓には棺を置く石室がつくられ，副葬品として銅鏡や玉，剣やその他の副葬品，鉄製の農具・武具などが納められた。

エ．人々は木製の農具を用いて水田を広げた。収穫した稲は石包丁や鉄鎌で穂先をつみ取り，その蓄えには高床倉庫もつくられた。

問5　下線部②に関連して，次のア～エは，大化の改新から平城京遷都までのことがらに関する文です。古いものから順になるように並べ替えた時，**3番目にくるものを**後から記号で答えなさい。

ア．大宝律令がつくられ，律令にもとづく政治の基礎が定まった。

イ．朝鮮で新羅と唐が結んで百済を滅ぼしたため，朝廷は百済を再興するために援軍をだしたが唐の水軍に大敗した。

ウ．皇位をめぐる争いから壬申の乱がおこったが，戦いに勝った天武天皇は，朝廷の中心を皇族出身者で固めるなどして，天皇の地位を強いものとした。

エ．中大兄皇子が正式に即位して天智天皇となり，都を近江に移し，全国にわたり戸籍をつくるなど国内政治に力をいれた。

問６　下線部③に関連する次の文中の（１）・（２）に入る適語をそれぞれ答えなさい。

源頼朝の死後，頼朝の妻政子の実家である北条氏が幕府の実権をにぎり，（　１　）の地位につきました。源氏が３代で絶えると，京都で院政をおこなっていた（　２　）らが1221年北条氏追討の命令をだしましたが，戦いは幕府軍の勝利に終わりました。1232年，３代（　１　）は頼朝以来の武士の慣習をまとめて御成敗式目とよばれる武士として最初の法律をつくりました。

問７　下線部④に関連して，次の⑴・⑵の文中の［これ］とは，何のことを説明しているものかそれぞれ答えなさい。

⑴　これを発したことにより，公論によって政治をおこなうこと，すべて国民が協力することなど，新政府の政治方針を明らかにした。

⑵　これを発したことにより，新政府は，土地・人民を朝廷に返させ，政府の任命した役人が政府の方針にもとづいて地方の政治をおこなうことになった。

問８　下線部⑤に関連して，第一次世界大戦中と同じ時期に撮られた写真として最もふさわしいものを記号で答えなさい。なお，記号の横に記した（地名）は撮影地です。

ア．（サンフランシスコ）

イ．（東京）

ウ．（東京）

エ．（ペトログラード）

問９　下線部⑥に関連して，次の文は戦後を代表する政治家に関するものです。文中の（１）・（２）に入る語句を答え，文章を完成させなさい。

1946年５月，（　１　）を首相とする自由党単独内閣が成立した。日本国憲法の公布や農地改革を進め，また，自衛隊を設置するなど，激動の日本を指揮した。1951年９月，アメリカの（　２　）で講和会議がひらかれ，全権として出席した（　１　）は，48カ国の資本主義諸国との間に平和条約を調印して，日本は独立を回復しました。

6　2019年４月，1989年１月から30年間の年月を経過した元号『平成』が終わりを迎えます。平成以降の歴代内閣に関する次のページの資料を参考に問いに答えなさい。

問１　下線部①に関連する以下の設問にそれぞれ答えなさい。

⑴　消費税に関連する文章として**誤っているもの**を選び記号で答えなさい。

ア．1989年，竹下内閣は多くの反対を押し切って消費税３％の導入を実現させた。

イ．1997年，橋本内閣が消費税を５％に増税する政策を展開し，国税である４％の消費税に加え，新たに地方消費税１％を創設した。

ウ．2011年，野田内閣が東日本大震災による復興特別税として，消費税を税率８％に増税した。

エ．安倍内閣は2019年10月以降に消費税を10％に増税することを予定している。

⑵　消費税は，所得の低い人ほど所得に占める税負担の割合が高くなる課税です。この性質を何というか答えなさい。

問２　下線部②に関連して，1992年ＰＫＯ協力法の制定によって，自衛隊が初めて派遣された国を答えなさい。

問３　下線部③に関連して，細川内閣は政治改革で公職選挙法の改正を行いました。改正後の衆議院議員選挙制度を何というか答えなさい。

問４　下線部④に関連して，金融政策の中心的な存在として，日本銀行が様々な役割を果たしています。以下の文中（Ａ）・（Ｂ）に当てはまる語句を下記から選び記号で答えなさい。

日本の中央銀行である日本銀行は，不景気に対する金融政策として，一般の金融機関が持つ国債などを買い上げて，代金を銀行に支払います。すると，支払いを受けた銀行は，手元に貸し出せる資金が出来るため，企業などに貸し出しをおこない，生産活動の活発化，景気の回復に繋がるという（　Ａ　）が採用されています。また，日本銀行は一般の銀行に対して資金の貸し出し，預金の受け入れをおこなうことから（　Ｂ　）の役割を果たしています。

ア．公開市場操作　　イ．資源配分の調整　　ウ．所得の再分配
エ．発券銀行　　オ．銀行の銀行　　カ．政府の銀行

問５　下線部⑤に関連して，2002年からすべての国民の氏名・性別・生年月日などを一元的に管理する制度が稼働しました。このように，時代の流れと共に様々な人権の保障が求められてきています。ｉ～iiiの新しい人権とそれに関する法律ａ～ｃの組み合わせとして適切なものを次のページのア～カから選び記号で答えなさい。

ｉ．知る権利　　ii．自己決定権　　iii．プライバシーの権利
ａ．個人情報保護法　　ｂ．情報公開法　　ｃ．臓器移植法

ア．ｉ＝a　ⅱ＝b　ⅲ＝c　　イ．ｉ＝a　ⅱ＝c　ⅲ＝b
ウ．ｉ＝b　ⅱ＝a　ⅲ＝c　　エ．ｉ＝b　ⅱ＝c　ⅲ＝a
オ．ｉ＝c　ⅱ＝a　ⅲ＝b　　カ．ｉ＝c　ⅱ＝b　ⅲ＝a

第74代　竹下登	第75代　宇野宗佑	第76・77代　海部俊樹	第78代　宮沢喜一	第79代　細川護熙

①消費税の導入を実現。昭和天皇の死去により、元号を『平成』に決定。	政治混乱期に誕生した内閣。わずか69日間の短命内閣となった。	政治の信頼回復のための改革を最優先課題として、政策を展開した。	湾岸戦争の影響で、②92年『国際貢献』のための法律が成立した。	非自民8党による連立政権として誕生。③政治改革関連法が成立した。
第80代　羽田孜	第81代　村山富市	第82・83代　橋本龍太郎	第84代　小渕恵三	第85・86代　森喜朗

非自民連立の少数与党内閣として、財政改革を推進した。	95年「戦後50周年談話」で日本の戦争責任を認めた。	行財政改革を推進した。景気の後退により、④金融危機が発生した。	⑤住民基本台帳法改正、周辺事態法などの重要法案を成立させた。	景気回復政策を最優先課題に掲げて発足した。
第87～89代　小泉純一郎	第90代　安倍晋三	第91代　福田康夫	第92代　麻生太郎	第93代　鳩山由紀夫

史上最高の内閣支持率を記録。⑥新自由主義的構造改革を実施した。	教育基本法の改正、⑦司法制度改革として裁判員制度を実施した。	福祉政策の一環として、後期高齢者医療制度を開始した。	世界金融危機による景気対策を最優先課題に掲げて発足した。	子ども手当や高校授業料の原則無償化等、⑧社会保障政策を展開した。
第94代　菅直人	第95代　野田佳彦	第96～98代　安倍晋三		

東日本大震災と福島原発事故が発生して、復興政策を展開した。	原発・エネルギー政策、TPP交渉への参加を決定した。	日本経済の景気回復を掲げて発足。⑨積極的な外交政策を展開した。		

（首相官邸HP参照）

問６　下線部⑥に関連して，小泉内閣は構造改革の一つとして，2007年にある事業を民営化しました。この時に民営化された事業を答えなさい。

問７　下線部⑦に関連して，裁判員制度に関する以下の文中（Ａ）・（Ｂ）・（Ｃ）に当てはまる語句を下記から選び記号で答えなさい。

> 裁判員制度の対象となるのは，殺人や強盗致傷などの重大な犯罪についての刑事事件です。裁判員は，満（　Ａ　）歳以上の国民から選ばれます。（　Ｂ　）人の裁判員と（　Ｃ　）人の裁判官で裁判が担当され，証人や被告人の話を聞いたり，その他の証拠を調べて被告人が有罪か無罪か，有罪の場合はどのような刑罰にするかを決めます。このように，国民が裁判に参加することで，国民の司法に対する理解と信頼が深まることが期待されています。

ア．３　　イ．６　　ウ．９　　エ．18　　オ．20　　カ．25

問８　下線部⑧に関連して，生活に困っているすべての国民に対して最低限度の生活を保障する制度として公的扶助が設けられています。生活・教育・介護などの８項目を保護し，生活に困っている人の自立を助けるために制定されている法律を答えなさい。

問９　下線部⑨に関連して，安倍内閣は『地球儀を俯瞰（ふかん）する外交』を掲げて様々な外交政策を展開しています。2018年５月に実施された首脳会談の写真を参考に会談内容に関する資料１・２の空欄（Ａ）の地域名・（Ｂ）の国名をそれぞれ答えなさい。

> （　Ａ　）自治政府との首脳会談では，アッバース大統領と中東和平についての議論を行いました。その中では，アメリカがエルサレムへ大使館を移設したことで，日本の大使館を移設することはないと説明しました。また，（　Ａ　）情勢に関して，ガザ地区の人道状況の改善と安定のために，資金援助や食糧援助の用意をすることを約束しました。

資料１

> （　Ｂ　）連邦との首脳会談では，幅広い分野での二国間協力を話し合い，北方四島に関する共同経済活動の進展で両国の代表者を派遣して事業展開のプロジェクトの早期実現に向けた作業の加速化を合意しました。さらに，11月の首脳会談では，1956年の共同宣言を基礎に，平和条約問題の交渉を活性化することを約束しました。

資料２

問三　傍線部３「にはかに」の本文中の意味として適当なものを次の中から一つ選び記号で答えなさい。

ア、急に　イ、そっと　ウ、苦しく　エ、不安に

問四　傍線部２「もとの母と同じくなれり。」とはどのようなことか。その説明として適当なものを、次の中から一つ選び記号で答えなさい。

ア、父に注意されて、継母が閔子騫に生みの母のように振る舞うようになったということ。

イ、閔子騫に必死に懇願されたことで、継母が本来の優しい自分を取り戻したということ。

ウ、父が注意を聞かない後妻と離縁したため、閔子騫の生みの母が戻ってきたということ。

エ、閔子騫の気持ちが通じ、継母が生みの母のようにかわいがるようになったということ。

問五　傍線部４「指を嚙みたる」とあるが、曾参の母がどのような思いでこの行為をしたかわかるところを、本文中から七字で抜き出しなさい。

問六　この二つの文章には共通した性質を持った人物が描かれているが、その説明として最も適当なものを次の中から一つ選び記号で答えなさい。

ア、【Ⅰ】の文章では、閔子騫が父と継母の言うことに常に素直に従い続ける姿が描かれており、【Ⅱ】の文章では、曾参が母のためなら仕事を放ってでもすぐに駆けつけたという話が紹介されている。二つの文章には共通して、親に大変従順な人物脈描かれている。

イ、【Ⅰ】の文章では、自分にひどい仕打ちをする継母も大切に扱う閔子騫の姿が描かれており、【Ⅱ】の文章では、遠く離れた母親とも心を通じ合わせることができるほど親思いな曾参の話が紹介されている。二つの文章には共通して、親孝行な人物が描かれている。

ウ、【Ⅰ】の文章は、閔子騫が自分を犠牲にしてでも弟たちを守ろうとする話であり、【Ⅱ】の文章は、曾参が母親の客をもてなすために東奔西走して準備をする話である。二つの文章には共通して、大変家族思いな人物が描かれている。

エ、【Ⅰ】の文章は、閔子騫が弟たちを守るためとはいえ実の父に逆らう話であり、【Ⅱ】の文章は、曾参が客が来るのに遠く出掛けてしまい母親を不安にさせた話である。二つの文章には共通して、親不孝な人物が描かれている。

ていたために気まずい思いはしなくて済んだが、思いがけない話であり、ふじ子への思慕の気持ちもあってうまく返事ができずにいる。

エ、上司の和倉からぜひ娘美沙と結婚するようにと頼まれて、濃い化粧が気になるものの健康的な美しさを持つ美沙と、病床を離れられないが清楚で可憐なふじ子と、どちらを選んだらよいか迷っている。

問五　傍線部4「その不快ではなかった自分に、信夫はこだわっていた」とあるが、その理由として適当なものを次の中から一つ選び記号で答えなさい。

ア、美沙に男として頼られることも若く健康的な自分にとって悪くないと感じたから。

イ、美沙が見せる女としての色気にひかれている自分の若さに気づかされたから。

ウ、美沙の色気に流されそうになる若い自分を戒めねばならないと思ったから。

エ、美沙の見せかけの愛情に振り回されている自分はまだまだ若いと気づいたから。

問六　傍線部5「北斗七星」が、象徴していると考えられるものを本文中から七字で抜き出して答えなさい。

三　次の二つの文章【Ⅰ】と【Ⅱ】を読んで、後の問に答えなさい。設問の都合上、一部を省略してあります。

【Ⅰ】※閔子騫《びんしけん》、いとけなくして母を失へり。父、また妻を求めて、二人の子を持てり。かの妻、わが子を深く愛して、継子《ままこ》を憎み、寒き冬も、※蘆《あし》の穂を取りて、着るものに入れて着せ侍るあひだ、身も冷えて耐へかねたるを見て、父、後の妻を去らんとしければ、閔子騫がa言ふやうには、「かの妻を去りたらば、三人《みたり》の子寒かるべし。今、われ一人寒きをこらへたらば、弟の二人は暖かなるべし」とて、父を諫《いさ》めたる故《ゆゑ》に、これを1感じて、継母《けいぼ》も、後には、隔てなく、いつくしみ、2もとの母と同じくなれり。ただ、人のよし悪しは、みづからの心にありと、古人のいひ侍りけるも理《ことわり》とこそ思ひ侍《はんべ》る。

【Ⅱ】※曾参《そうしん》、ある時、山中へ薪《たきぎ》を取りに行き侍《はんべ》り。母留守にゐたりけるに、親しき友来《きた》れり。これをもてなしたく思へども、曾参は内にあらず、もとより家貧《まど》しければ、かなはず、曾参が帰れかしとて、みづから指を噛めり。曾参、山に薪をb拾ひゐたるが、3にはかに胸騒ぎしけるほどに、急ぎ家に帰りたれば、母、〃ありすがたをつぶさに語り侍り。かくのごとく、4指を噛みたるが、遠きにこたへたるは、親子《しんし》の情《なさけ》深きしるしなり。

（『御伽草子』）

※閔子騫――名は損《そん》。子騫は字（呼び名）。春秋時代の人。孔子の弟子。

※蘆の穂――継母がわが子には暖かい綿入れを着せ、継子の閔子騫には蘆の穂を入れた着物を着せた、ということ。

※曾参――曾子とも。名は参、字《あざな》は子輿《しよ》。春秋時代の人。孔子の弟子。

※ありすがた――有様、ありのまま。

問一　二重傍線部a「言ふやう」、b「拾ひゐたる」の読みを、現代仮名遣いに直し、漢字部分も含めすべてひらがなで答えなさい。

問二　傍線部1「感じて」の主語として適当なものを次の中から一つ選び記号で答えなさい。

ア、閔子騫　　イ、閔子騫の父　　ウ、閔子騫の継母

エ、閔子騫の生みの母　　オ、古人

夜風に吹かれて、下宿に向かいながら、信夫は、帰りがけに見せた和倉の娘の表情を思い出していた。上目づかいに媚《こ》びるように信夫を見た目は、女の妖しさを感じさせた。それは決して不快ではなかった。4その不快ではなかった自分に、信夫はこだわっていた。

(これもまた、若いということなんだろうか)

信夫は、若さとは何だろうと、考えるような顔になった。

(若さとは、e混沌としたものだろうか)

そんな気もした。混沌をもたらすものは、若いエネルギーのようにも思えた。地球の初めがドロドロとした火のようなものであったという。それは地球の若さだった。今、信夫の心の中に、肉体的な欲望と、青年らしい理想とが混沌としているようだった。

(いや、若さとは成長するエネルギーだ)

ふと、信夫はそう思った。ならば、何に向かって自分は成長すべきであろうかと、立ちどまって信夫は夏の夜空を仰《あお》いだ。5北斗七星が整然と頭上に輝いていた。

※脊椎カリエス——脊椎の結核。脊柱の変形を起こし、起きあがれなくなることがある。

※待子——信夫の妹でふじ子と同い年。この場面の前年結婚している。

※二町——約二百二十メートル。

※一旗——(「一旗揚げる」の形で)ふるい立って新たな運命を切り開く、新しく事業などを起こす。

問一　二重傍線部a「キョウシュク」、b「無雑作」、c「セキニン」、d「キカイ」、e「混沌」について、カタカナは漢字に改め、漢字は読みをひらがなで、それぞれ答えなさい。

問二　傍線部1「ふじ子を喜ばすためには、どんな努力も惜しむまいと思った」とあるが、その理由として**適当ではないもの**を次から一つ選び記号で答えなさい。

ア、寝たきりの病状であるにもかかわらず、朗らかで明るい輝きに満ちているふじ子の姿を尊く思ったから。

イ、信夫の長旅をねぎらい、再会に際してうれし涙にはじらう可憐な姿を、心底愛しく感じたから。

ウ、病で寝たきりのふじ子を見て憐れになり、健康な自分ならば支えてやることができると感じたから。

エ、信夫が折々に送った押し花を大切に寝所に飾っていてくれたことを知り、感動したから。

問三　傍線部2「信夫は、その次に来る言葉を覚悟した」とあるが、信夫が覚悟した言葉とは何か。本文中から十五字前後で抜き出して答えなさい。

問四　傍線部3「ホッとしながらも、困ったことになったと思った」とあるが、どういうことか。この時の信夫の心情として、適当なものを次の中から一つ選び記号で答えなさい。

ア、札幌に来て一ヶ月たってようやく仕事に慣れてきたところで、尊敬している上司の和倉から認めてもらえて喜びつつも、急に娘美沙との見合いの場を設けられたことであわてている。

イ、豪放ながらも憎めない上司の和倉から、娘美沙を任せたいと思われるほど認められたことをうれしく思いながらも、ふじ子への思いも捨てきれないでいる自分に気づいて動揺している。

ウ、上司の和倉から娘美沙との結婚話を持ち出され、美沙が席を外し見たことはない。正直な話、君が東京の裁判所を何で辞めて来たのかと、少々怪しんだものだ。任官までしながら、何も蝦夷《えぞ》くんだりまで流れてくることはないからなあ」

　和倉は盃を幾つか重ねた。てらてらと赤い鼻が憎めなかった。時々、美沙は台所の母親のところに、銚子《ちょうし》を取りに立っていた。立つ度に、濃い化粧の匂いがただよう。それがどうにも信夫には気になった。黒目がちの、愛くるしい顔立ちなのだが、化粧が濃すぎるのだ。信夫はつい毒花を連想する。

「しかし、おれが聞いたところでは、永野君は何の過失もなしに、いやむしろひきとめるのをふり切るように、北海道に来たというんだな。おれは君がひな人形の男びなのようなやさしい顔をしてるんで、ちっとばかり虫の好かねえ野郎だと最初は思ったんだ。骨なしのグニャグニャかと思ってねえ。ところが仕事をさせてみると、頭が滅法《めっぽう》いいから飲みこみが早い。cセキニン感が強くて仕事が正確だ。こりゃ大した拾い物だと思って、近ごろじゃすっかりお前にほれたんだ。全くの話、三月のヒナ人形じゃなくて、五月の武者人形だよ君は」

2信夫は、その次に来る言葉を覚悟した。

「とんでもございません。勤めの初めですから、少しは気をつけているだけで、今にたくさんぼろが出て来ます」

「いやいや、おれはこんながさつな人間だが、人を見る目はない方じゃない。まあ、ざっくばらんに言えば、うちの娘を君にもらってもらえんかと、欲を出してしまったわけだ。今すぐにどうこうとは言わないが、あんな奴だが考えておいて欲しいと思ってな。思い立ったら吉日と、急に娘をみてもらいたくなって、今夜来てもらったわけだ」

　酔ってはいるが、まじめな口調だった。ちょうど美沙が銚子をかえに台所に立って行った後なので、信夫はいくぶん3ホッとしながらも、困ったことになったと思った。

「たいそうありがたいお言葉で、キョウシュクです」

　それだけ言って頭を下げた。

「ちょっと聞いておきたいんだが、永野君、君にはもうきまった人がいるのかね」

「いいえ。おりません」

　答えてから、信夫はふじ子を思った。おそらく一生なおることのないであろう病人のふじ子との結婚を、信夫は一度も考えたことはなかった。無論何ひとつ言葉に出して言いかわしたわけでもない。だが今、和倉の娘と見合いをさせられて思ったことはあのふじ子をおいて、他のいかなる女性とも結婚できないのではないかということである。もし、きまった人がいるかと尋ねられたのではなく、好きな人がいるかと尋ねられたのであれば、信夫はためらわずにうなずいたかもしれなかった。

「ではもうひとつ聞くがね。君は一生札幌に永住するつもりかね。それとも、※一旗《ひとはた》組のように、何かのdキカイに金もうけの口でもあれば、ゴッソリもうけて内地へ帰ろうというつもりかね」

「ぼくは長男で、東京の本郷に家も土地も持っております。母を見なければならないので、母が北海道に来なければどうなるかわかりませんが、ぼくはぼくなりに、今の仕事に打ちこんでいくつもりはあります」

　就職したばかりで、二、三年で東京に帰るとは言いかねた。だが、遠からず日本中の鉄道が官営になれば、東京に転勤も不可能ではないだろうと思ってはいた。

の目にさっと涙が走った。だが次の瞬間、ふじ子はニッコリと笑っていた。

「わたし、ほんとうに押し花がうれしかったの」

笑ったその目から、ほろりと涙がこぼれた。その涙を細い指でぬぐいながら、

「変ね、うれしい時でも涙が出るのかしら」

と、ふじ子ははじらった。信夫は、そのふじ子をみつめながら、心の底からふじ子をいとしいと思った。この可憐なふじ子のために、どんなことでもしてやりたいような思いがした。自分でできることであれば、[1]ふじ子を喜ばすためには、どんな努力も惜しむまいと思った。長い間東京で考えていたふじ子とは、全くちがったその明るさに、信夫は感動した。それは、自分が健康な者としての憐みに似た思いではなく、尊敬とも言える感情であった。信夫は自分の手の中にはいってしまいそうなふじ子の手をみた。その手を強く握りしめたいような思いに耐えながら、

「ふじ子さん、また後で来ます。ぼくはこれからずっと札幌にいるのですから、今度は押し花ではなく、いろいろな花を持って来てあげますよ」

と、言った。ふじ子の目は、みるみる涙でいっぱいになり、その長いまつ毛がキラリと光った。窓の風鈴が風に鳴った。

信夫は予定どおり、炭鉱鉄道株式会社に就職することができ、札幌駅に勤めることになった。吉川は貨物係であったが、信夫は経理事務を担当した。

吉川の家から、※二町ほど離れたところに下宿をし、週に一度は吉川の家を訪れる。毎日でも訪ねたい気持ちだったが、それもはばかられて、信夫は吉川を訪ねるような顔をしてふじ子を見舞った。

札幌に来て一ヵ月余りたったお盆の夜、信夫は上司の和倉礼之助に招かれた。北海道のお盆は八月だった。街のあちこちにやぐらが築かれ、盆踊りの太鼓の音が風に乗って聞こえていた。

和倉礼之助は酒好きである。

「何だ、いい若いもんが盃に二つや三つで真っ赤になるなんて、だらしがないぞ」

和倉は、浴衣を片肌脱いで、よく筋肉の発達した胸をぴたぴたと叩いてみせた。和倉は弓道の達人とかいううわさで体の大きな男であった。傍《かたわ》らで和倉の娘の美沙が微笑していた。和倉に似て、大柄な勝気そうな十七、八の娘である。首まで塗ったおしろいが、少し濃過ぎるように思われた。

「しかし、何だなあ永野君。君はずいぶん体が細いが、どこも悪いところはないようだね」

和倉は少しあらたまったように信夫をみた。

「はあ、柳に風折れなしという方ですか。めったにかぜもひきません」

「うん、だが、北海道は内地とはちがうぞ。冬の寒さは骨身にしみる。まあ悪いことはいわないから、今から酒を飲む稽古をしておくんだなあ。美沙、お前も酒を飲む男は頼もしいだろう」

和倉は大声を上げて笑った。美沙はまっ赤になってうつむき、盛り上がってはち切れそうなももの上をしきりになでた。信夫はふと、この席がどんな席であるかに気づき、内心あわてて、縁側に吊《つ》られた盆ちょうちんを見あげた。

「永野君、おれもいろんな部下を持ったが、君のような男は、いままで

全て四字で本文から抜き出して答えなさい。
（　①　）を持っている漢字と（　②　）のみを持っている（　③　）を併用している点。

⑵　二点目については、本文中の語を用いて五十字程度（四十五字から五十五字の間）で説明しなさい。

⑶　筆者は「世界に類例のないやり方」をする日本人をどう評価しているか。解答欄の［という評価］につながるように、本文から三十字程度で抜き出し、最初と最後の四字で答えなさい。

二　次の文章は、三浦綾子の小説『塩狩峠』の一節です。明治三十三年、二十三歳の永野信夫は北海道に移住しようと決意し、小学校以来の親友吉川修と再会して、吉川の家に着いて家族に挨拶を済ませました。鉄道員の吉川には足が悪く、その上肺結核に罹《かか》り※脊椎カリエスで病床に伏せっている妹ふじ子がいます。以下の文章は、それに続く場面です。これを読んで、後の問に答えなさい。

「あの……、いかがなんですか」
信夫はふじ子の名をいわずに、やっとの思いで聞いた。
「ああ、ふじ子か、君、会ってやってくれるか。何しろ結核などという病気だから、ちょっと言い出しかねていたんだ」
吉川は立ち上がりながら言った。
「結核と言っても、胸の方はほとんど悪くはないんだが……」
そう言いながら、吉川はいかにもaキョウシュクしているようである。結核の病人がいるということで、世間にたいへんな気がねをして暮らしている吉川の生活に、信夫はじかにふれた気がした。
（何と言って慰めてやったらいいのだろう）
信夫はいくぶん固くなりながら、吉川の後に従った。部屋一つ隔てた奥の間の襖《ふすま》を、吉川はb無雑作にあけた。
「ふじ子、永野君だよ」
吉川の声が、ひどくやさしく、信夫の胸を打った。
「まあ、ようこそおいでくださいましたこと」
余りにも明るい声に、信夫はハッとして立ちどまった。四畳半の窓際に、ふじ子は、か細い体を横たえていた。だが、その顔は未だかつて信夫が見たことのないような、明るい輝きにあふれていた。
「ふじ子さん」
信夫は、そう言ったまま、その場にすわった。こんなに細くなって、しかも臥《ね》たっきりの生活の中で、なんと朗《ほが》らかな顔をしていることだろうと、信夫は心打たれて言葉がつづかなかった。
「おつかれになったでしょうね。東京はずいぶん遠いんですもの」
可憐な声が、童女のようにあどけない。信夫はちらっと※待子の花嫁姿を思った。ふと目をやると、ふじ子の臥ている壁に、押し花がズラリと貼られている。信夫が折り折りに送った押し花である。桜も、スミレも、梅も、それぞれに受け取った月日を小さく書きこんで貼ってあった。信夫は胸が熱くなった。
「永野さんの送って下さった押し花が、こんなにたくさんになったのよ」
吉川はすでに座を立って、そこにはいない。信夫は何か胸のしめつけられるような思いがして、あらためてふじ子の顔をじっとみた。その信夫を、ふじ子は静かに見返した。恐ろしいほど澄んだ目である。と、そ人の心をたねとしてよろづの言の葉とぞなれりける」という一句で始まる。［　G　］がここで、単に「うた」と言わず、わざわざ「やまとうた」と言っているのは「からうた」つまり［　H　］を意識してのことであろう。当時の日本は漢字文化を受け入れ、公式文書はもっぱら漢文であり、漢詩も中国の本場にひけをとらないほどに習熟していた。その一方で、古来の「やまとうた」の伝統も保ち続けるという。eキガイを、この序文はよく示している。今年はその『古今和歌集』が世に出てからちょうど千百年目の節目の年にあたる。われわれの先祖の残した言葉の遺産を改めて思い起こすまい機会であろう。

（高階秀爾『日本人にとって美しさとは何か』）

※表象――象徴すること。

問一　二重傍線部a「カンコウ」、b「ヒョウメイ」、c「ミせられ」、d「費（やす）」、e「キガイ」について、カタカナは漢字に改め、漢字は読みをひらがなで、それぞれ答えなさい。

問二　傍線部1「『日本的』な様相」について説明したものとして適当なものを次の中から一つ選び記号で答えなさい。

ア、絵と文字はそれぞれ優れた芸術であり、評価に差を付けられないこと。

イ、絵と文字に同じ筆を用いることが、優れた成果につながっていること。

ウ、絵と文字を同時に表現することは、難しい技術であること。

エ、絵と文字は一緒に表現することが、十分可能であること。

問三　傍線部2「文字そのものの特性」とあるが、日本における文字の特性とは何か。その内容を説明した下の文の空欄①、②について、本文中から指定字数で抜き出して答えなさい。

（　①　二字　）が（　②　九字　）点。

問四　空欄A～Cに適する語の組み合わせとして適当なものを選び記号で答えなさい。

ア、A　多様性　B　親近性　C　具体性

イ、A　親近性　B　多様性　C　具体性

ウ、A　多様性　B　共通性　C　親近性

エ、A　親近性　B　共通性　C　多様性

オ、A　共通性　B　具体性　C　親近性

カ、A　共通性　B　親近性　C　多様性

問五　空欄D～Fに適する語を次の中からそれぞれ一つずつ選び記号で答えなさい（使わない記号もある）。

ア、つまり　イ、例えば　ウ、また

エ、しかし　オ、だから

問六　空欄Gには『土佐日記』の著者である人物が入る。次の中から選び記号で答えなさい。

ア、紀貫之　イ、清少納言　ウ、兼好法師　エ、正岡子規

問七　空欄Hに入る語を本文から抜き出して答えなさい。

問八　傍線部3に「漢字と西欧のアルファベットを並べて比較するのは、大きな誤り」とあるが、筆者はどうすべきと述べているか。説明している一文を本文から抜き出し、最初の四字で答えなさい。

問九　傍線部4「世界に類例のないやり方」について、本文で筆者は二点説明をしている。その説明に関係した⑴～⑶の設問に答えなさい。

⑴　次の文はその一点目の内容を説明したものである。空欄①～③を

語彙である。比較するなら、言葉同士を、すなわち漢字と英語の語彙とを比較しなければならない。外国人は、一つ一つの漢字の形態と意味を習得するのは大変だというが、英語の場合も、それぞれの単語の形態(綴り)と意味を学ばなければならないのだから、その難しさは同じである。漢字は数が多いという嘆きについても、英語の語彙のことを考えてみれば似たようなものである。

シェイクスピアの作品に使われている語彙数は一万五二〇〇語にのぼるという。シェイクスピアの場合は特例だとしても、通常の英語を理解し、使用するためにも二〇〇〇か三〇〇〇の語彙は必要であろう。漢字も、日常使われているものと言えば、その程度であろう。白川静氏によれば『論語』全体に使われている漢字の種類は一三五五、『詩経』の場合は二八三九であるという。つまりそれだけの数の漢字を習得すれば、『論語』や『詩経』が読めるということである。数字だけを言えば、シェイクスピアを読むためには、『論語』の十倍以上の学習が必要だということになる。

もちろん、表音、表意という二つの機能をつねに合わせ持っている漢字は、それ故に時に具合の悪いこともある。例えば、純粋に表音記号として漢字を使いたいというときでも、そこに何らかの意味が入り込んでしまうからである。

日本でアメリカのことを「米国」と呼ぶからと言って、アメリカが稲作や米食の国だという意味ではない。それは単に、亜米利加という音訳漢字の一部を利用しただけである。だがそのことを知らなければ、とんでもない誤解を招くことになりかねない。

中国ではアメリカは「美国」である。私はかつてはじめて香港を訪れたときに、壁に「打倒美国」と落書きがしてあるのを見ていったい何のことかといぶかしく思ったが、この場合ももちろん「美しい国」という意味ではない。もっとも、そのことは後で説明を聞いてはじめてわかったことである。

このように音だけを表記したいときには、表意機能を持たないアルファベットのようなものが好都合である。だがアルファベットのように表音機能だけの文字システムを持っていない漢字文化のなかでは、憎いアメリカも「美国」とならざるを得ないのである。

ところが日本は、中国から漢字を取り入れてそれを自分のものとして使いこなす一方で、そこからアルファベットと肩を並べることもできる表音文字システムをも生み出した。言うまでもなく、仮名文字がそれである。今日われわれは、漢字仮名まじり文をごく当り前のものとして使っているが、考えてみればこのように二つの異なった表記システムをごく自然に併用している例は、おそらく日本以外にはどこにもないのではないだろうか。

漢字の受容にあたっては、日本人はもう一つ、これも4世界に類例のないやり方を見せた。表音表意文字である。漢字をそのまま取り入れながら、それにさらに、言語的に言えばまったく別系統の言葉である土着の日本語、すなわち「やまとことば」の音をつけ加えたのである。漢字本来の音である音読みに対し訓読みと呼ばれるものがそれで、この訓読みによって外来の漢字が日本語のなかにすんなり着地することが可能になった。新しいものを積極的に受け入れながら、古くからのものも保持し続けるという日本人の特性がそこではよくうかがわれる。

『古今和歌集』の仮名序は、広く知られているように、「やまとうたは

【国　語】（五〇分）〈満点：六〇点〉

一　次の文章を読んで、後の問いに答えなさい。

ミシェル・フーコーは、マグリットの作品を論じたその著『これはパイプではない』のなかで、一五世紀から二〇世紀に至るまで西欧絵画を支配して来た第一の原理は、造形※表象と言語的対象指示の分離であり、その結果、「この二つのシステムは交差することも融合することもあり得なかった」と述べている。つまり端的に言って、絵と文字はまったく別の世界のものだというわけである。だがそれはあくまでも西欧語圏での話であって、東洋においては通用しない。中国でも日本でも、「書画」という言葉が示すように、絵と文字とはきわめて相性がよく、「交差」し、「融合」することが当然と考えられていた。

そのことは、一九世紀後半、日本の美術作品や工芸品が大量にヨーロッパにもたらせたいわゆる「ジャポニズム」の時代に、すでに西欧との大きな違いとして人々を驚かせていた。事実、一八八三年に初めてまとまった日本美術の本を[a]カンコウしたルイ・ゴンスをはじめ、豪華雑誌『芸術の日本』に参画した評論家たちは、日本人が文字にも絵にも同じ筆を用いて優れた成果をあげていることに、讃嘆の念を[b]ヒョウメイしている。日本の浮世絵に強く[c]ミせられたゴッホが、広重の《名所江戸百景》のなかの「亀戸梅屋舗」を模写したとき、画面の両側に、原画にはない、しかも内容的に広重の絵とは何の関係もない日本の文字を並べたのも、そうすることによっていっそう[1]「日本的」な様相を表現できると思ったからにほかならない

西欧の人々に新鮮な衝撃を与えたこのような絵と文字の［　A　］が、一つにはどちらも同じ筆を使うという用具の［　B　］に基づくものであることは確かだが、それと同時に、それは[2]文字そのものの特性にも由来するものでもある。ゴッホがクロウして写したような日本の文字は（もともと中国からもたらされたものだが）、アルファベットに比べてはるかに複雑多様であり、それだけ造形性に富んでいるからである。漢字は本来絵に親しみやすいものと言ってもよいかもしれない。

漢字の持つこの［　C　］は、日本語を学ぶ多くの外国人に、日本語は難しいと嘆かせる大きな原因となっている。英語なら、日常の読み書きはもとより、シェイクスピアのような文学作品でも、すべてアルファベット二十六文字でこと足りるのに、日本語は何千という漢字を学ばなければならないから、その労力は大変だというわけである。

同じような議論は、明治期以降、日本でもしばしば繰り返されて来た。漢字の習得には多大なエネルギーと時間を[d]費やす必要があるから、漢字を捨てて簡便なアルファベット表記にすべきだというローマ字論は、特に大正期には強く主張された。戦後の漢字制限政策がこの「漢字難解論」につながるものであることは言うまでもない。

［　D　］、[3]漢字と西欧のアルファベットを並べて比較するのは、大きな誤りを含んでいる。アルファベットは単に表音機能しか持っていないが、漢字はさらに表意機能も持っているからである。「山」とか「河」という漢字は、それぞれ音と意味を持った言葉だが、アルファベットは言葉ではない。それが言葉となるためには、単なる表音記号であるものを、［　E　］「mountain」とか「river」という具合に適切なかたちに組み合わせて、意味を与えなければならない。漢字に対応するものはアルファベットではなく、アルファベットから形成された言葉、［　F　］

MEMO

大切なことはメモしておこうネ！

2019年度

解　答　と　解　説

《2019年度の配点は解答欄に掲載してあります。》

＜数学解答＞

1　(1)　$-\frac{1}{5}$　(2)　$-4\sqrt{3}$　(3)　$\frac{4x-y}{6}$　(4)　$4x^2-8xy+13y^2$

2　(1)　正三角形　(2)　200回転　(3)　$y=-\frac{4}{3}x+4$　(4)　$x=1,\ -\frac{1}{3}$　(5)　2(m)
(6)　8.8(km)

3　(1)　$20+10\pi$(cm)　(2)　$90+10\pi$(cm)

4　(1)　BH：FH＝3：2　(2)　EF：BC＝2：3

5　(1)　a^3(cm²)　(2)　(1，1)　(3)　$3\sqrt{3}$(cm²)

6　(1)　−10　(2)　3通り　(3)　$\frac{13}{36}$

○配点○

1　各2点×4　2　(1)　2点　(2)～(6)　各3点×5　3　(1)　3点　(2)　4点

4　(1)　3点　(2)　4点　5　(1)　3点　(2)・(3)　各4点×2

6　(1)・(2)　各3点×2　(3)　4点　計60点

＜数学解説＞

基本　1　（数・式の計算，平方根の計算）

(1)　$-2^2\div12\times(-3)\div(-5)=-4\times\frac{1}{12}\times3\times\frac{1}{5}=-\frac{1}{5}$

(2)　$(2\sqrt{3}+\sqrt{5})(2\sqrt{3}-\sqrt{5})-(2+\sqrt{3})^2=(2\sqrt{3})^2-(\sqrt{5})^2-(4+4\sqrt{3}+3)=12-5-7-4\sqrt{3}=$
$-4\sqrt{3}$

(3)　$\frac{2x-y}{2}-\frac{x-y}{3}=\frac{3(2x-y)-2(x-y)}{6}=\frac{6x-3y-2x+2y}{6}=\frac{4x-y}{6}$

(4)　$(x+2y)^2+3(x-y)(x-3y)=x^2+4xy+4y^2+3(x^2-4xy+3y^2)=x^2+4xy+4y^2+3x^2-12xy+$
$9y^2=4x^2-8xy+13y^2$

基本　2　（平面図形，比例式，一次関数，2次方程式，方程式の応用問題）

(1)　ABの垂直二等分線がCを通ることから，CA＝CB…①　BCの垂直二等分線がAを通ることから，AB＝AC…②　①と②から，AB＝AC＝BCとなるので，△ABCは正三角形である。

(2)　$75x=50\times300$　$x=15000\div75=200$(回転)

(3)　傾きは，$-\frac{4}{3}$，切片は4になるので，求める直線の式は，$y=-\frac{4}{3}x+4$

(4)　$3(3x-1)^2-12=0$　$3(3x-1)^2=12$　$(3x-1)^2=4$　$3x-1=\pm2$　$3x=3,\ -1$　$x=$
$1,\ -\frac{1}{3}$

(5)　$(14-m)(16-m)=168$　$224-30m+m^2=168$　$m^2-30m+56=0$　$(m-2)(m-28)=0$
$m=2,\ 28$　$m<14$から，$m=2$(m)

(6)　AからBまでの道のりを$x$km，BからCまでの道のりを$y$kmとして，時間に関する方程式をたてると，$\frac{x}{4}+\frac{y}{6}=4$　両辺を12倍して，$3x+2y=48$…①　$\frac{x}{6}+\frac{y}{4}=4\frac{10}{60}=4\frac{1}{6}=\frac{25}{6}$　両辺を12倍して，$2x+3y=50$…②　①×3－②×2から，$5x=44$　$x=8.8$(km)

3 (平面図形の計量問題－円の性質)

基本 (1)　$5\times2\times2+2\pi\times5=20+10\pi$(cm)

(2)　$5\times2\times3\times3+2\pi\times5=90+10\pi$(cm)

4 (平面図形の計量問題－平行線と線分の比の定理)

基本 (1)　平行線と線分の比の定理から，BF：HF＝AB：GH＝10：4＝5：2　よって，BH：FH＝(5－2)：2＝3：2

重要 (2)　平行線と線分の比の定理から，EH：EC＝GH：DC＝4：10＝2：5　よって，EH：HC＝2：(5－2)＝2：3　BH：FH＝3：2から，BH＝$3m$，FH＝$2m$，EH：HC＝2：3から，EH：HC＝$2n$：$3n$とおく。EF：BC＝(EH＋HF)：(BH＋HC)＝$(2n+2m):(3m+3n)=2(n+m):3(n+m)=$2：3

5 (図形と関数・グラフの融合問題)

基本 (1)　A$(a,\ a^2)$，B$(-a,\ a^2)$　AB$=a-(-a)=2a$　よって，△OAB$=\frac{1}{2}\times2a\times a^2=a^3$(cm^2)

(2)　OA：AB＝1：$\sqrt{2}$のとき，△OABは直角二等辺三角形になる。OA$=\sqrt{a^2+(a^2)^2}=\sqrt{a^2+a^4}$　$\sqrt{a^2+a^4}:2a=1:\sqrt{2}$から，$(a^2+a^4):4a^2=1:2$　$2a^2+2a^4=4a^2$　$2a^2=2a^4$　$a>0$から，$1=a^2$　$a=1$　よって，A(1，1)

(3)　AP：AO＝1：2のとき，△OABは正三角形になる。$a:\sqrt{a^2+a^4}=1:2$から，$a^2:(a^2+a^4)=1:4$　$a^2+a^4=4a^2$　$a^4=3a^2$　$a>0$から，$a^2=3$　$a=\sqrt{3}$　よって，△OAB$=\frac{1}{2}\times2\sqrt{3}\times3=3\sqrt{3}$(cm^2)

6 (数の性質，場合の数，確率)

基本 (1)　aが最も小さくなるのは，2回とも5が出た場合で，$a=-5-5=-10$

(2)　$a=4$となるサイコロの目の出方は，(1回目の目，2回目の目)＝(1，4)，(2，2)，(4，1)の3通り

重要 (3)　サイコロの目の出方は全部で，6×6＝36(通り)　そのうち，$a\geqq4$となるのは，(2)以外に(1，6)，(2，4)，(2，6)，(4，2)，(4，4)，(4，6)，(6，1)，(6，2)，(6，4)，(6，6)の10通りあるので，求める確率は，$\frac{3+10}{36}=\frac{13}{36}$

★ワンポイントアドバイス★

3 (2)は，外側の円の中心を結んで考える。ひもの長さは，正三角形の周りの長さと一つの円の円周の和になる。

＜英語解答＞

1　問1　D　　問2　B　　問3　C　　問4　D　　問5　C
2　問1　1　A　　2　B　　問2　3　D　　4　C　　問3　5　C　　6　A
3　(1)　D　　(2)　B
4　Q1　①　E　　②　B　　③　D　　④　A　　⑤　C　　Q2　D　　Q3　C　　Q4　A
Q5　B　　Q6　B
5　問1　C　　問2　C　　問3　C　　問4　C　　問5　D　　問6　E
6　問1　D　　問2　D　　問3　C　　問4　C　　問5　D
7　(1)　using smartphones takes up a lot of time without knowing it. Even when we are studying, we feel like using them. It is too easy to spend many hours using smartphones.(31語)
(2)　smartphones are bad for our health. Using smartphones for too long every day does [causes] a lot of damage to our eyes.(21語)
(3)　students use them for many hours. They are very expensive and can break easily, and some people use them when they walk or ride their bike.(26語)

○配点○
1　各2点×5　　2　各2点×3(各完答)　　3　各2点×2
4　Q1～Q5　各1点×9　　Q6　2点　　5　問1・問3～問6　各2点×5　　問2　3点
6　各2点×5　　7　6点　　計60点

＜英語解説＞

1　(語句補充：接続詞・動名詞・関係代名詞・受動態・現在完了)

重要　問1　接続詞 that より前が過去形なので，過去の時制に合わせる。助動詞 would は未来を表す will の過去形。〈visit ＋場所〉で「～を訪れる」。「場所」との間に前置詞 to が必要なのは自動詞 go「行く」である。

問2　直前の without「～がなければ[～なしに]」は前置詞。前置詞の目的語に動詞が来る場合，その動詞は原則として動名詞〈動詞の原形＋ ing〉となる。

やや難　問3「彼女が長い間会いたいと思っている」が gentleman を修飾する，関係代名詞を使った文。先行詞 gentleman は人なので関係代名詞 who を使う。ここでの who は目的格の代名詞 whom の代用。

問4　〈be動詞＋動詞の過去分詞形〉の形で「～される」という意味の受動態になる。move「感動する」の過去分詞形は moved である。

問5　since「～以来」を用いた，「ずっと～している」の意味の現在完了の継続用法の文。〈have [has]＋動詞の過去分詞形〉の形をとる。been は be の過去分詞形。be interested in ～「～に興味を持っている」

2　(語句整序：不定詞・文型・比較)

問1　(He) was kind enough to show me the way(.)「～できるくらい(十分に)…(形容詞／副詞)」は〈形容詞[副詞]＋ enough to ＋動詞の原形〉で表す。show は〈show ＋A＋B〉という文型を作り，「AにBを見せる(教える)」という意味になる。

基本　問2　(New York) is the most exciting city in the world(.)「～の中で一番…だ」という意味になるのは〈(the)＋形容詞[副詞]の最上級＋ in [of]～〉の形の最上級の文。exciting の最上級

は most exciting である。

問3 (I) had a little money to lend you(.) a little「少しの」は数えられない名詞につく。money は数えられない名詞。不定詞〈to ＋動詞の原形〉の文。ここでは「～するための」という意味の形容詞的用法で用いられている。

3 （会話文：文整序）

(1) ③「すみません。何か靴はありますか」→ ④「はい。女性の靴は3階に，男性の靴は5階にあります」→ ②「ありがとう」→ ①「今週は，全ての靴が10%割引です」

(2) ②「僕はもう行かなくてはならないのではないかと思うよ，マリー」→ ④「なぜ。あなたは遅くまで家に帰らなくてよいと私は思ったわ，ジョージ」→ ③「ごめんなさい，僕には明日，数学のテストがあって，まだそのための勉強をしていないんだ」→ ①「あら，では，頑張って」

4 （会話文：語句補充・内容吟味）

（全訳） 次の，店の経営者と彼の店でのアルバイトの仕事を得たい学生との間の会話を読みなさい。それから以下の質問に答えなさい。

学生 ：遅れてごめんなさい，なぜなら…

経営者：知っています。外では大雪が降っています。

学生 ：私の仕事の面接は取りやめられましたか。

経営者：いいえ。予定通りあなたに面接をしますよ。

～数分後～

経営者：今日は来てくれてありがとうございます。面接には数分しか b かかりません。

学生 ：私にたくさんの質問をする予定ですか。私のこの前の仕事には面接がなかったのです。

経営者：心配しないで，私はいくつかの質問だけをするつもりです。

学生 ：ありがとうございます。

経営者：面接を始めましょう。あなたはいつ働くことができますか。

学生 ：月曜日から土曜日 c まで，私の授業は5時に終わるので，私はそれらの日には5時30分までにここへ来ることができます。

経営者：①あなたは10時位までいるのは構いませんか。

学生 ：はい，でも私は私のテストのために勉強しなくてはならないので，週に2，3日の夜にだけ働くことができます。

経営者：②それは差し支えありません。あなたはどんな経験をしていますか。

学生 ：そうですね，私のこの前の d 仕事は小さなカフェで働くことでしたので，私は人々の役に立てることに慣れています。

経営者：良いですね。それでは，あなたは人々に対応する方法を知っていますね。③それは役に立ちます。

学生 ：実を言えば，大学で心理学を勉強しているので，人々がどのように感じるかを理解することが，私は得意なのです。過去に，私はそのカフェで何人かの難しい客に当たったことがあり，それらの経験を通して，彼らに対応する方法を学んでいます。

経営者：本当ですか。④例を挙げてくれますか。

学生 ：そうですね，前に，必要以上に長く待たされた男性が怒りました。私はその人を落ち着かせることができました。

経営者：それは良さそうです。⑤結構です，今日はこれで終わりです。向こう2，3日以内にあなたに電話します。

Q1 「①から⑤の空欄を満たす最も良い文を選びなさい」 全訳参照。

Q2 「空欄aに入れる最も良い語を選びなさい」 thank you for ～「～してくれてありがとう」
Q3 「空欄bに入れる最も良い語を選びなさい」 take「(時間が)かかる」
Q4 「空欄cに入れる最も良い語を選びなさい」 from ～ to …「～から…まで」
Q5 「空欄dに入れる最も良い語を選びなさい」 A. 「先生」(×) B. 「仕事」(○) 空欄dの直後に「小さなカフェで働くこと」とある。 C. 「望み」(×) D. 「面接」(×)
Q6 「会話を読んだ後で，どの文が一致しているか」 A. 「学生は面接でたくさんの質問をされた」(×) 経営者の4番目の発言参照。いくつかの質問だけである。 B. 「学生は彼の授業が5時に終わった後，5時30分までに店に着くことができる」(○) 学生の5番目の発言参照。 C. 「学生は，彼は1週間に4日だけ働くべきだと考える」(×) 学生の6番目の発言参照。2，3日である。 D. 「経営者は1週間後に学生に電話する予定だ」(×) 経営者の最後の発言最終文参照。2，3日以内である。

5 (長文読解・伝記：内容吟味・指示語)

(全訳) ローザはモンゴメリーから遠くない，アラバマのタスキーギで，①1913年2月4日に生まれた。そのとき，彼女の名前はローザ・マコーリだった。彼女の両親はジェイムズとレオナ・マコーリだった。マコーリさんは大工だった。マコーリ夫人はかつて教師だった。

ローザがまだとても小さかったとき，彼女の家族はモンゴメリーの外れの小さな農園へ引っ越した。そこで，彼女は彼女の母と彼女の祖父母，彼女の弟のシルヴェスターと一緒に暮らした。彼女の父は別の都市へ引っ越してしまった。

ローザは女子のためのモンゴメリー実業学校へ通った。彼女は読書が好きなとても小さな少女だった。彼女のお気に入りの授業の1つは編み物で，そしてそこで彼女はエプロンやハンカチ，彼女自身のための縫いやすい衣服を作った。

アラバマのモンゴメリーや南部中には，クー・クラックス・クランと呼ばれる白人男性のグループがあった。時には，彼らはKKKと呼ばれた。これらの男性は卑怯者だった。彼らは，彼らの顔を隠すために彼らの頭に白い覆面をかぶり，彼らの体の周りをシーツで巻いた。彼らは黒人に奴隷になってほしかった。それで，彼らは黒人の家や学校に火をつけたものだ。彼らは人々を彼らの家から引きずり，彼らを殺しもしたものだ。

夜にときどき，ローザは寝なかったものだ。今すぐにもKKKが彼女の家に押し入り，家族中をぶちのめしたり殺したりするかもしれない，と彼女は考えた。それで，彼女は彼女の祖父と耳を傾けて待ちながら，寝ずに起きていた。そして彼は近くに彼のショットガンを常時置いていた。KKKは1度も来なかったが，ローザは幾晩も目が覚めたままであった。

アラバマでは黒人には他の問題もあった。②彼らが従わねばならなかった特別な規則があった。ローザはこれらの規則が全く好きではなかった。彼女は特別な公共の水飲み場の外で飲まなくてはならないのが好きではなかった。しかし，③いくつかは白人専用だった。彼女は，ほとんどの黒人の子どもたちが通った，古くて生徒がぎっしりと詰め込まれた学校が好きではなく，ところが一方，白人の子どもたちは新しい学校へ通った。

そして，ローザは，彼女が町の繁華街の店の食品売り場で，食べたり飲んだりすることができない，と気付いたとき，彼女はそれも好きではなかった。

ある日，彼女と彼女のいとこのアニー・メイ・ウィリアムソンは買い物をしていた。彼女たちはのどが乾いて，日用雑貨店へ入った。アニー・メイはソーダを頼んだ。

白人の女性店員は「私はあなたにアイスクリームコーンを売りましょう」と言った。

女性店員は，④彼女は外でコーンを食べることができ，売り場で座らなくていいだろう，と言おうとしたのであった。しかし，アニー・メイは理解しなかった。彼女は3回ソーダを頼んだ。それから，女性店員は上半身を乗り出して「有色人種にはソーダを売りません」とつぶやいた。

「ねえ，なぜあなたは初めから私にそれを言わないの」アニー・メイは，彼女とローザが去ったとき，怒って尋ねた。

エロイーズ・グリーンフィールド『私は立ちません。ローザ・パークスの物語』

重要 問1　年月日を言うとき，日は序数で表し，年号は2桁ずつに分けて読む。ここでは1913年だから19の nineteen と13の thirteen に分ける。

問2　「彼らが従わねばならなかった特別な規則」については，第6段落と第7段落に記述がある。したがって，本文の内容と一致しても第6段落・第7段落の内容でなければ該当しない。　1.「黒人はアラバマへ引っ越さなければならなかった」(×)　そのような記述はない。　2.「KKKは黒人の家に押し入るかもしれなかった」(×)　第5段落第2文参照。　3.「黒人は公共の水飲み場の外で飲まなくてはならなかった」(○)　第6段落第4文参照。　4.「店員は黒人にはアイスクリームコーンを売る必要はなかった」(×)　そのような記述はない。　5.「黒人の子どもたちは生徒がぎっしりと詰め込まれた学校へ行かなくてはならなかった」(○)　第6段落第6文参照。
6.「黒人は町の繁華街の店の食品売り場で，食べたり飲んだりすることができなかった」(○)　第7段落参照。　7.「店員は黒人の子供たちにカウンターで座るように言わなくてはならなかった」(×)　そのような記述はない。　8.「KKKは白い衣服を着なくてはならなかった」(×)　第4段落第4文参照。　9.「黒人には問題がなければならなかった」(×)　第6段落第1文参照。なければならない，という記述はない。

問3　some は「いくつかの」「いくらかの」の意味。ここでは some の直後に were が使われていることから数えられる複数形の名詞が some の後ろに省略されていると考えられる。ここでは直前の1文にある water fountains である。

問4　白人の女性店員が「アイスクリームコーンを売りましょう」と言った「あなた」(第9段落)とは，「ソーダを頼んだ」「アニー・メイ」(第8段落最終文)のことである。したがって，「コーンを食べること」になるのは「アニー・メイ」である。

問5　「問：なぜKKKは黒人の家や学校に火をつけたのか」　A.「これは，彼らは頭に白い覆面を被っていたからだった」(×)　B.「これは，彼らが彼らの顔を隠したかったからだ」(×)
C.「これは，彼らが黒人を殺したかったからだ」(×)　D.「これは，彼らが黒人に奴隷になってほしかったからだ」(○)　第4段落第5文・第6文参照。

問6　A.「ローザの家族はモンゴメリーの外れの小さな農園に引っ越さなければならなかった」(×)　第2段落第1文参照。引っ越さなければならない，という記述はない。　B.「KKKは黒人に親切だった」(×)　第4段落参照。奴隷にしたかったのである。　C.「ある晩，KKKはローザの家に押し入り，彼女の父を殺した」(×)　第5段落最終文参照。1度も来なかったのである。
D.「ローザとメイはソーダを買うことができた」(×)　第10段落第4文参照。店員は有色人種にはソーダを売らなかったのである。　E.「女性店員が，有色人種にはソーダを売らない，と言うのを聞いたときメイは怒った」(○)　最終段落最終文参照。

6　**(長文読解・論説文：内容吟味・語句整序・語句補充・語句解釈)**

(全訳)　イギリスと日本の教育について私が言いたい最初のことは，多くの点でそれらはとても似ているということだ。私たちにはわくわくさせるような先生と，生徒を退屈させる先生，制服，宿題，私たちが心配する試験がある…ちょうど日本でのように。いくつかの点で，イギリスでの私の学生時代は日本でのあなたの学生生活にとても似ていた。

そしていくつかの点で，①それらはとても異なっていた。

ご存知のように，②多くのイギリスの人々は，「自らの学生時代が人生で最も幸せな時代であった」と言っている。彼らが彼らに起こった悪いことを全て忘れてしまって，もっぱら良いことだけを思い出すからである。

私の学生時代はいつも幸せなわけではなかった。私はとてもよくごたごたを起こし，時には，その課題は決して終わらないだろう，と私は思った。私が全く幸せであった唯一の時は，私が小学校にいた無邪気な時代の間だった。私は小学校では素晴らしい時を過ごした。実際は，私が苦々しく感じた時を，私はもっぱら思い出すことができるだけである。

それは，私の家族と一緒に夕食をとるために私が放課後に家へ歩いたある日に起こった。しかし，私の家族は家にいなかった。そこには誰もいなかった。扉は鍵がかけられていた。私はどうしたらよいかわからなかった。私はとてもさみしく感じた。私は扉の前に座って泣き始めた。

1時間後，私の祖母が家に帰ってきた。「トミー，あなたはここで何をしているの」と彼女は私に尋ねた。彼女は私を見てとても驚いた。

おわかりでしょうが，学校が終わった後に家へ帰ったと私は思ったが，私は間違えたのだ。私は昼休みに，4時間も早すぎて家に帰ったのだ。私はそのような子どもだった。愚かだ。私の祖母は私を学校へ連れ戻し，先生にすみませんと謝った。先生は笑った。「彼は本当に物忘れの大先生ですよ」と彼女は言った。なんて良い先生だろう。

トム・ジル『素晴らしいイギリスの冗談』

問1　A.「イギリスと日本」(×)　B.「イギリスの先生と日本の先生」(×)　C.「イギリスの教育と日本の制服」(×)　D.「イギリスでの私の学生時代と日本でのあなたの学生時代」(○)　第1段落最終文参照。they は複数の3人称の名詞を指す代名詞。ここでは直前の1文の my schooldays in Britain と your schooldays in Japan を指している。

問2　A.「だから彼らはいつも幸せと言うわけではなかった」(×)　B.「これは，イギリスと日本の教育がとても似ているからだ」(×)　C.「なぜなら彼らは彼らの学生時代に素晴らしい時を過ごしたからだ」(×)　D.「これは，彼らが良い思い出を覚えていて，悪い思い出を全て忘れたからだ」(○)　第3段落第2文参照。

問3　A.「それは筆者の幸せな日々について私たちに述べる」(×)　B.「それは彼の人生の唯一の悪い時代を示す」(×)　C.「それは筆者が小学校で苦々しく感じた唯一の時を示す」(○)　第4段落最終文参照。　D.「それは筆者が幸せを感じたときを示す」(×)

問4「筆者は，イギリスと日本 Ⅰ 両方の教育は多くの点でとても似ている，と言う。彼の小学校時代に，彼はもっぱら1つの苦々しい Ⅱ 体験だけをした」　Ⅰ　both A and B「AとBの両方」　Ⅱ　experience「体験」

問5　A.「筆者の小学校時代は苦々しかった」(×)　第4段落参照第3文参照。素晴らしい時を過ごしたのである。　B.「彼の小学校時代に筆者は早く家へ帰り，彼の祖母に彼と一緒に遊ぶように頼んだ」(×)　祖母と一緒に遊ぶ，という記述はない。　C.「彼の小学校の先生は，筆者にたくさんの宿題を与えた」(×)「課題」(第4段落第2文)とは，直前にある「ごたごた」のことで，宿題のことではない。　D.「筆者は家へ帰るのが早すぎて，彼の祖母によって学校へ連れ戻された」(○)　最終段落第2文～第5文参照。

やや難　7　(自由英作文)

(全訳)　次の文を読んで，20かそれより多い語で英語で質問に答えなさい。

多くの人々がスマートフォンを持ってそれらを使うことを楽しむ。しかしながら，スマートフォンを好きではない人々もいる。

質問：スマートフォンを好きではない人を，あなたはどう思うか。

「スマートフォンを好きではない人々もいる，なぜなら…」の後にあなたの答えを書きなさい。

自由英作文を書くときは，日本語で考えた文章を英訳することは避けた方が良い。教科書などで習った文や文法で構成できる内容を考えるとミスのない文章を作ることができる。

（解答例）（1）「(なぜなら)スマートフォンを使うことはそれに気づくことなくたくさんの時間をとる(からだ)。私たちは勉強しているときでさえ，それらを使いたい気がする。スマートフォンを使ってたくさんの時間を過ごすことは簡単すぎる」

（2）「(なぜなら)スマートフォンは私たちの健康に悪い(からだ)。毎日，長すぎる時間スマートフォンを使うことは私たちの目に多くの損害を与える[引き起こす]」

（3）「(なぜなら)生徒たちは長い時間それらを使う(からだ)。それらはとても高価で，簡単に壊れるし，彼らが歩いたり自転車に乗ったりするときにそれらを使う人々もいる」

★ワンポイントアドバイス★

長文を読むときは，国語の読解問題を解く要領で指示語などの指す内容や，話の展開に注意するように心がけよう。

＜理科解答＞

1　問1　50 cm/s　問2　AB間　エ　BC間　ア　問3　右図

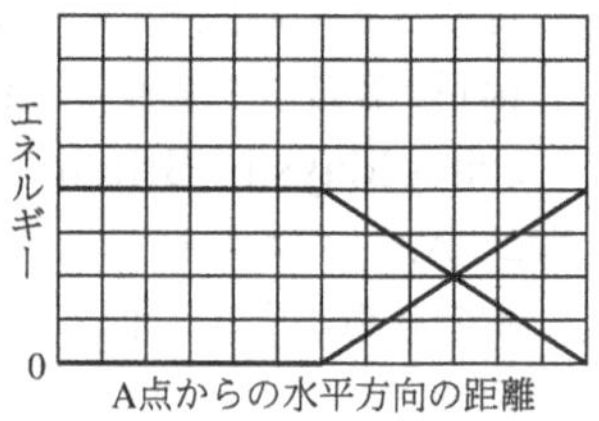

2　問1　a　溶質　b　溶媒　問2　薬品によっては大量に摂取すると危険な物質もあるため　問3　Ⓐ　HCl　Ⓑ　NaCl　Ⓓ　NH_3　問4　$Fe + 2HCl \rightarrow FeCl_2 + H_2$　問5　ウ，エ

3　問1　根毛　問2　維管束　問3　ア　問4　ア

4　問1　エ　問2　イ　問3　ア　問4　イ　問5　a　7　b　マグニチュード　c　1000

5　問1　17m/s　問2　0.4秒　問3　0.3秒　問4　1.9秒間　問5　1200Hz

6　問1　(1)　ア　(2)　ア　問2　8：3　問3　0.4g　問4　エ

7　問1　ウ　問2　ア　問3　ア　問4　ウ　問5　オ

8　問1　貝柱を貝殻から切り取る　問2　ウ，エ　問3　a　外とう膜　b　えら　c　足　問4　肺

○配点○

1　各2点×3(問2は完答)　2　問1・問4　各2点×2(問1は完答)　他　各1点×5

3　問1　1点　他　各2点×3　4　問3　2点　他　各1点×6　5　問2　1点　他　各2点×4　6　問1・問4　各1点×2(問1は完答)　他　各2点×2

7　問2・問5　各2点×2　他　各1点×3　8　問2・問4　各2点×2　他　各1点×4

計60点

＜理科解説＞

1　(運動とエネルギー－台車の運動)

基本　問1　AB間の距離が75cmでこれを1.5秒で通過するので，台車の速度は75÷1.5＝50(cm/s)である。

重要　問2　台車はAB間を等速直線運動するので，この間に台車にかかる力は0である。BC間では等加速度直線運動をするので，台車にかかる力の大きさは一定である。

問3　運動エネルギーと位置エネルギーの合計を力学的エネルギーといい，その和は一定に保たれる。AB間では高さの変化がなく，位置エネルギーは0のままで運動エネルギーの大きさも一定である。斜面を登り始めると，位置エネルギーが増加しそれに伴って運動エネルギーが減少する。

2　（溶液とその性質―水溶液の分別）

基本　問1　溶液に溶けている物質を溶質，これを溶かしている液体を溶媒という。

問2　試験管に鼻を近づけて直接においをかぐと，大量の気体を吸い込む危険がある。その気体が有毒な気体であれば危険である。

重要　問3　ⒶとⒹは刺激臭があるので，アンモニア水か塩酸のいずれかである。ⒹとⒺがフェノールフタレインで赤くなったのでアルカリ性の溶液で，アンモニア水か水酸化ナトリウム水溶液である。これより，Ⓓがアンモニア水，Ⓐが塩酸，Ⓔが水酸化ナトリウム水溶液とわかる。また，Ⓑ，Ⓒはスチールウールを溶かさず，Ⓑは電流を流すがⒸは流さないのでⒷが食塩水，Ⓒが砂糖水とわかる。化学式で表すとⒶがHCl，Ⓑが$NaCl$，ⒹがNH_3となる。

重要　問4　鉄と塩酸が反応すると，水素が発生して溶ける。このときの化学反応式は，$Fe+2HCl \rightarrow FeCl_2+H_2$である。

問5　水溶液中でイオンに分かれるものは電流を流す。塩化銅とレモン果汁では，水溶液中でイオンが生じるので電流が流れる。

3　（植物の体のしくみ―維管束）

問1　根の先端付近には，根毛と呼ばれる無数の細かい毛がはえている。根毛は小さな土の間に入り込み，わずかな水分や水に溶け込んでいる無機養分を吸収する。

基本　問2　師管と道管を合わせたものが維管束と呼ばれる。

重要　問3　双子葉植物では，維管束は形成層のまわりに放射状に位置するが，ススキなどの単子葉植物では形成層がなく維管束は散在する。

問4　葉に見られる維管束では，道管が表側に向いている。

4　（大地の動き・地震―火山と地震）

問1　乳鉢で細かくすりつぶすと，火山灰に含まれる鉱物の粒子が壊れてしまう。

問2　およそ2000万年前から海嶺ができ始めた。この時期は，恐竜の全盛期であった。

問3　日本付近ではプレートが沈み込み，境界面付近では陸側のプレートが引きずりに耐えられなくなり，跳ね上げられて起こる地震が生じる。一方，海側のプレートが沈み込み，プレート内部でひずみが生じて起きる地震は境界面より西側で生じる。

問4　緊急地震速報は，P波からS波までの到達時間と地震波の振幅から地震の規模を推定し，各所の地震の震度を予測するシステムである。

問5　a　震度の階級は0，1，2，3，4，5弱，5強，6弱，6強，7の10段階に分けられている。

b　地震のエネルギーの単位は，マグニチュードである。　c　マグニチュードが1大きくなると，地震のエネルギーは約32倍大きくなる。2大きくなると1000倍の大きさになる。

5　（光と音の性質―音の伝わり方）

基本　問1　時速61.2kmは，秒速に直すと，61200÷3600＝17(m/s)になる。

問2　音を鳴らしはじめた時の電車と健児さんの距離は136mであり，音の伝わる速度が340m/sなので，かかる時間は136÷340＝0.40(秒)である。

問3　電車が警笛を鳴らし終えるまでに17×2＝34(m)移動している。健児さんまでの距離は136−34＝102(m)であり，警笛が伝わるのにかかる時間は102÷340＝0.30(秒)である。

重要　問4　最初の音が伝わるのに0.4秒かかり，2秒後の音が伝わるのに0.3秒かかる。この差の0.1秒だけ健児さんが音を聞く時間が短くなる。よって2－0.1＝1.9(秒)間音を聞く。

問5　1秒間に空気が振動する回数を振動数という。1.9秒間に2280回振動するので，振動数は2280÷1.9＝1200(Hz)である。

6　(化学変化と質量―金属の燃焼と酸化物の質量)

基本　問1　ガスバーナーのAが空気調整つまみ，Bがガス調節つまみである。炎の色がオレンジ色なので，空気が足りない。それでAをa(反時計回り)の方向に回して空気の量を増やす。

重要　問2　グラフより，金属の質量が1.2gのとき銅の酸化物の質量は1.5g，マグネシウムの酸化物は2.0gである。銅の酸化物中の酸素の質量は1.5－1.2＝0.3(g)，マグネシウムの酸化物中の酸素の質量は2.0－1.2＝0.8(g)である。一定量の酸素と化合する銅とマグネシウムの質量の比は，Cu：Mg＝$\frac{1.2}{0.3}:\frac{1.2}{0.8}=8:3$となる。

問3　酸化された銅の質量をx(g)とすると，グラフより1.2gの銅から1.5gの酸化銅ができ，質量は1.5÷1.2＝$\frac{5}{4}$＝1.25(倍)になる。よって，燃焼後の混合物の質量は，$1.25x+(2.4-x)=2.9$　$x=2.0$(g)　酸化されなかった銅の質量は，2.4－2.0＝0.4(g)である。

問4　銅と結合した酸素を奪い取る物質を選ぶ。炭素は酸化銅から酸素を奪い，二酸化炭素になる。

7　(地球と太陽系―太陽の観察)

問1　天体望遠鏡で太陽を観察するとき，遮光版に映る天体望遠鏡の影が最も小さく丸くなるように天体望遠鏡を動かすと正面に太陽をとらえることができる。決してファインダーや接眼レンズで太陽を直視してはいけない。光が強く危険である。

問2　望遠鏡や顕微鏡で見える像は，実像と上下左右が逆になっている。これは，対物レンズでできる像が上下左右が逆の像であり，接眼レンズで見える像はその虚像なので，上下左右が逆のまま見えるためである。ところが投影板に移る像は，対物レンズでできた像を再度接眼レンズで逆にするため，実像と同じ向きに見える。図2で右手が東で，左手側が西になるのは投影板を太陽の方向から見ているためである。地球の自転方向が西から東なので，太陽の移動方向は図のAの東から西になる。また，太陽の自転方向は地球から見て東から西方向なので，黒点の移動もaの方向になる。

問3　太陽が異動するように見えるのは地球の自転による。

問4　太陽の自転周期は25日であり，7日間で(360÷25)×7≒101(度)東から西へ移動する。

問5　水星，金星，地球，火星の地球型惑星は平均密度が大きく，木星，土星，天王星，海王星の木星型惑星は平均密度が小さい。

8　(動物の体のしくみ―アサリの体のつくり)

問1　貝柱を貝殻から切り取ると殻が離れる。

問2　アサリは無脊椎動物の軟体動物に分類される。タコも軟体動物である。空気はえらから取り入れている。

問3　aは外とう膜であり，体を保護する役目がある。bはえら，cは足である。

問4　カタツムリはアサリと同じ軟体動物だが，肺呼吸を行う。

★ワンポイントアドバイス★

全分野において，総合問題の形で出題されている。理科全般の幅広い知識が求められる問題である。

＜社会解答＞

1 問1 エ　問2 （都道府県） 宮城（県）　（記号） E　問3 イ　問4 イ
問5 エ　問6 （1） エ　（2） 信教の自由　問7 エ　問8 エ
問9 （1） マスメディア[マスコミ]　（2） メディア[情報]リテラシー
問10 （1） コロンブス　（2） AU[アフリカ連合]　（3） 華人[華僑]

2 問1 イ　問2 北アメリカ　問3 エ　問4 （区分） 地中海性気候　（記号） ウ
問5 2／18 21:45

3 問1 エ　問2 排他的経済水域　問3 栽培漁業

4 問1 エ　問2 イ　問3 X 若狭湾　（地形） リアス海岸　問4 イ

5 問1 a F　b A　c G　d D　問2 ウ　問3 （1） き　（国名） 高句麗
（2） え　（国名） 宋　問4 エ　問5 ウ　問6 （1） 執権　（2） 後鳥羽上皇
問7 （1） 五箇条の誓文　（2） 版籍奉還　問8 エ　問9 （1） 吉田茂
（2） サンフランシスコ

6 問1 （1） ウ　（2） 逆進性　問2 カンボジア　問3 小選挙区比例代表並立制
問4 （A） ア　（B） オ　問5 エ　問6 郵政[郵便局]　問7 （A） オ
（B） イ　（C） ア　問8 生活保護法　問9 （A） パレスチナ　（B） ロシア

○配点○

1 各1点×15　2 問5 2点　他 各1点×5　3 各1点×3　4 各1点×5
5 各1点×15（問8・問9は各完答）　6 問3 2点　他 各1点×13　計60点

＜社会解説＞

1 （総合問題―三分野の総合問題）

やや難 問1 エ 蔣介石は孫文の国民党で活躍し共産党との国共合作の下で北方軍閥を征討する北伐を進めるが，孫文の死後，国民党のみの政権を樹立し共産党を排除，弾圧した。アは袁世凱，イは孫文，ウは張作霖。

問2 仙台藩は伊達政宗が初代藩主で現在の宮城県と岩手県南部，福島県北部も含む範囲を支配していた。

問3 1877年の西南戦争をおこしたのは西郷隆盛。1873年に征韓論で大久保利通らと対立し政府から離れていた。

問4 札幌の地名のいわれには他の説もあるようだが，一般には札幌を流れる豊平川の流量が季節によっては極端に減ることから，豊平川の流域の札幌市の辺りをそのように呼ぶようになったとされる。

問5 エ 自由民権運動は1873年に西郷とともに征韓論をめぐり政府から離脱した板垣退助らが，言論で当時の政府の藩閥政治を批判し，議会開設，憲法制定などを求めた運動。

やや難 問6 （1） ア 豚肉を禁止しているのはイスラム教。 イ コーランはイスラム教の経典。 ウ キリスト教徒は十字架を持つことはあるが，死者に供えることはしない。 （2） 「信教の自由」自由権の中の精神の自由に当てはまる。

問7 パキスタンで人権問題を訴えて銃撃されたものの一命をとりとめ，その後も活躍しているのはマララ・ユスフザイ。アウン・サン・スー・チーはミャンマーの政治家，ワンガリ・マータイはケニアの女性環境活動家，政治家。テリーザ・メイはイギリスの2016年から2019年にかけて首相を務めた人物。メイ以外はいずれもノーベル平和賞受賞者。

問8　エ　日本の関税自主権回復を1911年に達成したのは小村寿太郎。

問9　(1)　一般大衆に情報を伝え，広めるのがマスコミュニケーションで，その情報を伝える媒体がマスメディア。新聞，雑誌，テレビ，ラジオや現代ではインターネットがその役割を担っている。　(2)　マスコミュニケーションの中で伝わってくる情報を，そのメディアの性格などを理解して，情報の信ぴょう性などを自分で判断し情報を活用する力がメディアリテラシー。

重要　問10　(1)　スペインの援助を受けて大西洋を横断し，インドへ至る航路を切り開こうとしたのがコロンブス。コロンブスは大西洋を渡り到達した場所をインドと勘違いしたことで北アメリカ大陸の東側にある島々が西インド諸島となってしまい，アメリカ大陸にいる先住民がインディアンとかインディオと呼ばれるようになった。　(2)　アフリカ大陸で地域連携を図り，この地の安定を目指すのがアフリカ連合(AU)。　(3)　中国からの移民が華人もしくは華僑。一時的に中国を出て外国にいて，その地の国籍を取得していないのが華僑で，その地の国籍を取得しているのは華人とされる。

2　(地理―国連のマークに関連する世界地理の問題)

問1　オーストラリア大陸を通っている緯線は選択肢の中では南緯30度。オーストラリア大陸の東西方向の横のほぼ中央は南回帰線，南北方向の縦のほぼ中央は東経135度線。

問2　北米大陸にあるアメリカ合衆国の東海岸のあたりがほぼ西経75度，西海岸のあたりが西経120になり，中央付近のミシシッピ川の河口付近が西経90度になる。

問3　国連のマークに使われているのが北極点を中心に描いた正距方位図法で，正距方位図法は図の中心と任意のもう一点とを結んだ直線が中心からの最短距離と方位とを示す。正距方位図法の場合，まったく省略がないとすると，図の一番外側の円が図の中心から見ての地球の反対側の地点となる。

重要　問4　オリーブやブドウ，かんきつ類などの果樹栽培が盛んなのは地中海性気候の地域。夏の高温で乾燥する気候が普通の草のような農作物では耐えられないので根を深く張る果樹の栽培がおこなわれている。地中海性気候は年間を通じて温暖で，夏期の降水量は非常に少なく，冬期に雨が降るのが特徴なので，グラフではウのパースのものが該当する。地中海性気候は地中海沿岸地域の他，北アメリカのカリフォルニアの辺り，南米のチリの沿岸部，アフリカ大陸の南端部，パースがあるオーストラリア大陸の南端部にみられる。一般的に目にする地中海地域のグラフと同じような形に見えるのはカルフォルニアのものだけで，他は南半球なので6か月ずれていることに注意が必要。グラフのアは西岸海洋性気候，イは温暖湿潤気候，エはサバナ気候になる。

問5　時差の問題。東経135度と西経75度の地点との時差は(135＋75)÷15で14時間になる。太陽は東から登るので，日付変更線のすぐ西側の東経側の経度の高い地が一番早く日付が変わり，日付変更線の東側の西経側の経度の高い地が一番遅く日付が変わるので，この場合には日本の方がアメリカよりも先に時間が進んでいると考えられるので，日本の時間から14時間戻したのがニューヨークの時間となるので，2月18日の21時(午後9時)45分となる。

3　(地理―領土領海に関する問題)

問1　主権が及ぶ範囲は領海，領土，領空なのでエ。

問2　Cは排他的経済水域で，海岸線から200海里沖までの地域で海岸線から12海里までの領海以外の場所を指す。1海里は赤道周囲の経度差で1分の長さになるので40000÷360÷60で約1.8キロメートル。

問3　栽培漁業は魚の卵をふ化させてある程度大きくなった稚魚を自然界に放流するもの。放流した魚が獲れるということはほとんどないが，放流した稚魚が他の魚の餌などにもなるので，自然界の水産資源全体を増やす効果は期待できる。

4 （日本の地理―中部地方に関連する問題）

問1　エ　長野県と岐阜県，富山県の県境付近に広がるのが飛騨山脈で北アルプスと呼ばれ，長野県の南部にあるのが木曽山脈で中央アルプス，長野県と山梨県，静岡県の県境付近に広がるのが赤石山脈で南アルプス。日本の3000m以上の山々はこれらの山脈のものをのぞけば富士山のみ。アルプスの名称は明治期に日本に来たイギリスの宣教師のウェストンが呼んだことでつけられた。イギリスの山々は日本のものと比べると低いのでイギリス人には非常に高い山に見えたのでこう呼ばれた。

重要　問2　イ　イタイイタイ病の原因となったカドミウムは重金属と呼ばれるもので，大気汚染の原因にはならない。鉱山からでた水が川などに流れ込み，その中のカドミウムが稲や川魚などに蓄積され，それを食べた人間の体内に高濃度のカドミウムが蓄積されて神経などを侵したのがイタイイタイ病。

問3　若狭湾や岩手の三陸海岸，三重県の志摩半島周辺など日本の各地にみられる複雑な海岸地形はリアス海岸。リアス式海岸は山が沈降して山の表面の谷や尾根などの凹凸がつくる地形で，スペインの西部にあるリアスバハ海岸が名前のいわれのもと。

問4　イ　グラフの読み取り問題。Bの文章が誤り。フランスは原子力への依存度が極めて高い国であるのは事実だが，化石燃料による発電がないわけでもないので誤り。

5 （日本の歴史―日本の様々な時代に関連する問題）

問1　a. の史料は1428年の正長の土一揆のものなのでFの時期。b. は魏志倭人伝の中のものなのでAの時期。c. は与謝野晶子が日露戦争の際に発表したものなのでGの時期。d. は藤原道長が詠んだ歌のものなのでDの時期。

やや難　問2　ウ　Xの江戸時代に該当しないものを選ぶ。ウは鎌倉時代の一遍上人絵伝にあるもので，当時の市の様子を描いたもの。アは江戸時代の船絵馬と呼ばれるもので，絵の左に寛永(1624～43)という元号がみられる。イは江戸時代の打ちこわしの様子を描いたもの。エは江戸時代の浮世絵。

やや難　問3　(1)　高句麗は紀元前1世紀から7世紀ごろまで朝鮮半島北部および中国の東北部を支配した国。好太王は高句麗の最盛期の4世紀末から5世紀初頭の王。4世紀末に倭が朝鮮半島に進出し，高句麗と戦ったということの記念碑が鴨緑江の畔にある。　(2)　中国の歴史に出てくる宋という王朝は二つあるので注意が必要。こちらの宋は10世紀に唐が滅びた後の混乱状態の中ででき，統一したもの。この宋は12世紀に女真族の金によって南に追われ，日本の平清盛の日宋貿易は南に逃れた宋との貿易になる。もう一つの宋は古代の中国で隋王朝ができる前の南北朝時代の南朝の宋で，この宋へ日本からワカタケル王が使いを派遣している。

問4　ア　須恵器や土師器などが普及するのは弥生文化の時代よりは後の古墳文化の時代。

イ　この内容は縄文文化のもの。　ウ　この内容は弥生文化よりは後の古墳文化のもの。

問5　イ　663年の白村江の戦い→エ　668年→ウ　672年の壬申の乱→ア　701年の大宝律令の順。

問6　(1)　執権は鎌倉幕府の侍所の別当(長官)と政所の別当を兼ねるもの。北条氏が代々その地位を占めるようになった。　(2)　1221年の承久の乱を起こしたのが後鳥羽上皇。三代将軍源実朝が殺害されたことで，源氏の直系のいない幕府の存在を否定し二代目執権の北条義時を征討することを武士たちに呼びかけたが，逆に幕府方の軍勢が京に攻め上り上皇方の軍勢を破ってしまった。

問7　(1)　五箇条の御誓文は1868年に明治天皇が神に誓う形式で近代国家を樹立することを宣言したもの。多分に諸外国を意識した内容のもので，一般民衆向けにこの後に出された五榜の掲示とは内容が異なる。　(2)　1869年の版籍奉還では，諸大名に形式的に支配下の土地(版)と人民(籍)を天皇に差し出させ，大名たちはそのまま知藩事としてそこの支配を続けさせるというもの。この後の1871年に行われる廃藩置県で知藩事に代わり国から府知事や県令を送り込むことで，完全に幕藩体制を終わらせ中央集権化を図った。

問8　第一次世界大戦は1914年から1918年にかけて起こったもの。この期間の写真はエで1917年のロシア革命のもの。アは明治初頭の岩倉使節団のもの，イは1960年の日米安全保障条約改定に反対するデモ行進のもの，ウは第二次世界大戦終了後に日本の統治に来たマッカーサーと昭和天皇の記念撮影。

問9　(1)　吉田茂は1946年5月に第一次吉田内閣を組閣したものの，1947年の総選挙で社会党に自由党が破れ退陣した。その後，1948年10月に再び首相に返り咲き，途中で内閣改造を行いながら，1954年11月まで首相を務めた。　(2)　1951年にアメリカの主催でサンフランシスコで日本と連合国の国々との間の平和条約を結ぶ会議が開かれ，そこで連合国51カ国中の48カ国と日本は平和条約を締結した。

6　**(公民一平成以降の歴代内閣の政治に関する問題)**

問1　(1)　ウ　消費税が税率8％になったのは2014年で安倍政権の時代なので誤り。　(2)　所得に対する税負担が所得の低い人ほど高くなるのは逆進性。これを所得に応じて税率を上げて税負担が所得の高低にかかわらず公平になるようにする目的で設定されているのが所得税の累進課税制度。

問2　1992年に自衛隊が初めてPKOで派遣されたのはカンボジア。湾岸戦争の際に自衛隊派遣のPKO派遣法が国会で審議されたが，湾岸戦争には間に合わなかった。

問3　現在の衆議院選挙で採用されている制度が小選挙区比例代表並立制。小選挙区と比例の両方に立候補することが可能で，小選挙区で落選した候補者でも，比例の方で政党の名簿の上位に名前があれば当選することもある。

重要　問4　(A)　日銀と一般の銀行との間で国債を売り買いすることで，銀行の資金量を調節するのが公開市場操作。不景気時には日銀が一般の銀行の国債を買い上げれば，銀行が動かせる資金量は増え，貸し出しが増えて景気へ刺激を与えることが期待される。　(B)　一般の銀行に対しての資金の貸し付けや預金の受け入れといった金融を日銀がやっているのが「銀行の銀行」とされるところ。

問5　i　知る権利は自分に関係する情報を知る権利であり，行政機関の持つ情報で自分にとって必要なものを知ることを可能にしているのが情報公開法。　ii　自己決定権は自分に関することは自分が決められるというもの。この権利に関連するのが臓器移植法。最終的に自分が死ぬ場合に，死後にその臓器を必要とする人への移植に使うことを認めるもので，この手続きをした人はドナーカードを持つ。　iii　プライバシーの権利は自分に関する情報をみだりに第三者に知られないようにすることができるという権利で，この権利を守るための法律が個人情報保護法。

問6　小泉内閣の時代の2007年に民営化されたのが郵政で，郵政省が民営化され郵政公社，さらには日本郵便株式会社となり，郵便事業，郵便局の扱っていた郵便貯金の事業，簡易保険事業が分割された。

問7　裁判員制度は，成人年齢が有権者資格が18歳に引き下げられたが現時点では20歳以上が対象であり，傷害や強盗，殺人などの重大事件の刑事裁判の一審で裁判員6人と裁判官3人の計9人が裁判を行う。

問8　日本の社会保障制度の四つの柱の一つの公的扶助が経済的に生活が困難な人への生活保護を行うもので，その裏付けとなる法律が生活保護法。

やや難　問9　(A)　アッバース大統領はパレスチナ自治政府の首脳。パレスチナ自治政府はイスラエルによって設定されているアラブ系住民の居住区の自治政府で，イスラエルからの独立を目指しているがイスラエル政府はその独立を認めていない。 (B) ロシアとはかつてのソ連の時代からの懸案事項である北方領土の問題がいまだに解決していないため平和条約が締結されていない状態が続いている。

★ワンポイントアドバイス★

小問数が解答欄の数で58あり，試験時間が50分なので時間的にはけっこう厳しい。比較的広範囲からの出題なので，頭の切り替えが大事。即答できるものもあるが，結構考えないとわからないものもあるので，手際よく解答していき，最後に悩んだものをもう一度やり直すのがよい。

＜国語解答＞

一 問一 a 刊行 b 表明 c 魅(せられ) d つい(やす) e 気概 問二 エ 問三 ① 漢字 ② 造形性に富んでいる 問四 エ 問五 D エ E イ F ア 問六 ア 問七 漢詩 問八 比較する 問九 (1) ① 表意機能 ② 表音機能 ③ 仮名文字 (2) (例) 表音表意文字である漢字をそのまま取り入れ，さらに土着の日本語，すなわち「やまとことば」の音をつけ加えた点。 (3) 新しいも～し続ける(という評価)

二 問一 a 恐縮 b むぞうさ c 責任 d 機会 e こんとん 問二 ウ 問三 うちの娘を君にもらってもらえんか 問四 ウ 問五 イ 問六 青年らしい理想

三 a いうよう[ゆうよう] b ひろいいたる 問二 ウ 問三 ア 問四 エ 問五 曾参が帰れかし 問六 イ

○配点○

一 問一・問五～問七・問九(1)①・② 各1点×12 問二～問四・問八・問九(1)③・(3) 各2点×7 問九(2) 4点 二 問一 各1点×5 問二～問六 各3点×5

三 問一～問三 各1点×4 問四～問六 各2点×3 計60点

＜国語解説＞

一 (論説文一要旨，内容吟味，文脈把握，接続語の問題，脱語補充，漢字の読み書き，文学史)

問一 a「刊行」は，書物などを印刷して世に出すこと。「刊」は，書物を出版すること。「創刊」「週刊」などの熟語がある。 b「表明」は，意見・意志などを人の前にはっきりと表し示すこと。「明」は，同音の「名」と誤らないように注意する。 c「魅せられる」は，不思議な力で引きつけられるの意味。「魅力」「魅惑」などの熟語がある。 d「費やす」は，時間や金などを使ってなくすの意味。「つい－える」の訓読みもある。音読みは「ヒ」。「浪費」「経費」などの熟語がある。 e「気概」は，困難などに屈しない正しく強い意気。「概」は同音で形の似た「慨」と区別する。「概要」「概念」などの熟語がある。

問二 直前の「そうすること」が指すのは，ゴッホが広重の浮世絵を模写したとき，画面の両側に原画にはない，しかも内容的に広重の絵とは何の関係もない日本の文字を並べたことである。ゴッホはそうすることで「『日本的』な様相を表現できると思った」のである。第一段落で説明されているように西欧絵画では絵と文字は交差も融合もしない。西欧とは異なる「『日本的』な様相」とは「絵と文字を一緒に表現することが可能」ということである

問三　「特性」は，そのものだけが持つ特別な性質。直後の「ゴッホが苦労して写したような日本の文字(もともと中国からもたらされたもの)」とは「漢字」を指している。そして，漢字は「造形性に富んでいる(9字)」という特性を持つと説明している。

問四　A　問二と関連させて考える。日本では絵と文字を一緒に表現できるのである。融合しない西欧と違って，絵と文字は日本では親近性(＝親しく近い様子)がある。　B　絵も文字も同じ筆を使うということは，用具に共通性があるということ。　C　直前の「この」が指すのは，直前で説明されている漢字の多様性である。多様性が，日本語を学ぶ外国人に，日本語は難しいと嘆かせる原因になっている。

やや難　問五　D　直前の段落では，漢字とアルファベットを比較している。空欄Dの後では，漢字とアルファベットの比較は誤りを含むと述べている。前後で反対なので逆接の「しかし」が入る。

E　単なる表音記号のアルファベットに意味を与える例として，「mountain」や「river」を挙げている。例示の「例えば」が入る。　F　「語彙」は，ある言語体系で使われる単語全体のこと。「アルファベットから形成された言葉」とは，英語という言語体系で使われる単語全体を指しており，「語彙」と言い換えられる。要約・言い換えの「つまり」が入る。

基本　問六　『土佐日記』は，紀貫之によって書かれた平安時代前期に成立した日記文学。イ「清少納言」は，平安時代中期に成立した随筆『枕草子』の作者。ウ「兼好法師」は，鎌倉時代末期に成立した随筆『徒然草』の作者。エ「正岡子規」は，明治時代に活躍した俳人・歌人。

問七　「からうた」は「唐の歌」ということ。「唐」は中国を指す。直後の一文に，「漢字文化」「漢文」「漢詩」などとあり，中国の歌とは「漢詩」である。

問八　誤りだという理由は，「アルファベットは単に表音機能しか持っていないが，漢字はさらに表意機能も持っているから」と述べている。文字としてのアルファベットと漢字を比べるのではなく，「比較するなら，言葉同士を，すなわち漢字と英語の語彙とを比較しなければならない」と述べている。

重要　問九　(1)　直前に「もう一つ」とあるので，一つは傍線4よりも前の部分で説明されていることになる。前の部分で説明されているのは，表意機能をもつ漢字を使いこなす一方で，表音文字システムとして仮名文字を生み出したということである。漢字とかな文字という「ふたつの異なった表記システムをごく自然に併用している」点が「世界に類例のないやり方」だというのである。①は「表意機能」，③は「仮名文字」が入る。②は「表音文字」では，③とのつながりがおかしいので，「表意機能」に合わせて「表音機能」が入る。　(2)　傍線4の直後に説明されている一文の内容が，二点目の「世界に類例のないやり方」である。この一文を使って，最後を「点。」とまとめればよい。　(3)　日本人についての評価であるから，「日本人」という言葉に注目すればよい。すると，「新しいものを積極的に受け入れながら，古くからのものも保持し続ける(32字)という日本人の特性」という部分が見つかる。日本人の特性を評価しているのである。

二　(小説―情景・心情，内容吟味，漢字の読み書き)

問一　a「恐縮」は，人に迷惑をかけたり，わざわざある仕事をさせたりして申し訳なく思い，恐れ入ること。「恐」の訓読みは「おそ－れる・おそ－ろしい」。「恐怖」「恐慌」などの熟語がある。「縮」の訓読みは「ちぢ－む・ちぢ－まる・ちぢ－める・ちぢ－れる・ちぢ－らす」。同音で形の似た「宿」と区別する。「縮小」「縮図」などの熟語がある。　b「無造作」は，慎重でなく，簡単気軽に物事をする様子。「むぞうさく」と誤る例が多いので注意する。「作」と「さ」と読む熟語には「作用」「作動」「発作(ほっさ)」などがある。　c「責任」は，「責」を「績」や「積」と

誤らないように注意する。「責」の訓読みは「せ－める」。「責務」「自責」などの熟語がある。「任」の訓読みは「まか－せる・まか－す」。「任務」「委任」などの熟語がある。　d「機会」は，何事かをするのにちょうどよい時機。「期会」や「機回」など同音の漢字を書かないように注意する。　e「混沌」は，物事がいりまじって，見分けのつかないさま。「混」の訓読みは「ま－じる・ま－ざる・ま－ぜる・こ－む」。「混迷」「混濁」などの熟語がある。

基本　問二　ア，ふじ子について，「明るい輝き」「朗らかな顔」「恐ろしいほど澄んだ目」などと表現している。傍線1の後に「明るさに，信夫は感動した……尊敬とも言える感情であった」とある。イ，直前に「心の底からふじ子をいとしいと思った。この可憐なふじ子のために，どんなことでもしてやりたいような気がした」とある。ウ，ふじ子について，「明るさに感動した……自分が健康な者としての憐みに似た思いではなく」とあって，憐みの感情を否定している。ウは当てはまらない。エ，押し花を見た「信夫は胸が熱くなった」とある。「胸が熱くなる」は感動の表現。

やや難　問三　「その次に来る言葉」とは，和倉の言葉である。前の会話文で，和倉は信夫を高く評価する言葉を言っている。そして次の会話文で，「ざっくばらんに言えば，うちの娘を君にもらってもらえんかと，欲を出してしまったわけだ」と言っている。信夫を気に入ったから，娘と結婚してくれというのである。

問四　「ホッとし」たのは，美沙が台所へ行って席を外していたからである。「困ったことになったと思った」のは，「あのふじ子をおいて，他のいかなる女性とも結婚できないのではないか」「好きな人がいるかと尋ねられたのであれば，信夫はためらわずにうなずいたかもしれなかった」とあるように，ふじ子への思慕の気持ちがあるからである。イは紛らわしいが，「ホッとしながらも」という気持ちについての説明がない。

問五　問四と関連させて考える。ふじ子への思慕の気持ちがありながら，美沙の見せる妖しさを不快ではないと思っている自分を(これもまた，若いということなんだろうか)と考えている。エは紛らわしいが，美沙については愛情という内容は描かれていない。

重要　問六　(若さとは成長するエネルギーだ)と結論づけた信夫の考えを象徴するものとして「北斗七星」が描かれている。「整然(正しくきちんと整ったさま)と頭上に輝いていた」という描写からは，肉体的な欲望と青年らしい理想との間で混沌としている迷いを断ち切って，「青年らしい理想」を選んだ信夫の姿を表現している。

三　**(古文―主題，内容吟味，文脈把握，語句の意味，仮名遣い)**

〈口語訳〉【Ⅰ】 閔子騫は，幼いときに母を亡くした。父は，再び妻を求めて(再婚して)，二人の子を持った。その妻は，(自分が生んだ)わが子を深く愛して，(前の妻の子の)継子を憎み，寒い冬も，わが子には暖かい綿入れを着せ，継子の閔子騫には蘆の穂を入れた着物を着せて，(閔子騫が)身も冷えて我慢できない様子であるのを見て，父は，妻を離縁しようとしたので，閔子騫が言うには，「その妻を離縁したならば，三人の子どもが寒い思いをするでしょう。今，わたし一人が寒いのを我慢したらば，弟の二人は暖かいことでしょう」と言って，父親を諌めたため，これを(継母も)感じ入って，継母も，その後には，(兄弟三人を)分け隔てなくかわいがり，(死んだ)生みの母と同じように振る舞った。ただ，人のよし悪しは，自分自身の心に在るのだと，昔の人の言われたのもまさに道理であると思います。

【Ⅱ】 曾参は，あるとき，山中へ薪を取りに行った。母親が留守番をしていたときに，(曾参の)親しい友人が来た。これをもてなしたいと思ったけれども，曾参は家にいない。もともと家は貧しいので，(もてなしたいと思っても)かなわず，曾参に早く帰ってきてよと思って，自分から(自分の)指を噛んだ。曾参は，山で薪を拾っていたが，急に胸騒ぎがしたので，急いで家に帰ったので，母はありのままを詳しく語った。このように，指を噛んだのが，遠い所で(曾参が)反応したのは，

親子の情の深いしるしである

基本 問一　a「言ふやう」は，ハ行の「ふ」をワ行の「う」に直し，さらに「やう(yau)」は「よう(yô)」と直すので「いうよう」とする。「いう(iu)」は「ゆう(yû)」としてもよい。

b「拾ひゐたる」は，ハ行の「ひ」を「い」，「ゐ」を「い」と直して「拾いいたる」とする。

問二　閔子騫が父親を諫める様子を見て，閔子騫の継母が感じ入っている。

やや難 問三　「にはかに」は「急に」の意味。急に降ってくる雨を「にわか雨」と言う。

問四　「もとの母」は，閔子騫にとっての「もとの母」であるから「生みの母」ということ。父親を諫める閔子騫の気持ちに感じ入った継母が，生みの母のようにかわいがるようになったのである。

問五　曾参に早く帰ってきて欲しいという思いであるから，「曾参が帰れかし」の部分。「かし」は，念を押す気持ちを表し「～(して)よ」と現代語訳する。

重要 問六　【Ⅱ】の文章で，曾参が急に胸騒ぎがしたのは，母親を思う気持ちがあるからである。ウは紛らわしいが，客は曾参を訪ねてきている。また，曾参が山中へ薪を取りに行ったのは，客をもてなそうと思ったからではない。

★ワンポイントアドバイス★

論説文は筆者の考えや主張を，理由・根拠を含めて説明の筋道をたどって正確に読み取ろう。対比されているものに注意する。小説は，表情や行動，会話，心理描写を手がかりにして，人物の内面や心情を正確に読み取ろう。古文は，内容を正しくとらえることを心がけよう。

解答用紙集

○月×日　△曜日　天気（合格日和）

◆ご利用のみなさまへ

＊解答用紙の公表を行っていない学校につきましては、弊社の責任において、解答用紙を制作いたしました。

＊編集上の理由により一部縮小掲載した解答用紙がございます。

＊編集上の理由により一部実物と異なる形式の解答用紙がございます。

人間の最も偉大な力とは、その一番の弱点を克服したところから生まれてくるものである。――カール・ヒルティ――

※データのダウンロードは 2024 年 3 月末日まで。

東京学参株式会社

北海高等学校　2023年度　◇数学◇

※ 125％に拡大していただくと，解答欄は実物大になります。

1

(1)	(2)	(3)	(4)

2

(1)	(2) cm
(3)	(4) cm^2
(5)	

3

(1) 円	(2) 個
(3) 円	

4

(1)	(2) $C(\quad ,\quad)$
(3) $D(\quad ,\quad)$	(4)

5

(1)	(2) cm
(3) 個	

6

(1)	(2)

北海高等学校　2023年度　　◇英語◇

※ 125％に拡大していただくと，解答欄は実物大になります。

1

問1		問2		問3		問4		問5	

2

問1	1		2		問2	3		4	
問3	5		6		問4	7		8	

3

問1		問2		問3	

4

問1	1		2		3		4	

問2		問3		問4	

問5	

5

問1			

問2		問3	

問4	A →（　　）→（　　）→（　　）→（　　）→ F

問5		問6	

6

問1		問2		問3		問4	

問5	I		II		III		IV		V	

7

北海高等学校　2023年度　　◇理科◇

※ 127％に拡大していただくと，解答欄は実物大になります。

1

問1 | a | | b | | c | |

問2 | |

問3 | |

問4 | (1) | 電池 | (2) | −極 | | ＋極 | |

2

問1 | |

問2 | 時間 |

問3 | |

問4 | a | | b | | c | |

3

問1 | |

問2 | |

問3 | |

問4 | |

問5 | 記号 | | 細胞名 | |

問6 | |

4

問1 | (1) | | (2) | | (3) | |

問2 | |

問3 | |

問4 | (1) | | (2) | |

5

問1 | (1) | | (2) | |

問2 | g/L |

問3 | a | | b | | c | |

問4 | |

6

問1 | |

問2 | |

問3 | |

問4 | 直前 | | 直後 | |

問5 | |

7

問1 | |

問2 | |

問3 | |

問4 | | |

問5 | |

問6 | |

問7 | |

問8 | |

8

問1 | m |

問2 | |

問3 | |

問4 | (1) | | (2) | | (3) | |

北海高等学校　2023年度　◇社会◇

※ 125％に拡大していただくと，解答欄は実物大になります。

1

問１ ｜ 問２ ｜ 問３

問４ (1)（山脈）(2) ｜ 問５

問６ (1)（岳）(2) (3) (4)

(5) ア イ ウ

(6) (7) ｜ 問７

2

問１ 国 場所 ｜ 問２ 名前 写真

問３ ｜ 問４

問５ ｜ 問６ 画家名 説明

問７ (1) (2) (3)

(4) (5) (6)

(7) (8) (9)

問８ 年 ｜ 問９

問１０ ｜ 問１１ (10) (11) (12)

問１２ ｜ 問１３

問１４ (13) (14) (15) (16) 国連

3

問１ ｜ 問２

問３ 法律 機関

問４ ｜ 問５

4

問１ ① ② ｜ 問２ ｜ 問３

5

問１（裁判所）｜ 問２ A B ｜ 問３

問４ ｜ 問５ ④ ⑤ ⑥

問６ ⑦ ⑧ ｜ 問７

◇国語◇

北海高等学校　２０２３年度

※１３３％に拡大していただくと、解答欄は実物大になります。

一

問一　A　B　C　D

問二　Ⅰ　Ⅱ　Ⅲ

問三

問四

問五

問六

二

問一　A　B　C　D

問二　1　4　5

問三　Ⅰ　Ⅴ

問四

問五

問六

三

問一　a　b

問二

問三

問四

問五

問六

問七

北海高等学校　2022年度

◇数学◇

※ 125％に拡大していただくと，解答欄は実物大になります。

1

(1)	(2)	(3)	(4)

2

(1)	(2) 本
(3)	(4) cm^2

3

(1) 通り	(2)

4

(1) $a =$	(2)

5

(1) cm^2	(2) cm^2

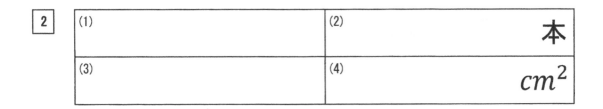

北海高等学校　2022年度　◇英語◇

※ 111％に拡大していただくと，解答欄は実物大になります。

1

問1 ＿＿　問2 ＿＿　問3 ＿＿

問4 ＿＿

2

問1	（1）		（2）	
問2	（3）		（4）	
問3	（5）		（6）	
問4	（7）		（8）	

3

問1 ＿＿　問2 ＿＿　問3 ＿＿

4

問1 ＿＿　問2 ＿＿　問3 ＿＿

問4 ＿＿　問5 ＿＿

5

問1 ＿＿　問2 ＿＿　問3 ＿＿

問4 ＿＿

問5	Ⅰ		Ⅱ		Ⅲ	

北海高等学校　2022年度

◇理科◇

※ 130%に拡大していただくと，解答欄は実物大になります。

1

問1 J　問2 ℃

問3 R 2 Ω　R 3 Ω

問4　問5 a b　問6

2

問1 a b c d e

問2　問3　問4

問5 名称　原因

3

問1 a b c

問2 銅 g　マグネシウム g　問3 銅：マグネシウム＝ ：

問4 化学反応式　名称

問5 残った物質の名称　残った物質の質量 g

4

問1 (1) (2)　問2　問3

問4　問5　問6

北海高等学校　2022年度

◇社会◇

※ 132%に拡大していただくと，解答欄は実物大になります。

1

問１ (1)　(2)

問２ X　Y

問３ →　→　　問４

問５　　問６ (1)　(2)

問７ (1)　(2)

問８　　問９　　問１０

問１１　　問１２

2

問１ (1)　　(2) →　→　→　→

問２ 事件　調査団

問３　　問４　　問５

3

問１　　問２

問３ (1)　(2)　　問４ →　→　→

4

問１ 順番　A　C　D

問２　　問３ ア　　問４

問５ ア　A

問６ ア　イ　B

問７ C　D

◇国語◇

北海高等学校　２０２２年度

解答欄は実物大です。

一

問一　A　B　C　D

問二

問三

問四

問五

問六

二

問一　1　3

問二　2　4

問三

問四

問五

※ 132%に拡大していただくと，解答欄は実物大になります。

1

(1)	(2)	(3)	(4)

2

(1)	(2)	(3)	(4)
	個		

3

問１	問２ (1)	(2) ア	イ
人	$x=\quad ,y=$		

問１　廃問につき、受験生全員に４点を与えています

4

(1)	(2)
cm^3	cm^2

5

(1)	(2)	(3)

◇英語◇

※ 132％に拡大していただくと，解答欄は実物大になります。

1

問1	問2	問3	問4

2

問1				問2			
1		2		3		4	

問3				問4			
5		6		7		8	

3

Q1	Q2	Q3

4

Q1									
①		②		③		④		⑤	

Q2	Q3	Q4

5

問1	問2	問3	問4	問5

問6					
Ⅰ		Ⅱ		Ⅲ	

北海高等学校　2021年度

◇理科◇

※ 133％に拡大していただくと，解答欄は実物大になります。

1

問1

問2

問3

問4　＜　＜　＜

問5

問6

2

問1　問2　問3 ②　③　問4　問5　問6

3

問1　kW

問2　円

問3　実験2　分　実験3　分

問4　実験2　円　実験3　円

4

問1　1

2

3

4

問2　℃

問3　g

北海高等学校　2021年度　　◇社会◇

※ 130％に拡大していただくと，解答欄は実物大になります。

1

問１　　問２　　問３ (1)　(2)

問４ (1)　(2)

2

問１　　問２ (1)　(2)

問３

3

問１ 文明　文字

問２　　問３

問４ 写真　場所　　問５

問６　　問７

問８　　問９　　問10

4

問１ (1) (a)　(b)　(c)　(2)

問２

問３ (1)　(2)　(3)

問４ (1)　(2)

◇国語◇

北海高等学校　２０２１年度

解答欄は実物大です。

一

問一　A　B　C　D

問二

問三　(1)　(2)

問四

問五　①　②　③　④

問六

二

問一　a　b

問二

問三　2　3

問四

問五

北海高等学校　2020年度　◇数学◇

※141%に拡大していただくと，解答欄は実物大になります。

1

(1)	(2)	(3)	(4)

2

(1)	(2) $a=$	$x=$
(3) $a=$　　,$b=$	(4) 分後	(5) cm

3

(1)	(2)

4

(1)	(2) cm	(3) cm

5

(1) $k=$	(2) B(　　,　　)	(3)

6

(1) 点	(2)

7

(1) cm^2	(2) cm^2	(3) cm^2

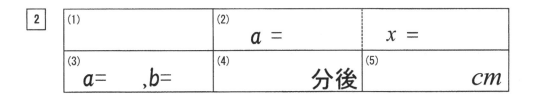

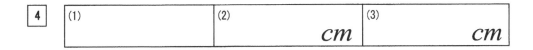

北海高等学校　2020年度

◇英語◇

※142%に拡大していただくと，解答欄は実物大になります。

1

問1		問2		問3	
問4		問5			

2

問1 | 1 | | 2 | |

問2 | 3 | | 4 | |

問3 | 5 | | 6 | |

3

問1		問2	

4

Q1		Q2		Q3	

5

Q1		Q2		Q3	

6

Q1 | ① | | ② | | ③ | | ④ | | ⑤ | |

Q2		Q3		Q4		Q5	

7

問1		問2		問3	
問4		問5			

問6 | Ⅰ | | Ⅱ | | Ⅲ | |

8

Answer: I'm worried about becoming a high school student.

北海高等学校　2020年度　◇理科◇

※133％に拡大していただくと，解答欄は実物大になります。

1
問1 ％　問2
問3　問4　問5

2
問1　問2 日　問3 ％　問4

3
問1 (1)

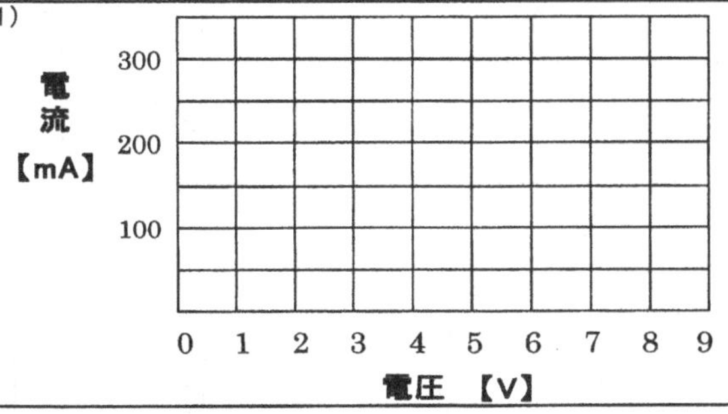

(2) Ω
(3) A
(4) V

問2　問3　問4

4
問1　問2　問3　問4
問5 a　c　あざやかな赤色
問6 b　d　問7　問8

5
問1　問2　問3 g/cm^3　問4

6
問1　問2　問3　問4 度

7
問1　問2　問3　問4

※145%に拡大していただくと，解答欄は実物大になります。

1

問1　　問2 (1)　(2)　　問3

問4　　問5 (1)　(2)

問6　　問7 (1)　(2)

問8 (1)　(2)　　問9

問10　　問11 (1)　(2)

問12　　問13 (1)　(2)　　問14

2

問1　　問2　　問3　　問4

問5　　問6　　問7

問8　番号　　語句
（完全解答）

3

問1　①　②　③
（完全解答）
問2　→　→

問3

問4　　問5　　問6　人物　　考え

問7　　問8

4

問1 (1)
（完全解答）

(2) a　b
（完全解答）

問2 (1) c　d　e　(2)　　問3

問4 (1) 1　2　3　4　(2)

問5 (1) 1　2　(2)

問6　エネルギー　　問7

問8

A	記号		国名	
B	記号		国名	
C	記号		国名	

◇国語◇

北海高等学校　２０２０年度

※１３３%に拡大していただくと、解答欄は実物大になります。

一

問一　a　　b　え　　c

d　　e

問二

問三　B　　D

問四　C　　E　　F　　問五

問六

問七　3　　5

問八　　仮説。

問九

問十　　問十一

二

問一　a　　b　いて　　c

d　　e　め

問二　　問三　　問四

問五　　問六

三

問一　　問二　　問三

問四　　問五

1

(1)	(2)	(3)	(4)

2

(1)	(2) 回転	(3)
(4)	(5) *m*	(6) *km*

3

(1) *cm*	(2) *cm*

4

(1) BH：FH=	(2) EF：BC=

5

(1) cm^2	
(2)	(3) cm^2

6

(1)	
(2) 通り	(3)

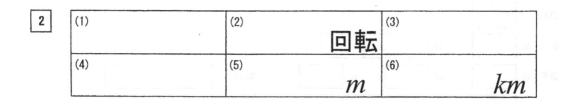

北海高等学校　2019年度

◇英語◇

1　問１　問２　問３

問４　問５

2　問１　1　2　問２　3　4

問３　5　6

3　(1)　(2)

4　Q1　①　②　③　④　⑤

Q2　Q3　Q4　Q5

Q6

5　問１　問２　問３

問４　問５　問６

6　問１　問２　問３

問４　問５

7

北海高等学校　2019年度

◇理科◇

1

問1　cm/s

問2　AB間　BC間

問3

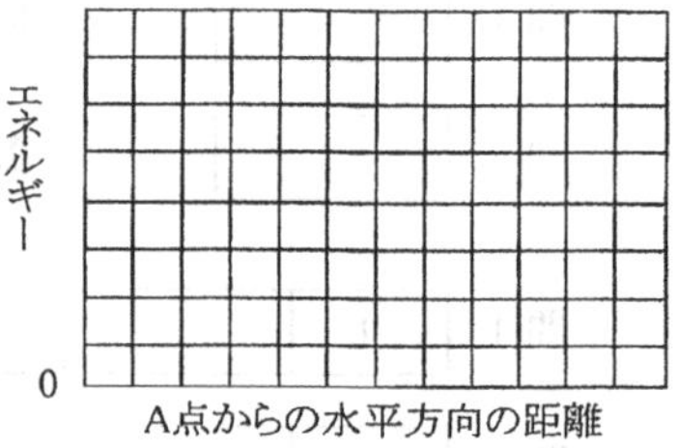

2点

2

問1　a　b

問2

問3　Ⓐ　Ⓑ　Ⓓ

問4

問5

3

問1

問2

問3

問4

4

問1

問2

問3

問4

問5　a　b　c

5

問1　m/s

問2　秒

問3　秒

問4　秒間

問5　Hz

6

問1　(1)　(2)

問2　:

問3　g

問4

7

問1

問2

問3

問4

問5

8

問1

問2

問3　a　b　c

問4

北海高等学校　2019年度　　◇社会◇

1
問１　　問２　都道府県　　記号
問３　　問４　　問５
問６　（１）　（２）　　問７
問８　　問９　（１）　（２）
問10　（１）　（２）　（３）

2
問１　　問２　　問３
問４　区分　　記号　　問５

3
問１　　問２　　問３

4
問１　　問２
問３　X　　地形　　問４

5
問１　a　b　c　d　　問２
問３　（１）　国名　（２）　国名
問４　　問５
問６　（１）　（２）
問７　（１）　（２）　　問８
問９　（１）　（２）

6
問１　（１）　（２）　　問２
問３　　問４　(A)　(B)
問５　　問６
問７　(A)　(B)　(C)　　問８
問９　(A)　(B)

2019年度 北海高等学校

◇国語◇

一

問一 a b c せられ d やす e

問二

問三 ① ②

問四

問五 D E F

問六 問七 問八

問九 (1) ① ② ③

(2)

(3) という評価

二

問一 a b c d e

問二

問三

問四 問五

問六

三

問一 a b

問二 問三 問四

問五

問六

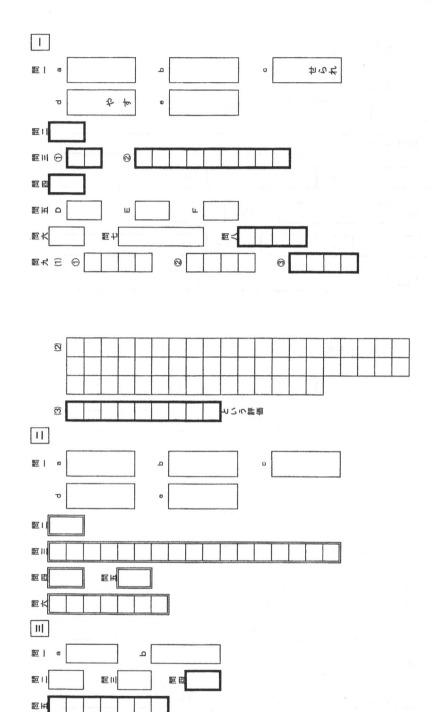

MEMO

大切なことはメモしておこうネ！

高校別入試過去問題シリーズ

北海高等学校　2024~25年度

ISBN978-4-8141-2689-7

発行所　東京学参株式会社
〒153-0043　東京都目黒区東山2-6-4
URL　https://www.gakusan.co.jp

編集部　E-mail　hensyu@gakusan.co.jp
※本書の編集責任はすべて弊社にあります。内容に関するお問い合わせ等は、編集部まで、メールにてお願い致します。なお、回答にはしばらくお時間をいただく場合がございます。何卒ご了承くださいませ。

営業部　TEL　03 (3794) 3154
FAX　03 (3794) 3164
E-mail　shoten@gakusan.co.jp
※ご注文・出版予定のお問い合わせ等は営業部までお願い致します。

2023年10月6日　初版